教育實踐與問題

梁忠銘、黃麗香、吳銘順等◎編著

作者簡介

王武榮
台東縣大鳥國民小學校長

朱俊芳
高雄縣上平國民小學

朱惠瑗
高雄縣福誠國民小學教務主任

吳紋龍
台中市何厝國民小學總務主任

吳銘順
台東師範學院實驗國民小學教務主任

李榮聰
高雄縣南成國民小學

沈建志
雲林縣元長國民小學總務主任

周榮茂
彰化縣明正國民小學總務主任

林芬瑛
台中縣豐洲國民小學訓導主任

林淑玲
高雄縣五福國民小學教師

洪高農

台中縣瑞城國民小學教師

胡成安

台東縣錦屏國民小學校長

涂振源

台東縣台東市豐田國民小學總務主任

張有良

屏東縣保力國民小學

張瑞祥

高雄市楠梓國民小學訓導主任

梁忠銘

國立台東師範學院教育研究所助理教授

梁金都

彰化縣永光國民小學校長

郭耀輝

高雄縣嶺口國民小學

陳文昇

屏東縣潮南國民小學教導主任

陳秋喬

台中市健行國民小學總務主任

陳進順

彰化縣華龍國民小學總務主任

黃文庸

彰化縣青山國民小學教務主任

黃文榮

台中縣文光國民小學教務主任

黃明雄

高雄縣鳳山市南成國民小學總務主任

黃麗香

高雄縣政府教育局

楊石成

彰化市忠孝國民小學訓導主任

葉敏宜

彰化縣西港國民小學

劉稠泉

高雄縣旗山鎮圓潭國民小學訓導主任

戴文柱

屏東縣牡林國民小學校長

鍾美津

屏東縣內埔國民小學輔導主任

簡金福

屏東縣北葉國民小學

羅志宏

高雄縣光武國民小學

序

今日的教育，隨社會與經濟的的發展，使得學校教育期間變的長期與肥大化。教育體系一方面提倡終身學習體制的建立，一方面不得不更加依賴學校教育的制度。但是在以智育灌輸為中心的學校教育卻為因應升學的考試體制，陷入以偏重知識記憶力為主的教育方式，忽略了創造力、思考力、判斷力的訓練養成。同時，又因為家庭教育與社會、社區地域教育機能明顯的低落，學童在日常生活上與地域社區的游離，使得社會性與人間關係的疏離。另一方面，國際化、資訊化、長壽化、少子化等時代的發展趨向，使得國民的教育需要變得多樣化與難度與深度都增大。

此外，現今學校教育制度與課程內容，處處呈現其矛盾的情境。教育內容亦與社會現實脫節，學生與學生之間相互凌虐，學生與教師之間暴力相向，年輕教師與資深教師互動不契合，教師與校長、主任理念不連貫…等的教育現場的不調和，使得學生家長對學校教師的專業能力與人格漸漸發生不信任感。學校教育似乎已無法達到提昇國家富強社會安定的效果，青少年犯罪的凶惡殘忍化劇增，更有所謂教育亡國的疑慮。

學校教育，今後如何因應如此社會變化的趨向與實現活用個性教育，學童的問題行為的對應等種種的課題，使得教育行政管理者深感憂慮。在這種情況之中，與學童每天有直接接觸的教師，應是首當其衝，其責任是非常的重大。所以，教師需要具備氣度寬宏、豐富的人性與專門的知識。特別是需要有教育者的使命感與教育的熱情為根基去實踐其指導的能力，營造溫馨校園環境。

近年來對於師資培育教育改革的構想主要是面對二十一世紀如何

實現「可以得到國民的信賴，實現充滿朝氣蓬勃活潑的學校教育」，其主要的成否與直接的責任者教師的關係自然是非常重要的，因此，在提昇教師教育的制度、內容、方法等所有教育的「質」的轉換過程之中，教師的積極參與是不可忽視。

本書即為本校教研所嘗試透過教師的現場經驗與研究成果，來解析學校與教育問題一端，全書由梁忠銘助理教授企劃編著。內容之嚴謹性或許值得再予以深加探討，但主要是期望能達到教師參與及教育經驗共享與提昇教師專業效果的目的。

最後感謝揚智文化出版公司，賴協理筱彌小姐大力鼎助，也非常感謝揚智文化出版公司代表人葉忠賢先生慨允本書的出版，在此一併申謝。

國立台東師範學院代校長

侯松茂 謹識

目錄

1.國小代課教師問題的研究：不當待遇及其調適之道

台東縣台東市豐田國民小學

總務主任　涂振源

前言

　　國小教師實在很可憐！每週上課的節數超過二十五節即1000分[1]鐘，下課與空堂時間沒得休息，批改作業、佈置教室、處理學生偶發狀況、填載級務表冊…等，幾乎天天都是在忙碌中渡過。另外，上級機關經常推行各種計畫、活動、競賽或工作考評，諸如：發展小班教學精神計畫、交通安全教育考評、語文教育考評、午餐營養教育考評、科學展覽競賽、防火教育競賽、國語文競賽、田徑對抗賽、合唱比賽、健身操比賽…等，使得學校應接不暇。若是小型學校，在人力不足、課務繁重情況下，教師又必須交出一定的成果或作品，在不得不做的現實壓力下，只好挪用上課的時間來完成，學生也配合發揮自動自習的精神。教學進度就在師生無奈的趕課中達成，教學品質自然是連教師自己看了也難過。

　　國小的代課教師[2]更是可憐！代課教師與正式教師「同工不同酬」——做同樣的工作，得到的報酬卻差一截。三個月以上的長期代理教師（以下簡稱長代教師）是如此，未達三個月的短期代理教師（以下簡稱短代教師）尤甚於前者。不只在薪資一項，在精神上、授課時數、行政工作、獎勵福利等方面，都有著比正式教師低了許多等的待遇。而且，這些待遇通常是不合情理的，令人氣結的是，這些不當的待遇居然是政府法令規定或學校主管人為造成的。

　　民國八十三年八月，筆者擔任台東縣成功鎮某國小的教導主任，並且兼辦人事人員的工作，首次直接接觸到代課教師的任用敘薪等問題，也深刻瞭解到他們所受到的不公平待遇。對於代課教師的不平與無奈，筆者感同身受，烙記於心底的記憶，始終未能隨著時間而消去。

　　筆者為瞭解國小代課教師所受到的不當待遇及其調適之道，訪談三位曾任或現任的代課教師。其中，A是擔任過數年長代的女性教師，

國內知名專科學校畢業,她經過了多年夜以繼日的奮鬥,終於如願成為正式教師。B是專科畢業的短代女性教師,她與筆者有一年的同事之誼,白天在學校代課,晚上則在師院修習教育學分,目的就是以後也能成為國小正式教師。C是大學畢業、面容斯文的年輕人,曾在北部國小長代二年,身為男性使得他經常被學校主管要求加班,沒有多餘時間準備考試,因而未能考取學士後國小師資班,一直深以為憾。上述三位(A、B、C)訪談的對象,其年齡都在二十五至三十歲之間。

代課教師所受到的不當待遇

學術研究費打八折

「學術研究費居然打八折!」A氣憤的表示:「我曾經在縣政府代理過課員,專業加給也沒打過折。」(按:教育人員薪資中的學術研究費相當於公務人員薪資中的專業加給)依照現行法令規定代課教師若未具有合格教師資格者,其學術研究費以八折計給。(台東縣政府,1999;臺灣省政府,1975)[3]B表示以前服務學校的人事人員曾經告訴她,因為學術研究費中包含支給教學研究一項,代課老師尚不需要教學研究,所以學術研究費打八折計支。「真是豈有此理!正式老師有誰在做研究呢?」C語帶無奈的表示。

短代教師一律按薪級33級敘薪(薪額120)

現行法令規定教師依學歷起敘薪級:高中畢業者以薪級33級起薪(薪額120,相當於公務人員第二職等第四級,簡稱二等四級,以下同。),一般專科畢業者以薪級30級起薪(薪額150,相當於三等二級),師專畢業者以薪級29級起薪(薪額160,相當於四等一級),一般

大學校院畢業者以薪級28級起薪（薪額170，相當於四等二級），師範校院結業者以薪級27級起薪（薪額180，相當於四等三級），師範校院結業後實習期滿畢業者以薪級26級起薪（薪額190，相當於五等一級）。（行政院，1997）[4]

　　國小長代教師比照正式教師依學歷敘薪（台東縣政府，1999）（同[3]），國小短代教師則一律以薪級33級（薪額120）支給。（教育部，1973、1996）[5]換言之，即使是具有學士以上的學歷，擔任國小短代教師時，仍然比照高中畢業者的薪級（33級薪額120）來支薪。A與B二位曾為了利用夜間就近在師院修習教育學分，放棄長代的機會——即以薪級30級薪額150支薪，而在市區學校到處擔任不固定的短代教師——即以薪級33級薪額120支薪。二人似有默契的相同表示：「太不可思議了，代課教師好像次等公民。」

代課教師連工友都不如

　　「代課老師連工友都不如！一點地位也沒有。」C不滿的敘說著，學校校長、主任知道代課年資很重要，經常有意無意似的要他加班，諸如：電腦打字印資料、辦活動、搬東西、整理簿冊、假日帶學生參加活動、修理東西…，加班的名目包羅萬象。C曾經對交辦事情的主任反應：某些事情應該是工友先生的工作，對方卻回答說：「他（指工友）不會馬上做的啦，總是一拖再拖的」。C表示：「當時我真想不幹了，但是已經代一年多，只好再忍耐下去，只是很不甘心。」

我的課比較多

　　在市區的學校，資深的老師佔了大多數，常會要求減少授課節數，但是在教學總節數不能減少的前提下，多出來的節數就會依慣例排給年輕的老師。如果學校來了代課教師，這些額外負擔就自然而然的轉到代課教師身上。A表示：「我對教務主任反應節數多了許多，好

像有超過三十節。結果他回答說：『妳正在修教育學分，多上一點課，剛好可以增加教學實務經驗。』簡直是欺負人嘛！那些人就是吃定代課老師好欺負。」

B也表示有過類似的遭遇，她有幾次在鄉下學校代課的時候比較幸運，因為不論正式或代課的老師都很年輕，不會有多排課的情況，而且人少、相處又融洽。A表示：「我最喜歡在鄉下學校，因為班級數少，學生也少，而且同事之間都會相互幫助，有些人現在我都保持聯繫。」

連續短代年資不能累計

在國小，有些資深教師為了能提早排到退休的機會，通常會以請長期病假的方式來等待退休。他們通常在學年度開學時就請假，每次不超過三個月，由學校校長直接聘請短代教師。（按：若請病假日期連續超過三個月，學校必須依法令規定公開甄選聘任長代教師或由縣教師介聘委員會介聘長代教師）[6]雖然，請長期病假的資深教師全年都不在學校，而短代教師全年都在學校，由於每次長期病假均未達三個月，即使日期持續銜接下去，仍然不能合併視同長期代課年資。A與B皆表示：曾向學校人事人員反應，「辛苦代課一年，日期也都銜接，為什麼不能併計為長代年資呢？對方回答說『規定不行哪！』」

代課教師不是正式的，不能拿

縣政府、學校或家長會在特定節慶會贈送禮品禮券，校長、主任與教師之外，連職員工友都有。但是，如果學校有請長期病假的資深教師，也有代其課的短代教師，學校通常會將禮品留給前者，即使前者全年都不在學校。贈送禮品的目的主要是酬謝教職員工的辛勞，但是代課教師的辛勞常被忽視。A表示：「有一次，主任拿給我縣政府贈送的教師節禮品，一旁的工友立刻當著大家的面，大聲的說：『她不

是正式的，不能拿！』我從來沒受過這麼大的羞辱。」彷彿是剛發生的事一般，A在敘述時始終氣憤不平。

代課教師的調適之道

無奈的接受

　　一般而言，不論是長代教師或短代教師，對所受到不合情理的待遇，絕大多數採取消極的接受一途。「除了認了，還能怎樣？」A無奈的表示：「我從專科學校畢業之後就在代課，前前後後代了七、八年，年年都受到不公平的待遇，這些都是政府法令規定造成的，學校也說是依照規定做事。」B與C也都一致表示相同的心聲，C更是直言：「『人在屋簷下，不得不低頭。』我們只能在屋簷下，還不是屋內的人。」

挑好校長、主任

　　國小代課教師之間頗有患難相助的高尚情操，他們通常會彼此分享經驗，尤其是學校校長與主任的品德操守及行事作風。只要時間與經濟能力允許的話，他們通常優先選擇好相處或會關照同仁的校長，其次是主任。A與B二人曾經在多所學校代過課，A表示：「好的校長會體諒我們（代課教師）晚上還要去師院上課，會排給我們比較輕鬆的行政工作，例如，管理專科教室。」B也表示：「到新的學校之前，我都會祈禱，希望能遇到好的校長、主任，因為他們會體諒我們的辛苦，減輕我們的負擔，而且還會教我們做事，而不像有些人光會交辦事情，把我們當成廉價勞工。」

勇於表達意見

如果代課教師所受到的不當待遇，係屬學校內部人為的個例，有些代課教師還是會勇於直接或間接的向當事人表達，以改善或消除不合情理的待遇。「曾經有個資深的科任老師私下要求我幫他上課，那些課是我班上的。」A表示：「我對他說：白天要上課，晚上也要去師院上課，實在力不從心，真希望有人能幫我上課！後來他就不再提起，也自己上課了。」B直接了當的表示：「如果有人要求我做不合理的事情，我會看對方是誰及事情狀況而定，必要的話，就加以婉拒或是透過第三者轉達。」

引用人情關係

教育界的人際網絡可謂十分密集且活絡，許多校長、主任與教師之間具有學長學弟的關係，只要善用這項有利的資源，通常能得到預期的關照。畢竟中國人是最重人情關係的，如果有親友在教育界服務，而他的名聲還不錯，那就更無往不利。但是，這種人情關係猶如水一般，能載舟亦能覆舟，必須適時適切的運用方可。A表示：「某位校長是我親戚，一開始是他介紹我去代課的，後來我無意中聽到別人批評他，並不是所有人都欣賞他，所以現在我很少跟別人提起這個關係。」B表示：「沒有這種關係挺吃虧的，如果沒有的話，只好請以前的同事來推薦我，這樣方式有時有用，有時又不見得有用。」

學習各種專長

台東縣國小的教育圈不大，通常只需一通電話，就可以打聽到任何資訊，當然包括代課教師的表現與專長。表現優良的代課教師總是廣受學校的歡迎，具有音樂、電腦、舞蹈或美勞專長的代課教師亦是如此。「最高紀錄是同時有三間學校預約我，」A表示：「因為我會彈

琴教音樂，我現在自己花錢學電腦，學校現在很需要會電腦的老師。」
B表示：「以前，學校校長會先問我會不會教音樂，當我回答不會時，
他的表情就不怎麼好看。現在我會彈琴了，再也不必見到那種表情
了。」C面帶微笑的表示：「懂電腦讓我很受歡迎，也很忙碌。」

努力成為正式教師

　　成為正式教師，幾乎是每一位代課教師共同的目標，當他們遭受
到不合情理的待遇，雖然會心生焦慮沮喪，卻也因此不斷的增強鬥
志，尤其一切遭遇的導因就在於自己不是正式教師。由於親身經歷過
苦痛，當代課教師成為正式教師之後，在學校內通常會比較關照其他
代課教師，或是與同樣出身的同事惺惺相惜。A堅定的表示：「只要我
做得到，我一定盡所能去幫助他們（指代課教師），如果學校有人想欺
負他們的話，我一定會挺身出來替他們爭取，這是我做得到的。」

結語

　　長久以來，國小代課教師一直受到不當的待遇，主要導因於政府
（主管教育行政機關）的法令規章，不當的法令規章導致不當的作為與
結果。政府應該主動立即修改不合時宜的法令規章，唯有完全根除這
些因素，才能釜底抽薪的解決問題，以免代課教師繼續受到不合情理
的待遇。諸如：取消學術研究費打八折支給的規定、短代教師以其學
歷支薪、短代年資若連續銜接逾三個月者可累計視同長代年資等。
　　學校應該隨時檢討修改不合時宜情理的規章，各項行政措施力求
合乎公平與正義，校長與主任以身作則、行事一視同仁，如此上行下
效，其他教職員工必能以正確健康的心胸來包容代課教師。其要項例
如，行政工作務求勞逸均衡、課務分配合乎公平與法令規定、各項獎

勵福利必須適得其所、經常辦理同仁聯誼活動以增進組織氣氛等。

　　另外，代課教師能以健康、積極的態度來面對困境與挑戰，視危機為轉機、化阻力為助力，從中一點一滴涵蓄潛能。同時，勤於進修、樂於教學，不斷增進專業素養與專業知能。如此，不論現在仍是代課教師或是未來成為正式教師，都是學童之福，教育界之幸。

註釋

1. 臺灣省政府教育廳（1994），「臺灣省各縣市國民小學教師每週授課分鐘數」。臺灣省政府教育廳編（1997），《臺灣省國民中小學常用教育法令彙編一》，頁335-336。

2. 教育部（1997），「中小學兼任代課及代理教師聘任辦法」第二條……二、代課教師：係指以部分時間擔任學校編制內教師因差假或其他原因所遺之課務者。三、代理教師：係指以全部時間擔任學校編制內教師因差假或其他原因所遺之課務者。
   臺灣省政府教育廳編（1997），《臺灣省國民中小學常用教育法令彙編二》，頁747。
   台東縣政府（1999），「台東縣蘭嶼中學、國民中小學暨公立幼稚園兼任代課及代理教師聘任實施要點」三：連續代課、代理期間在三個月以上者為長期代課、代理教師，未達三個月者為短期代課、代理教師。
   本文中代課教師係為代課、代理教師之總稱。

3. 台東縣政府（1999），「台東縣蘭嶼中學、國民中小學暨公立幼稚園兼任代課及代理教師聘任實施要點」十：長期代理教師（三個月以上，經公開甄選，由教師評審委員會審查通過者）比照專任教師辦理敘薪，代理教師待遇支給標準比照專任教師之規定；但未具所代理之各該教育階段類科別合格教師資格者，其學術研究費按八成支

給。長期代理教師依學歷申請改敘者，以本府審定之日生效。

臺灣省政府六十四年一月二十九日府教人字第六六五五號函說明
二：國民小學懸缺代課教師未經教師登記合格者，教師學術研究費
按八成發給。

教育部國民教育司編（1993），《國民中小學暨幼稚園人事法規彙編
下》，頁1245。

4.行政院（1997），「全國軍公教員工待遇支給要點」。臺灣省政府教
　育廳編（1997），《臺灣省國民中小學常用教育法令彙編二》，頁
　643。

5.教育部（1973），「公立學校教職員敘薪辦法補充要點」十二：代用
　教員仍以其學歷起敘。但最高薪額高級中等學校以二十八級支給，
　國民中學以三十級支給，國民小學以三十三級支給。

教育部國民教育司編（1993），《國民中小學暨幼稚園人事法規彙編
上》，頁321。

教育部（1996），「公立學校教職員敘薪標準表說明」十二：代用教
員薪級，高級中等學校按本表二十八級支給，國民中學按三十級支
給，國民小學按三十三級支給。

臺灣省政府教育廳編，（1997）《臺灣省國民中小學常用教育法令彙
編二》，頁605。

6.教育部（1997），「中小學兼任代課及代理教師聘任辦法」第六條：
　中小學聘任三個月以上代課、代理教師，應公開甄選且經教師評審
　委員會審查通後由校長聘任之。兼任及未滿三個月之代課、代理教
　師得由校長聘任之。

臺灣省政府教育廳編（1997），《臺灣省國民中小學常用教育法令彙
編二》，頁748。

參考文獻

台東縣政府（1999），《台東縣蘭嶼中學、國民中小學暨公立幼稚園兼任代課及代理教師聘任實施要點》。

教育部國民教育司編（1993），《國民中小學暨幼稚園人事法規彙編上下》。

臺灣省政府教育廳編（1997），《臺灣省國民中小學常用教育法令彙編一》。

臺灣省政府教育廳編（1997），《臺灣省國民中小學常用教育法令彙編二》。

2.中小學教師分級制之探討

台中縣豐洲國民小學

訓導主任　林芬瑛

前言

　　師資之良窳影響教育之成敗至鉅，中小學教師不適任問題、教師專業成長及士氣激勵制度有待檢討等問題，均可能妨礙中小學教育的健全發展。一般說來，目前中小學教師只要不犯大過，即使並不十分稱職，薪俸仍可每年晉升一級。原因在於未能實施分級制，無法誘引教師專業成長。

　　目前大專教師分級制，大專教師以從事教學、研究及社會服務並重，而中小學教師則以教學為主。就現況觀察中小學教師在教學授課、批改作業、輔導學生、參與學校的行政工作及配合有關活動之外，似乎較無暇對課程教材與教育問題進行研究，教師分級制，主要是為了提供老師一個升遷發展的機會。因此，中小學實施教師分級制度，將可增加教師進修的外在誘因。為瞭解決教師升遷發展所造成的困境，在第七次全國教育會議「改進師資培育」分組研討中，在教師資格檢覆證照制度部分，其中有一點關於配合教師資格檢定，規劃建立中小學教師分級或進階制度以提昇教師專業及生活規劃能力。（教育部，1994）

　　本文意旨在透過教師分級之理念探討及已實施中小學教師分級制國家現況，來對我國國民中小學教師，實施教師分級制之可行性作深入的探討。

教師分級之理念探討

教育學觀

1.從教育理念基礎的角度觀之

一九一九年英國「成人重建委員會報告書」指出——教育是終生的過程,是國家重要的工作.為使普遍中小學教師皆能保持隨時吸收新知的習慣,在中小學實施教師分級制度,將可促進教師的終生學習。鄭肇楨(1987)指出:教師分級制度有助於促進教師的終生教育,提高教師在職進修的需求,對於教師知能的充實與觀念的更新,具有積極促進的作用。

2.從教師生涯發展的角度觀之

楊朝祥(1989)認為教師的生涯發展是有週期性、階段性的。其共有的特點是:初任教師都是從陌生的角色開始,然後漸漸適應而逐漸熟悉。教師分級制度可提供教師職業生涯發展的進階機會,激發教師努力工作的誘因,降低生涯發展中期的職業倦怠感。

3.從教師專業成長的角度觀之

教師分級制度與教師專業成長密切相關,教師分級制度的目的在促進教師的專業成長與發展,增進專業知識與技能.提高專業精神與道德,強化專業組織與規範。

哲學觀

1.從階層理論角度觀之

當代的階級理論仍以馬克思的階級論為主軸。把階級理論的概念濃縮應用到學校教師的分級制度上,則教師分級制是一種階級的建構

歷程。上下職層之間，權責雖有不同，工作職量、教學效能也不一樣，但層層間並無絕對的隸屬關係，職級較低的教師之教學活動並不需職級高的教師批准或核可；各級教師本身仍具有相當的專業自主性。

2.從科層體制角度觀之

科層體制本身以控制為手段，以提高效率為目標，故能使組織正常運作，不致造成脫序的現象。根據魏克（Weik, 1978）研究顯示：學校組織在行政系統上具有科層體制的結構系統，另一方面在教師系統上，卻呈現鬆散的組織型態。教學系統以教學專業成長為取向，故在中小學教師工作環境中建構組織層級，應避免有過度科層化之現象，才能使教師分級制度發揮最大優點而摒除其缺點。

3.從溝通行動理論角度觀之

Harbermas的溝通行動理論旨在強調在一種較為對稱的關係，教師分級制形成組織的高低階層關係，層級的溝通應本著真實性、公平性、真誠性與可理解性等四個有效宣稱，才能避免階層組織中權力的不當扭曲。

心理學觀

1.從需求層次論角度觀之

美國心理學者Maslow（1943）將人類需求分成五個層次。教師分級制可滿足教師自我實現的需求，提昇教師在學校組織中的地位，增進其工作成就感。

2.從期望理論角度觀之

Vroom的期望理論是屬於動機過程理論，其主要概念是建構在行動（努力工作程度）、效果（所得成果的表現）、及其結果（個人所得報酬）

三者的聯結（黃昆輝，1985）。教師分級制度提供教師一種自我期望的機會。教師在學校環境中，經由對客觀組織升遷制度的認知，提供教師努力逐級晉升的自我期許，教師可在教學生涯中，經由本身努力，逐級晉升，而獲得升遷的肯定。

3.從公平理論角度觀之

Adams的公平理論是從比較的觀點而發展出的一極原理（Goodman, 1974），比較的對象有三：

（1）與自己比較。
（2）與他人比較。
（3）與其他機關比較。

從公平理論的觀點，教師分級制在促進組織人事的合理分配，務期人事的升遷達到合情合理的公平標準。

4.從增強理論角度觀之

增強理論源自於Thorndike的研究，通常人們在從事某件事時。伴隨情境的愉快或不愉快，得到結果是獎賞或懲罰、滿足或失望，會影響人們從事某此項工作的意願。教師分級制度可提供一種增強情境，讓教師以獲得外在的增強，維持努力追求向上的動機，或約束教師免於從事非教師所應為的行為，以扮演好一位良好教師應有的角色。

社會學觀

1.從社會階層化角度觀之

龍冠海（1989）認為教師分級制便是社會組織階層化的建構，教師分級制度使得教師社群有高低或上下階層之分，居於下位者，權力較小，掌握可分配的資源較少，影響層面較窄。因此，形成社會流動

的現象，有利於教師的社會流動。

2.從社會系統理論角度觀之

學校是一個複雜的社會組織，具有明確的目標，科層化的結構，及成員間的協調合作（陳奎憙，1990）。學校組織也是個開放的社會系統。實施教師分級制度將使學校的機構層面和個人層面產生變化，教師彼此間在組織地位角色有差異性，亦會形成組織間的競爭壓力，可能因此產生更具專業的教師與更高素質的學生。

3.從控制論角度觀之

學校控制的機制可以在內在或外在兩個層次上發生作用。在內在層次上，學校控制透過社會化的過程，將其價值和規範傳遞給新成員；在外在層次上，學校控制透過外在組織結構的規範及獎懲，約束學校成員的行為，使成員的角色行為符合領導階層的意識型態。教師分級，有助於學校組織內部的控制，透過層級的組織結構，對組織成員進行意識及價值的引導與宰制。

從教育學的觀點，教師分級制度的目的在讓教師於養成教育之外，能繼續在職進修，接受回流教育，以促進教師專業成長；從心理學觀點，教師分級制可激發教師努力向上的動機，滿足教師自我實現的需求；從社會學觀點，教師分級制度可促使學校教師的上下流動，有助於學校教育的穩定與發展。

是以不論就教育學、心理學或社會學角度分析，教師分級制對教師及學校教育皆有正面效益。

美、日、中國大陸及我國教師分級制之探討

美國、日本、中國大陸中小學教師分級制度綜合比較分析

　　美國、日本、中國大陸中小學教師分級制之綜合比較分析表，見表1。

1.美國

　　基本上，實施教師職級制度的州政府，皆輔以教師證照制度，即各級教師都依規定授與該級教師的合格證書。職級水準與資格證照兩者密切配合，日本、大陸地區都是這樣的作法，臺灣地區專科以上學校教師亦採分級制度，各級教師也都由教育部頒給資格證書。

2.日本

　　整體而言，教師免許制度規範頗為健全，有關教師在職進修教育及取得各種免許狀的要件皆以法律明文規範，中小學教師必須依法令研習進修。此套制度對日本中小學教師整體素質的提昇，有很大助益。他山之石、可以攻錯，日本教師免許制度實有許多值得我們規劃教師分級制度之參考。

3.中國大陸

　　大體而言，在政治上採取極權專制的統治政策，教育措施全依照中央政策指示辦理，有關教師分級制亦悉依中央的政策規章指令，從一九八五年中小學實施教師分級制至今，中共當局仍堅持繼續實施此制度，並予以法制化。惟因中共教育經費不足，教師待遇低落，中小學教師思走情況頗為嚴重，教師合格率不高，其進修機構又普遍不足。因此，教師分級制度對教師專業成長，所發揮功能仍然有限。

表1 美國、日本、中國大陸中小學教師分級制之綜合比較分析表

比較項目	國家	內容
教師職稱名稱	美國	各州教師職級名稱不同：田納西州稱生涯教師爲一級教師（level），二級教師、三級教師密蘇里州稱爲第一級（stage），第二級、第三級教師。
	日本	高學校教師分專修及一種免許狀教師 中學校教師分專修、一種及二種免許狀教師 小學校教師分專修，一種及二種免許狀教師
	中國大陸	中小學各分爲三級教師、二級教師、一級教師和高級教師四級、另有特級教師評審
各職級升遷依據	美國	各州教師職級或證書制度不一，歸納各州職級晉升依據如下：一、服務年資；二、學歷；三、二十教師在職進修學分數；四、被認可的教學準備計畫；五、通過NTE考試；六、特殊優良表現；七、教學表現。
	日本	中小學教師依據在職年數及在職進修取得的學分數，作爲教師職級晉升的依據。
	中國大陸	一、中學各職級教師評審依據：1.政治思想；2.教育教學工作總結；3.履行職責情況；4.填寫中學教師職務評審申報。 二、小學各職級教師評審依據：1.政治思想；2.教育教學工作總結；3.履行職責情況；4.填寫小學教師職務評審申報。
各職級教師薪俸	美國	各州經費多寡不同，因此教師薪俸制度也不一，以田納西州爲例，除基本薪資外，第一級教師每年額外獎助1000元；第二級教師額外獎助2000元；第三級教師額外獎助3000元，以密蘇里州爲例，除基本薪資外，第一級教師每年額外獎助1500元：第二級教師額外獎助3500元；第三級教師額外獎助5000元。

續表1

比較項目	國家	內容
	日本	教師薪俸是根據教師學歷和服務年資決定，不依免許狀種類決定。教師方面，分為高中和中小學教師兩種薪給表，而薪資又各分為四級，以中小學薪資表為例：一級為中小學講師及助教諭之薪水等級；二級則為中小學之教諭的薪給；三級為教導主任（教頭）之薪給；四級則為校長之薪給。 以一級最低，四級最高，各級之下在細分15-41個等級之薪資結構，學校校長起薪最高、教頭次之、教諭更次之、最後則是助教諭和講師。
	中國大陸	基本工資＋職務工資。各職級基本工資相同，職務工資不同。
各職級教師證明	美國	各州教師證照制度不一，以田納西州為例，分為試用證照、見習證照、教師專業證照、另有生涯一、二、三級教師證照，密蘇里州分為一級、二級、三級和繼續教育證照。
	日本	中小學教師採證照制度，內容如下：高學校教師分別頒給專修和一種教師免許狀；中學校教師分別頒給專修，一種和二種教師免許狀；小學校教師分別頒給專修、一種和二種教師免許狀。
	中國大陸	中小學教師採任命或聘任制，各級教師分別頒給相當層級的教師證書。
教師職級晉升之評審機關	美國	各州職級晉升評審機關不同，大致歸納有：一、同儕，二、督導者，三、學校校長，四、團體評鑑小組。
	日本	修滿各種免許狀規定學分數，無違反有關規定，便可依有關程序向都道府縣或市町村所屬教育行政機關申請頒發各種教師免許狀。

續表1

比較項目	國家	內容
	中國大陸	職級晉升評審機關（單位） 一、中學教師：1.高級教師：省級評審委員會；2.一級教師：地級評審委員會；3.二級教師：縣級評審委會；4.三級教師：縣級評審委員會。 二、小學教師：1.高級教師：地級評審委員會；2.一級教師；縣級評審委員會；3.二級教師；縣級評審委眞會；4.三級教師：縣級評審委員會。
教校長的任用資格	美國	各州制度不同，通常是由學校董事會任命、或自職級高者遴選產生，或由學校同仁投票選舉產生，校長通常須具備校長證書。
	日本	中小學校校長必須具備專修或一種教師免許狀資格高學校校長需具備專修教師免許狀資格。
	中國大陸	中小學校長由省、地、縣教育委員會（或教育局）自具備特級教師或高級教師中任命產生。

資料來源：蘇進棻、張紹勳（1998），及見本書。

我國專科以上教師分級制的探討

民國八十三年新修定通過的大學法，第十八條規定：大學教師分教授、副教授、助理教授、講師四級。副教授以下的各級教師應撰寫學術著作，在國內外知名學術刊物發表、出版並公開發行，經該大學所屬系所及學術審議委員會審查通過，才能升等。部分大學院校教師升等，還須報教育部學術審議委員會審查通過。大學各級教師之資格，經教育部核定，發給各級教師資格證書。

至於專科學校教師，依民國八十六年修定的教育人員任用條例規

定亦分教授、副教授、助理教授、講師四級。目前在教職系統內，國中小學教師並未分級，而無升遷機會，因此可能會產生職業倦怠感，另外，中小學教師的工作性質，並未隨年齡及資歷適當區分工作，可能加深資深教師之職業倦怠現象。

實施中小學教師分級制之基本構想

教師分級制之基本構想

對於我國教師分級制度劃分級數的相關問題，依據蔡培村（1993，1994a，1995b）針對我國高級中學、國民中學與國民小學教師的教師生涯發展狀況，所從事的實證調查結果顯示，教師的生涯進階與分級劃分，適合劃分為四個階段（不包含實習教師在內）。此外，蔡培村（1994c）在教育部專案委託研究「中小學教師生涯進階與等級劃分可行性之研究」中，亦採取四級制的教師職級規劃進行全省中小學教師的實證調查，以探討現行中小學教師對於教師職級制度相關問題的看法，其結果指示，將教師分級劃分為四個階段可以符合我國中小學教師生涯發展的需求，茲將各職級階段說明如下：

1.初任教師階段

當實習教師通過甄選並晉用合格教師時，可任用為初任教師，此階段的教師其主要的工作是執行班級教學工作。初任教師可以獨立進行教學活動，決定班級事務、進行學生輔導工作，但仍須接受校長、主任或資深教師的指導。

2.中堅教師階段

當初任教師的服務年資達到六年以上時，升等中堅教師的審查，

通過審核之後，可晉升為中堅教師階段。中堅教師的主要任務除了執行班級教學，或由學校聘用兼行政職（例如，組長，還必須指導學校內的學生輔導工作，並協助推展學校公共關係。另外，中堅教師可以受聘為各處室學校行政單位之組長，同時發展學校行政生涯。）

3.專業教師階段

當中堅教師服務滿五年（合計服務年資達十二年）以上時，可以申請升等專業教師的審查，通過審查之後，可晉升為專業教師。專業教師除了執行班級的教學任務外，同時必須擔負部分課程規劃、教材設計、教學觀摩與教學研究的責任。並得以減授教學時數一小時。此外，在學校行政系統方面，專業教師可以參加主任甄試，邁向學校行政生涯。

4.資深教師階段

當專業教師服務滿五年（合計服務年資達十八年）以上時，可以申請升等資深教師的審查，通過審查之後，可晉升為資深教師。資深教師的主要任務，除了執行教學工作外，還必須擔任指導實習教師的工作，並擔任教學、行政、輔導的諮詢與顧問的任務，並得以減授教學時數四到六小時。另外，資深教師亦有參加校長甄試的資格，換言之，教師職級制度除了發展教師的專業生涯外，亦兼顧了行政生涯的發展途徑。

另方面，中小學教師職級制度與目前的學校行政體系的結合方面，應朝向雙軌並進的構想去設計。亦即，中小學教師一方面可以選擇以教學專業為主的職級晉升管道，也可以選擇以學校行政為主的職級晉升管道（例如，組長、主任等）。教學專業的教師職級制度可推動發展教師的教學專業發展，學校行政體系則可培養專業學校行政人才，助益學校行政之推展與落實 因此此二制度若能予以結合，則將提供中小學教師「雙專業生涯發展」的途徑，大大提昇教師專業知能，

激發教學工作士氣。

職級制度構想的特點

1.建立晉升的制度

　　教師依其任教年資，研修實數或學分，及在職表現晉升職級以符合專業成長，樹立專業形象。

2.開拓雙軌的生涯進路

　　中小學教師一方面可以選擇以教學專業爲主的職級晉升管道；也可以選擇以學校行政爲主的職級晉升管道（例如，組長、主任等）。教學專業的教師職級制度可推動發展教師的教學專業發展，學校行政體系則可培養專業學校行政人材，助益學校行政之推展與落實。

3.連結實習與輔導的系統

　　初階教師可擔任校內學生的輔導工作。中階及高階教師則可配合「認輔制度」擔任個案輔導或專案輔導的工作。資深教師應可擔任實習教師的指導工作；並與師範校院指導教授相互聯繫與諮詢，有效提昇實習指導工作的效能，並形成教師專業發展網路。

4.促進專業研修的成長

　　教師必須在一定時程修習規定時數或學分並且在研修內容的規劃上，則需配合不同教師生涯發展階段的專業需求，設計促使教師專業成長、激發教師生涯潛能的生涯研修課程。

5.結合現行人事職級

　　教師職級制度應與現有的人事制度相互配合，以減少實施的阻力。人事職級的晉升是以考績作爲升等的依據，而教師職級卻是以專業審查作爲升等的依據，所以，人事職級可保留原制度的設計，但學

術研究費的支領，應以教師專業職級為依據，並排除過去通通有獎的做法。（網路引用：http：www. nmh.gov. tw/edu/basis3/31/al.html。主題：中小學教師職級制度的實施，引言人，蔡培村。）

其他配合措施

行政機關方面

1.擬定教師分級制度前，先應邀各方代表，辦理「公聽會」

在擬定辦法前，應廣邀中小學教師代表、教師會成員、民間熱心教育團體，縝密研商，擬妥一套教師分級制度實施方法，並將實施教師分級制之意義與目的，充分做宣導，使教學成為專業的一項指標，以激發教師潛能，提昇教師教學成果。

2.修正相關教育法令，納入分級制度規章

實施教師分級制必須將與教師任用有關之教師法、教育人員任用條例、教師檢定方法，教師薪給制度加以修訂。目前教育人員任用條例，並未訂有教師分級制的有關條文，在依法行政的政治體制下，必須於相關法規中明定中小學教師得採分級制度之規定。

3.廣設教師進修機構，均衡分配於各地區

中小學若實施教師分級制，則「進修學分」是各職級教師進級的依據之一，目前供教師進修之機構大多集中在市區，偏遠地區教師研習較不方便，故可增設或另設教師研習分支機構或研習進修點，均衡分配於各學區，以方便中小學教師在職進修。

4.應適度分級調高教師薪資結構

實施中小學教師分級制度，各職級教師之薪資結構應適度調整，使趨向合情合理，但以不損及現任教師權益為前提，有關薪資結構之調整，需教育行政、主計、人事及立法機構等相關機構取得共識，做適當合理之調整。

學校行政方面

1.成立組織「審核委員會」，負責教師升遷審查

審核委員會，主要功能以評鑑教師升遷為主，這個評鑑工作最好是由第三者（例如，學術團體、或行政機關籌組）來執行，比較公平、客觀，若人力不足，擬權各級自行組成，其成員亦應聘請主管教育行政人員或學者專家，方能公正審查。

2.加強有關人員能在職訓練

在職訓練活動包括：

(1) 評鑑人員在專業知識和技能上的訓練。
(2) 加強教師的基本能力，例如，教學技術、班級經營，以協助其順利通過評鑑關卡。
(3) 加強較高職級教師之專業表現能力，例如，課程發表、落實視導、評鑑工作、以協助其順利承擔專業職責。

3.建立以學校為本位中心的教師自發性進修

九十學年度將實施九年一貫課程，教師進修，除了至進修機構選學分或聽課外，更應積極參加以學校為本位的進修活動，目前國小的每週三下午，學校應妥善規劃進修內容活動，教師參加數達到一定點數，亦視同選修學分。

4.教師分級制度晉升機會應均等

　　若實施教師分級制，應提供每位教師均等的競爭機會，讓教師能依個人的努力與表現，獲得晉升，儘量避免不當的人為因素，或不公平競爭，而產生負面效果。

教師分級制之省思

1. 從蔡培村（1994）針對我國三十二位現職中小學教師的訪問結果與四十位專家學者、行政人員的座談結果發現，教師在概念上均能接受教師生涯進階的規劃設計，但是有關教師生涯進階規劃的可行性、合理性、公平性是教師們能不能接納的重點。換言之，教師分級制度規劃是否完美，並合乎教師的意願和需求，是教師職級制度成功實施的最重要關鍵。

2. 目前我國教師進修與研習，缺乏一套完整且統整的規劃系統，容易使得進修的機會與資源重複或浪費，故教師專業成長與進修應依據教師的生涯發展需求來規劃設計，並據此配合生涯進階與等級劃分的規劃，則將能使教師更有目標的、有方向的選擇或接受教師進修與研習，促進專業的發展與成長。

3. 實施教師分級制，教師評鑑牽涉到的問題有三：第一，評鑑者和被評鑑者是否具有正確的評鑑觀念；第二，教育當局是否建立起一套公正合理的評鑑系統；第三，評鑑人員是否接受過足夠的訓練。就這三個問題而言，我國目前都亟待加強。

4. 教師職級的設計將會帶給教師更多的心理壓力與沉重的負擔，使得教師面對此一制度的實施時，將會產生反彈的情緒。因此，教師進階與職級劃分的實施，應審慎考慮教師的態度與看法。

5. 國民中小學教師的社會地位與專業權威均不若大學教授、醫生、律師、法官等，這是因為中小學教師缺乏分級的制度，無法建立

教學權威的專業性。所以，透過教師進階與職級制度的規劃，將有助於提昇教師的專業形象與地位。

6.此外，由於教師生涯進階的設計，乃是依據教師的實際教學與研究的專業表現來作為晉升的主要依據，因此，對於專業表現欠佳的教師而言，可能終身無法獲得晉升，而形成學校教師間的階級對立，甚至引發衝突，學校當局應妥為因應並做適當的輔導。

結論

針對實施中小學教師職級制度的構想，英國師範教師協會（The Association of Teacher Educators）曾經在一九八五年提出建構中小學教師職級制度的基本假定（TATE, 1985），其認為：

1.教師職級制度有助於改進「教」與「學」。
2.有助於教師改進學校、提昇教師工作效率。
3.檢核教師能力，提昇教師士氣。
4.職級制度可以啓發教師的潛能與能力。
5.提供教師生涯發展的機會。
6.教師職級制度提供教師專業發展的時間與程序表。
7.教師職級制度強化學校組織的結構性。
8.為教師區分責任的層級與薪水的標準。

而依據蔡培村先生多年研究，亦認為職級制度有以下優點：

（1）建立教師專業形象，提昇職場士氣。
（2）強化專業成長，促進教師終身學習。
（3）建構「行政」與「專業」區隔的學校組織。
（4）開發教師人力資源，提高學校效能。

（5）強化教師專業責任，建立自我激勵制度。

（6）增進職場知能，提昇「教」與「學」效能。

（7）建立教師進階指標，促進教師生涯發展。

　　我國中小學教師長久以來即缺乏升遷發展的機會，以致於教師在其任教第一天所承擔的工作和責任，和其退休前一天所承擔的完全一樣，致使教師保守性太濃，前瞻性不足，我個人認為教師分級制度確實有助於教師生涯規劃，提昇教師進修意願，促進教師專業成長，增進學校的績效責任，進而引導教育整體的發展，因此在中小學推動教師分級制度乃是一個合理可行的行政措施，惟在實施時必須做好有系統的設計、規劃和執行策略，並輔以適當完善的配套措施，才能真正強化中小學教師專業知能，提高工作士氣，以增進教學品質，提昇教學效能。

參考文獻

蔡培村、陳伯璋、蔡清華、蘇進財、孫國華（1994），中小學教師生涯進階與等級劃分可行性之研究。教育部中教司委託研究，未出版。

行政院教育改革審議委員會（1996），《教育改革總諮議報告書》。

蔡培村（1996），我國實施教師職級制度的研析，收錄於中國教育學會主編，《師範教育的挑戰與展望》。台北：師大書苑。

蔡培村（1996），《中小學教師生涯與職級劃分可行性之研究》。教育部。

林山太（1996），中小學實施職級制度的探討，收錄於中國教育學會主編，《師範教育的挑戰與展望》。台北：師大書苑。

王家通（1983），《教育行政學—理論研究與實際》。高雄：復文。

黃振球（1983），我國中小學教師分級制度芻義，收錄於中國教育學會
　　主編，《師範培育制度的新課題》。台北：師大書苑。

張德銳（1999），教師在重建學校運動中應加強專業角色，《教師天
　　地》，（98）。

教育部（1994），第七次全國教育會議分組研討結論報告。台北：教育
　　部。

中國時報（1997），中小學教師分級制—衝擊大，86年12月7日。

白雲霞（1995），美國中小學教師專業階梯制度之研究，國立臺灣師大
　　研究所碩士論文。

龍冠海（1989），《社會學》。台北：三民。

楊朝祥（1989），《生活輔導—終生的輔導歷程》。台北：行政院青輔
　　會。

黃昆輝（1985），《教育行政原理》。台北：三民。

陳奎憙（1990），《教育社會學》。台北：三民。

蘇進棻、張紹勳（1998），臺灣地區中小學教師分級制之實證研究，
　　《教育與心理研究》。

http：//www.nmh-gov.tw/edu/basis3/31/al.html/ ，主題：中小學教師分
　　級制度的實施，蔡培村。

3.校長領導風格對學校影響的實例研究：以台中縣一位女校長為例

台中市何厝國民小學

總務主任　吳紋龍

前言

　　在二十幾年的教學生涯中，我經歷過六所學校，也見識了十多位校長迥然不同的辦學風格，尤其在十一年的主任工作中，和校長有更多接觸，深深覺得一校之長對一所學校的經營成敗，有著決定性的影響力。而擔任主任以來，共追隨過五位校長，前四位都是男性，只有目前這位是女性。（A校長）

　　三年前，當我一踏進A校長一手打造出來的這座美麗校園時，便立刻感受到女校長與男校長不同的治校風格。擔任其訓導主任兩年以來，更有較多的機會瞭解其治校理念，也更印證了「男女有別」。

　　A校長在八年前從籌設學校開始，一點一滴的用她的教育理念經營這所學校，並使之成為遠近知名的「公立明星學校」，想盡辦法越區就讀的學童仍不斷的增加，而其個人在全縣的教育界中，也建立起一塊響亮的招牌，這種表現是我在前四位校長身上所看不到的。

　　是怎樣的信念和動力，使A校長有今天的成就呢？而校長的領導風格對學校又有著怎樣的影響力呢？（謝文全，1993，頁455-458）但願透過這次的研究能得到完整的答案，並做為自己或教育同仁，在教育行政路上的學習或借鏡，如此也可算「入寶山，滿載而歸了」！（黃瑞琴，1999）

辛酸的成長過程

　　平常聽校長講台語就很不「輪轉」，果然，她說：「我出生在大陸的河北省。」六十歲的人了，想起童年卻仍是印象深刻，校長提到因家庭窮困，父母不得不將她送給別人時，語氣相當平靜：「那時候，誰不苦呢？」只是沒想到民國卅八年隨養父母來臺灣，受到戰亂的影

響，在養父母家的生活仍是「苦」，吃夠了苦，她告訴自己：「我沒有好的出身背景，……，我只有比別人更努力讀書，才能脫離苦日子，……。」因為有「公費」，她毫不遲疑的選擇了「師範學校」，踏上教育之路，在當時女子就學尚不普遍的社會，它可算是替養父母光耀門楣，而這一切，是靠她的努力與毅力得來的；「……，我不是那種聰明型的學生，所以，我必須比別人更努力，……，就算讀師範，我還是比別的同學更用功，常常唸書唸到三更半夜，……」，看著校長臉上堅毅的表情，我似乎也感受到她那股和環境抗衡的決心和力量。

教師・主任・校長

　　從開始教書起，校長就把教育視為終身職志，她是個怎樣的老師呢？她的國小學生，現在也在同校擔任教師的張老師說到校長，心中仍是充滿敬畏：「她很嚴格哦！但是對我們也相當的關心，那些功課比較差的孩子，她總是利用放學後的時間留校輔導，而且不收錢。」因為校長從當老師、主任到校長都是在同一鄉鎮服務，因而，現在學校裡許多的家長，都曾經是她以前的學生，這些家長提到這位「小學老師」，仍然充滿了感念，有很多是就算越區也要想盡辦法，把孩子送到「校長奶奶」的學校就讀。
　　「走上行政之路卻是無心插柳，就是好強嘛！別人可以當主任，我為什麼不可以？」就是這股好強，還有「要靠一點運氣」，考主任、校長她都一次就考取了，而且在準備考試時，一點也不著痕跡，也不影響學校裡的工作，所以都是在考上了之後，同仁才知道她參加考試，她也很謙虛的說道：「怕考不上很沒面子，所以不敢聲張。」從教師、主任到校長這一路走來，A校長可以說是一帆風順，而她引以為傲的是——她不走「後門」，完全靠自己的實力和努力在教育界爭得一席之地。

我是這樣辦學的

全心投入

提到辦學理念，校長的眼神中露出一股自信和得意，在二樓的校長室走廊上俯瞰全校，她說道：

> 「當校長是很辛苦的，每天要早出晚歸，還得常常犧牲假日，你看，我已經一個月沒有去爬山了，……，但是我就是愛做校長啊！我這個腦子裡幾乎一天廿四小時，都在想學校的事情，……，反正，我先生已經退休了，他有他自己的生活，而孩子也都成家了，現在，我是把學校當成自己的家……。」

校長是每天最早到學校，最晚離開學校的，她認為「當一天和尚就要敲一天鐘」，對於教育，她「全心投入」，她也以此要求學校同仁，教師晨會上，她常常不厭其煩的闡述自己的教育理念，也常常影印從報章雜誌上剪下來的勵志小品，供教師參閱（她會指定一名教師將內容朗誦出來），藉此激勵士氣。（黃政傑，1994）

自我充實

如前面所述，A校長是個很會自我充實的人，擔任校長後，她到彰化師大修特教學分，這兩年又利用暑期到台中師院修輔導學分，平時更是固定的閱讀相關書報，只因她堅信「滾石不生苔」，因此，她也非常鼓勵同仁進修，現在校內就有五位老師在博、碩士班進修，而她對這些同仁在職務安排上，也都會給予方便，更常在家長面前津津樂道，她認為這是學校的光榮。

以身作則

　　走在校園中，地上出現了一張紙屑，校長馬上屈身拾起，校園巡視一周下來，她的手上又是紙屑、又是樹葉，還會隨時把小朋友叫住，和她一起撿垃圾，「對孩子，光說是沒有用的，要做給他看。」其他老師見狀，往往也會自動加入，本校校園的清潔程度，在全縣中不是第一，也是第二（這是每位蒞校的來賓們共同的評價）。

　　一到每個月的大掃除時間，就會看到校長穿起運動服，戴上手套，割草去也！其他的老師哪敢怠慢？學生朝會上，常會聽到校長說一些小故事給小朋友聽，她常常以自己的努力爲例子，來勉勵小朋友向上，若有小朋友不專心聽，她會立刻予以指正、訓勉。

和家長的互動

　　就如前面所提到的「本校有許多家長都是校長以前的學生」，這便成了校長在本校辦學的一大助力，家長會長叫她老師，議員民代叫她老師、多位家長委員也叫她老師，這樣的人脈、背景，在校務的推展上有很大的助益，這些「老學生」都會說：「只要老師開口，我們是不敢拒絕的」，有的家長，自己的子女都畢業了，仍然願意當義工，因爲「要幫老師的忙」。

　　曾經有位家長到學校找校長，「要告老師不當處罰學生」，談了兩句之後，校長突然說：「妳不是我以前教過的『美美』嗎？妳怎麼不記得我了？」令這位家長嚇了一跳，寒暄了幾句之後，校長又說：「以前我也對妳們很兇啊！可是妳媽媽也沒告過我，還感謝我呢！……」，這件事當然就在「師生」相認之下，大事化小，小事化無了。

懂得自我推銷

　　活動中心落成，校長請了縣長、議長、議員等名流蒞臨剪綵，運

動會也請了記者發布新聞稿，校長說：「這是一個講究行銷的時代，沒有自我宣傳，別人是看不到你的努力的」，這種自我推銷的理念，她也要老師們能夠效法，在親師懇談會上她希望老師儘量展現成果，因為「眼見為憑啊！否則，家長怎麼知道你是個認真的老師？」她也常常提醒老師：「不要只會默默耕耘，要懂得展現自己！」（謝文全，1994，頁393-403）（張明文，1998）

人情事故面面俱到

人情事故方面，不論同仁有任何婚、喪、喜、慶，「除非有特殊事故」，校長以堅定的口吻說：「否則，我一定親自到場。」她又說：「校長是學校的大家長，「家裡」有重要的事，「家長」怎麼可以不到呢？」擔任校長以來，她一直謹守這個原則。她頓了一下，又說：「所以，校長哪有假日？」對於校長在人情事故上的周全，碰過的老師都覺得不容易，像王老師，連她媽媽生病，校長也著人買了慰問品給她；老師生產，校長一定親自到府探視，林老師的兒子住院了，她也到醫院去探望；家長會長的父親在台北開刀，她帶了好幾位行政人員從台中開車到台北去探望，讓會長覺得「甚為感動」，在人情事故方面，校長說她儘量「面面俱到」。（江文雄，1998，頁40-41）

學校經營的具體做法

學校新到任的老師，在「新進教師座談會」上，都會拿到一本學校自行編印的《教師服務手冊》（這樣的做法在其他學校並不多見），內容有校長的辦學理念、校務發展計畫、組織分工表及其他各項工作、活動的辦法及實施方式（手冊的內容每年都會依上級政策做適度的修正），校長說：「這是為了能讓新進同仁儘快瞭解，並融入學校文化。」

打開手冊的第一頁，映入眼簾的是一段校長引用林清玄先生文章

的卷頭語：「孩子有的是時間和純潔，就像一片白雲，乍看什麼都沒有，可是卻有無限的生機在其中蘊藏和萌動，等待著春天。這是做為少年最可珍惜的地方。每一個中國的孩子，都是一面清明純淨的鏡子；是一粒掉落在土地上的麥子；是一枝射在曠野裡飛行的箭；是一棵等待春天發芽的樹……，每一個少年都是一個世界，而您正是指引少年方向的領航人」（節錄自林清玄先生「白雪少年」一文），這篇短文道盡了校長對同仁的期望及對學生的愛。

歸納校長在學校經營上的具體措施，可從三方面來加以闡述：（校內教師服務手冊，1998）

1.積極、效率的行政運作

（1）行政工作制度化。

（2）教務工作正常化。

（3）訓導工作人性化。

（4）總務工作科學化。

（5）輔導工作全面化。

2.提昇教師專業素養與地位

（1）加強教師進修研習風氣，推動學校本位之教師進修。

（2）落實小班教學精神。（全校推展）

（3）提昇教師運用科技、資訊之能力。

（4）發揮教師專長，合理分工。

（5）教師參加或指導學生參加各項比賽，獎勵豐厚。

3.對學生的要求，恩威並重

重視整潔：本校的校訓是洪校長親自訂定的，「守秩序、愛清潔、有禮貌、勤學習」，她認為在校園中「生活教育」比什麼都重要，

所以不管是打掃工作、排路隊、用午餐…她都要求老師們一定要「到場指導」(她自己也常會在打掃時間教導學生如何掃地、掃廁所),因為她覺得:「現在的孩子太好命了,在家裡什麼事都不用做,如果學校再不教他做,以後就變成生活低能兒了…。」所以,校園裡、教室中總是保持乾淨、清爽。

要求常規:雖然本校積極推展「小班教學」,但校長卻認為對學生的生活常規仍是不能鬆懈,在動靜之間都該給予要求,「沒有常規的環境,就沒有學習效果!」校長斬釘截鐵的說。

多給獎勵:不管是體育項目、語文活動、音樂表現…,都定有完善的獎勵制度,每到表揚的時刻,校長的臉上就充滿了欣慰的笑容,她認為:「要給學生可能成功的機會。」

不能輸在起跑點:所以學校實施電腦教學、英語教學不遺餘力。
(趙光華,1999)

分析

在小學工作環境裡,女老師所佔的比例比男老師高出甚多,然而,在學校的主任、校長層級中,男性卻佔大多數(一如其他職場),顯見社會上「男尊女卑」的現象仍是普遍的,因此,能成為「女校長」之人,似乎總有一些特別的人格特質(謝文全,1993,頁27-28)——像A校長,和她對談時,便可感覺到她的堅強、果斷、積極、樂觀,還有一股對教育的熱誠,更重要的是,為了要在一片男校長中佔有一席之地,她願意付出更多心力,來證明自己不讓鬚眉的實力,所以,放眼看那些女校長們,不得不承認,她們有高於男校長的「打拼精神」。

艱苦的童年生活不但沒有把A校長擊倒,反而成了她日後不斷向上的動力,這也印證了——成功者的背後都有一段辛酸的歷程,同時也因為過去的困苦,讓她更懂得珍惜現在所有。

A校長的辦學理念並非一夕形成，而是由她自己的「生活體驗」、「工作經驗」或「學習」而來，更是個人「人格特質」的展現。身為校長，不但要會「做事」，更要會懂得「做人」，所以，治校是否成功，就看個人行事風格而定了。（許傳德，1999）

　　一個校長的辦學理念，常常可在個人之投入與堅持下獲得實現，也就是：一個有理念、有作為的校長，可以從工作之中得到自我實現的滿足感，因此，一個校長對一個學校之發展與成敗，影響至深且鉅。因為校長具有崇高神聖的社會地位，不但深受社區人士的尊重，在校內更是老師的榜樣和學生崇敬的典範，是一種具有特殊規範價值的職務，因而在教育改革潮流下，社會上對校長角色期許與工作規範也就更為殷切，教改理想能否實現，可說與學校校長的素質息息相關。（黃政傑，1994，頁3-26）

結語

　　我原以為會從A校長那兒得到一套治校法寶，也期待她會說：一、……，二、……，三、……。但是沒有！她只是點點滴滴的敘說她的人生經驗，以及她在學校裡所做的瑣碎雜事，再加上我在校內的觀察，我發現，她並沒有什麼一套治校法寶，她只是比別人更「用心」，也比男校長多了一些女性的「細心」，並且，能真的把學校當成家來「愛」、來「經營」，這樣的精神，實在令人佩服！

　　校長把自己當「歸人」，而不是當「過客」的精神是值得我們效法的，而這應該是無關性別吧？在A校長身上感受到她對教育的「熱誠」和「投入」，這對我以後在教育行政之路上，將會是一個努力的指標。

　　傳統的國小校園裡，女教師佔絕大多數（現在亦然），但是行政人員當中，卻大部分是男教師，而女校長更是有如鳳毛麟角；然而隨著時代的變遷、兩性平權的觀念漸漸受重視，職業婦女在職場上的付出

與成就絕不亞於男性，因此，目前女性擔任國小校長的比例已經越來越高了。（以台中市為例，五十多所國民小學中有廿多位女校長）這也給以前大部分由男性主導的校園，帶來莫大的衝擊，因為男、女在性格及處事上確實存在著一些差異。

教育界常說：「有怎樣的校長，便有怎樣的學校」，透過對洪校長的接觸、訪談、觀察，我看到了女校長治校的典範，也感受到校長的個人理念及行事風格，和學校的發展息息相關，其影響力不可謂不大。綜觀A校長在學校經營上的成就，我發現要成為一個成功的校長，應具有以下一些自我期許的理念：

1.要具有強烈的教育熱忱，並熱愛身為校長的角色與工作。
2.要瞭解教育政策的發展動向，帶領教師走在潮流之先。
3.要有大家長的胸懷，把學校當成家，把教師、學生當成家人一樣關心、支持。
4.凡是要能以身作則，身先士卒，當一校之舵手。
5.做好學校公共關係，使社區、學校和諧發展，創造雙贏的局面。
6.在人格和行事上要堅守「有容乃大、無與則剛」的原則。
7.不斷充實自己，吸收新知。
8.工作不忘生活，幸福的家庭是事業成功的原動力和後盾。

受到教育改革的衝擊，校長的任用已由派任制改為遴選產生，（國民教育法，1996）[1]這波新浪潮必將改變原來的教育生態，所以，要成為一個校長必須面臨更嚴格、更複雜、更殘酷的考驗。有志於此者，必須做好心理建設及萬全的準備，才能穩健的踏上校長之路。

註釋

1.立法院於八十五年通過國民教育法部分條文修正草案第九條：「國民
  小學及國民中學各置校長一人綜理校務，應為專任，並採任期制，
  得連任一次，屆滿得回任教職。國民中小學校長由直轄市或縣市政
  府組織『遴選委員會』遴用，前項遴選委員會組織辦法，由直轄市
  或縣市政府訂定之。」

參考文獻

黃瑞琴（1999），《質的教育研究方法》。台北：心理。

謝文全（1993），《學校行政》。台北：五南。

江文雄編著（1998），《走過領導的關卡》。台北：五原。

查爾斯、韓第著，施純青譯（1998），《組織寓言》。台北：天下遠
    見。

黃政傑主編（1994），《邁向校長之路》。台北：師大書苑。

柯進雄（1986），《學校行政領導研究》。彰化：台聯。

吳清山（1992），《學校效能研究》。台北：五南。

黃政傑編撰（1996），《一週教育論壇》。台北：教育廣電台。

趙光華（1999），《國小校長行政決策之個案研究》。國立台東師院教
    育研究所。

4.新制教育實習制度之問題與研究：一個實習教師的心路歷程

台中市健行國民小學

總務主任　陳秋喬

前言

　　一場風起雲湧，一陣教改大浪席捲著原本寧靜的校園，不但重組了教育生態，也改變了許多人的命運。

　　還記得讀師專五年級時，我們採「集中實習」的方式，全班同學在指導教授的帶領下，「包」下一所學校來實習，上至校長、主任，下至級任教師，都由同學們包辦（我便是那實習校長），那段時間是最教人難忘的，也是日後開始實際教學最重要的先備經驗，因為在實習的工作上，一碰到困難既可向教授求助，更可和同學們相互切磋，共同成長，在那三個星期中，我們的潛力幾乎都完全被激發出來，……這便是我們那個「師專時代」的實習方式。

　　在師專改制完成以後，實習制度也跟著改變了，再加上師資多元化的訴求，以及教育界的改革呼聲，新制師資培育法中規定，師院的「結業生」必須實習一年，成績合格後才得以畢業，取得正式教師資格，最重要的是，這一年當中，他們每個月僅可領到八千元的微薄津貼，這重大的改變，對師院生來說真是莫大的衝擊。（師資培育法，1994）[1]。

　　一九九八年本校來了兩位實習教師，一男一女──大仁和小慧（匿名，大仁是公費生，小慧是自費生），我有幸擔任大仁一個學期的實習輔導教師；走過一年的實習路，他的心裡有何轉折呢？對實習制度又有什麼看法呢？希望透過這位實習老師一年來的心路歷程，提供給制定政策之學者，做為省思和參考。（黃瑞琴，1999，頁61）

師院結業生的選擇

　　八十三年「師資培育法」公布，不但小學校園受到震撼，也衝擊

4.新制教育實習制度之問題與研究：一個實習教師的心路歷程 ◇ 47

著大仁他們這群師院結業生，提到當時的混亂，大仁仍心有餘悸：

「同學都好惶恐！一個月八千元的日子要怎麼過呀？像有些公費生，他們就是家裡環境比較不好，才選擇公費呀！……，所以，有的同學開始找門路，雖然教授一再希望我們依制度行事，但迫於現實的壓力，班上的同學仍有七、八位女生選擇擔任代課教師，反正一樣有資格，而且薪水那麼多……；後來我們班上聚會時，都要這些當代課老師的同學請客呢！」（男生因有服兵役問題，因此代課一途是女生的專利，且代課一年可抵實習，年資亦可採計，薪水是實習生的四倍）[2]。

那麼他是怎樣進入現在這所學校的呢？本校校長曾不止一次的表明：她不歡迎實習教師，因為她覺得那是一件「麻煩事兒」，大仁和小慧是怎樣讓校長點頭的呢？「我是請我爸爸去找朋友，用人情關說的，小慧也是這樣。」大仁有點不好意思，「而且校長還和我們面談過才答應的。」

既然大部分的同學都留在台北（大仁唸的是國立台北師院），大仁為什麼要到台中來呢？

「離家近啊！這樣可省掉吃、住的花費，八千元如果在台北租個房子，那就不用吃飯了！……我已經這麼大了，實在不好意思讓父母再「供養」我，……我現在過得很節儉，有時候和女朋友看電影，還要他請客呢！」

新手上場的心情

提到教學，大仁顯得輕鬆多了，他回想自己第一天站上講台的情景，不禁笑出聲來：「好緊張啊！我沒想到現在六年級的小朋友，長

得這麼高大，當他們眼光都投向我時，我竟然變得結巴，說不出話來！」大概每個老師的第一次教學，都是這樣吧！

在上學期時，教務處安排大仁到六年級一位年輕的王老師班上實習，但並沒有明確安排大仁的實習方式，而由輔導教師和實習教師兩人去協商，最後，他們決定以漸進的方式來進行，也就是說，一開始先讓大仁熟悉教室情境，認識學生，並且觀摩王老師的教學，而後再讓大仁每週上三節課，五節課，⋯⋯最後兩週讓他嘗試經營整個班級。大仁形容自己的教學是「倒吃甘蔗，漸入佳境」。

下學期當他來到我班上，看到三年級的小朋友時，他「有點害怕」，因為「他們（指三年級）跟六年級的學生實在差太多了，我說的話，他們好像不太能聽懂⋯⋯」。大仁是數理系的，他告訴我，他覺得教數學最有把握，在觀察之後，我決定把每週三節課的「數學」全部交給他，因為他的表現頗能「得心應手」，我讚美他比我第一年教書時還棒，他仍是一逕的謙虛：「還要多多學習！」

對輔導教師的看法

在學校裡，和實習教師接觸最多的是輔導教師，而本校的輔導教師是校長親自指定的，且為了讓實習教師有充足的實習現場，和面對不同年級的學生，本校是將上、下學期，分由兩個年段的級任老師帶領實習教師，因為我是大仁下學期的輔導教師，訪談中，我要他忘了我是「輔導教師」，儘量客觀、真實的說出他的想法，他很客氣的說：「我真的很感謝你們兩位給我的指導」，他的態度裡盡是真誠：「有的老師把我們當成燙手山芋，根本就不願意實習教師進入他的教室，所以，你們肯接受我，我就很高興了。」略頓了一下，他又說：「你知道嗎？我有許多同學說，他的實習輔導老師把整個班級都丟給他，他整天在後面看報紙，有的還出去買菜、逛街，一本作業都不批改，他

都快累死了。」「但是，我的同學都不敢吭氣，因為輔導教師要打我們的成績。」

聽到這兒，我有點為教育界的同仁感到汗顏。

對於這兩位輔導教師，他有什麼看法呢？「我早就知道『男女有別』，所以男教師和女教師在教學、班級經營上是有很大差異的，但並不是分好壞，只是要求上有所不同，所以，學校這樣的安排讓我學到更多。」他接著又說：「而且，教過六年級再教三年級時，我覺得落差很大，經過了一番調整才適應過來。」他的確相當用心，才第三天就可以叫出大部分小朋友的名字，而且適逢我們全學年進行「小班教學精神實驗」，他很快就進入情況，難怪他要說：「經過這樣一上、一下的實習，我相信以後我可以「百毒不侵」了！」對於兩位輔導教師，他是「我把你們當成指導教授」，尤其和其他實習的同學比起來，他覺得：「我真的很幸運，能接受你們的指導……。」

行政工作也要實習

教務處表示實習不只是學習怎樣當老師，也要瞭解學校運作情形；所以在下學期時，每週安排固定時間讓大仁到各處室實習，兩個星期後，我問他在各處室實習些什麼？他坦白告訴我：「說是實習，其實是去幫忙打雜，尤其是打字。」這大概要「怪他」電腦能力太強了，而本校的行政業務向來是出名的繁重（「明星學校」動靜態活動特別多），我不知怎麼接話的時候，他又說：「其實，我都是被「叫」去教務處工作，其他處室根本都沒去。」說得也是，四月份的時候，教務處的電腦被人不當操作，所有檔案全毀，於是請大仁、小慧到教務處去做資料重建的工作，這個浩大的工程，讓大仁有兩星期的時間，沒進到教室來（從安排他行政實習之後，他在我教室的時間便大大的減少，每週我只能看他上那三節數學課）。

問他會不會覺得心理不平衡？他有點無奈的說：「還好啦！反正我比較年輕，只是每次都是突然叫我去工作，讓我覺得做事常有被「打斷」的感覺。」是啊！有時辦公室一聲廣播，大仁便要立刻趕去，有時校長或教務主任差個小朋友遞來一張紙條，大仁課上了一半，也得馬上去報到，工友搬東西找他去幫忙、活動的會場請他協助佈置、國語文競賽他也是工作人員、小班教學學年活動他負責拍照、運動會他要當裁判、…，實習內容真是五花八門，「會煩吧？」他仍然自我安慰的說：「就當做磨練和考驗吧！以後就沒有什麼可以難倒我了。」那麼他的其他同學呢？「他們大部分都只擔任一個班級級任的工作，和行政方面並沒有多大的接觸，像我這樣什麼都做的，好像比較少。」難得他一點都不抱怨，可是，每次看他忙得團團轉，我心裡總會納悶：這就是實習嗎？

學校同仁對實習教師的看法

那一次，校長因為要感謝我們三年級老師做小班教學的辛勞，要請我們全學年的老師吃飯，然而在宴請名單上，並沒有看到兩位實習教師（小慧也在三年級另一班實習），我覺得納悶，但也是不敢向大仁問及此事。席間，我忍不住問校長：有沒有請兩位實習教師來？校長瞪大眼睛，提高聲調向大家說：「啊？讓他來實習就很不錯了，吃飯哪有他一份？」話聲一畢，我看到大家僵硬的表情，雖不敢苟同，但也不敢有意見，校長一看，趕快補上一句「經費不夠啊！……」但是，我內心的不平卻已壓不下去了！我只是一直在想：「大仁和小慧如果聽到這席話，會有什麼感受呢？」

其他同仁對今年的實習教師，大部分都充滿了同情：「只有八千元怎麼生活啊？」但是，講到「擔任實習輔導教師」，大家就各說各話了，林老師覺得：「那多不自在啊！教室裡有個人一天到晚在盯著我

教學，好像在監視我一樣，那我說話不是要很小心嗎？想到就不舒服……」

張老師卻不這麼想：「那很好啊！有個人幫我上課，幫我改作業那我不是可以「翹腳捻鬍鬚」嗎？如果校長找我，我一定舉雙手贊成！」

有的人則比較謙虛（或者說語氣有點酸溜溜的），楊老師就說：「我自己不夠優秀，怎麼去輔導別人？而且校長是不會找上我的。」

所以私下常有老師問我：「妳現在不用上課了吧！作業有人幫妳改吧？」也有人會說：「哇！你現在是天天做教學觀摩啊！很煩吧？」也有人會替我擔心：「妳班上的小朋友是不是比較喜歡找他（指大仁）？而不找妳了！」更有人說：「如果他教得不好，家長還是會認為是妳的責任哦！」當然這些問題，我一律把它當成「關心」。

大仁是怎樣來定位自己和同仁的關係呢？他覺得自己是「介於正式教師和代課教師之間」的「模糊老師」，他的語氣充滿疑惑：

「不只是我自己，連學校同仁也很難給我做定位，我在這個團體裡既像是「客人」，又像是「臨時工」，……，大家對我很客氣，態度也很親切，可是，好像我不是這團體裡正式的一員，……，我其他同學也有這樣的感覺，……，但是這不是誰的錯，只是身分不同，……，還好，還有小慧，我們常一起討論、分享、交換意見，畢竟全校只有我們兩人的身分是一樣的，……。」

問過其他同仁，對實習教師的處境有何看法？他們答案是一致的：「大仁真可憐，「事多錢少」，還好離家近……」。

學生、家長眼中的實習教師

每到下課時間，大仁上學期教過的六年級小朋友，便會跑過來我班上找大仁聊天，大仁覺得「他們是把我當朋友看待」，畢竟實習教師

在班上比較不負擔「輔導」、「管教」學生的責任，白臉的機會比黑臉的機會多得多，學生的眼睛是很亮的，他們對自己原來的級任教師，還是比較「敬畏」、「服從」，「他們有些話不會跟級任老師說，會來跟我說」，大仁似乎頗欣慰。

而三年級的小朋友是把他當「大哥哥」看，下課時間，他們會七嘴八舌的纏住大仁，說些「有的沒有的」，例如，老師，「你好帥哦！蟋蟀的『蟀』！」也會當面就直接問他：「老師，你有沒有女朋友？」「老師，你女朋友漂不漂亮？」「老師，你明年還教不教我們數學？」大部分的小朋友都覺得大仁比較不「兇」，上課還會講笑話給他們聽，脾氣好像很好，有個小朋友就在聯絡簿裡寫道：「我們班有兩位老師，好幸福啊！一定是我們表現太棒了！……」

下學期本班的第一本「班級通訊」裡，我特別將大仁擔任班級教師的消息告訴家長，並請大仁也寫一段話和家長「見面」，令人欣慰的是：在回函裡，有許多家長鼓勵大仁，給他打氣、加油，大仁看了相當感動。其後的班親會、戶外教學等親師活動，使家長對大仁有較多的認識，他們替我慶幸多了位得力助手，對大仁的教學也很放心。期末時，大仁收到來自小朋友、家長的禮物和鮮花，我想，這便是對他最好的肯定了。

問題分析與建議

臺灣教育政策的制定，一向是「由上而下」，或謂「外行領導內行」，而且喜歡「倉促成軍」，每每讓人「措手不及」，教師實習制度便是尚未規劃完善即宣告實施，影響師院結業生不知凡幾！但「上有政策下有對策」，這群「白老鼠」只好在法律漏洞裡另謀出路了。得以代課者當然欣喜萬分，但那些靠微薄津貼生活的實習教師（大部分靠兼家教維持生活），心裡可就不平衡了！不知制度制定者是否曾思及此？

不過，我們的政策一向「朝令夕改」，實習制度恐怕還很有得「翻」！

　　實習教師進到小學校園後，其發展更是「命運人人不同」，很多學校更是不知如何去輔導實習教師？嚴格要求者有之，放牛吃草者有之，並無一套完整規範可循，而師院部分也無法給予學校明確的指示或要求，實習教師的命運可說完全掌握在學校手裡（不但各校對實習教師的安排差異甚大，輔導教師的品質也是不一）；而實習教師為了能順利畢業，及為以後教師甄試著想，對於實習學校的種種安排，是不敢不接受的！

　　通常，除非實習教師的表現太「離譜」，否則，學校是不會去為難實習教師的成績的。

　　這三年的教育實習下來，更突顯了教育政策倉促實施，所衍生出來的一些弊病，使得實習教師在其實習學校只能「自生自滅」，因此，我個人在實習制度方面提出以下幾點建議：

1. 落實師資培育機構之實習輔導工作，給予實習教師教學、生活、心理調適之輔導，不可再「放牛吃草」。
2. 擬定完整的「實習輔導教師」培訓計畫和制度，以提昇輔導教師素質。
3. 制定完善的「實習成績評定辦法」，不使成績評定流於形式。
4. 慎選實習學校及實習輔導教師，並給予精神或物質獎勵，始能做最有效的實習指導。
5. 師資培育機構之實習輔導處、國民小學之實習輔導教師、實習教師三者之間應有溝通、聯繫的機會，才能適時給予實習教師肯定及建議。
6. 應考慮給予實習教師合理的實習津貼，使其能維持基本生活，專心實習。
7. 以代課抵實習有違師資培育法之精神，應檢討改進。

結語

　　和大仁相處了一個學期，瞭解他實習的心路歷程後，我有許多的「同情」，對於學校的安排，雖覺得有諸多不合理之處，但這是行政的權利，我也愛莫能助！還好大仁說他早有心裡準備，反正只要熬過這一年，就等於鯉魚跳龍門了！大仁的樂觀、堅忍實在讓我佩服！

　　實習制度實施一年來，罵聲四起，漏洞百出，尤其是代課可抵實習，幾乎使實習制度形同虛設，任何人都想不出：這是怎麼訂出來的？能怪那些實習生「落跑」去代課嗎？「改變」絕對不是「改革」的目的，改得更好、更合理、更能符合時代需求，才是改革應該要努力的方向，那些制定政策的人，是否該「下來」聽聽基層教師的聲音，尤其是那群走過一年實習路的實習教師們的心聲！

　　一九九九年大仁參加教師甄試，落榜了！八月底他就要當兵去了，這兩年，他的年資不予採計，而後年退伍就又要趕快準備參加甄試，否則，一樣沒有「頭路」。相信這兩年，他的心理都將懸著一塊石頭，想到他臉上的「鬱卒」，我不忍多看，只能在心裡祝福他後年回來，能順利考取學校，當個「正式教師」，……。（但是聽說實習制度又將變更，兩年後，大仁可能要面臨更飽和、更激烈的教師市場競爭壓力。）

　　從實習制度來看目前的教育改革現況，不免令人憂心，一樣樣推出來的政策，似乎都讓人措手不及，相關的配套措施也不夠完善，一片喊「改」聲中，只覺得人心惶惶，沒有人敢肯定未來的教育會走到哪裡去？難怪有不少人開始懷念傳統教育了……。

　　教育是百年大計，豈可急於一時？，亟盼政策制定者能更審慎的評估，用心的規劃，多聽聽廣大教育同仁的意見，才能一步一腳印的走出一條教改大道。

註釋

1. 師資培育法中修訂了對於教育實習規定的部分有：

   第七條：修畢師資職前教育學程者，經教師初檢合格才可取得實習教師資格。

   第八條：規定教育實習為一年，成績及格，並經教師資格複檢合格者，取得合格教師資格。

   第十二條：師範院校應從事師資與其他教育專業人員之培育及教育學術之研究，並負責教育實習及教育專業在職教育。

   第十三條：師資培育及進修機構應設實習輔導單位，加強辦理學生實習輔導工作。

2. 依據教育部八十五年公布「高級中等以下學校及幼稚園教師資格檢定及教育實習辦法」中「關於代課、代理教師年資折抵教育實習及教育實習評量」之規定：如以任教年資折抵教育實習一年，需依第34條之規定，撰寫教學心得報告，並進行平時評量與學年評量。

參考文獻

黃瑞琴（1999），《質的教育研究方法》。台北：心理。

臺灣省教育廳編　（1996），《新制師資制度研討說明會實錄彙編》。臺灣省教育廳。

教育部，《師資培育法施行細則》。台（84）參字第008123號令。

教育部編印（1997），《國民中小學教育改革研討會資料彙編》。教育部中等教育司。

張德瑞（1999），《師資培育與教育革新研究》。台北：五南。

張芳全（2000），《教育問題探究—政策取向》。台北：商鼎。

劉炳華（1997），《教師培育與權利》。台北：稻鄉。

中華民國師範教育會主編（1997），《教師專業與師資培育》。台北：師大書苑。

吳鐵雄、李坤崇合著（1997），《教師培育與法令變革的省思》。台北：師大書苑。

5.國小校長教學領導的重要性：以原住民學校為例

雲林縣元長國民小學

總務主任　沈建志

前言

　　無可諱言的「書中自有黃金屋、自有顏如玉」，雖然是比較實利的諺語，但是對於生活條件比較不利的原住民社會族群來說，此句的用意應是較爲鏗鏘有力的理念。透過教育的洗禮必可增加民眾的素質，尤其在現今社會的大力鼓吹的提高「國家國際競爭力」的議題下又不得增加教育的量與質的開發，國內弱勢團體的教育更不容忽視。以下爲不可否認的事實，原住民族群是先於任何族群存活於現在的環境中，礙於文化的差異，使原住民族群在我們生活的環境中，不能充分的表現自我，使自己活得較有尊嚴及自信，因爲原住民族群從荷蘭人、鄭成功先生、日本帝國主義霸權的肆虐、再來爲中華民國政府，皆處於「文化不利」的狀況，強勢的文化取代他們的種種，使原住民文化幾近消逝於強勢文化的迷思中，更談不上所謂優質的種種。國內教改訴求之一，帶好每位學習的個體，使其能充分發揮其潛能，且原住民是國內相當弱勢的族群，從媒體的宣傳中可瞭解他們的種種困苦和苦衷，俗語說的好：「不要教人吃魚的技巧而是要教人釣魚的方法」，簡言之，就是透過教育的方式及歷程來提昇原住民族群的基本生活條件，發揮原住民族群的特色，活絡其族群的生命力，使其活的更有尊嚴與自信。

　　國內的原住民議題於最近的報章雜誌不論是教育、政治…等皆受相當的注視，作爲一個負責任的國際社會成員，我們國內不能漠視先進國家與國際組織對其國家內所擁有原住民的重視，所以我們必須並駕齊驅，即使起步慢也不得忽視如此政策，充分保障原住民族群的受教權益，使原住民亦能以其所學，充分的表現自我，更有利於國內的原住民朋友往社會的上層流動，重拾起他們失落已久的尊嚴及自信。

　　現行原住民教育政策在特殊國家主義下被嚴重忽視，原住民族群的被溶合的力量從其樂天知命中可窺知一二，於無形造成原住民族群

文化的失落及無力，然而原住民亦是國家的一項資產，舉如原住民的運動、歌唱、舞蹈才藝表演、皆受一般民眾的肯定及讚揚，國家必須整合國內人力、物力，以增益國家的世界競爭力，然而這些種種惟有從教育著手才能見其真實效用，所以我們國家必須著力於對原住民工作的加強；例如，寬列基本國民教育經費，使運作教育的校長不虞匱乏；努力經辦教育，著力於原住民的基礎教育；改進原住民教育優惠制度，使原住民能數力於教育學習而不分心；能從教育的歷程中得知教育的功用。

原住民教育政策在執行上也存在許多問題，例如，學校校長的教學領導，學校教育的設備、設施，師資的延攬及校長的「以校為家」精神，校長統合社區的人力，必須協助「原住民教育」不論是質的方面或是量的方面都能達到一般的水平，如此可以協助原住民適應現代化生活，減少發展的痛苦和代價，更維護族群的基本尊嚴。

教學領導的重要

第一，社會學家勞倫斯（J. Rawls）於所作《社會正義》（*A theory of Justice*）一書中說到一個理念即是：「處於越不利的群眾所受的照顧要越注意滿足其所有」，如此才符合公平的理論要求，從上一屆國際奧運主題曲─「回歸原點」（Return to anecient）中瞭解原住民也有國際的空間，但是從報章雜誌顯現的現象並非如此順遂，舉如雛妓、從事低下工作（板模工作、開挖道路、捆工、地下水道工程）⋯比比皆是，唯有教育才可以讓他們得到尊嚴，從教育的歷程中使原住民族群得知「往上層流動」（upward social mobility）的意義，而學校的能夠正常運作更依賴校長的正確的教學領導和期望，能視原住民學童為己出，努力的提昇原住民學童的教育基本能力，不是把原住民的學校作為校長自我職務的跳板，將原住民學生拿來做調動的試驗品。

第二，國內許多專家學者亦指出，相較於國內國中與高中校長，國小校長花費較多時間在處理行政管理事務與建立與上司的關係上，基於所謂的「有得必有失」理念，相對的在處理校內教學相關的事務上國小校長則不夠主動積極參與教學事務，淪為廣大民眾譏笑的話柄——道及某某校長是道地的「政治校長」，人云亦云，引為民眾的飯後歇語，實在有失職業的道德，將職務變為升官發財的工具。

　　第三，國外更多專家學者指稱有許多國小校長根本就是不利於教學的統計數據，明確的事例如下：

1. 學者Howell（1981）國小校長只花百分之二的時間在扮演教學領導者。

2. 學者Peterson（1978）在其研究中發現國小校長花少於百分之七的時間在課程相關的課題上，而在課堂上的時間則少於百分之五。

3. 兩位學者Leitwood與Montgomery（1982）指出國小校長將大部分時間花在處理與教學無關的一般事務上，如做好人際關係及服務學生、參與不關課程的事務或是參加無聊的會議上，很少督導教學，更少在教學領導上作出努力及研發，簡直可以說為害學生受教的權利。

4. 再者學者Morris（1984）在其研究報告上直接說明所觀察到的國小校長幾乎無所謂的學校效能（effective school）素養，共只有花百分之九的時間在例行性的巡堂（visiting classroom）上，對接受教育的學生毫無助益，然而原住民族群本來就是較為文化的最直接方法，如果原住民學童又碰及所謂的「政治校長」，對原住民學生在困難教育環境中，對於其教育的基本能力上的培養及促成，簡直可說是「雪上加霜」，國內政府機關如火如荼進行的「教育優先區」就可知政府的苦心，這就是要彌補處於文化不利地區所運用的公平措施給沉寂以久的原住民教育帶來所謂遲來的正義。

由此可見國外的校長和我國的校長一樣，在「認知」和「實務工作」上落差很大，都缺乏教學領導的訓練及智能，而由於各國文化的個殊性我國校長和國外校長在職能上亦有差異，也就是國內校長和國外校長所著眼的領域不同，國內著重在「行政辦學績效」而國外著重在「教學領導」視爲一項必須注意探討並深思的研究課題，反而較著重於表面及浮面現象的操演，未回歸至「教育的本質」，如此學童根本不樂於學習，也不知學習的好處在哪裡，視學習爲負擔及恐懼，若是主事學校運作的校長我行我素，職業道德、教學領導放一邊，以專營名利前途的事務爲能事，想必蒼蒼學生個體受害無窮，更遑論積極照顧學生的受教權利理念，簡直和現行的教育思潮背道而馳。

　　現今的國小校長所面臨的是「價值多元」而又民主日熾的學校文化及環境，校長不再是園丁或是道德的守護神，在學校的各個層面上都必須直接參與並主導興革校務的整體規劃，然而國小校長面對及服務的學生又是處於文化較爲不利的原住民小學學校學童更需要有適當的應對措施，發揮校長的專業素養以達「全面品質管理」理念的達成，達成如西哲柏拉圖（Plato, 427-347B.C.）所言「教育不只是量的平均，質的方面也要注重其均等性」，使各個族群受到相等的教育待遇，從而使接受教育的學童於教育的歷程中學習到知識、技能、甚至於情感方面的培養及陶冶，再來充分發揮原住民學童本身具有的潛能，達到自我現實（self-actualization）的高峰經驗（peak-experience）境界，更使原住民學童能活的有尊嚴、自信。

文獻探討

國外學者對校長教學領導的意義

1. 校長教學領導即校長以自我專業或是授權他人以促進學生學習成長的活動，活動項目包羅萬象，例如，設定目標、提供資源、視導評鑑、發展學校特色、學術探討…等。（De Bevoise, 1984）
2. 校長教學領導就是直接參與教學設計及學校課程研發制定或選材的具體行為，意圖增進學生的學習成就感受，進而保障學童的基本受教權利。（Pantelides, 1991）
3. 校長教學領導就是從可觀察的實際關鍵行為去加以對校長教學領導作明確的定義，亦即從教學領導中所展現的具體行為加以認定。（Green et al., 1982）
4. 校長教學領導是為將校長教學領導的行為加以作一則體行為分類，再從行為分類中加以彙整歸納，是否達成教學領導的意圖。（Murphy, 1990）。

國內專家學者對校長教學領導的定義

1. 校長教學領導的意義即是主張校長應經由各種領導的具體行為中，進而提昇學校各方的教學品質。（張德銳，1994）
2. 校長教學領導的意義為以下：「追求教學卓越目的，整體性的發展校務，協助教師成長，關心學生，整體流暢的達成教育目標。」（趙廣林，1996）

3.國內行政學者張清濱（1982）提出校長「十項全能」的角色論題中，說到校長就是老師的老師，專業中的專業，要校長扮演領導教學的角色，常舉辦和教學有關的活動，如此必可以吸引學童的心理，讓教育辦的更生動活潑。（張清濱，1982）

4.以生涯規劃理念，針對不同年級原住民學生的需要，規劃統整原住民學生的教育措施，使能克服各項生活挑戰。（劉若蘭，1998）

5.校長教學領導即是進一步分為形成、計畫、執行及評鑑等四個層面，且四個層面更需熟練、流暢。（魯牛華，1994），國小更應有如此的因應措施，讓最基礎的教育紮實、練達。

結論、建議

綜合以上國內外學者專家的論點，可知校長教學領導即是增進師生學習氣氛及發展支持性的環境，結合社區的工作環境，確保教育品質，從而達成教育目標，保障學童受教的權利；然而原住民教育是當前政府推動教育的正在熱門的話題，舉如——「教育優先區」；教育部的教改行動十二項方案的第9項方案「強化原住民學生教育」；「原住民教育法」的制定；「原住民委員會的建立」；再如前面一再說到的教育「機會均等」；前一任教育部長林先生清江所談及的現今十大教育政策理念的重合。

故對於服務於原住民小學校長及教育單位提供以下之建議及參考：

1.依目前原住民生存環境條件不利的情況，國小校長應以教學領導重於行政領導。

2.原住民國小校長應知覺到教學領導的重要性，以身帶動學校的每位教師，認眞於教學及研究上。

3.期望教育行政的相關單位能加強並落實教育的實質均等；符合公平正義原則，以提昇我國教育水準。

4.教育行政機關應儲訓具有良好教學領導的校長，並以原住民籍校長爲優先考量服務於原住民學校，以提昇原住民的基本教育品質；同時對原住民學生的尊嚴及自我一切的作爲，有原住民校長爲榜樣，較能深具信心。

5.期能透過教學領導爲基礎，促使原住民族群，經過教育的洗禮，而能往社會的上層流動。

　　中華民國國內對於原住民的教育，實質已受到相當的注重及重視，然而注重教育的均等已是先進及開發國家的重頭戲及趨勢，透過對原住民教育的重視及關心更讓我們國家能夠邁向世界之林，研究者希望藉此研究更能喚起教育份子的共識，使原住民學童獲得更多采多姿更多元的學習空間和內容，也能使原住民學童經過教育的歷程使原住民族群能活得更有尊嚴、自信，發揮自我才能，將自我所學一一貢獻於社會國家，研究者認爲這應該是教育同仁共訴的願景。

參考文獻

中文部分

李振賢（1998），邁向新世界的教育政策——專訪教育部林清江部長。
　　《教師天地》，（95），4-7。
張德銳（1995），《教育行政研究》。台北：五南。

張春興（1992），《現代心理學》。台灣：東華。

張清濱（1982），校長怎樣扮演「十項全能」的角色，《師友》，（186），15-21。

黃昆輝（1993），《教育行政學》。台灣：東華。

趙廣林（1996），國民小學校長教學領導之研究，國立屏東師範學院國民教育研究所碩士論文，未出版。

劉若蘭（1998），護專原住民身心生活適應追蹤研究，《學生輔導》，（55），130-140。

魯先華（1994），國民中學校長教學領導之研究，國立台灣師範大學教育研究所碩士論文。未出版。

英文部分

Gersten, R., Carnine, D. & Green, S. (1982). *The principal as instructional leader：A Second Look Educational leadership*, 40 (3), 47－50.

Leithwood, K. A. & Montgomery, D. J. (1982). The role of the elementary school principal in program improvement. *Review of educational research*, 52 (3), 309-339.

Morris, V. C. (1984). *Principals in action : The reality of managing schools*. Columbus, O, H,:Charles E. Merril.

Murphy, J. (1990). Principal instructional leadership. In Thurstion, R. W. & Lotto, L. S. (Eds), *Advances in educational administration*：Vol.1 （Part B）(pp . 163-200). London : JAI Press LTD .

Pantelides, J. R. (1991). *An exploration of the relationship between specific instructional leadership behaviors of elementary principal and student achievement* .（Unpublished doctoral dissertation.）

Peterson, K. D. (1978). The principal's tasks. *Administrator 's notebook*, 26 (8), 1-4 .

6.從學校本位管理看國小組織領導模式的拿捏：論校長的遴選制與教評會的運作

彰化縣永光國民小學

校長 梁金都

前言

　　民國八十三年修訂公布之大學法，賦予大學自治法治化。所謂大學自主包括三個層面：一爲人事自主，重點在貫徹學術行政主管與校院長遴選制度。二爲財務自主，目標在賦予各大學院校經費調配與財務管理上較大的彈性與裁量權。三爲課程自主，授予各校自訂專業課程、通識課程，所佔比例各學系必修科目之自主空間；八十四年七月十三日立法院三讀通過且於同年八月九日公布之教師法，賦予學校聘用教師之自主權。行政院成立「行政院教育改革審議委員會」以教育改革爲訴求重點，同時爲了使教育改革的動力有效釋放、教育改革的創造力有效發揮，以順利達成教育現代化的目的，將教育鬆綁視爲現階段教育改革的首要工作並爲教改的先決條件。（曾燦金，1996）學校本位管理理念是教育鬆綁精神的一種體現，其精神是教育權力的下放，強調共同的參與決定，以求集思廣益，使教育能在達成教育目標的同時，亦能兼顧學校本身的需求與社會的期望；其具體的方式乃在組織「學校教育諮詢委會」之性質的共同決策組織，成員可涵蓋上級機關之代表、學校行政人員、教師、職員、學生家長、社區人士、甚至於學生代表；其落實則在學校之教評會與八十八年剛修正過的中小學校長遴選制度。本文擬先歸納出今日學校所面臨之挑戰，並探討其原因；其次，對學校本位管理理念作初步之探討，並討論其優點與限制；復次，瞭解學校組織領導模式之相關因素，進而探討其決策模式的意義；最後，對學校本位管理理念實現之「教評會」與「校長遴選制」，分析其實踐之困擾與可行之道。

今日學校面臨的挑戰

外部的適應

1.國際的潮流

　　由於國際化的影響、科技的發展、資訊的快速傳遞,各國主要的教育發展趨勢,常影響本國的教育發展。諸如:終身學習的推動、人文教育的提倡、組織再造的風潮,以及學校本位管理的重視等,教育改革的運動都深受國際潮流的影響。環顧世界各先進國家最近這些年來之發展趨勢,許多學校系統已朝向學校本位途徑發展。包括:美國、英國、加拿大、紐西蘭和法國等均實施學校本位管理或自我管理學校之途徑,進行教育改革。尤自一九八○年代以來美國學校教育不斷進行改革,在一系列教育改革中其中較受人重視的乃是「學校重建運動」,這項改革運動包括控制學校的新方法和學習環境的重建,其被運用在課程、教學、行政結構、管理、教師訓練和再訓練和教學專業等方面,而學校本位管理可說是該運動最重要的一項改革形式。

2.政治民主的變化

　　自從解嚴之後,國內政治日益民主、政治上講究的是權力的下放與基層的民主。社會上顯現的是一種尊重多元的價值意識型態,由保守而逐漸開放。學校在政治民主的影響之下,組織文化組織歷程亦深受影響,因此學校應面對多變的環境加以變革適應,尤其應重視學校民主化的推動,學校本位管理的理念正是適應現今環境的具體實踐。

3.社會的期望

　　在多元化的社會,價值是多元的,社會上講究的是彼此的相互尊重。學校在這多元價值的社會中必須符應社會的主流價值,尤其讓社會人士參與學校的活動,甚至是學校的行政管理或課程的發展。基於

此學校有必要與社區相互溝通，提供社區民眾參與學校的管理，如此兼顧學校的社區的特性，使學校的發展符合社會的期望。

4.科技的發展

科技快速的發展，帶來人類生活極大的便利，然亦衝擊學校的組織的型態、組織的結構、組織的歷程以及組織的價值。學校受此影響必須迅速的調整其腳步，以適應科技發展的影響，學校資訊化、學校本位管理便是有效的方法。

5.企業組織變革的影響

企業的經營重視績效、嚴格管理投入與產出。尤其需有適應力，必須不斷的根據所處的環境做有效的變革。學校固然不完全與企業相同，但亦應隨環境而有所調適，學校本位管理便是一種集思廣益，透過團體決策的有效行政模式，藉以適應不斷變化的外在環境。

6.家長的要求

社會的多元，政治的民主，擴大提供家長參與學校行政運作的管道。家長要求學校做出最大的產出，希望有最高品質的學校環境、教學內容、教學結果，學校若不圖求改進，彰顯其績效，必為家長所唾棄，而學校本位管理恰提供家長參與學校行政運作的一條有效途徑。

內部的困境

1.教育行政機關管理主義的盛行

過去教育行政單位強調行政管理主義，喜歡由上而下的推動教育活動，例如，民主法治教育、誠實教育、反毒教育…等，活動企圖解決許多社會的問題。但是學校除其原有之正式課程之外，還必須負責如此多的額外的教育活動。於是形成「上有政策、下有對策」的學校文化，學校本位管理的理念正是對此弊端的一種反省。

2.基層學校缺乏專業自主空間

在現行的結構中國小教師最基層、人數最多，但是聲音卻是最小；事務最繁忙，但是權力卻是最小；開支最龐大；資源最少；基層接受的法規最多，自主性卻最低。這些績效不彰使校務發展受限制。

3.學校行政組織偏向科層體制

行政院教育改革審議委員會指出公立中小學科層式的管理方式，固然可以使人在井然有序的環境下進行學習競爭。然而它也就很難適應開放社會所要求之自由、平等、效率等各項價值。學校本位管理正是要求一種決策的下放，使更多人參與決策、集思廣益。

4.學校組織型態係屬養護型組織

養護型的學校無法選擇其學生，學生亦無權選擇其就讀學校，其生存受到法律的保障，常有固定的學生來源，而且不需劇烈的競爭，便可獲取資源。因此，對於環境變遷的需求，反應較為緩慢。相對的野生型的學校，往往很快速的適應環境的變遷。學校本位管理是一種使學校由上而下的一種養護轉變為由下而上野生自主的經營理念。

5.學校人員工作安全過度保障

我國以往教師一經任用即具有相當大的保障，可使教師安心於工作，但相對的亦使教師疏於進修，專業未能隨年資增加而增長。學校本位管理乃是由學校本身即可決定大部分的人事權，使學校考核工作更加的確實。（張德銳，1998）

學校本位管理理念的探討

學校本位管理之意涵

1.學校本位管理的意義

學校本位管理係目前盛行於美、英等國家一種權力下放的學校管理。它是一種包括自治和分享式決定的歷程或實務,同時是一種管理的結構。在美國而言,係指美國各地方學區將作決定的權力授給各學校,以便改進教育的一種策略。可從三方面加以申述:

　　就其結構而言:係指學校教師、行政人員、社區人士、家長,有時包括學生等主要有關人員共同分享參與作決定。一般而言,係由上述主要人員組成「學校本位管理審議委員會」加以運作。

　　就其歷程而言:係指學區將部分傳統原屬教育委員會或教育局局長所享權責下放至學校層級,並由主要有關人員參與分享作決定,它是一種享有自治和分享作決定的歷程。

　　就其內涵而言:作決定之主要領域包括預算、人事、課程和教學和一般學校行政運作。(曾燦金,1996;張德銳,1999)

2.學校本位管理之目的

　　改進學校的學業表現:學校本位管理之直接目的,在藉由學校組織的設計,來改善學校的學業表現;且學校本位管理意指改變學區之經營方式,並藉由改變來改善公共教育。

　　改善教學和學習環境:學校本位管理透過學校教師、家長及社區人士在預算、人事和課程之決定,能為學生創造有效率的學習環境,最終目標在為學生改進教學和學習環境。

　　提供學校教職員全面參與作決定:學校本位管理之目標在為學校

成員建立一個適合的環境，以便全面參與和發展其特性。

　　解決問題並提昇效率：學校本位管理的基本理論是學校管理和教學活動無法避免發生困難和問題，因此，學校必須授與權力和責任，以便儘可能立即解決所發生的問題。因此，學校本位管理的目標是授權學校教職員藉由提供權力、彈性和資源去解決他們所面臨的教育問題。另學校能依據本身的特性及需要有效率地運用資源去實施教育活動。

　　重組行政責任並改變傳統的權力結構：學校本位管理的目標不僅在重組行政責任，同時更以教師、行政官員、家長和家長所建立的新關係來改變傳統的權威結構。（曾燦金，1996）

學校本位管理之理論基礎與模式

學校本位管理的理論基礎

表1　學校本位管理的理論基礎及其要點

理論基礎	要點
1.分權理論	適當行政或政治的分權策略，因地制宜適應個別需求。
2.管理理論 ◇likert系統 　四管理型態 ◇參與決策 ◇品質管理	重視分享控制、信賴、激勵管理、溝通協調、參與決策。 塑造民主討論和集體參與決策，可增進決策之品質。 注重持續革新、顧客滿意、自我教育、人文關懷、品質優先等理念。
3.民主理論	強調建立民主參與環境和氣氛，並適度授權。
4.專業科層 　理論	扁平化組織、重視分權、專業規範和訓練，人員有較大的自主性。

資料來源：葉連祺（1999）。

表2 學校本位管理模式的比較

項　目	行政控制型式	專業控制型式	社區控制型式
目標	提昇學校行政人員的責任	提昇專業人員的責任	提昇社區與家長的責任
做決策核心	學校行政人員、教師家長和社區	教師	家長和社區
學校諮議委員會	行政人員居多	教師為主	家長社區居民居多
決定範圍	課程、預算、人事	課程、預算、人事	課程、預算、人事
運作狀況	1.學校改變最小 2.對學校的影響最小	1.對教師的教學實際有較多正面的影響 2.行政人員需釋出權力 3.對學生學習幫助最具希望	1.對學校影響最大 2.學校校長與教師需做最大的調適
例子	1.加拿大Alberta省 2.美國Texas省	美國Kentucky	1.New Zealand 2.美國Chicago

資料來源：林明地（1999）；葉連祺，（1999）。

學校本位管理之優點與限制

1.學校本位管理之優點

（1）增加學校自我管理能力，改善學校人員自尊、士氣。

（2）擴大校務參與層面，增加學校人員間、學校與社區間之溝通及互動，以提昇行政效能。

（3）強化學校人員承諾、參與感及歸屬感，激發責任感以注重績效責任。

（4）改善學生學習的環境，提高學業表現。

（5）發展學校特色及目標：學校會去實施較重要或最優先，或針對學校、社區特性及特殊需要，提供彈性、創造之措施。

（6）製訂靈活的校務計畫及務實預算制度，以提供適性化之教育方案，達成學校教育目標。

2.學校本位管理之限制

（1）學校本位管理之實施，使學校行政結構及歷程產生變化，學校人員、學生及社區人士或家長都要適應新的角色及責任，短期內可能有些困惑，尤其，校長可能產生挫折。

（2）在建立務實預算制度歷程，可能因專業因素而產生問題，如教師對預算之處理沒有興趣，甚至知能不足，而不願參與投入。

學校本位管理有其優點，是值得採行推展的，惟仍有若干限制，在實施歷程中必須有配合措施加以克服。（曾燦金，1996）

學校組織領導模式的探討

學校組織領導模式的相關因素

學校領導的模式與社會的背景、文化的傳統、領導人的特質、團體的屬性、學校的情境有密切的關係。

從社會的背景而言：日據時代殖民政治、民風保守，學校的領導

模式所講究的是「日本的精神」、「武士道的精神」,君不見日據時代校長配掛武士刀,所代表的是權威與獨斷。所應對於學校的決策是獨斷與寡頭,校長的命令是不可違抗的;黨化教育時代依然強調思想的灌輸,故所表現出的領導模式亦無所差異;隨著時間的演變,民主的時代所要求的是一種權力的下放、分權的管理、團體的決策的領導模式。

從文化傳統而言:東方國家強調的是團體的目標、崇尚權威、重視個人的決策,故盼望學校的領導者能有特出的領導特質,亦即期望明君的出現。相對而言,西方國家他們重視個人需求的滿足、崇尚自由、重視團體的決策,亦即兼顧大家需求的決策。

從領導者特質而言:一般而言領導者應有下列普遍的特質即勇敢、果決、機智、敏捷、幽默、開朗,所表現於決策方面有的專制獨裁、有的菁英管理、有的代議政治、有的全校決策。

從團體的屬性與學校的情境而言:學校的教職員、社區的民眾、學生家長,甚至於學生本身等變項所產生不同的情境,亦有不同的領導決策模式。

在筆者擔任教職十數年來經歷五所學校面對八位校長對於學校的領導模式有以下的觀察心得:

1.校長的特質影響學校領導模式。
2.教改的潮流影響學校領導模式。
3.學校的情境影響學校領導模式。
4.社區的特性影響學校領導模式。

領導與決策的模式

以下依不同領導與決策的因素,將不同領導與決策模式繪成一種續譜概念圖。

1.依領導者使用權力的程度來分：

獨裁	參與式	領導
漸大		漸小

2.依個人需求的滿足的程度來分：

規範式領導	變通式領導	個人式領導
團體目標的達成		個人需求的滿足

3. 依領導哲學對人性看法來分：

X理論	Z理論	Y理論
人性本惡		人性本善

4. 依權力的運作的程度來分：

官僚模式	政治模式	同僚模式
科層體制		全員參與

5.依決策人數多寡來分：

獨裁	寡頭	菁英	利益團體	全員參與
個人決策				團體決策

領導與決策模式的續譜概念圖

　　由以上五種領導與決策模式的續譜概念圖可以得知，愈往左邊代表，視人性本惡的、獨裁的、科層體制的、個人決策的；反之，愈往右邊則代表，視人性本善的、放任的、團體決策的。事實上，「決定（決策）是行政的中心」，依此我們似乎可把上述之模式，簡略區分為是一種由個人決策至團體決策兩種不同領導決策模式。

個人與團體決策的比較

　　個人決策是個人獨自裁決；團體決策是只要兩個人以上共同參與決策。據此，個人決策是指獨裁，團體決策則是包括：寡頭、菁英、利益團體、全員參與模式。

　　在實際的國小學校運作中，大致仍以個人決策、寡頭決策和菁英決策為主，其他的決策模式並不多見。個人決策如學校教師行政工作的分配、班級的編排，這是學校教師最在意，最能顯示個人在學校權力的消長，均由校長一人獨自裁決；寡頭決策模式則以學校設備的添購、學校的行事安排，通常由校長與主任就直接裁決；最為明顯菁英模式則展現在學校的行政會議之中，代表參加學校行政決策的都是學校行政人員開會決定，而居於實際教學最前線的教師卻是不能參與決策，使決策的結果不能與實際需要配合，以致於實施效果大打折扣；其他如教評會之運作即是利益團體的決策模式，其中家長會長是當然代表，便是一種利益的表達；而最具學校民意的會議，則是學校的校務會議是一種全員參與的決策，但是通常校務會議是一種型式，其功能普遍不彰。

表3　團體決策的特性

團　　　　　體	個　　　　　人
◇過程慢 ◇較多人提供意見 ◇可將複雜的工作細分 ◇可徹底的尋求備選方案 ◇產生更多的備選方案 ◇刺激更大的興趣	1. 過程快 2. 對於判斷性的工作，單一的專家能更適合 3. 避免特別的團體決策問題，如團迷思

資料來源：轉引王政彥（1994）。

個人決策與團體決策各有其優缺點，端視實施的方式、時機與情境，在教育改革、權力下放、教育鬆綁精神下，團體決策似乎是決策方式的主流，但是在實施時亦應防止團體決策的陷阱，以免造成反效果。

學校本位管理的決策模式

學校本位管理是團體決策的一種決策模式，其方式是組成「學校本位管理審議委員會」來作決策。在實際的運作中學校教評會是一種具體的展現，他可以使學校自己決定學校教師的聘任、選擇符合學校特色的教師……等優點，但是他亦產生了學校同事間的爭權奪利、派系鬥爭、產生惡質的校園文化……等弊端；另外，校長的遴選制則雖有學校本位管理決策模式的精神，但由於事涉學校校長的遴選影響學校校務極大，故在現行的條文與暫行要點中顯示並未下放權力至學校。換言之，校長遴選制並未真正落實學校本位管理。

校長遴選制的探討

校長產生的方式攸關學校行政決策權力之消長。一般而言，有主管機關直接核派、成立遴選委員會、全體教師投票決定，我們試著由左而右權力逐漸下放，列出一條續譜如下：

主管機關直接核派　　　成立遴選委員會　　　全體教師投票決定

今日爭議不斷的校長遴選制即介於左右兩端之「成立遴選委員會」其成員可包括：上級主管機關、學校行政人員、教職員代表、學生家長、社區人士，以下先就美日校長遴選制、我國國民小學校長甄選儲

訓遴用之沿革，再論國民教育法修正條文之校長遴選制的各項爭議及可行之道，最後，再提出應如何落實學校本位管理的校長遴選制。

美、日校長遴選制度

1.美國校長遴選制度

美國中小學校長遴選制度大概有以下幾種特徵：

各州自訂標準：在美國校長的甄選是由各州自訂標準「校長證書」是必要條件，其取得之要求則需具備視導及領導的能力優良的教學經驗、領導學校進步的優越表現、有紀錄的成功社區關係，另外亦應有敏感性與學生相處融洽、激勵同事的能力、能接納反對團體並促及提供意見的能力。學歷上大都要求碩士學位以上，二至五年的教學經驗，持有教師證書，並需不斷的進修取得換證的資格。

要能處理社區關係：表現有紀錄的成功社區關係、能接納反對團體並促及提供意見的能力，才能與社區關係融洽，取得社區的資源與支持。

學區內遴選：美國校長遴選採學區制，由遴選委員會處理。其程序為：公告缺額、口試，教育局長就成績最高者錄取。

校長口試分為初試與複試。初試由一位家長、二位教師代表、一位小學校長、初級部主任、中級部主任、一位職員、數位行政人員代表組成初選委員會，複試由教育局長、副局長、人事課長、教育會董事代表組成。

2.日本校長遴選制度

日本校長遴選制度，強調資歷與經驗。日本教育特別法中規定，校長任命是地方教育長的權限，並依此訂定「校長考評考查實施綱要」，校長年齡40-50歲之間、教學經驗10年以上、行政經驗2-3年左右、經歷需擔任教頭，再參加甄選。另外，亦提供家長與教師有參與

校長初審的機會。（楊久瑩，1999）

　　美日校長的遴選制度，基本上均要求參加校長遴選者，應具備一定的學經歷的標準，另外注意其與社區之間的關係，並由地方教育主管人員、學校行政人員、教職員、家長推派代表，組織遴選委員會遴選校長。

我國國民小學校長甄選、儲訓、遴用之沿革

1.縣市政府直接核派

　　在台灣光復初期，國民小學校長係由縣市政府直接核派。為提昇教育人員素質，民國四十三年八月訂頒「台灣省各級學校校長任用辦法」中規定國小校長之任用資格，在學經歷方面需從事教育工作兩年以上具有成績，並應接受師範專業教育始可充任。

　　上述校長之遴用雖有法令可循，惟係原則之訂定，彈性極大且任用之規定甚為寬泛。只要具有國小教師資格即可直升校長，無須任何甄選制度。雖使縣市政府有直接任用的權力，但亦造成各項請託與人事關係，使單純的校園環境增加政治的紛擾與污染。

2.甄選、儲訓、候用制度

　　民國五十四年訂頒「台灣省國民學校教育人員儲訓遴用遷調辦法」中規定欲擔任國小校長，需參加縣市教育局甄選並錄取，再送教育廳審查合格。教育局甄選之標準，依積分之高低而定。民國六十一年修訂該辦法，規定參加甄試人員經縣市政府初選錄取後，尚須參加教育廳的甄試，甄試合格方可參加儲訓班受訓，於是對於國小校長的素質及公平性大大的提高。

　　民國八十八年國民教育法修正條文以前，校長甄選制度是依據民國六十八年公布之「國民教育法」第九條、民國七十四年公布之「教育人員任用條例」第二十七條以及民國七十一年公布之「國民中小學教育人員甄選儲訓及遷調辦法」條文之規定，其過程如下：審查資

格、公開甄選、儲訓考核、列冊候用、正式分發任用。（張清楚，1999）實施以來，雖然仍有些校長不自愛，惹人非議，但其公開、公平、公正普受大家的肯定，且經甄選與受訓後的校長確實在專業知識、專業精神上有一定的水準的表現，是故國小近數十年來的快速進步與此甄選制度有其一定的關係。

國民教育法修正條文之校長遴選制

國民教育法修正條文第九條規定。

國民小學及國民中學各置校長一人綜理校務，應為專任並採用任期制，在同一學校得連任一次。

國民中小學校長屆滿得回任教師。

縣市國民中小學校長，由縣市政府組織遴選委員會，就公開甄選儲訓之合格人員、任期屆滿之現職校長或曾任校長中遴選後聘任之。

直轄市國民中小學校長由直轄市政府教育局組織遴選委員會，就公開甄選儲訓之合格人員、任期屆滿之現職校長或曾任校長中遴選後報請直轄市政府聘任之。

師範校院或設有教育院系之大學所附設國民中小學校長，由各該校院組織遴選委員會，就各該校院或其附屬學校教師遴選合格之人員，送請校長聘兼任之，並報請主管教育行政機關備查。

前三項遴選委員會應有家長會代表參與其比例不得少於五分之一，遴選委員會之組織及運作方式分別由組織遴選委員會機關學校訂之。

茲依國民教育法修正第九條，彰化縣亦於八十八年三月二十二日訂定「國民中小學校長遴選委員會暫行設置要點」，其主要委員如下：主任委員一人，由本府主任秘書兼任；副主任委員一人，由教育局長兼任；委員七人，由縣長就學者專家代表、家長會代表（不得少於五分之一）、教師團體代表、社會公正人士及教育行政人員聘兼之，任期暫訂為一年，期滿得續聘。委員出缺時由縣長聘任遞補之，聘任至該

任期屆滿爲止。

由以上所述校長遴選制雖未完全落實學校本位管理理念，但其權力之下放、團體共同決策精神與趨勢，是無庸置疑的。校長遴選制公布以來，在社會各階層產生了極大的討論與爭議。以下SWOT分析之：

1.制度的優點（strength）

（1）落實校園的民主：校長任期制摒除「萬年校長」的笑話，以往國小主任一朝經甄選通過，即飛上枝頭當鳳凰，即使其不適任。如今校長應該多傾聽教師的心聲、學生的聲音、家長之意見。

（2）回任教師的機制：一方面提供校長任期完後的出路，另外，亦提醒校長應不斷充實教師之知能，以爲教師之表率，進而促使校長教師互動交流。

（3）家長會參與校務：遴選委員應有家長成員，其比例不得低於五分之一。因此校長之辦學應注重與家長社區之溝通、協調，更應重視以社區的特性融入於其教育理念之中，使學校與社區打成一片。

（4）校長資格的限制：一校之長應爲全校之表率，亦應有其豐富的學經歷。固校長雖爲遴選，但亦應對其資格設限以確保其品質。

2.制度的缺點（weakness）

（1）遴選的弊端叢生：大學校長遴選已經產生諸多問題於前，小學何苦跟隨其後。

（2）遴選委員會產生：委員如何產生其比例的訂定如何？是否具有公信力，其遴選之標準又是如何？

（3）家長過度的介入：以往教評會的實施，規定家長會長爲當然
之成員，對學校的人事多所介入。況小學與地方最爲接近，
容易造成學校教師引進地方的勢力控制學校。

（4）不如歸去的惆悵：資深之校長臨屆退之校長都認爲與其讓人
評頭論足，倒不如歸去。

（5）回任教師的難堪：

A.不敢放手推展校務，因易得罪學校教師，對以後回任產生
困難。

B.小學校長不如大學校長可回任教授，因教授地位崇隆，而
小學教師較爲基層，不爲大家所尊重。

C.使新任校長辦學產生壓力。

D.一般人以爲回任教師是被降調。

E.回任一般教師是一種人才的浪費。

3.可能的威脅（threat）

（1）惡質的選舉文化，造成派系林立，破壞校園的和諧。

（2）人事請託關說，黑金污染校園環境。

（3）校長受選票限制，無法實現其教育理想。

（4）遴選委員背後有利益團體、壓力團體，各擁其主進而相互妥
協。

（5）劣幣趨良幣，優秀人才不願出頭。

（6）校長卸任後除回任教師之外，亦應有其他相關措施相配合。

（7）社區的力量過度介入，影響正常的學校運作。（張清楚，
1999；徐美達，1999）

4.改革的契機（opportunity）

國小校長遴選新制的實施有其時代的意義。雖有一些在觀念技術

上適應的困難，但是對於落實校園民主學校的進步卻實有其實施的必要性，尤其在規劃之始，應注意其適切性、有效性、可行性其要點如下：

(1) 校長候選人方面：除應以修正條文所規定之基本資格外，應以開放的態度尋求優秀的候選人。可考慮：

　　A.不以縣市為界。
　　B.產學合作培育人力。
　　C.申請與推薦並重。

(2) 遴選委員方面：兼顧專業性、代表性及人格特質。可考慮：

　　A.訂定遴選委員資格。
　　B.明訂遴選委員員額分配。
　　C.實施遴選委員專業講習。

(3) 遴選過程方面：以客觀性、有效性、效率性，另外，設計的基本原則。可考慮：

　　A.明確公告出缺校長之工作要求、所具備的特定條件及其原因。
　　B.公告校長遴選的詳細過程及程序。
　　C.建立遴選流程、品質系統，以提高運作品質。
　　D.建立遴選資訊系統，以增進運作效能和效率。

(4) 校長評鑑方面：建立一套公正、合理、可行校長評鑑的辦法是提昇校長辦學的績效保證。可考慮：

A.健全評鑑委員會組織。

B.訂定評鑑之標準。

C.應包括：自我評鑑、同儕評鑑、形成性評鑑、總結性評鑑
……等多樣的評鑑方式。

D.配合任期作評鑑，可促進專業成長與去留之依據。

E.建立申訴制度。

（5）回任教師方面：

A.保障校長回任後之工作權，校長如有意回任學校應無條件
接受。

B.配合教師分級制，回任為資深教師發揮教學領導專才，作
初任教師的指導者或研究風氣之促進者。

C.禮遇校長轉任督學或顧問或做研究。（林天佑，1999；張
清楚，1999）

學校本位管理的國小校長遴選制

學校本位管理基本上的概念是以「學校」為主的一種管理模式、
是一種自治式、分享的團體決策式、是一種權力下放的鬆綁的精神，
依上述之精神筆者認為應有以下作法。

1.遴選委員會成員應以本校教職員為主

現行縣市政府所組織之遴選委員會，其委員之組成雖具委員會、
團體決策之名，但卻行黑箱作業之實，其產生之現象實無異於之前之
甄選、儲訓、候用，更甚至有回歸早期之縣市政府直接核派之弊端。
換言之，參與遴選應以本校教職員為主，其比例應至少佔1／2，其他
亦應有上級主管機關代表、地方社區代表、學生家長代表若干人，以
符合學校本位管理之基本精神。

2.校長候選資格應予以放寬

除現行國民教育法修正條文之候選資格外，其他應增定以下之資格：

（1）擔任教師年資滿十年以上且服務績效卓著，有具體事蹟者。

（2）行政經歷有五年以上且服務績效卓著，有具體事蹟者。

3.訂定公開、公平、公正的遴選辦法

（1）應公開辦理校長資格審查。

（2）應舉辦校長候選人教育理念的發表。

（3）遴選之方式應有多元、多樣的評鑑方式。

4.適度增加校長校務的決策權力

（1）校長應有彈性調配組織人員之權限。

（2）校長對於校內之經費預算可依學校需要及發展彈性調配。

（3）校長可依學校特性與需要發展學校本位課程。

（4）校長對於校內一般行政裁量權。

5.避免地方勢力的過度介入

學校本管理之精神雖提供了家長及社區人士參與校務的運作，惟其委員名額應予於限制（人數不得超過1／5），以避免校務為地方所把持。

教評會的運作

高級中等以下學校教師評審委員會設置辦法實施以來，對國小校

園產生極大的衝擊。尤其是原本校長人事權的釋放、教師的遷調、學校的行政運作都產生了極大的影響，贊成與反對此項辦法各執一端形同水火。以下就從教評會的設置辦法談起，探討其辦法優點、瞭解現況之運作問題、比較不同兩派看法，並具以提出學校本位管理有效的運作方式。

教評會設置辦法

高級中等以下學校教師評審委員會設置辦法共十三條之概述其內容大要（參見表4）：

教評會辦法之優點

強調教師專業的參與：教評會委員多數為教師，藉由教師的參與在審議中發揮專業知能，實施專業自主的理念。

講求集體民主決策：教評會採合議制精神，審議過程需委員集體的參與討論，以求公平、公正、依法行政的原則執行法定的任務。

重視學校行政自主：經由自主辦理甄選教師，可選聘符合學校發展的優良教師。

注重學校行政單位的協調合作：教評會由人事單位主辦，其他行政單位協辦，欲提昇其運作成效需由各行政單位相互協調通力合作。

促進教師教學革新：藉由聘任的審查可淘汰不適任之教師，提昇整體教師素質與教學品質。

促進學校行政運作合理化：教評會公開透明的運作，經由集體參與、集思廣益進而行政運作的合理化。（葉連祺，1999）

教評會的實際運作之問題

教評會其理念著重校園的民主、團體的決策、教師專業的自主，

表4 高級中等以下學校教師評審委員會設置辦法內容大要

項　　目	條　　文	內　容　大　要
來源依據	第一條	教師法為法源
任務	第二條	1.關於教師聘任之審查事項。 2.關於教師長期聘任、聘期之訂定事項。 3.關於教師解聘、停聘、不續聘之審查事項。 4.關於教師資遣原因認定之審查事項。 5.關於教師違反本法規定之義務及聘約之評議事項。 6.其他依法令應經本會審查之事項。
委員產生及產生方式	第三、五條	選舉產生教師行政人員家長會教師會等代表委員。
委員任期	第四條	任期一年連選得連任。
召集及開會的方式	第六、十條	校長或連署召集會議主席互推邀列席人員。
決議方式	第七條	規定議決人數。
校長覆議權	第八條	校長非委員具有覆議權。
迴避規定	第九條	委員審議應迴避事項。
委員津貼	第十一條	委員為無給職。
行政歸屬	第十二條	行政工作由人事單位主辦其他單位協辦。

資料來源：葉連祺（1999）。

主要顯明的運作則是每年的教師遷調，實施以來普遍受到質疑，其產生的問題約略如下：

流浪教師協會：各校教評會各訂實施要點及標準，無統一之遷調標準，使許多教師調出卻無法找到學校調入，而原學校缺又已補滿，造成教師到處流浪，無安身之處。

介聘成功率大減：以往之統一介聘工作教師調動為多角調動，使成功率大為升高。今日各校教評會自己介聘，成功率自然大減。

校長人事權的失落：以往教師之派任與遷調雖然是主管機關與教師自身之權益，現在教評會之實施，教師介聘、停聘、不續聘、資遣權在學校教評會成員身上，至此校長的人事權大大旁落。

師範校院學生取消保障：以往統一介聘師院學生均有保障名額，然今日各校教評會則無此保障。

調校困難重重：常有內訂的人選、量身裁製的情形。

校園派系對立：教評會成員之選舉，因涉及學校各項聘任、不續聘……等人事權，於是學校有心人士便藉機結合、排除異己，而形成了派系林立的現象。

黑箱作業：學校教評會之作業常不夠公開，又自訂各項實施要點，使介聘作業產生不公平的現象。（賴淑姬，1999）

教評會存廢之比較

彙整各層面對於現今教評會實際之運作，葉連祺（1999）提出中小學教評會存廢兩派論點之比較：如（表5）

綜合以上之比較，學校教評會之實施雖有其問題與限制，但是其學校本位管理，分權、自治的精神卻是值的給予肯定的，相信一段時間的調整與修正，教評會的運作應會更加順暢、更加有意義的。

表5 中小學教評會存廢兩派論點比較

層　面	改 革 教 評 會	廢 除 教 評 會
整體制度	◇使學校成為專業自主的團體。	◇他國無此制度違反世界的潮流。
教師介聘	◇合計介聘和甄選的成功率未較往年低。 ◇不必接受他校不適任教師。	◇現職教師不易遷調他校。 ◇教師介聘審查時受故意刁難。
教師甄選	◇可甄選合適學校發展的優良教師。 ◇使依舊積分制無法遷調他校者如願。	◇中小學教師專業判斷能力不足。 ◇教評會甄選過程黑箱作業為公平公正。 ◇教師四處奔波甄選心力交瘁。 ◇學校必須多次辦理甄選耗損教育資源。
教師聘任	◇加速淘汰不適任教師。 ◇杜絕校長聘任濫權。	◇校長聘任教師權殘缺。
委員產生		◇造成惡質的選舉文化。

資料來源：葉連祺（1999）。

學校本位管理的教評會運作

　　現行中小學教評會的運作實已發揮若干學校本位管理的理念，具有學校諮議委員會的人事諮（審）議功能，運作型態類似「專業控制」的學校本位管理模式，注重教學專業參與的決策導向。

　　欲使中小學教評會落實學校本位管理的理念，首應建立全體教職

員工和社區家長對教評會合理有效運作的正確觀念和共識，其次應塑造公平、公正、公開、合理和有效能的制度，最後則有賴藉由民主參與、共同監督和不斷適度合理修正，以促使教評會發揮應有的功能，提昇學校整體效能。

在建立正確觀念和共識方面：學校應共創民主參與的環境，塑造共同的願景，以教學專業導向，促進教評會合理有效的運作，提昇學校整體教育品質。

就塑造公平、公正、公開、合理和有效能的制度來說：宜透過法制化的途徑，訂立明確且具多數共識的實施規則，並謹慎規劃小部分能由教評會視情形，合理彈性調整的運作。

適度合理的修正以提昇教評會之功能：所建立的制度需要是運作的結果，經由民主參與討論、提送校務會議議決的方式，進行合理適度的修正，以提昇教評會的審議功能，增進學校整體之效能。（葉連祺，1999）

另外，現行教評會之具體實施應有下面修正的方向：

尊重校長之人事權：基本上國小的編制編配仍屬科層體制。學校的首長是校長，必須對學校之辦學負成敗之責任。「有責必須有權」，尤其是人事權，雖然有關聘任權屬教評會，但應尊重校長的意見，或付予校長部分的決定權。

發揮教評會正向的效果：現在各縣市有統一介聘、有各校自辦甄選都產生負面的效果。事實上，教評會有效的運作，可聘任符合學校發展與需要的教師。

教評會應訂定各項實施要點與作業標準：使本校教職員與參加應聘之人員有依循之方向。

教評會成員應有任期並不得連任：現行成員可無限期連任，容易造成學校派系林立、尾大不掉。

公開公平的甄選辦法：應嚴格訂定迴避條款、加強檔案的評量、重視紙筆測驗、重視口試的客觀性。

結語

　　國際化、民主化、自由化、本土化是今日教育的主要思潮，學校本位管理正是其具體的實現。學校本位管理的發展有其內部因素與外在環境的時空背景，但是學校本位管理在實施上亦有其優點與限制，其優點是一種民主的參與共同的決策摒除了一人一政的專權、獨斷決策現象；其缺點則是一種團體決策的迷失、團體極化、去個人化的情形，尤其在民主素養未臻理想的組織常常會產生極大的反效果，故今日國小在推行學校本位管理應發揮其理念之精神並注意其所產生負面之影響。

　　今日國小校長之遴選制度與教評會之運作便是基於學校本位管理的精神，講究學校自主、自治、分權與團體的管理。但事實上現行校長遴選制尚未落實學校本位管理之精神，其權力依然在縣市主管機關之遴選委員會，且其作業又普受質疑，應該如何擷取其優點，修正已然發生之問題與困境是需要大眾共同加以思索的，進而以提昇學校組織之效能。例如，擴大學校為主參與的層面、防止家長與社區人士不當的介入學校行政的運作，尤其是學校的人事權、加強校長各項權力使校長專心辦學……等。另外，學校教評會實施辦法本身已發揮學校本位管理之精神，但其產生的弊端卻在今日的校園中產生極大的顛覆作用，如何適度的加以修正之，是急需研究與探討的課題。

　　學校本位管理精神真正之落實，是一種理念的再造、是一種組織的再生，尤其在教育改革的潮流之下，教育研究者似可從校長的遴選制教評會之運作的實際發生疑慮、實際問題及其弊端，統整出具體的改進措施進而達成學校教育之目標，發揮學校本位管理之理想。

參考文獻

王政彥（1994），《團體式教育決策參與》。台北：五南。

台灣省國民中小學常用教育法令彙編（1997），《高級中等以下學校教師評審委員會設置辦法》，495-497。

朱江（1999），官派，走入歷史…教育學者對校長遴選的看法。《師說》，127，51-53。

林明地（1999），以學校為基礎的管理一一個學習的行旅，《師友》，382，9-14。

林天佑（1999），新世紀國民中小學校長任用的探討，《現代教育論壇》，16-18。

秦夢群（1998），《教育行政—理論部分》，台北：五南。

教育資料文摘（1999），北市擬定校長遴選辦法，《教育資料文摘》，255，71-73。

教育資料文摘（1999），國民教育法修正案正式版本，《教育資料文摘》，254，25-30。

黃嘉雄（1999），誰當家作主？…談學校本位管理的權力結構類型，《師友》，382，15-18。

曾燦金（1996），美國學校本位管理及其在我國國民小學實施可行性之研究，台北市立師範學院初等教育研究所碩士論文，未出版。

張慶勳（1996），《學校組織行為》，台北：五南。

張德銳（1998）。以學校中心管理推動學校教育革新，《教育政策論壇》，1（2）。

張清楚（1999）。正視中小學校長之培育、任用評鑑—現職校長的看法，《現代教育論壇》，24-31。

葉連祺（1999），建立中小學教師評審委員會之學校本位運作模式，《教育資料文摘》，255，93-115。

賴淑姬（1999），教評會的是與非－從教師的介聘引爆問題談起，《教育資料文摘》，255，86-92。

薛宗煌（1999），服務型的國民小學校長，《教育資料文摘》，251，44-47。

謝文全（1999），中小學校長培育任用評鑑制度，《現代教育論壇》，1-5。

戴振華（1999），中小學校長培育任用評鑑制度－一個基層教師的看法，《現代教育論壇》，32-34。

羅清水（1999），學校教育的核心發展－落實學校本位經營，《師友》，382，19-21。

7. 學校行政 與危機管理：學校危機處理個案分析

屏東縣保力國民小學

張有良

前言

1. 七十八年五月間，台北縣鶯歌國小李姓學童發現夾死在校門右新建教室一樓的鐵捲門上。

2. 八十三年十月間，台北市南門國中學生楊融臻擦拭窗戶，不幸因窗戶欄杆鏽腐而從四樓墜地致死。

3. 七十九年三月間，台北縣中和積穗國中學生范嘉榮，下午參加降旗典禮後，行經風雨走廊工地時，突遭工地三樓掉下來的鐵管擊中頭部，當場昏倒。

4. 七十九年十月間，景興國小四年級學生黃思博，在學校操場玩躲避球時，不幸遭施工中的鏟土機輾斃。

5. 七十七年四月間，台北縣新店安坑國小六年級林姓女童在校園玩耍，遭一名男子強拉至教室強暴後，在驚慌之餘跳樓摔死。

6. 八十三年十月間，台北市內湖區新湖國小吳曉蕙老師遭姦殺毀容棄屍於該校地下室停車場，手段殘忍萬分。

7. 七十八年三月間，就讀台北市某國中的男生，在一個假日的下午到學校玩時，該名學生被三名年約二十歲的男子挾持到教室內，脫光衣服輪流雞姦。（陳寶山，1997）

　　八十八年九二一大地震為臺灣帶來極大傷害，學校這次的災情可謂相對嚴重，原因在於學校校舍建築長遠存在的問題。幸運地，地震是在凌晨發生，否則單是學生的傷亡，便是難以估計。

　　因此，學校工作人員應對學校情境作整體之瞭解，避免無謂的人員傷亡。本文作者試圖探索組織發生危機的可能原因，以及危機對於組織及其成員可能造成的影響，並希望藉此研究能為組織找出最適當的危機管理運作模式，以作為日後國內各類組織在面對或處理危機時，除能對危機有正確的認識外，並能從容不迫地化危機為轉機。

危機管理的意涵

危機的要素

危機係指組織因內、外環境因素所引起的一種對組織生存具有立即且嚴重威脅性的情境或事件。不論危機的意義如何被界定，其通常都具有三項共同要素：（Hermann, 1969, p. 64，轉引自孫本初，1997）。

1.危機乃是未曾意料而倉促爆發所造成的一種意外。
2.威脅到組織或決策單位之價值或目標。
3.在情況急遽轉變之前可供反應的時間有限。

危機的特性

為利於日後對危機的因應及管理能具有成效起見，吾人實有必要先對危機之特性作一深入瞭解，一般而言，危機具有下列幾項特性：

危機的形成具有階段性：通常可分為危機警訊期、危機預防／準備期、危機遏止期、恢復期與學習期。

危機具有威脅性：威脅性的強弱端視可能受到損失價值的大小而定，而此類的認定過程全依決策者的認知而定。

危機具有不確定性：包括狀態的不確定、影響的不確定、反應的不確定等，此三種特性正是對管理者的能力及組織的應變措施形成一種極具挑戰性的考驗。

危機具有時間上的緊迫性：當危機突然發生時，決策者必須立即能對情境作出適當的反應，往往在時間的壓力及資訊不足的情形之下

會影響決策的品質。

危機管理的定義

秦夢群（1998）指出：危機可被定義為是「在極不穩定的狀況和急迫強大的時間壓力下，必須做出立即決定的情勢」。危機雖使組織有惡化或崩潰的可能，但亦可因危機處理的適當而使組織脫胎換骨，危機反而成為轉機。孫本初（1997）則認為所謂危機管理，即是組織為避免或減輕危機情境所帶來的嚴重威脅，而所從事的長期規劃及不斷學習、適應的動態過程，亦可說是一種針對危機情境所作的管理措施及困應策略。

基於以上分析，研究者認為校園危機管理是校園的危機有階段性、複雜性、威脅性、不確定性與緊迫性，組織成員應洞悉學校情境、瞭解學校事件之發展。藉由從事有效的學習與教育訓練，對突發的狀況做出有效的判斷，並從事各項事後的復健，使學校能不斷的成長，以保護教職員、工、生的工作與受教的權益。

校園危機的種類（王延煌，1996）

天然災害：因颱風、地震、水災…等天然的因素，造成學生教職員工及學校財物之嚴重傷害與損失。

意外事故：交通事故、食物中毒、疾病傳染、建物倒塌…等。

學生犯罪事件：互毆、械鬥、性騷擾、性侵害、恐嚇、勒索、偷竊、殺害、毆師…等。

學生自傷事件：自殺。

行政弊案：學校因行政發生弊端，為人揭發，至嚴重影響教學情事。例如，受賄、工程弊案、編班不公…等。

教師犯罪：於校內從事不當惡補、體罰或其他犯罪情事為人舉發，嚴重影響校譽。

校園對立事件：校長與學校教師、行政人員與教師、學生與家長、學生與教師…等。因理念與作法不同，產生對立事件。例如，罷課、罷教。

危機成因之分析

從實際的生活例子中我們發現，有些組織鮮少發生危機？而有些組織卻一再地發生危機呢？從各類有關組織與管理的研究中，吾人可知造成組織發生危機的成因頗多，但因各學者所研究的重點不同，其所探討的危機成因也就各異。

秦夢群（1998）認爲學校危機發生成因是由於環境顯著的改變、組織結構僵化，造成資訊系統的不足，領導人一味承襲舊法，而使學校運作與社會趨勢呈現格格不入的現象，終演變成學校危機。基於此以下茲就從組織發生危機的內外在環境因素說明：

組織之外在環境因素

組織所處的外在環境對於危機事件的發生扮演著極爲重要的角色，此乃因環境中各變數之間的交互作用往往是許多危機事件發生的前提，亦即爲危機事件形成的原因。故一個成功的管理者除應對其所處之外在環境保持高度警覺外，並應隨時採取適當的因應的策略。

1.國際情勢變遷

今日的組織是一個開放的體系，瞬息萬變的環境正不斷地衝擊著組織，任何一個組織都不能倖免。例如，一九九四年二月間霸菱銀行新加坡分行之財務危機所引起的全球性金融風暴便是一例。另外，公立學校長久以來績效不彰，逐引發各項學校組織變革。例如，特許學

校、家長學校選擇權、教育券…等引發學校教育的改革。

2.勞工意識的抬頭

員工為爭取自己的權益，紛紛自組工會來與資方進行談判，希望能獲得資方的尊重、較好的福利等，倘若談判不成則多以自力救濟的方式向企業或政府施壓，以達成他們的目的。因此，傳統的管理的觀念與方法已無法適用，管理者惟有改變組織的經營策略，才能避免員工因不滿情緒的升高，進而採取激烈的抗爭手段，而使得組織的運作受到嚴重的影響。

在學校方面，教師屬於基層的教育工作者。近年來積極的爭取其權益、重視專業自主權組織教師會，甚或與學校行政相對抗，演變成校園的衝突事件。

3.大眾傳播媒體之壓力

大眾傳播媒體的職責在於能真實地報導重大事件的發生，負有教育民眾的功能，因為透過媒體的報導將會影響一般社會大眾對事物的看法，若組織在處理危機事件時並未以適當的溝通管道，將正確的資訊透過大眾媒體告知大眾，而是掩飾錯誤、保守秘密、或是延遲發布消息等均會使得社會大眾受到不利的影響。

4.不法分子的破壞行動

不論公私組織均面臨著不法分子破壞的威脅，而且有愈來愈多的趨勢，由於其手段殘忍且常出其不意，使得組織在面臨與處理此一原因所引起之危機時顯得手足無措。例如，各國政府均面臨不斷發生的恐怖主義、劫機與汽車爆炸事件，使得政府部門對此種不法行為更是壓力沈重不敢掉以輕心。

校外一些精神異常、作姦犯科者，常以學校學生為作案對象，造成學校安全的困擾。例如，白曉燕綁架案、女教師、女學生遭強暴案…等，造成校園的恐慌。

組織之內在因素（孫本初，1997）

1.組織文化

　　組織文化係指其成員共同所擁有的一種信念及期望的行為模式，它包括一種共同的哲學、理念、價值觀、信念、假設、期望、態度和規範。組織成員通常會將組織中的錯誤的信仰、價值予以合理化，此種受扭曲的組織文化與行為將有礙於組織中危機管理活動的推行，致使組織具有發生危機的傾向。

2.管理特質

　　Richardson（1995, p. 5-18）認為組織發生危機的原因，除了組織結構、組織文化等因素以外，管理風格的不當也會導致組織產生危機，例如，過分重視人員或工作的管理方式，惟有權變式的領導才能減少組織發生危機，亦即領導者對領導行為的選擇與運用應依當時的情境而定。

3.人員因素方面

　　組織內的人員對於危機情境的設定及理解具有很大的關鍵（Weick, 1988），故組織中成員的因素不容忽視。決策者須職司擬定組織方針並身負組織成敗的責任，但許多決策者往往礙於認知的限制及沉溺於以往成功的假象中，而忽略了外在環境的變遷所形成潛在危機的發展，以致未能洞察先機而延誤了危機處理的時機，造成永不可挽回的缺憾。

4.技術

　　科技文明雖為人類帶來很大的福祉，但相對地亦為人類引發了更大的問題，例如，組織因設計上的錯誤、設備上的瑕疵，以及技術程序上的錯誤等，而引發不可收拾的意外災害。

5.組織結構方面

組織結構為組織在達成目標時雖能提供莫大的助力，倘若這些例行的方案及規章一旦成為制度化後，便會使得組織產生惰性而不尋求創新，甚至會阻礙組織對外在環境的感應能力。換句話說，當外在環境急遽變遷時，若組織既有的規則與標準作業程序不能因應此項挑戰時，反而可能因其所採取的處置不當而擴大了危機。除了組織中僵化的制度易使得組織對危機的敏感度降低外，還有組織本身所擬定的危機應變計畫是否完善、溝通管道是否順暢都是足以引發危機的重要變數。

6.財務因素

組織的資金來源是否充裕、財務狀況是否健全或者是組織產品在市場所具競爭力的大小，都會對組織的正常運作產生極大的影響。在這些經濟因素的衝擊下，極可能會導致組織財務不佳而引發所謂的財務危機，有關此類因素所導致的財務危機歷歷可見。

綜合以上之分析，學校因外在環境的不斷變化、內在資源之不足，加以學校成員缺乏危機之專業處理能力，以及領導人員未能視環境變化而採取有效的因應策略，導致對危機之預防、危機之應變、危機之善後，均充滿不確定性。故有效的校園危機管理應針對學校組織的內外在環境有效之因應，才能防範於未然，減低傷害。

危機影響之分析

當危機情境出現時，對於組織及其成員將會產生極大的壓力與焦慮，在此情形下，組織及其成員將會以異於平日的方式來處理危機事件，並把其注意的焦點放在危機的來源上，而把較不相關的活動予以

降低或忽略，以便能全心全意地處理眼前急迫的危機，故危機的發生會對組織的管理上產生重大的影響，以下將探討危機對組織及其成員的影響。（孫本初，1997）

危機對於組織成員的影響

1.資訊處理上的緊縮

　　許多學者的研究發現：適度的壓力會促進績效的成長，當壓力過大時，個人會因壓力的影響而產生認知錯誤及降低個人對環境中資訊吸收的能力，在此情況下往往因認知限制而無法以更寬廣的視野來檢視周遭各種可能解決危機之替代方案，反而是以個人既有的思考模式或是例行的標準作業程序來處理危機，如此不但無法解決危機，反而使得組織因個人決策錯誤而面臨崩潰的困境。

2.欠缺決策上的準備

　　當危機情境愈不為決策者所熟悉時，決策者所從事的事前準備的可能性就愈低，所以當危機情境出現時，因其所承受的壓力過大，導致其依據以往經驗而採取例行性解決方式的可能性也就增大。因此，凡是未能事前針對危機作準備者，比較容易制定無效的決策，而採行不當的決策的機會也會升高。

3.自我價值觀的混亂

　　危機會使得組織成員的基本價值產生混淆、困擾著人們的認知，不論是直接或間接被危機所影響者，其事後都必須付出心理上的慘痛代價，他們經常會做噩夢、失眠、比一般人易於緊張及焦慮，並對許多事情感到沮喪。

危機對於組織的影響

1.決策權威的集中

　　當組織發生危機時，決策者為了能有效針對危機情境加以控制或反應起見，通常會將組織的決策權自下階層人員收歸自己所有，並且只集中在少數幾個人手中。在決策權威集中的情形下易導致「團體思考」（ groupthink ）現象的產生。所謂團體思考，乃指某團體因具有高度的凝聚力，強調團結一致的重要性，因此壓抑個人獨立思考及判斷的能力，放棄提出不同意見的機會，最後導致團體產生錯誤或不當的決策。

2.資訊流程的緊縮

　　組織為因應危機的威脅及對資訊能作有效的運用起見，往往會設置一些機構來對資訊作過濾的工作，而人員為規避責任會將資訊作刪減、延緩作回應等，此會造成資訊的扭曲或不實，再加上前述決策權集中的影響之下，造成資訊流程的緊縮，使得決策者因使用錯誤資訊或在資訊不足的情形之下而作出不當的決策，此不但無法化解危機反而使危機事件更加惡化。

3.對危機的僵化反應

　　當組織發生危機時，若平日所建立之標準作業程序不能適用危機情境時，易造成成員墨守成規或向層峰請示，如此一來常會延宕危機處理的時機。

4.企圖處理危機的壓力

　　在危機情境下，因受限於時間的緊迫與決策權威集中的影響，使得組織內部的溝通機會與管道減少，此種情況易使得主管與部屬彼此之間產生更多的焦慮與挫折，此種情境並不利於危機處理。

5.資源管理的壓力

　　組織發生危機時，常會傾全力將組織的資源用於危機事件的解決，但是這樣的資源重組常會引起某些既得利益者的反彈，並引發組織內部的衝突。

校園危機管理中學校行政採取之策略

　　校園危機管理應著重對各項危機的事前預防，期使傷害能事先防範，減少不必要的傷亡。當危機發生時亦應有明確的處理步驟與正確的觀念，使危機能有妥切的處理措施。最後，對受傷害的情事作系統的評估，採取有效的安置與輔導的措施，使師生能儘快復原面對未來的生活。以下研究者就實際的學校工作中的經驗，提出校園危機處理的通則。

事前的預防策略

1.成立校園危機管理小組

　　危機管理成員應以校長為召集人，訓導處為核心幹部，並邀集各處室主管、教師代表、家長代表，以及當地之治安主管，並設置發言人一人（由訓導主任擔任為宜），透過團體決策的方式集思廣益。

　　危機管理小組應定期與不定期開會，針對不同情境研擬各項應變策略，尤其應著重小組成員的專業成長，適度的增加其研習與進修的機會。

　　危機管理小組是一個智囊團，它是由各種對危機情況十分瞭解，並能針對特殊個案作出評估的專才所組成，從危機發生前之預防及準備工作的規劃、危機爆發時的緊急處理，以及危機解決後的重建與再學習，皆為危機管理小組所主導的工作。

2.研訂校園危機管理計畫

學校開學即應針對學校情境、社區背景、師生需求，擬定各項校園安全計畫各項危機應變計畫，並協請各單位切實執行與評鑑改進。

危機計畫的目的就是在事前對可能發生的潛在危機，預先研究討論，以發展出應變的行動準則。Nunasmaker（1989）等人認為在從事危機計畫規劃時首先確定組織目標，並針對環境中各種可能威脅組織目標的來源來加以評估，然後依照威脅所造成的時間壓力及強度將威脅作處理上優先順序的排列，最後再配解各項威脅所需的適當資源，包括：人力、物力、財力、技術等，為使上述規劃行程有效並能迅速完成，吾人可藉用電腦技術。再者，Wisenblit （1989）亦認為：有效危機管理計畫應包括：建立危機警訊的機制、找出危機的利害關係者、處理危機的作業程序、持續運作的權變計畫、成立並訓練危機管理小組、擬定危機溝通計畫、對危機計畫作評估及修正等。（孫本初，1997）

3.訂定校園危機處理模式

學校應針對不同的危機情形，擬定各種不同的危機管理模式，使師生有所遵循依據。如危機種類過於繁多，應研訂一般危機處理的模式。

4.實施校園危機之教育演練

Nunamaker（1989）等人指出，危機訓練的目的在於使組織成員除了對既有的因應策略能有所瞭解及熟悉外，其最主要的目的是想透過此種訓練的過程使其成員能夠培養出分析的能力與知識取得的能力，並從中學習及培養獨立判斷的能力，以便其在危機的情境下能作出創造性的決策，並能以彈性的行動來解決危機。（孫本初，1997）

學校每學期應定期安排各危機處理的教育訓練。如地震之防範演練，使學生能在遭遇危機時能熟練的應變，以減少傷亡。尤其應注重不定期突發性的演練，測試學生的應變情形。

5.蒐集彙整各項資訊，實施安全教育

學校應蒐集各項有關危機相關法令資訊，編訂安全教育教材隨機教學，建立正確的安全教育觀念。亦可實施「迷你週」教學，結合各項比賽活動，促進學生學習遷移增加學習效果。

6.注重校舍建築設備的定期維護

有關學校建築與設備應定期維護，危險建築則應適時拆除，避免因老舊失修，造成人員之傷害。

7.結合校內外的各項資源

協調地方治安單位，建立聯絡網，在學校發生重大事故時，警方能機動迅速地支援。

教育行政機構應透過協調合作的方式，和縣市警察局建立聯絡網，協助學校和少年警察隊及派出所建立警備網，以應付任何緊急突發事件。

8.繪製校園危險地圖，加強校園巡邏

學校有些地方充滿危險的地方，易使歹徒進入。如校園中的死角、廁所，應繪製校園危險地圖，警告學生避免靠近與獨自遊玩。並建立良善的導護制度適時巡邏，提高警覺以避免傷害之發生。另外，學校亦應消除不必要的校園危險區域，並設置各項保全設施，以提高學校的校園安全。

9.設置學校警備安全人員

正式納編，且給予更完善之設備與訓練。

研究者認為學校正式設置警備安全人員於編制內，且給予更完善之設備與訓練，以提昇素質，一則維持校內學生安全，更重要的是阻止外來者入校鬧事，並處理緊急事件。

10.結合家庭、社區教育的力量，建立學校支援網路

　　重視親職教育實施，建立家長教養子女的正確觀念，避免無謂傷害及意外事件的發生。另外，應協調地方治安單位，建立聯絡網，在學校發生重大事故時，警方能機動迅速地支援。教育行政機構應透過協調合作的方式，和縣市警察局建立聯絡網，協助學校和少年警察隊及派出所建立警備網，以應付任何緊急突發事件。

11.建立校園學生預警制度，注意行為瀕臨偏差的學生

　　輔導室應透過心理測驗與教師平時的觀察，積極的建立學生的基本資料，藉以瞭解學生的生活情形與學習的情形，適時的提供有效的輔導措施，避免學生問題行為的發生以及適時的瞭解哪些學生瀕臨偏差行為的發生。

即時的應變處理

1.迅速研判，決定處置步驟

　　危機發生時現場的研判極為重要。現場的成員一方面應決定權宜的措施、一方面經即刻通知學校校長或處室主任立即處理。然後再決定處置的各項步驟，此時領導人與成員的平時訓練與專業素養及其個人的果斷力便極其重要。

2.控制狀況，避免影響層面擴大

　　遇到危機情形應審度情境、保留現場，並控制傷害情形的持續擴大，避免情況不可收拾。

3.救人第一安撫受害者

　　危機發生應以救人為第一優先，避免人員無謂的傷亡。並對受害者提供一個心理支持的環境，安撫受害者面對現實。

4.通知相關人員，據實呈報上級

當校園有危機發生時，學校應立即通知相關的學校行政人員或導師、學生家長，並依「校園意外事件通報系統」，通報縣市教育局、教育部，讓相關人員能掌握事件發生的狀況並提供適度的支援。

5.尋求相關資源協助解決

「學校的資源在社區」。故學校在危機發生的同時應尋求社區之機構、地方家長與社區所屬警政機構相支援，並積極爭取各項人力、物力、財力的支援，期使危機的傷害減至最低。

6.設置發言人統一對外口徑

秦夢群（1998）指出發言人係指專門提供有關公眾事務訊息者。在學校即是代表說話者。故對外口徑一致是設置發言人主要的任務，發言人對外發布消息應注意下列六項原則：

（1）先查明真相、取得共識，再對外發言。
（2）未擬定聲明前，應以誠懇態度面對媒體，並在最短時間回覆各項問題。
（3）涉及未成年學生隱私，不可對外發布其姓名與資料。
（4）有關刑事案件應立即通知警方。調查時，不宜發表個別意見。
（5）發言人應誠實的發表意見。
（6）發言人應參與危機處理小組運作，並視各界反映發表意見。

7.召開會議檢討應變措施

危機發生的處理措施雖盡力，但或有些許缺失，故應適時召開檢討會議凝聚共識。針對各項處理情形，檢討缺失並作為以後處置的依據。

8.慰問相關人員理賠補償

對於危機的發生受傷害的個體，學校應負起責任慰問受害者，提供必要的支持，並在最大的範圍內補償受害者的損失。

9.配合檢討勇於負責

針對危機的起源與各項搶救情形，詳細瞭解與評估，並提出適切的獎懲，以建立責任負責制度。尤其，應對未來提出預防與應變的處理模式。

事後的輔導重建

1.確實追蹤輔導，關心後續發展

對於學生的傷害情形，學校輔導室應擬定學生輔導計畫，並與級任教師家長取得輔導的共識，注意學生的各項反映，協助其正向發展。

2.落實學生認輔制度，注重個別輔導

認輔之精神在透過教師的對學生認養，進而深入瞭解學生的生活背景、情緒發展，運用個別的訪談、諮商，協助學生健全的發展受災的學生。尤其需要教師的關懷與指導，使其感受自己的重要與價值。

健全認輔制度的方法，根本上應激發教師的服務熱誠，唯有無盡的教師愛，才能有效的把失落的學生找回來。

3.召開檢討會議，重新調整行政作為

危機的發生固然有其突發性與不可確定性，但學校組織的過份僵化，則是其重要因素。故災後學校應針對發生的各項情形與應變措施深入瞭解，調整學校行政組織以為因應未來的環境。如教育部教育改革行動方案中的建立教訓府三合一的輔導新體制。

4.落實改進措施，研擬因應策略

根據檢討會議所研訂的各項改進措施，確實執行。尤其應做各項先前的防治措施，使危機消失於無形。

學校危機處理個案分析—山水國小（化名）性騷擾事件

山水國小背景介紹

山水國小創校已有一百週年。學校歷史悠久，雖有不少悠久的文化傳統與特色，但亦有許多組織文化中負面的價值觀念。使得山水國小內部問題層出不窮，外部形象極差。

首先，山水國小組織成員有許多服務四十多年的資深教師。他們之間雖有共同的升學成績優異的歷史，但是他們之間存著更多的心結與不平，彼此之間並不交談、相互瞧不起，並個個自以為是。連帶的影響初任教師，使其亦學會此等不良之習性。年輕教師間許多相互不交談、甚至互相敵視。影響學校校務較大的幾個比較重要的核心人物。分述如下：

林校長：本校光復後的第一屆畢業生，曾在本校擔任過非升學班教師。受其他人排斥後，調校十數年後，接掌本校校務，其特色是心地不壞，但常大聲責罵教師，處理校務優柔寡斷。一般而言，教師對其印象十分惡劣。

陳主任：在本校服務三十餘年，擔任學校教務主任，並長期兼任人事工作。在學校中，除校長外，是最具權力的人物。個性婆婆媽媽，對外善做人情。比如，學生的編班、轉班、提早入學…等。在校外有良好的人際關係，對內成員對他則敢怒不敢言。尤其，他寫的一

手好字，在學校開設多班的書法班，大大的利用學校的資源，賺取補習的費用。對於同仁的態度是一副君臨天下的霸道。

　　梁老師：擔任本校教師四十年，是幾位資深教師中，較喜歡介入學校校務運作之一。尤其，近一兩年擔任學校家長會幹事更是大力的引進外力，影響學校的重要校務。諸如：學校的人事安排、班級的編配…等，均具有絕對的影響力。

　　輔導洪主任、訓導梁主任：是校長主要意見徵詢的對象。因為常與校長接近，故一般而言，教師對兩位主任印象雖不惡，但亦不想接近。

　　綜合而言，山水國小的背景可說是一般老學校的現象。組織鬆散、效率不彰，卻也能綿綿不絕一百年的歷史。正符合Weick鬆散結合理論。

個案發展經過

1.潛伏期

　　86.3.14林校長接獲一通家長電話，言明陳主任對其女兒性騷擾，利用其個別補習書法時，撫摸其胸部，請校長處理並給於交代，否則將告到教育局。校長因此召集洪主任、梁主任商討，並決定先靜觀其變。

　　86.3.16該家長又來電詢問校長處理情形，並提出受害者已有十數位學生，要求學校限期處置交代。校長即刻召集學校陳主任及各處室主任與梁老師、部分資深老師成立危機處理小組，探討因應策略。陳主任並不承認，於是會中決議請陳主任針對可能人選進行拜訪與澄清。但實際上陳主任並未有任何行動。

　　88.3.21校長接獲教育局陳督學來電告知，陳主任已被檢舉。督學想蒞校查訪，並暗示由校長商請陳主任先請病假，以免事態擴大。校長於是把事情告訴陳主任，但陳主任並不接受。這件風波也由此散

開，並變成街頭巷尾談論的話題。校內則皆認為此事是真實的，而校外人士則認為此事是校內人事間的鬥爭，

88.4.20陳督學蒞校查訪。先召集校長與處室主任研討，說明教育局接不完有關陳主任性騷擾的投訴電話，並表明其讓陳主任先請病假的立場與決心，再請當事人詳談，並請陳主任寫下請病假之切結書，言明一個月內提出假單。事實上，一個月後陳主任並未提出假單。

88.5.26陳督學電話請校長召集可能受傷害學生家長到校對質，結果家長一口咬定陳主任之不當行為。於是，陳督學請相關導師、行政人員撰寫處理過程、報告書，決定採取懲處措施。

88.6.12縣政府來函：貴校陳主任言行失當記過二次。

2.爆發期

86.8.15中國時報、聯合報、自由時報、臺灣時報……等，各大報皆已顯著的標題，登出山水國小老夫子對十數位學生性騷擾，造成了地方上極大的震盪。連續數日報紙皆以此問題不斷的刊載，山水國小形象跌入谷底。事件不斷的被一再的重複討論，記者亦來學校不斷的求證事情的真相。校長、各處室主任不斷的被詢問，家長會長林會長對報社記者咆哮，事情似乎愈滾愈大。另一方面，陳主任之子女也準備召開記者會加以澄清。但被一些長者阻止，避免事態擴大而不可收拾。

3.解決期

陳主任在學校大聲責罵，準備對學校一些不正常的事務（不當補習、其他疑似性騷擾問題）提出反擊，有同歸於盡的意味。

86.8.26陳主任提出三個月的長期病假

4.結束期

新學期開始陳主任不再到學校上班，事件愈來愈平息，終至於無聲無息，只有少數人偶爾再談起。一年後，陳主任退休，退休金少了

一百多萬。

個案分析

到底陳主任有無眞正對學生性騷擾，至今仍存疑義。但由事情的過程中，陳主任態度總是消極與不願處理的情況；另外，根據資深教師的看法：陳主任的確喜歡拍女學生的肩膀、有時會抱著女學生，以及陳主任曾經在他校發生類似行爲，而調入本校。由此判斷，陳主任似乎對學生可能有某些性騷擾的行爲。

事件處理的主體：到底是學校？還是家長會或是陳主任本身？就事件處理的歷程而言，三方面都有所著力，但是卻是一種多頭馬車的情形。以致未能發揮統合的力量，甚至相互矛盾而窘態百出。

就事件的認知：三方面也存著不同的觀點，學校行政與教育局希望陳主任能請病假並準備退休，以免事態擴大。家長會則以會長爲代表的勢力認爲陳主任是無辜的。陳主任則認此事純爲校內人事間的鬥爭，故採取不理睬的態度。

事件之不可收拾主要因陳主任被記過後，對校長與行政人員責罵，並威脅大家不可介入此事。而他自己卻是邀集一些民意代表、地方仕紳，向縣長夫人控訴教育局處理的失職。因此，教育局決心主動發布消息於媒體，而造成不可收拾的局面。

學校部分：處理此事從頭至尾皆處於被動的狀態，一步一步的讓事情惡化，絲毫不能控制狀況。

學校行政可採取危機管理的策略

山水國小性騷擾事件，因山水國小未能做好校園危機管理，故讓事件越演越烈，終至不可收拾。倘學校能依以下危機管理策略，我想應可使陳主任安然退休，亦不必毀損校譽，並因此而使學校此類性騷

擾事件消失於無形。茲分述如下：

1.事前的預防策略

建立校園預警制度：本案陳主任向來已有親近女生的傾向，且在他校任職亦曾傳出醜聞。雖然其為教務主任，學校仍應將列為注意人物。尤其他利用下班時間在學校上書法班，公然利用公家資源，實屬不當。學校應可針對其書法班，要求其停止招生上課，以避免有騷擾女生機會。

受傷害的女生大部分為高年級，且經常下課後單獨被陳主任留下，因此使學生受害。故級任教師應針對下課留下來的學生，瞭解情況、適時輔導。

實施兩性教與宣導：教育部規定學校至少每學期應實施有關兩性教育：兩次的教師進修、四小時的學生宣導，並且配合各項宣導活動。尤其應注重隨機教學，使學生有正確的兩性觀念，避免遭受性騷擾與性侵害。

訂定校舍租用辦法：學校陳主任利用學校教室上書法課，使學生因學習而受害。事實上，學校校舍是不可租借給營利用途，因其係違反教育之精神。山水國小總務工作在校舍管理上明顯失職，應訂定校舍租用辦法並切實執行。

落實親職教育，注重家庭教育：受害學生以高年級女生為主，對於性教育均懵懂未知，應透過親職教育，有效落實性教育。使學生能有正確的性觀念，尤其應重視母女間之互動，以防範於未然。

2.即時的應變處理

運用團體決策，決定處置步驟：本案之所以引起軒然大波，在當事者與學校行政、家長會之間缺乏溝通，無法達成共識，以致於形成多頭馬車，使事件不能有效妥善處理。

團體決策之意義在透過相互討論、分析事件的情境，理出最佳的解決策略。此案似應可由安撫受害學生家長，並道歉理賠做起；繼而，提出請病假；最後申請退休。如此應可使事件消失於無形。

知會相關人員，據實通報上級：此案因學校欲隱藏訊息，且未妥善處置向上通報。使受害學生家長告到教育局，讓教育局不知所措、不能掌握先機，且學校、教育局亦未能有共識，而使事件難以收拾。

設置發言人，統一對外口徑：學校行政、家長會、陳主任各有主觀的對本案的認知，使得個人對外有不同的說法。於是校內外眾說紛紜，形成大家注目的焦點。若能設置發言人統一對外口徑，使外界能有共同的認識，此案應不至於越演越烈。

慰問相關人員，理賠補償：陳主任對於受傷害的學生應提供精神的撫慰與金錢上的賠償，以表達誠心的悔悟。

3.事後的輔導重建

落實認輔制度，關心後續發展：十數位學生受性騷擾，學校應鼓勵學校女教師認輔受害之學生。瞭解其生活的困擾、學習的問題、情緒的控制，使學生能面對未來的生活與學習。

召開檢討會議重新調整行政作為：此事件學校之處置，幾乎處於被動無所作為。學校對此事應召開檢討會議，強化學校的溝通、調整組織行政作為。尤其在落實導師責任制、訓輔措施、校舍租用上，應積極改善。

建立性騷擾事件危機處理模式：針對此案學校應建立性騷擾處理流程與申訴辦法，使師生有所遵循。

綜合而言，學校如果能夠先落實事前的防範策略；並在事件發生的同時，與陳主任、家長會成員溝通，取得共識並研擬妥善的措施，應變各種不同的狀況；尤其，對於學生傷害的瞭解與適當的安置與輔導，相信事情的傷害必然可以減到最低。

結語

　　從前述分析與探討中吾人可以明確地看出，所謂有效的危機管理，是一項非常重要且非常複雜的動態管理過程，組織若欲對危機能作有效的管理，首先要建立「凡事豫則立，不豫則廢」的正確態度來面對危機，再以長期規劃的觀點來對組織可能發生的危機作準備，並建構一套周詳的危機管理策略，從不斷的學習過程中來達到危機管理的成效。

　　在學校的經營中，危機管理毋寧是極為重要的課題。尤其，學校外在環境得迅速轉變、內在成員多元的流通，加以學校本身鬆散結合與雙重結合之特性，使學校經營充滿複雜性、不確定性，因此校園危機的發生處處可見。在此情境中，學校行政人員尤其應重視學校危機的管理。亦即先做好事前的防範策略與教育宣導；其次，應提昇成員專業素養，做好有效的團體決策；最後，輔導與重建是對學生終極的關懷，也是極為重要的。

　　學校的危機管理應有教育性。今日的危機恰為明日的轉機，教育同仁們共同努力吧！

參考文獻

王延煌（1996），《開啓教育之門》台北：師有月刊社。

紀俊臣（1997），校園危機處理之法律問題探討，《教育資料與研究雙月刊》，14。　http://www.gov.tw/edu/basis3/14/index414.htm

秦夢群（1998），《教育行政實務部分》。台北：五南。

孫本初（1997），校園危機管理策略，《教育資料與研究雙月刊》，14。　http://www.gov.tw/edu/basis3/14/index414.htm

陳寶山（1997），校園意外事件和校園安全，《教育資料與研究雙月刊》，14。http://www.gov.tw/edu/basis3/14/index414.htm

陳麗欣（1997），從校園暴行之迷思談校園危機處理，《教育資料與研究雙月刊》，14。http://www.gov.tw/edu/basis3/14/index414.htm

張德銳（1997），校園衝突事件衝突與策略，《教育資料與研究雙月刊》，14。http://www.gov.tw/edu/basis3/14/index414.htm

張德聰（1997），從青少年次級文化談校園危機處理，《教育資料與研究雙月刊》，14。http://www.gov.tw/edu/basis3/14/index414.htm

8.學校人力管理、運用的研究：提昇工友工作效能為例

高雄縣鳳山市南成國民小學

總務主任 黃明雄

研究背景與動機

　　在國民小學的行政體制中，除了大型學校外，絕大多數的行政工作都是由學校教師兼任或兼辦，所以目前一般學校中稱得上是專任人員的就是幹事、校護及工友了；而幹事和校護都有自己的工作要做，所以工友就成爲協助學校行政最大的助手了。一般工友在工作中會不會有壓力或是情緒上的不適應？對自己工作的滿意度如何？又有什麼期望？這是身爲一位行政主管所必須要瞭解與關心的。

　　個人在總務處從事學校行政工作多年，深知學校工友在支援學校行政方面擔負極重要的角色，然而在所服務過的學校裡均發現他們的工作態度被動，交辦的事情未能如期完成；學校教師經常反應工友的不是，且很多事情無法配合執行；另外常常藉故外出辦事時處理私事，且常有早退的情形；因此研究者想透過觀察與訪談，瞭解形成現有「工友文化」的主客觀因素爲何？

研究目的及問題

1.藉由觀察與訪談探究學校工友職業倦怠的原因。
2.瞭解學校工友其在所在學校文化的關係。
3.藉由原因探究、提出具體策略、以提昇學校工友之工作效能。
4.學校工友職業倦怠原因是否與其所處環境有關。
5.學校文化是否會影響學校工友的工作投入與工作精神。

研究對象與方法

本研究之研究對象為本校之工友小姐,在學校單位擔任工友之年資為二十年;本校是她第二所服務學校,育有三女一男,均已長大成人。

本研究透過工友平日工作態度的觀察做成詳細的紀錄;並於八十八年七月二十二日進行訪談,以便整理分析寫成研究報告。

資料分析方法與資料分析

本研究以長期觀察和實地訪談紀錄,以歸納分析方法進行資料的分析。

觀察紀錄

每日工友小姐大約八時到校,然後利用雞毛撣子將校長室的沙發、桌椅等擦拭一遍後,便坐在位置上做自己的私事(織毛線、看報紙或玩電腦遊戲);有一次因為校園裡的雜草長長了,我便帶著她到現場看,也告訴她說:請她利用早上較涼爽的時間做,後來拖了一段時間終於做好了,但是有一段隔壁的長草地因為個人的疏忽沒有告知她也要拔掉,所以就留在原地未動;另外,校園四周因為尚未舖設人行步道,所以草長得很快,因此個人就要時常背著割草機來割除這些雜草,但是工友小姐從來都不會主動過來幫忙協助,也從不會關心一下;除了以上所述之外,到郵局、農會辦理領款及存款也是她重要的工作,可是有些時候哪一個存摺要到哪邊辦又會攪混,還得再打電話回學校求證後才能辦理;到了中午用餐時,辦公室裡的餐車麻煩她推送,只差沒有告訴她幫忙處理廚餘及垃圾問題,所以每天中午用過餐

總會留一包垃圾在辦公室，實在是看不下去；到了下午三點常常藉故又到農會或郵局辦事，且一去不回就如同下班一樣，從來就沒想過回學校將辦公室的門窗上鎖；另外偶爾有一些老師拜託她影印資料或辦一些事情時，很難聽到她一口答應的聲音，常常先露出一付無奈的臉色之後才將工作接下來做，這些就是工友小姐的工作態度。

觀察分析

　　一般學校的作息時間與大部分的公務機關不太一樣；因爲學生大約在七點四十分以前就到校了，所以老師到校的時間應該都在七點三十分以前；而工友依職務工作的需要至少也應該在七點三十分以前到校，但是本校的工友小姐卻比大部分的老師還慢到校，所以許多老師觀感上就對她有成見了，認爲她很大牌；另外，在工作方面，不僅政府的事務管理手冊中，或是學校自訂的工作分配中也都記載得很清楚，工友的職責爲何、該做什麼事，不分男女都是一樣的；所以當學校同仁希望她協助處理事情時，都未受到她善意的回應，自然而然就把所有的氣或怨言出在她身上，難怪身爲主任的我會時常聽到抱怨的聲音。另外在工作態度方面，個人任勞任怨在做那些粗重的工作，目的就是要發揮以身作則的功效；可是實際上並未發揮應有的功效，甚至造成她的錯覺，以爲工作已經有人做了那就好了；所以當我汗流浹背地在割草時，她從來也不過問一下，甚至讓人覺得這不是她該做的；難怪老師們對她的懶性有所怨言。不管如何，這種工作態度據學校同仁說：在我到任前就已經是這樣了，所以當務之急就是找出癥結所在，才能眞正的發揮工友最大的效能。

訪談紀錄

　　訪問者：感謝妳這一年來的幫助，再過幾天我就要調走了，因爲研究所的作業，所以需要妳的協助，讓我更瞭解妳；假如有些問題妳

不便回答的話，可以不回答；同時我們對談的內容除了做我的作業報
告外，未經妳的同意絕不讓第三者知道。

受訪者：若無關於考核，我願意配合回答你的所有問題。

訪問者：請問妳家裡共有多少人？

受訪者：我共育有三女一男，大女兒已經結婚了；兒子原來在北
部開補習班，最近回南部在本校家長會長公司擔任公關主任。

訪問者：妳是什麼時候？什麼情況下進入學校服務的？

受訪者：我先生在世時也是一位國小老師，在大約二十年前帶學
生校外教學烤肉時，因學生玩水掉入池中，而他為了要救學生就溺死
了；當時小孩才十歲多。因家無橫產，四個小孩都靠我在外工作獨自
撫養；後來透過民意代表的引薦，於六十九年進入學校擔任工友；雖
然有了固定的收入，但是錢少，要撫養四個小孩還是很辛苦的。

訪問者：妳一共服務過哪些學校？

受訪者：☆☆國中和☆☆國小兩所。

訪問者：當初妳在☆☆國中，妳都做些什麼工作？

受訪者：我在國中的時候最主要是考卷的印製工作、學校教師開
會時的會場佈置及裝訂資料等，其他的工友工作就比較輕鬆，像有一
位工友的先生是學校的事務組長，所以她的工作就只有傳遞公文而
已，好像是學校的副校長。另外兩位工友是佔工友缺的體育教練。

訪問者：妳是在什麼情況下被分派到☆☆國小的？

受訪者：對於這個問題，我個人也是莫名其妙的；因為突然接受
縣府公文通知，限我在文到一星期內報到，就這樣來到了☆☆國小。

訪問者：妳當時的心情如何？

受訪者：心裡非常不平衡，因為事先並未經過協調或知會；況且
我每年考績均非常好，所以那時常懷疑自己是否做得不夠好，但是後
來打聽之下竟是因為我的年資是最淺的；但是我走了之後，馬上又補
了一位工友，這實在是沒有道理嗎！

訪問者：目前在學校中所給妳的工作，哪些妳比較不能適應？為

什麼？

受訪者：基本上目前學校所交代的工作，我都還能適應，但是學校就只有一位工友，工作一多，有時難免分身乏術；另外對我較困難的一點就是曝曬在太陽下的工作，可能造成皮膚的傷害。

訪問者：在工友的考核方面，妳覺得像今年這樣由全校老師來考核好嗎？

受訪者：因為我的個性較直，且因為工作一多，難免會得罪一些老師，因此學校老師大多給我較低的分數。

訪問者：以目前學校班級數超過十六班可增加一位工友；妳覺得有無需要？男性好還是女性好？

受訪者：當然有需要增加，且應該是男性。但是據說縣長曾說過遇缺不補，因此可能再增加的工友仍然是女性，且因為待遇過低，男性也不一定會就任。

訪問者：校長寒暑假叫妳上一天班，妳覺得如何？

受訪者：我覺得非常不公平，但是既然校長這樣交代了，我也只好照辦；且利用較涼的時候拔拔草。

訪談分析

基本上這一次的訪談個人覺得非常成功，也從訪談中得知了以前所不曾聽過的事實真象，尤其是工友小姐的配合度，著實讓此一訪談能夠進行的那麼順利，這也是未能料到的。

由訪談中可以發現，工友小姐家中若未發生變故，可預期到現在他們一家可能是大多數人稱羨的幸福家庭；然而人算不如天算，往往事情總不像我們想的那麼如意；在二十年前，每個月區區幾千元要養育幾位孩子，可說是相當不容易的，雖然有了固定的工作，但是在勞役不均的工作環境中，也只能默默地承受；這也是因為命苦沒有靠山的原因。也正因為如此，個人努力的成績無論如何的好，也是沒有人看到的；所以工作的態度就變成，領同樣的薪水，工作時間一樣多，

何必太認眞呢？反正學校不滿，最多也是調校而已。這都是不被尊重所引起的後遺症。因爲在學校單位裡，基本上不管教師、職員或工友，大家在同一個單位裡頭都是同事關係，只因爲個別的工作性質不同才有不同名稱的稱呼，所以千萬不要有所謂的階級之分，才不會造成行政工作運作上的困擾。女性通常是較注重外表、愛美的，雖然本校工友小姐已年過半百，但是在愛美天性之驅使下，對於室外的工作也不是很喜歡做，因此若能有一位男性工友搭配，那麼室外的工作就不用她去做了；因爲工作環境的改變…由國中服務時多人分攤工作，到在國小服務時，一人總包全校所有的工作的心裡不平「爲什麼是我」；對於其他老師所麻煩拜託的事，當然會覺得無奈，因此看在老師的眼裡也是會有所不滿，難怪乎一有考核的機會，每個人都給了她心中特低的分數。這也難怪在寒暑假中，學校教師每個人都放了那麼長的假，且學校兼辦行政的老師，雖然政府三申五令也要正常上班，但是學校鑒於要找兼辦行政人員難找，對於寒暑假上班只上半天，或是其他不按規定的情形，校方也是睜一隻眼閉一隻眼；但是工友卻又要依規定上整天班，我覺得不是很公平；起碼也讓工友只上半天班嘛！因爲在假期中，老實講除了整理校園環境之外，也沒有其他比較重要的事情要做了嘛；只要她能將自己的工作確實的完成做好，工友上半天班又何嘗不可呢？總不能因爲她乍看工作不力，或是她是工友，而有分別地要求她上一整天的班嘛！難怪工友小姐會覺得不公平。

發現與建議

發現

由以上觀察與訪談發現，工友的職級比一般學校同事還低，且薪

水在全校中也是最低的，但是要做的事又是最多且又雜；而其擔任此一工作也是在生活顧慮下勉為其難做的，一旦兒女長大成人及有了年歲，自然而然就會有股何必太認真的感覺，甚至懷著待退的態度工作；更何況同樣一個工作一做就是二、三十年，一點挑戰性也沒有；工作認真、工作懶散也都是一樣的待遇，所以職業倦怠的原因就產生了。一般在以前的觀念中，工友的工作就是替長官倒倒茶、擦擦桌子、掃掃地或夾夾報紙等，所以一般女性工友是不太願意且不太喜歡做室外工作的。另外，本校是新成立的學校，學校同仁平均年齡都在三十歲以下，做起事來衝勁十足；而年過半百的工友小姐自然也跟不上學校行政運作的步伐。在校長方面，因為由籌備主任一路上來，在求好心切的情況下，對於部屬的要求也會較多；在此多重學校文化的壓力下，工作投入及工作精神的低落是可想而知的，所以要提昇工友的工作效能乃當務之急。

建議

1.建議政府在做調薪時，應先考慮這些職低的工作同仁，讓他們獲得滿意後，認真地工作；且在他們強而有力的支援下，行政效率提高也是指日可待的。

2.對於職工的退休年限可適時地調短，以促進新陳代謝，免得佔了缺又不工作，影響行政運作。

3.雖然在兩性平權的時代中，男女已不分彼此，但是在學校單位中工友若全部都是女性，那麼有許多室外或較粗重的工作就會沒人做；因此以技工來任用男性工友是極待來做的。

4.對工友任用的人事權應該還給學校，學校才能依自己的需求徵選適當的人選，否則上級主管單位所派來的，大多數有民意代表為靠山者，說也不是講也不是；最後苦果還是學校自己嚐。

5.因為工友事多且雜，因此學校若有任何福利也都要算他們一份，

甚至多一份也沒關係。

6.學校間大家都是同事，不應分職務高低；有事麻煩人家處理時，多說「請、拜託、麻煩」等，我想人家也會很樂意的。

結語

由本次的研究發現，在一個學校中要使工友的效能完全發揮出來，除了上述幾項建議之外，身為主管的人員，更應利用時間好好地去瞭解部屬的生活背景，隨時給予精神上的鼓勵與關懷，並善用領導溝通的技巧，如此才能使學校工友發揮最大的工作效能的！

參考文獻

陳國鈞（1964），《勞工問題》。台北：三民。

張明麗（1991），《國小教師工作壓力、工作滿意度與退休態度之研究》。台北。

王博弘（1998），《台北市國民小學工友工作滿意度調查研究》。花蓮市。

勞委會編（1992），《中華民國臺灣地區職業別熟練人員與初任人員薪資調查報告》。台北市。

勞委會編（1995），《中華民國臺灣地區事業單位辦理員工休閒活動調查報告》。台北市。

曾文旭（1991），《總務管理制度》。，台北：凱信企業。

高麗鳳（1997），《全面品質管理理論及其在我國國民小學實施可行性之研究》。台北市。

吳清山（1989），《國民小學管理模式與學校效能關係之研究》。台北
　　市。
黃振球（1990），《學校管理與績效》。台北：師大書苑。

9.單親家庭教養的迷思：一個鏈鎖男孩的案例

高雄市楠梓國民小學

訓導主任 張瑞祥

前言

　　孩子年紀雖小，但身後都有一個無形的包袱，那就是他的家庭背景，父母親依其教育水準、社會地位與經濟能力及自己的遭遇，對孩子各有不同的期待。但是，由於現代社會家庭中，孩子不多，每個孩子在家中都是寶貝，幾乎都已習慣於得到完全的關懷、注意、照顧與高期望，如果又是生長在破碎家庭中的孩子，面對單親的家長，父或母的過度期待與補償作用，孩子就不見得會過得很快樂，且健康的成長。

　　面臨國小愈來愈多單親家庭的孩子，尤其是單親又必須獨撐經濟的負擔時，往往表現在孩子的照顧上，會明顯地不足，也易造成更多的疏忽及不當的親子關係，使孩子的偏差行為出現或更加惡化。而這其中，父或母的思想、感受、態度行動、價值觀，孩子的反應行為，學校、社會對這些事件的看法和處理態度，及事後的檢討和影響，都是我們可以進一步去探討的。

　　一九九四年九月至一九九七年六月，我針對本校K生（暱名代稱）的事件，由行動主體的角度，將過程及影響，透過記錄整理的方式，寫成報告。由於事隔近三年，資料難免有些不全，然而所陳述的內容，卻完全是真實的。現今，一般社會對問題兒童的圖像，可能是麻煩的製造者，但在我的個案中，看到的卻是一對心力交瘁，相依為命的單親母子。

　　本文以「罷工女工」一文[1]為參考架構，期能透過本文的敘述，引起社會大眾對單親家庭教養的問題，加以重視。

事件的演進

　　一九九一年九月，K生進入本校一年級，因自幼稚園起，即有偷竊行為，且遍及左右鄰居和自己借住的舅舅家。為了能隨時掌控K生的行蹤，母親在取得導師的同意下，都準時在放學時，到教室門口直接把K生帶回家。因若未能及時見到K生，K生就會逃離現場而去偷竊；當然K生有偷竊行為時，必遭母親之責打，而K生總是不還手、不躲逃、也不哭鬧，只做無言的抗議。而這種接送K生的方式，在一九九三年九月，新任校長以讓學生自我成長的觀點為由被中斷，只能由母親在校門口等候，也因此，K生有了更多的機會，乘隙故意不讓母親接回，而溜到街上到處遊走，母親就一直在上演找小孩、追小孩，疲於奔命的戲，從此揭開了四年的親子戰爭。

　　一九九五年九月，母親將K生鎖在家裡，不讓他上學，一方面避免逃跑，一方面藉此讓K生靜一靜，母親認為這是最理想的方法；因上學對母親來說是一大精神負擔與壓力，更對新任校長非常不諒解。後來總算在老師保證下，請同學放學時將K生帶到校門口讓母親帶回，才允許K生上學。可是一個月後，K生卻又被母親鎖起來了；這次是痛定思痛，用一條長達二十公尺的鐵鍊，扣在左腳踝關節上，另一端鎖在鐵窗上，K生可在房間、廚房、客廳之間活動，但也常自己開鎖逃走。如此，斷斷續續在一九九五年十二月、一九九六年三月、一九九六年十月、一九九七年三月，分別鎖上二至三個月不等，而一九九七年三月這次，更打算鎖上半年，並向學校提出延長就學年限一年，但K生在國小階段已六年了，依國民教育法法、強迫入學條例、特殊教育法等相關規定不能延長教育年限[2]。而在此時，卻有了轉機，改變了母親的想法，學校也在無奈下，給他畢業證書，以繼續銜接國中教育。

　　自K生被關鎖在家裡，到輾轉透過青少年福利服務中心[3]的安排，在花蓮一所教會寄宿學校就讀，除了學校方面的努力、社區人士的奔走、社工人員積極的介入協助與輔導外，母親的願意接納與心存一絲

希望，是使事件有了轉機的最大原因。個人以K生、母親、學校導師、輔導室、南區展望會、青少年福利服務中心、K生舅舅的談話內容，以書面呈現，以下是我經由上述相關人員的述說，所得到對K生及母親的瞭解圖像。

外宿、偷竊、茫然的K生

對無法自主行為的逃避與抗議

　　K生被鎖在家裡，中斷了學校各種的學習活動，但母親也獲得暫時性心裡的平靜，更可放心去賣些小東西，貼補家用。由於K生不願在家裡時，母親不斷的嘮叨與責罵，左右鄰居的異樣眼光，所以，只要逮到機會，就會想到要脫離那個環境，即使晚上睡在廟宇的大紙箱內，飽受蚊子釘咬也無妨，K生表示：「我不想回那個家，媽媽常唸我、罵我……」。他原本也希望表現好一點，聽媽媽的話不要亂跑，但自己始終無法控制。其實，K生只是想藉偷竊行為來掩飾心靈的空虛和滿足成就感，在實際的生活上，很少說話，態度也很和諧，不會去干擾或攻擊別人。

　　舅舅表示：「原本家人就不同意他們交往的，但妹妹執意要與K生父親住在一起（住台南，是一位廟祝），男方之家長也並不很滿意，所以至今仍未辦理公開的結婚儀式」。K生在台南爺爺家出生，直到四歲，爺爺深感無力照顧K生，母親只好無奈的帶著K生回鄉，住在哥哥家。K生有時會在母親的示意下，打電話到台南向爺爺要生活費，甚至搭車前往，去拿零用錢。母親說：「如果生活上有困境，沒錢了，就叫K生打電話或坐車到台南向爺爺拿，或許一個月，或許久一些，而爺爺都會給……」。可見K生母子雖然住在娘家，但仍對台南夫家有一定

程度的認同，甚至生活上的依賴也少不了。

　　K生的偷竊行為，開始只為滿足生活上的需求，因沒零用錢，只好向舅舅、左右鄰居偷用，幾次被發現後，難免受到母親、舅舅、鄰居的交相指責。在一個成長的小心靈路上，去早已佈滿荊棘、無望，進而漸漸地麻木自己，對生活失去信心且茫然，他幾乎看不到自己的未來，所以，對於母親的鎖鏈，並不反抗；K生是聰明的，他瞭解這樣對自己和母親都好，但矛盾的是，如有機會，仍會逃跑。

愛子心切，瀕臨崩潰的母親

　　目前，母親在生活周遭的社會裡，可說眾叛親離，孤立難援，得不到實質有效的支持與資源，唯有偶爾到教會，得到牧師暫時心靈的開解與寄託。他說：「牧師告訴我，相信上帝，祂會來幫助妳的，會讓K生好起來……」。母親也希望K生當牧師，但有時候又希望K生更有成就，替母親出口氣，偏偏K生不爭氣，也讓自己氣出很多病來。他說：「我為了K生和這個家，已經割掉一個腎臟，全身不是這裡痛，就是那裡痛，如果不是經人指點，自己熬草藥吃，命早沒了……」。母親把身體的病痛，歸咎在K生的偏差行為，造成他精神上的耗損，進而影響生理。其實，一個問題的出現，是有許多複雜的因素，交織而成的。

　　母親在K生開始逃家時，曾試圖運用各種方法，讓K生留在家裏，學校輔導室也提供許多增進親子關係的妙方和實際經驗，供母親參考，但似乎未能實際幫助母親解決長時間來的親子問題，於是學校將K生個案報區公所強迫入學委員會[4]、南區展望會（接受十二歲以下兒童的輔導個案單位）、教育主管科，希望能藉多方面的資源來協助母親，甚至是母親價值觀方面的澄清與調整。

　　展望會為了使個案有所進展，前後有社工多次家訪，也透過輔導

專家、精神科醫生等前往協助與診斷，都認為母親精神無異狀，但個人卻有質疑；記得有一次，與在家教育班的老師前往，探視與輔導K生心理與課業。那是早上九點多且晴朗的好天氣，K生躺在陰暗的床上，床邊有一台收錄音機，母親坐在床沿，對面牆上有一台電視機，靠房門邊擺著一張書桌，桌上有一簡單書架，擺著幾本基督教的經典，桌上有一本筆記簿及一支鉛筆，母子倆每天就在這四坪大的房間內，相依為命。那時他們一起在看電視，母親一反平日的排斥，反而面帶笑容歡迎我們，並開始暢談她的成就與希望，他說：「現在兒子在家很好，我每天早上九點陪他一起看電視佈道節目，抄寫一篇經文，聽上帝的聲音……」，原來，母親認為上帝已經來附身，並透過自己的身體、聲音，向兒子說話，兒子多聽，每天多聽幾遍，心就會靜下來，就不會再跑，也就會好起來。在我們好奇與誠懇的請求下，母親把上帝的聲音播放給我們聽（其實是母親的聲音），其內容為「你要乖、要乖、要乖、要乖、要乖乖、要乖乖、要乖乖……」，整卷錄音帶內容反覆單調的字詞，語調由近而遠、低而高、緩而急，不斷反覆，直覺上，正常人聽個兩遍就會受不了了，但K生在一旁卻暗自竊喜，默而不語，而母親一提起上帝附身時，那種充滿榮耀與希望之情，在其臉上表露無遺。

對於學校與社工的建言和協助，母親認為無濟於事，所以，後來完全拒絕社工人員的造訪，他說：「如果你們是來告訴我如何教導孩子，免了，以後也不要再來，我不歡迎」。按常理，社會資源的主動介入，應有其正面意義，可能是方式和技巧上有瑕疵，而與母親的思考模式有很大的衝突，致使所有的努力事倍功半。

生產過的女人，母性更具光輝，對於孩子總是關懷備至，但也有因方法不當反其害的。K生母親在婚姻上的挫折及自己身體的不佳、工作不順，投射在孩子身上的期望更為迫切且高，偏偏K生種種的表現，令母親非常的失望且傷心，在壓力無法達到有效紓解時，悲劇就有可能發生的。

緩和緊張氣氛的學校

「如果妳讓兒子到學校來讀書，我們會運用各種方法和資源，盡力輔導、教育妳的孩子，並保證放學時，可以在校門口接到妳的孩子。」這是校方、輔導室的強調和承諾，為的是讓K生有一個良好的學習環境和受教權，同時也預防母子倆在家會做出令人料想不到的事來。其實，K生的偷竊行為都是發生在校外（放學後）及社區內，在學校裡，班級上表現都很好，除了上課時無法專心學習，有些無神外，導師要其服務，到圖書館看書（只看漫畫書），球場打球都很樂意，且態度和藹，同學們也很自然的與他相處，只是K生始終提不起主動的精神。曾經教導過他的老師，在路上遇見，也總是噓寒問暖，鼓勵有加，頗為關心，K生也總是不開金口的點頭以對。

說起來，學校輔導室曾試圖多次從他們母子倆，分別輔導協助，但每見情況好轉時，總在K生的又逃家，而再次陷入僵局，致前功盡棄。親子關係是要建立在雙方的互信、互助、互尊、互利、互榮的條件下，才能健康地成長，如果一個人一輩子從未受過鼓勵，如何使他對人產生好感，對自己產生信心和希望。我建議K生母親，不妨在日常生活小節上，多給K生機會和鼓勵，他的回答是「那是不可能的，他什麼事都做不好！」我試探地問她，是否從小到現在都沒有肯定過孩子，他表示「對！因為他總是讓我失望。」面對如此的對話，不願嘗試改變自己的母親，從事輔導是一個好機會，更是一項艱鉅的挑戰，但當我準備再出擊時，卻被K生母親拒絕，他認為那些理論和經驗對他來說都無效，遠水救不了近火，救兒子唯一的方法是讓他的心靜下來，好好想一想。因為這期間，專家學者的建議，他都試過，全然無效，唯有關起來，鎖起來一個月或半年，不跑出去，心才會靜，才是最佳良策。我向她提起，這違反兒童福利法[5]，而且有一天，你的兒子也可能起而反抗，拿工具傷妳，母親的回答，態度從容，又有些無奈

的說：「我知道，社工人員也說了，但我沒其他辦法了。」

　　為了不讓K生課業落後，學校以特別個案處理，請在家教育班的老師前往K生家裏授課，並對母親適時機會教育，校長、家長會長、里長都曾多次前往關心和勸導，並願意多方協助，均被回拒。

　　由於K生住在舅舅家，血緣關係的力量，應該在某些層面給予實質的幫助，但我的想法、期望與實際竟是相反的。有一次，前往探視K生，適逢舅舅在樓下，我委婉表態，也請其多關心K生母子，並勸其妹妹不要用鐵鍊鎖住孩子，舅舅的回答是：「我家的事都管不完了，哪有時間去管到他家的事（指K生母子）」，說完且掉頭上二樓（K生母子住一樓），突如其來的動作，和極不友善的態度，留下深刻的印象，而原本心存一絲希望，能多一點助力的舅舅，也早就被擊垮了。想來真有些心酸，但學校對這棘手的事，始終未曾放棄。

關愛的眼神與極力協助的社工

　　展望會在一九九五年即介入K生的輔導與追蹤，對於K生家庭史分別從台南和楠梓做了實際的瞭解，想要從生活物質上與精神層面協助他們，但母親始終不願接受。原來K生母親年輕時，在一次出遊中，認識了K生的父親，且情投意合，可是雙方家長都有意見，直到現在K生仍是未婚生子的身分（K生仍不知情），但母親對外都說，他們有結婚。

　　基於兄妹情，收留了K生母子，舅舅說：「自己的妹妹嗎！不然，你要他到哪裡去呢？」言談中，仍充滿著親情，但也交雜著憤怒、責備與無奈，也開始了往後不得平靜的生活。其實，舅舅是滿同情妹妹的遭遇，但是命運造化弄人，最後，舅舅在左右鄰居的流言和不滿聲中，又對K生的偷竊行為屢勸不聽下，覺得羞愧鄉民，而狠下心與K生斷絕關係，以表清白。從此，即使在同棟屋子內，遇到也視同陌生

人，真是令人感傷。

在高雄的社會扶助制度裏，滿十二歲即使還在國小就讀，仍要將個案移轉給青少年福利服務中心，繼續輔導追蹤的工作。K生的個案，就經歷兩個社工單位的輔導，而這些單位也都從情、理、法的層面多所考量，給予最實質的建議與協助，但最終的決定權仍是家長。

危機與轉機

因緣際會，自楠梓青少年輔導中心接K生個案的社工，已有十多年的經驗，且正巧與K生住在同一村子裏，在人親、地親及不急於躁進下，社工很快的與K生的母親建立起互信的良好關係，並極力奔走探聽，儘量滿足K生母親的心理需求，而不談教養的事。

母親的困境與危機，是希望有一個學校可以讓K生住宿，有專人看管他，因他已心力俱疲，再拖下去，恐怕先垮的是自己。本來，在展望會時，即已安排屏東一所教會寄宿學校，條件正符合母親的需求，但在尋求K生父親意見時，被迫取消。因K生父親說：「要把孩子送到那麼遠且陌生的地方，不如把他關在家裏。」母親雖類似被夫家遺棄，但仍在意夫家的看法，這種錯綜複雜的關係和邏輯，使學校和社工難以理解；為何大家如此費心努力，沒被K生父母親接受，是否K生父母親仍割捨不下遠走的孩子，雖然，K生很令他們失望，但維繫親情的那條細微的線，仍未全斷之故。

後來，在社工耐心的聆聽與尋找學校，學校也不斷地以母親和孩子的利益前提著想下，誠摯關心，K生父親終於首肯，先讓K生到學校上課，完成國小義務階段，領取畢業證書。因為到花蓮的教會寄宿學校，必須要有國小的畢業證書才能辦理，而這件事的達成，也符合母親的多項利益；第一、有專人照顧的寄宿學校，不易逃跑。第二、有時間調養自己的身體。第三、可以再去做小生意，改善家裏經濟。第

四、不必再遭受鄰居異樣的眼光。第五、不會在法律的邊緣遊走。第六、學校人員與社工不會再去打擾。

種種現實的考量，校方與社工持續的善意與誠意，K生父母親的接納，不再堅持等因素，是促成花蓮行的主因。後來，社工曾陪母親到花蓮探視K生多次，而K生也適應良好，而母親也總是大包小包的，從高雄一路提到花蓮給K生吃。一幅美好的願景，一位即將重生的人，他的未來，可能是牧師、工人、設計師、教師……，甚至是更有成就的人。

結語

當我憶起K生時，彷彿又跌回當時的場景，歷歷在目。K生及其母親所浮現的行為與遭遇，對學校、社會的期望而失望，所做的自力救濟，及後來還算滿意的安排，都讓我們必須重新架構，思考許多的社會、家庭及教育中所衍生出來的問題，和實際可解決的方案與對策。對我而言，K生事件凸顯社會變遷、價值觀的改變、家庭結構的調整下，所隱藏的危機，都在社會中一一浮現，且有愈來愈嚴重的現象；父母弒子女、虐待、遺棄、疏忽，子女也上演弒父母、虐待、遺棄，另外，親子亂倫、兄弟姊妹間的亂倫……等，已造成社會價值觀與道德的再考驗。

面對急速增加的社會問題，如果只靠法律的制裁，那制裁後所衍生出來的養護、照顧與教育種種的需求，又豈是接案經驗少，流動性高的社工人員所能勝任與解決的。對於家庭的問題，教育單位又往往只能站在關懷與轉介的角色，盡力協助，做心理的重建，但卻是耗時效果小，無實質助益的，尤其在緊要關頭時。

如何增進社會福利制度，強化社會扶助資源系統，運用社區的資源和力量，改進法令與現實生活相結合，並給予弱勢孩子有其適當的

安置，讓他們有健康成長的環境，是當前最迫切，且共同要努力的目標。

附註

1. 夏林清、鄭村棋，（1992），罷工女工－1989年遠東化纖罷工案例，《台灣社會研究季刊》，（13）。

2. 國民教育法第二條：凡六歲至十五歲之國民，應受國民教育；已逾齡未受國民教育之國民，應受國民補習教育。

強迫入學條例第四條：鄉（鎮、市、區）為辦理強迫入學事宜，設鄉（鎮、市、區）強迫入學委員會，由鄉（鎮、市、區）長、民政、財政、戶政、衛生等單位主管、地方民意代表及國中、小學校長組織之；以鄉（鎮、市、區）長為主任委員。強迫入學條例第五條：鄉（鎮、市、區）強迫入學委員會，負責宣導及督促本鄉（鎮、市、區）適齡國民入學。強迫入學條例第六條：適齡國民之父母或監護人有督促子女或受監護人入學之義務，並配合學校實施家庭教育。

強迫入學條例第十條：已入學之適齡國民，無故中途輟學或長期缺課者，由學校勸導督促，如不遵從，報請鄉（鎮、市、區）公所依前條第三項之規定，處罰其父母或監護人。強迫入學條例第十一條：依本條例規定所處罰鍰，逾期不繳者，移送法院強制執行。

特殊教育法第四條：接受各階段特殊教育之學生入學年齡及修業年限，對資賦優異者，得降低入學年齡或縮短修業年限；對身心障礙者，得提高或降低入學年齡或延長修業年限。其辦法由教育部訂定之。

3. 楠梓青少年福利服務中心：高雄市政府社會局所屬編制內單位，各行政區都設立一個青少年福利服務中心，負責各行政區內十二歲至十

八歲之青少年輔導與服務工作，也針對家庭做教育與輔導，並協同其他社教、警政單位處理個案。

4.強迫入學委員會：強迫入學條例第四條：鄉（鎮、市、區）為辦理強迫入學事宜，設鄉（鎮、市、區）強迫入學委員會，由鄉（鎮、市、區）長、民政、財政、戶政、衛生等單位主管、地方民意代表及國中、小學校長組織之；以鄉（鎮、市、區）長為主任委員。負責宣導及督促本鄉（鎮、市、區）適齡國民入學。

5.兒童福利法第三條：父母養父母或監護人對其兒童應負保育之責任。

兒童福利法第十五條：兒童有下列各款情形之一者，非立即給予緊急保護、安置或為其他處分，其生命、身體或自由有明顯而立即之危險者，應予緊急保護、安置或為其他必要之處分：第一項：兒童未受適當之養育或照顧。兒童福利法第十八條：醫師、護士、社會工作員、臨床心理工作者、教育人員、保育人員、警察、司法人員及其他執行兒童福利業務人員，知悉兒童有第十五條第一項及第二十六條各款情形或遭受其他傷害情事者，應於二十四小時內向當地主管機關報告。

兒童福利法第二十六條：任何人對於兒童不得有左列行為：第二條：身心虐待。

兒童福利法第四十八條：父母、養父母、監護人或其他實際照顧兒童之人，違反第二十六條、第三十條、第三十一條第一項、第三十三項第一項、第二項或第三十四條，情節嚴重，或有第十五條第一項所列各種情勢者，主管機關應令其接受四小時以上之親職教育輔導。前項親職教育輔導，如有正當理由，得申請原處罰之主管機關核准後延期參加。不接受第一項親職教育輔導或時數不足者，處新台幣一千二百元以上六千元以下罰鍰，經再通知仍不接受者，得按次處罰，至其參加為止。

9.單親家庭教養的迷思：一個鏈鎖男孩的案例 ◇ 149

10.從學校功能與目標的再檢討：論國小組織效能的標準及評鑑

彰化縣西港國民小學

葉敏宜

前言

　　早期人類文明的發展，學習是極其自然的，以大地爲學習的場所、以年長者爲師、以生活技能爲學習的內容；近代人類因知識的需求大量的增加，資訊逐漸發達、生活水準提高，於是有計畫、有組織的成立學校組織，進而期望發揮最大學習的效果。但是學校並非唯一具有教育功能的機構，其他如家庭、社會都有其教育的責任，且由於學校功能的窄化，使得一部分學者對於學校的功能產生質疑，而提出非學校、反學校的看法。但事實上學校依然是現況中，最具發揮教育功能的地方。如何使其產生最大的教育效果，是極爲重要、迫切的事。

　　檢視當前學校的教育目標是模糊、抽象，而不易量化的；而學校組織規模龐大、功能複雜，因此大家普遍十分關心教育的發展，並提出許多的批評，尤其，現況下學校的功能與目標的確有許多值得檢討與改進的地方。換言之，學校功能與目標應依據教育的功能與目標，考量學校學生的素質、社區之特性、文化之背景…等種種因素加以檢討反省，訂定一套適合學校本身目標，並進而發揮學校的功能。另外學校爲達成上述之功能與目標，更應訂定明確的學校效能的標準以爲評鑑，並進而檢討其缺失作爲改進之依據。

　　在實際的國小組織中，不同的成員對於有效能學校的標準均有不同的看法，如何建立大家的共識，使國小真正發揮其學校效能，成爲有效能的學校，並促其實現。是的確需要好好擬定一套具體的作法，且應不斷的評鑑與時時的改進，才能實現學校的功能與目標。

學校存在的爭論

伊里希倡議之「無學校的教育」

　　學習是與學校教育有其不同的意義，一般而言學習包含的意義較為廣泛，其場所包括了家庭、學校、社會；其內容則以日常生活知識、求生技能、倫理生活的要求為主；在時間方面，學習是無止盡的學習、是無時無刻的學習；在實施的對象中，幼兒、兒童、青年、成年、老年都是學習的對象與主體。另外，學校教育則較為簡單與具體，質言之，學校教育是一種有計畫、有組織的教育場所，有其擬定的是似而非的教育目標、有經過編定的學科知識、有受過一定訓練的教師、有科學實驗的各種教學的方法；學校教育的一種基本的假定認為學生透過學校的教育，可以達到其所預懸的教育目標，事實上這仍是有極大的爭議。

　　伊里希（Ivan Illich）認為基本上學校在教育的功能有其侷限性，學習的意義是寬廣的，他認為一個良好的教育制度應有三項目的：

1.使所有人在任何時間都可以找到學習的資源。
2.讓所有願意分享所知的人，都可以找到學的人來傳授。
3.提供機會給所有欲向大眾質疑的人，好表達出他們的挑戰。

　　基於此伊里希認為學校是建設在下述的假設上，即生活有許多秘密，只有教師可以解開，而受過學校教育的人，才能夠獲得世界上的知識。他認為透過下列四個網路（network）使學生獲得教育資源的方式：

　　教育器物（thing）*的諮詢服務*：這些可以改善獲得正式學習的器

材或程序，可放置於圖書館、實驗室、陳列室、博物館和劇院，此外，日常生活所需要的器材可放置在工廠、飛機廠、農場，隨時供學生做練習或業餘練習用。

技能交換（skill exchanges）：人們可以列出自己技能，在何種情況願意指導他人學習，在什麼地方可以聯絡到他。

同儕組合（peer matching）：設置聯絡網，人們可以透過聯絡網，尋找有志學習相同學習活動的同儕。

教育人士的諮詢服務：將具有專長的人員的地址和自我描述，編成一冊，內容包括取得他們諮詢服務的條件。（黃政傑，1989）

基於以上所述伊里希主張「無學校的教育」，而以四種網路代替學校。事實上，伊里希的主張雖可解決目前學校所存在的問題及弊病，但是在現實上其四種網路亦有其侷限性與實施之困難性；反之，藉由學校的有計畫、有組織的發揮教育功能，似乎更能為一般人所接受。

白瑞特的「我們需要教育嗎？」

白瑞特（Carl Bereiter）主張教師應該放棄人文主義的教育目的、學校應該揚棄全人教育的觀念，而應著眼於技能的訓練。他認為教師和鄰居一樣，具有弱點與偏見，但是身為教師卻具有塑造學生的權利，是非常不合理。尤其，白瑞特在「我們需要教育嗎？」中更是質疑教師的這種教育的權利，同時更進而反省整個教育制度。他強烈的反對任何人有權利，將自己的決定加諸於兒童，妨礙了兒童自由的發展。他歸結出唯一非權威的教學便是技能訓練，因為技能給人較多的力量及選擇的自由。（黃政傑，1989）

白瑞特認為教育應以技能訓練為主，反對人文主義之人格塑造而妨礙兒童自由的發展。然而事實上學生縱然獲得有效的技能足以增進其生活內容與品質。但是學生透過學校同儕、學校環境、學校文化所學習到的人際關係、學習的楷模、統整的知識……等，並不是技能學

習所能與之比擬的；換言之學校仍有其教育之意義及功能。

古德曼的「新改革」（new reformation）

古德曼（Paul Goodman）認爲學校壓制了聰明青年，也企圖征服其他的學生。事實上，應該透過實際的工作世界讓青年學習更多的事務，獲得眞正的教育。他更提出附帶教育（incidental education）的主張，希望廢除高中，讓青年在社會活動中學習，大學教育應在青年有了工作經驗後實施，小學教育應延遲社會化，保護兒童自然的生長。

古德曼雖然希望廢除學校體制，但是也可以接受把學校開放給整個世界的觀點，亦即一方面在學校組織中輸入校外的專業人員、藝術家、牧師、母親、輟學者，做爲教師的助理；另一方面，安排更多自由的學習活動，例如，工讀、社區活動、撰寫小說、心理醫院服務、國外旅行……等都可以賦予學分。（黃政傑，1989）

事實上，古德曼的主張基本上雖然亦反對學校教育，但並非完全的否定其教育功能，適度的在現有的教育制度下找出一條可行的改革方式，似乎較爲一般人所能接受。

綜合以上各家所言，學校制度的存在本身似乎仍有許多爭議之處，一方面其最爲一般人所詬病的是在一個有限的學習環境、模糊的學習目標、鬆散的組織結構、獨特的教師人格、似是而非的專業精神、專業知識……等，到底是否能促進學生正面的成長？另一方面，近數百年學校制度的存在與發展，促進了人類的物質與精神的文明，我們應該肯定他存在的功能及其意義。

學校功能與目標的探討

學校的功能

1.學校功能的爭議

　　現代的教育是全球化的教育、國際化的教育、自由化的教育、民主化的教育、本土化的教育、資訊化的教育、科技化的教育，教育在如此多元價值的今日，如何實施有效是極其重要的問題。一般人均簡單的以爲學校教育是唯一的教育場所。事實上，如此只能達到一小部分的教育效果。換言之，教育的實施應該擴展到家庭、學校、社會的層面才能達成整體的教育效果。

　　家庭、社會層面固然有其重要的教育功能，但是學校畢竟是最有計畫、有組織的教育場所；雖然學校有著許多的限制與困境，但是學校教師卻是最有教育專業的教育者；雖然學校是僵化與缺乏彈性，但是學校是大家普遍可以接受其具有傳道、授業、解惑的地方。質言之，學校藉由學習的環境、提供專業的師資、透過教學活動以及有效的評鑑，環環相扣發揮了學校在教育上核心的功能。

　　在另一方面，早期初民時代，人類生活簡單，教育實施內容僅與實際生活有關的技能學習爲主，年長者和有經驗者即可勝任教師的角色，指導年輕的一代；但是隨著工業革命與資訊社會的發展，教育活動的實施要求專業化取向、教材需要挑選設計、教師需要專業訓練、教育情境需要布置、教法需要特別的技巧…等學校自然逐漸扮演極其重要的角色，以致於最後變爲實施教育活動的主流，甚至被認爲是教育唯一的場所。換言之，學校教育固然有其限制，但毋寧是大家較爲認同有效實施教育活動的場所。（莊懷義，1989）

2.學校功能的現況分析

學校教育的日益普及，提昇了人類的知識水平，進而促進了人類日益文明。因此人類逐漸的迷信學校的功能，甚至認為學校是真正唯一教育的場所。隨著學校功能普遍的受重視，而教育的對象眾多且複雜，於是對教育的批評人人有經驗可談。（莊懷義，1989）換言之，大家普遍認為學校應有以下之功能：

提昇學生學業的成就：認為學生在學校主要在於知識的獲得，其主要目的在使學生有良好的學業成就、考上一流的明星學校，日後有很好的職業；這種普遍的「士大夫」觀念，使學校變成培養考試機器的機關，「惡補」「體罰」種種的負面的功能一一產生。簡言之，過度以提昇學生學業成就，學校有時真像是學生的地獄而非學習的天堂。

促進學生學習社會化：藉由學校的制度，學生可參與團體生活，養成如何與人相處的技巧與態度，進而有良好的人際關係；但是有時由於學校的政策偏差，而產生極大的負面效果。例如，能力的分班，使學生被貼上標籤，能力佳的團體養成勾心鬥角性格，而能力差的團體則易自暴自棄、為非作歹。

學校是社會的文化中心：學校有操場、教室、圖書館、視聽中心、更有專業的教師，社區的各項文化活動，自然的會以學校為中心，甚至學校亦可主動的推動各項社會教育的活動、學習的活動；但是學校與社區過度的結合亦會產生種種的困擾，例如，學校不務正業的以社會活動為主，忽視了學生的受教權、社區的過度介入學校的運作，使學校教育不能正常，而產生種種的病端。

學校是社區休閒的中心：學校有各式各樣的活動設施，除了提供學生上課、休閒用，亦應提供社區民眾休閒與運動，以發揮最大的效果；但是過度的使用與管理的不當常造成資源的浪費與損壞。

學校是全能的教育場所：基本上學校教育是希望培養學生德、智、體、群、美五育均衡的發展，而一般人不僅有這樣的期待，更讓

為學校有此責任。換言之，只要把受教者送到學校來，以後便是學校的責任，這種忽視家庭教育的重要、輕視社會教育的責任，只是一味的擴張學校的功能，是一種嚴重錯誤的認知。

3.理想的學校功能

　　學校的功能主要在發揮教育的功能，它不同於家庭與社會的功能，因其有計畫、有組織、有專業、人人皆有經驗，故為大眾所重視。學校的功能究竟為何，根據幾位學者大概有以下之看法。

（1）學校功能在歷史上有許多變遷，乃是因為教育與社會的發展相互連結。在封建時代，學校為統治階層所設，以其子女為施教的對象。隨著國家主義體制的發達，各國開始實施普通教育之義務教育制度。至現代民主主義時代，學校功能逐漸恢復原本的姿態。學校應具有下列之功能：

　　A.學習知能培養豐富的知性之智育場所。
　　B.培養道德的實踐力為目的之德育場所。
　　C.促進發展健全身體為目的之體育場所。

　　智、德、體三育調和發展中培養具豐富個性的人，才是學校的功能。（陳峰津，1994）

（2）杜威（Dewey, J.）在其所著《民生主義與教育》（*Democracy and Education*, 1916）一書中，提出學校之功能有三：

　　A.學校的任務是造成單純化的環境，並非如雜然的現實社會，而是為青少年能容易反應與理解、單純化的、學習基本的經驗、學習內容由容易而困難，由進而遠、順序完備的環境。

B.學校單純化、理想化的媒介（purified medium），富有教育的價值。學童不必學習社會中所發生的一切內容，符合理想目標並經選擇而構成之環境中，由經驗與體驗中，就能期待進步。

C.每個學童均受其初生所屬的環境所限制，由環境性職業性偏向之制約。對這些學童要以均衡的方法，使其獲得無偏向的開闊的各種經驗。

從杜威的理論可知，學校對學童的成長，具有其他機關所不能獲得的生活環境之重要功能。（陳峰津，1994）

（3）派森思（Talcott Parsons）以為美國學校功能共有兩種：社會化及選擇。所謂社會化是個人的附從感及能力，以便扮演個人未來的角色。所謂選擇則是根據社會的結構分配人力資源。（林清江，1986）

（4）學校的教育功能其實可從政治、經濟、社會、文化、個人不同的向度來加以闡釋，以使之更加明確與清晰。

A.學校教育的政治功能：可培養國民的政治意識型態、可培養國家的政治人才、可增進國家政治建設成果、可維護世界政治和平。

B.學校教育的經濟功能：可提供經濟生活所需要技能、培養經濟發展所需要的人才、可促進經濟的成長、可改進人類生活的素質。

C.學校教育的社會功能：可幫助個人社會化、可促進社會流動、可導引社會變遷。

D.學校教育的文化功能：可傳遞文化的遺產、可繁衍文化的遺產、可創造文化的遺產。

E.學校教育的個人功能：可發展個人的潛能、可促進自我實

現。（莊懷義，1989；王連生，1991）

　　綜合以上所述，學校是單純、有效、有計畫、有組織的主要學習場所，其功能除可促進學生德、智、體、群、美五育均衡的發展與個人社會化、提供社會的選擇，並進而促進個人的自我實現、文化的傳承、社會的變遷、經濟的發展、政治的民主。

4.學校功能的檢討

　　由於政治的民主、社會的進步、科技的發達、經濟的發展，人們求知的慾望日益殷切，於是各級學校普遍的設立，學校的功能更受大眾的注意。對於學校制度所產生的正功能、負功能，不斷的關切與檢討，企盼學校發揮教育的主要功能。其檢討的範疇大概如下：

　　學校組織日益龐大，但組織效能普遍未見提昇：團體迷失、團體極化、社會閒散、去個人化等之團體決策的陷阱普遍存在學校的組織當中。

　　學校以產出智育優異的學生為主要的功能：學校應以培養學生德、智、體、群、美、五育均衡發展之學生，但因社會之風氣、家長之期望，學校便依社會之負面價值，而培養出一批批的缺少創造思考能力的「考試機器」。學校未能發揮其正向之引導功能，反而助長其負向之功能。

　　學校教育功能由重薰陶而漸講究速成：以往學校教育所重視的是人格的薰陶與文化的陶冶，但其成效緩慢；今日講究速成、重科技、看結果，因其立竿見影。繼之而來，教師的教學態度、班級經營、學校的行政效能都漸不重視過程，而一味的要求結果，失去了學校教育的意義。

　　學校功能應以學生的教育為第一考量：學校的設立主要的目的在保障學生的受教權。但在實際的情境中，學校常變成政治思想灌輸的地方、經濟發展的養成所…等，而使學生受教權受到剝奪。

學校的基本功能在促進個人的社會化：師生、同儕良性的互動，可導引學生正確社會價值的文化；反之，不良的社會互動，則易使學生學習一些負面的社會行爲。

　　學校的另一種功能在提供社會選擇的機會：社會的選擇可促進社會的繁榮與進步；但過度的依附它，則學校易成爲社會或經濟的附庸，而受其影響。

　　學校可以促進個人人格的發展：個人人格的發展固然受學校教育的影響，但是家庭與社會亦有其責任。然今日個人人格出問題，往往歸咎於學校的教育失敗。

學校的目標

　　教育目的，它是整個教育活動的導向和歸趨、是教育理想的實現。而教育目標則是根據教育目的所訂的教育實施方針，學校教育則爲實現教育目的、教育目標的有效方式，學校目標則更是達成教育目的、教育目標、學校教育的具體途徑。所以對於教育目的的演進、學校目標應具的內涵、學校目標實施的現況、學校目標實施的檢討，才能擬定出具體可行的學校目標。

1.教育目的的演進

　　（1）西洋教育目的的演進：

　　　　A.希臘時代的審美教育。
　　　　B.羅馬時代的實用教育。
　　　　C.中世紀的神本教育。
　　　　D.文藝復興時代的人文教育。
　　　　E.啓蒙運動時代的唯實主義、經驗主義、自然主義、汎愛主義。

F.十九世紀的社會本位主義。

G.二十世紀的民主主義的教育。

（2）中國教育目的的演進：

A.自虞、夏、商至西周時期的教育目的：主張明人倫、嚴尊
卑、定上下。

B.自東周至春秋戰國的教育目的：培養士族階級領袖人才。

C.自秦至清末的教育目的：培養忠順的政治領導人才為主。

D.清末滿清政府的教育目的：主張忠孝、習藝、禮法、忠
君、尊孔、尚公、尚武、尚實。

E.民國元年臨時政府的教育目的：注重道德教育，以實利教
育、國民教育輔之，更以美感教育完成其道德。

F.民國四年北京政府的教育目的：主張愛國、尚武、尚實、法
孔孟、重自治。

G.民國十八年國民政府的教育目的：中華民國之教育，根據
三民主義，以充實人民生活、扶植社會生存、發展國民生
計、延續民族生命為目的；務期民族獨立、民權普遍、民
生發展，以促進世界大同。（徐宗林，1991；毛禮銳，
1989；林玉體，1997；王連生，1991；莊懷義，1989）

根據中西教育目的的演進，雖然因中、西不同的時空背景，而有
不同教育目的之發展，但是它們似乎環繞一個主要的核心概念發展，
即培養德、智、體、群、美五育均衡發展的學生為主要的教育目的。

2.學校目標的內涵

（1）從法律條文談學校目標：

A.中華民國憲法：教育文化，應發展國民之民族精神、自治

精神、國民道德、健全體格、科學及生活智能。

B.中華民國教育宗旨：中華民國之教育，根據三民主義，以
充實人民生活、扶植社會生存、發展國民生計、延續民族
生命為目的；務期民族獨立、民權普遍、民生發展，以促
進世界大同。

C.國民教育法：國民教育依中華民國憲法第一百五十八條規
定，以養成德、智、體、群、美五育均衡發展之健全國民
為宗旨。

D.國民小學之教育目標：

（A）培養勤勞務實、負責守法的品德及愛家、愛鄉、愛
國、愛世界的情操。

（B）增進瞭解自我，認識環境及適應社會變遷的基本知
能。

（C）養成良好的生活習慣，鍛鍊強健的體魄，善用休閒時
間，促進身心的健康。

（D）養成互助合作的精神，增進群己和諧的關係，發揮服
務社會的熱忱。

（E）培養審美與創作的能力，陶冶生活的情趣。

（F）啓迪主動學習、思考、創造與解決問題的能力。

（G）養成價值判斷的能力，發展樂觀進取的精神。

學校目標應承憲法、教育宗旨、國民教育法而訂，綜合法令條文
之精神，學校之目標應以培養學生德、智、體、群、美五育均衡發展
為主。

（2）從教育改革談學校目標：

A.教育改革審議委員會：基本能力與知識、自我瞭解與自

律、個人習慣品味、與他人相處、公民職責、地球村民意識。

B.九年一貫制國民教育階段課程目標：

（A）人與自己：強調個人身心的發展。包括：增進發展自我、發展個人潛能；培養欣賞、表現、審美及創作能力；提昇生涯規劃與終身學習能力。

（B）人與社會環境：強調社會與文化。包括：培養表達、溝通和分享的知能；發展尊重他人、關懷社會、增進團隊合作的精神；促進文化學習與國際理解；增進規劃、組織與實踐的知能。

（C）人與自然環境：強調自然與環境。包括：運用科技與資訊的能力；激發主動探索和研究的精神；培養獨立思考與解決問題的能力。

綜合教育改革與九年一貫制的教育目標，我們可以發現在國際化、科技化、本土化、民主化的環境下，教育的目標除重視原有的德、智、體、群、美五育的教育目標外，開始重視學生一些能力的培養，使學生能適應現有多元價值的社會環境。

3.學校目標現況分析

學校本位的學校目標：學校本位的管理的精神就是把原本屬於教育部、教育廳、教育局的一些權限下放到學校，其實踐在於人事權的下放、學校本位的課程設計，甚至學校預算權的下放；其精神是給學校多一些彈性，能依據學校的情況、地方的民情、社區的需要，做出符合學校、學生、社區的決定。學校的目標也應在此精神之下訂定出符合學校教育、社區背景的學校目標。例如，山地鄉應培養學生保存、愛護山地文化的態度。

智育掛帥的學校目標：智育的成績是學生家長所重視的，也是學校最能在短期間呈現出來的教育效果，更是社會文憑主義的要求。學校便在此共識下，無視於政府的三申五令，實施智育領導教育的怪現象。學生在此環境下普受升學的煎熬，視讀書為畏途，只知死背死記，終於扼殺無數學子的活潑與創造力。

活動導向的學校目標：學校校長為求個人的表現，向上級爭取承辦各項活動的機會，以便博取賞識。而學校行政與教學所呈現的是一切以配合上級交代的活動為工作的目標，因此學生無形之中喪失了許多學習的機會。學生的受教權已不是主體，學校的目標已在校長的升遷了。

人亡政息的學校目標：「有怎樣的校長，就有怎樣的學校」，校長的辦學理念深深的影響學校的目標。但每一位校長均有其不同的風格、不同的教育理念，故其學校著重之目標便不一致。例如，校長重課業則學校變成為升學的明星學校、校長重體育則學校頃刻間變成運動員的訓練所。這樣學校目標不斷的轉移，學生是最大的受害者。

比賽競爭的學校目標：科展第一名、合唱第一名、田徑第一名、籃球第一名、甚至升學第一名……等，學校目標若不斷的爭取第一名，固然為學生帶來許多學習的機會。過多的競爭反而使學生缺少人格陶冶的機會，這樣的學校目標亦應加以研究及探討。

整體而言，學校目標複雜且抽象，不易具體而明確，故其實施不易。尤其受到校長的主觀因素及其他環境客觀的影響，學校目標常會有所迷失，甚至飄忽不定，而影響教育理想的實踐。

4.學校目標的檢討

目標複雜抽象使成效難以評鑑：教育的目標，極為複雜而抽象，不易具體化與明確化，因此其成效很難評鑑。（謝文全，1997）教育目標如此，學校目標亦是如此。例如，培養德、智、體、群、美五育

均衡發展健全國民，雖然在學生成績考察辦法有其具體的辦法，但是其能真正評鑑出學生的各方面發展。例如，德育是生活與倫理的成績＋操行，操行又是如何能客觀的評鑑呢？

各級學校目標繁多且缺乏連貫：教育目標的實踐，應轉化成各層級的目標，以利實際活動的推展。但是今日各級學校的教育目標多含糊不清，無法看出其層級性。例如，以讀、寫、算各級學校應有不同的要求層級，才能連貫以發揮學習的效果。

學校目標認知不同且缺少共識：學校目標雖預懸於課程標準中，但是每位教育工作者的詮釋，顯然不一。尤其，現在強調教師專業，教師對於學校目標的認知，會深深的影響學生。所以藉由宣導與溝通是建立學校目標共事的最佳途徑，也是最急迫的事。

學校目標訂定缺乏民主性參與：學校教育目標的擬定，幾乎是政策導向，行政為中心。教師及其他社會人士參與的機會微乎其微，這種由上而下的目標制訂，無法符合學校的情況、學生的需要、社區的期望，使學校目標的效果大打折扣。

學校目標缺少前瞻性與發展性：學校目標的訂定通常根據當時的大環境、教育思潮。換言之，幾乎是現實生活需要的反應。但是教育是要教育學生去適應現在的生活，進而創造未來的生活。所以學校目標的訂定應具有前瞻性與發展性，方能導引學校教育的有效實施，發揮教育效果。

綜合言之，學校目標的訂定，體現了當時教育的狀況，也引領了教育的發展。但是由於學校目標過於抽象、龐雜、籠統、缺乏共識、參與、前瞻性與發展性，使學校教育的實現未盡理想。

學校的功能與目標

1.學校的功能與目標的相互配合

　　學校的功能雖有其限制，在實際的實踐中，也產生若干功能上的迷失，但其所產生的教育功能，畢竟是較具體、較為有效，又為一般人所認同。簡言之，學校之功能實為發展教育功能之主要功能，一般而言學校主要的功能為社會化、選擇；其目的亦是在協助學生各方面均衡的發展。另一方面學校目標常是目標理想概念模糊、不容易具體實施與評鑑，故為有效達成教育的目標，學校的目標訂定宜儘量具體明確，以求有效的評鑑。

　　事實上學校的功能與目標實是一體兩面、相輔相成。學校的功能的發揮宜配合學校目標的理想。換言之，學校組織本身應儘量發揮學校組織的功能來達成學校教育的目標。

2.學校的功能與目標應評鑑

　　學校實際上是存在的，且為一般人所普遍接受，為使學生學習的權利能在學校獲得保障、人格能獲得健全的發展。如何建立理想的學校目標與發揮學校功能是極為重要的事？惟學校功能與目標如何的落實，應注重其逐步的具體措施、活動，從而透過有效的評鑑方式，以檢驗學校的功能與目標。

學校組織效能的標準與評鑑

　　學校組織和一般的營利性組織有所不同，其具有以下重要特性：

　　1.學校組織任務複雜，是一切組織和行政的基礎。
　　2.學校組織明顯易遭攻擊。

3.學校組織目標複雜抽象。不易明確具體化。

4.學校組織多屬養護性組織，缺乏競爭性與挑戰性，易降低教育成效。

5.學校成效不易立竿見影。

6.學校組織屬於服務性組織，以服務為目的，而非以賺錢利潤為目的。（謝文全，1997）

基於此學校組織任務複雜、目標模糊，屬於養護服務性組織，其成效自然降低，且不亦客觀測量與量化，因此應建立大家能接受的客觀學校效能標準，並做為學校效能評鑑的依據，更進而建立一個有效能的學校。

學校組織效能的概念

1.學校組織效能意義

「效能」有其諸多不同界定的意義，若界定為達成特定目標的程度，則一所學校能達成所定的目標，即為有效能的學校。然而學校組織極為複雜、目標又抽象、籠統，因此學校本身的目標很難具體化和量化，所以學校效能難以給於明確的定義。

最早認為有效能的學校，係指智育成績優良的學校。智育通常以閱讀和數學二科為代表，另外也有主張有效能的學校應該還包含成員的適應力和工作的滿足；換言之學校效能應有以下之共同特徵：強勢的行政領導、學校氣氛、基本技巧、高度期望、不斷評估、教職員發展…等。

學校效能應指一所學校在各方面均有良好的績效，它包括：學生學業成就、校長的領導、學校的氣氛、學習的技巧與策略、學校的文化和價值以及教職員的發展等，因而能達成學校所預定的目標。（吳清山，1997）

2.學校組織效能的特徵或相關因素

綜合國內外學者的研究有效能的學校應具備：

就學校發展層面而言：學校應該有明確的目標、整體可行的方案，以做為學校發展的依據，並塑造學校特有的風格。

就物資設備層面而言：學校應有充裕的資源及設備符合需要，並能妥善的應用與維護。

就校園環境層面而言：學校的環境場所建築、規模應符合人性設計，而且重視其整齊安全。

就校長領導層面而言：校長應具備健全的身心品德、豐富的專業知識、良好的人際關係、積極的工作動機、卓越的決策能力及督導能力。

就行政管理層面而言：學校應有良好的獎懲制度、具體可行的視導評鑑制度及暢通並協調的組織運作系統。

就氣氛滿意層面而言：學校同事和諧互助、教職員對學校感到滿意。

就課程教學層面而言：應包含適切的課程內容、安排多元彈性的教學方法和時間、和諧親密的師生關係及高素質高能力的教師。

就學生學習層面而言：包含學生學習基本能力與基本的技巧、給予適切的期望、妥善的身心照顧，並提供有秩序安全的環境中成長。

就家庭社區層面而言：包含家長與社區對學校事務的參與、支持和配合，並有良性的互動。

就活動辦理層面而言：包含因應地方特色的傳統性及文化性的活動，以及具有教育性意義的比賽及交流活動，藉此凝聚向心力。（胡星文，1998）

3.學校組織效能的研究途徑

學校組織效能之研究主要在瞭解有效能學校是由哪些因素構成：

極端組研究：極端組研究又稱迴歸線外特例研究，它需要利用標準化測驗，然後以迴歸方法，求得家庭社經地位求出平均分數的期望值，畫出迴歸線再比較觀察值與期望值之關係推估，是否為有效能的學校。

(1) 正極端組研究：即是選取有效能的學校，進行觀察、訪問，以歸納出有效學校的共同特徵。
(2) 正極端組、典型組研究：比較有效能學校和普通學校之不同。
(3) 正、負極端組對照研究：選取有效學校和無效學校，分別進行廣泛觀察、晤談，再加以對照比較以找出兩者的不同。
(4) 正極端組、典型組、負極端組研究：對有效學校、無效學校、普通學校加以對照比較。

　　個案研究：個案研究是針對一所或數所學校進行深入的觀察或訪問，藉以瞭解學校效能。此種研究所得的資料較為深入，但因抽樣限制，所得的結果不易推到其他母群體上。

　　方案評鑑：方案評鑑是研究某一方案在學校實施的效果，可透過實施改革方案的前後比較，以瞭解學校效能高低，研究學校的那些變數會影響方案的成效，再出有效學校的特徵。（黃久芬，1996）

4.學校組織效能評量的模式

　　綜合各學者的看法評量學校效能模式有：（吳清山，1997）

	目標中心模式	自然系統模式	參與滿意模式
組織的結果	學生在基本能力的成就	組織的健康與生存	成員的滿意程度
評量	常模或校標參照成就測驗	士氣、共識、革新、適應能力	學校效能的感受量表
效能層面	1.安全和諧的環境 2.明確的學校任務 3.教學領導 4.高度的期望 5.學生學習時間 6.教學課程的協調 7.家庭學校間的關係	1.教職員的素質 2.整個教學課程 3.心理氣氛 4.組織氣氛 5.人際關係 6.溝通過程 7.決定過程 8.資源與設備 9.學區與社區的支持	1.學生教育上的滿意程度 2.學生學術上的發展 3.學生生涯上的發展 4.學生個人的發展 5.教學和行政人員工作的滿意程度 6.教育人員的素質和專業上的發展 7.系統開放的程度以及和社區之互動關係 8.取得資源的能力 9.組織的「健康」情況

學校組織效能的標準

綜合國內外學者學校效能指標有下列要點：

學校發展層面：包括文化系統、開發計畫、政策目標、校風等。

物質設備層面：學校裡的資源是否充足、設備是否符合需要、對於辦學效能，有其絕對的關係。包括閱讀設備、資源教學設備等。

校園環境層面：校園環境良好與否、對教師的教學、學生的學習、行政人員的工作及家長的生活都會有影響。其包括學校的環境場所、建築規模、校園整潔。

校長的領導層面：包括領導能力、校長治校、教學領導監督、共同參與決策等。

行政管理層面：包括獎懲、視察、評鑑、學校管理、組織溝通等。

活動辦理層面：應上級與社區的要求，辦理相關的藝文及體育活動與比賽，而激起學校的活動力。

氣氛滿意層面：包括同事之間的關係、學校氣氛的和諧及教職員的滿意情形。

課程教學層面：包括教學時間、教學方法、課程安排、師生關係、教師素質、教師能力。

學生學習層面：包括學科基本能力、學習技巧、期望、學生照顧、秩序、成長與發展等要素。

家長社區層面：家長的參與、支持、配合與互動，都會影響學校辦學的成效。（胡星文，1998）

學校組織效能的評鑑

1.學校組織效能評量的方法

組織效能是一多層面的構念，因此大多數的研究均採用鉅觀的研究方法，探討組織各層面對組織效能的影響。依司提爾斯（Steers, 1977）之看法組織效能的研究方法，早期多採用單變量的效能衡量方法，後來的研究多採多變量的效能衡量方法。

單變量的效能衡量方法：單變量的效能衡量方法是以組織欲達成的最終指標為依據，選取其中一項進行研究。例如，肯培爾（Campbell）發現最常被使用的效能指標有十九種，分別為：整體績

效、生產力、成員工作滿意、利潤報酬、成員流動率或離職率、品質、應變力、效率、成長、環境利用、意外、士氣、動機、組織目標的內化、衝突—凝聚力、彈性—適應力及外界的評價。

單變量的效能衡量方法雖有定義精確的優點仍有以下的的限制：

(1) 採用單一指標，未能包含全體的效能層面，有失周延。
(2) 採用單一指標，可能只反應研究者的主觀偏好，而無客觀性。
(3) 採用單一指標，最大的障礙在於統合問題，因此對於變項意義的解釋，將難以探討。

多變量的效能衡量方法：多變量的效能衡量方法係採用一組變相來衡量組織的效能，然後使用迴歸、因素分析、典型相關及路徑分析等統計方法，探討各變項之間的關係。

司提爾斯針對十七個採用多變量的效能研究，估算指標出現的次數，發現研究者所採用的效能指標並不一致，其中適應力、生產力、滿足感出現最多都在五次以上，其他還有利潤與資源的取得、壓力的消失、環境的控制、發展、效率、員工留職率、成長、整合、開放的溝通、生存和其他的標準皆在三次以下。由此可見組織效能指標的建立，因人、因事、因時等有不同的考慮，而有不同認同的效能指標。（黃久芬，1996）

2.學校組織效能評量的技術

學校組織效能的評量可利用問卷、現有的資料或觀察評估等方式，無論採取何種形式，評量工具最常考慮的是信度和效度。

效度：組織效能只是一種理論上的構念，首先必須有理論來導引它；其次，應有表面的效度，讓受試者感到親切而願意合作；最後做

實證的分析，通常採用相關係數。

信度：測量信度的主要方法有三種

（1）重測信度。

（2）內部一致性。

（3）評分者信度。

3.學校組織評量的問題

建構效度的問題：效能為一構念是相當抽象的觀念，故應先確定效能的標準，才能確定效能構念的存在，但一直未得到普遍的看法。

標準的穩定性問題：效能標準常隨著時間外在的壓力、需求，而有不同的改變，因此許多研究者認為發展權變的評量模式，較能切合實際的情形。

時間因素問題：效能評量常隨時間的著眼點不同，而取不同的標準，如何取得平衡，是應研究的問題。

評量精確性的問題：效能構念相當複雜，難已精確量化，故易產生測量誤差。

類推性問題：效能標準的選擇需考慮研究之組織的目標及特性，不宜做過度的類推。

分析層次問題：多數研究偏向鉅觀的研究，組織效能只探討組織現象與效能的關係，缺少個人與組織效能等微觀的效能研究。（呂祝義，1994）

學校效能評鑑的難題

1.學校各單位表現不盡相同，若以整體組織的表現來評量學校效能，則常忽略了各單位之間的差異。

2.在評量學校效能時，有許多標準和技術至今尚未建立共識。

3.學校過程評量可採多種方式，使評量程序更為有效可靠，但是至今以過程評量為基礎的效能標準尚未建立。（吳清山，1997；呂祝義，1994）

有效的國小組織效能的標準、評鑑

國小學校功能複雜、目標模糊，擬定學校組織效能的標準以為評鑑，亦頗受爭議。筆者願根據學校的功能與目標之現況，嘗試擬定國小效能標準，並提出有效的評鑑方法，作為實踐有效能學校實踐的依據。

國小組織效能的爭議

在國小的工作環境中，接觸的不同階層的人，普遍對於學校組織效能的概念有不同的看法。就校長而言，一般均認為有效能的學校應是有效的行政運作、校園的規劃與建築、活動的辦理；就學校行政而言，則認為有效的行政運作、專業負責的師資及活動的辦理；就學校教師而言，以為學生學業成就、各項學藝的比賽；就學生而言，則學業成就及希望學校能有更多的活動課程；就學生家長而言，學生的學業成就為最重要；就社區民眾而言，辦理社區教育、有效的管理學校的環境；就教育主管機關而言，學校正常的運作與社區打成一片。

另外，各學者對於學校效能的概念也頗為分歧。有些學者認為效能是一種基本能力的提昇，有的認為效能應是學校目標的達成。在早期的研究中，大都將效能研究偏向基本能力方面，忽略了學生情緒的成長、人格的發展與其他高層次思考的學習。（吳清山，1997）

綜合言之，學校效能的看法，因不同的人、事、時、地，而有不

同的看法，仍有待努力尋求共識。

有效的國小組織效能的標準與評鑑

根據本文所提之學校功能與目標及國內外學者對學校組織效能指標之看法。筆者提出現階段國小組織效能應有之標準，以作為國小組織效能評鑑之依據。

校長效能：學校目標之掌握、計畫的能力、領導的能力、溝通的能力。

行政效能：公文的處理、行政之程序、活動的辦理、組織之氣氛。

教師效能：教師的在職進修、教師教學的品質、教師的工作滿足、教師的行政配合。

學生效能：學生的學業成就、學生的學藝競賽、學生的行為表現、學生的滿意程度。

環境效能：學校的校園規劃、學校校舍建築、學校的規模、校園的整潔。

社區效能：社區家長的支持、社區資源的協助、社區親職教育、社會教育的辦理。

另外，根據以上所歸納出來的六層面二十四個標準，來評鑑國小組織效能。然後據以比較學校有無效能，一般而言評鑑的方法有：問卷的方法、現有的資料觀察評估、觀察、訪談等方式。再者評鑑應注意方法科學化、過程要民主化、兼重歷程評鑑與結果評鑑、兼做形成性評鑑與總結性評鑑、內部和外部評鑑兼用、應注意評鑑項目的綜合性及整體性，注意評鑑後的追蹤改進。（謝文全，1997；吳清山，1997；呂祝義，1994）

結語

在檢討學校功能與目標，並進而探討學校效能的標準與評鑑的同時，我們似乎應先根本的研究學校是否有其存在之必要。在一些較為激進教育改革學者，例如，伊里希、白瑞特、古德曼均不斷的對學校的功能提出一種根本性的質疑，亦即反對他們的存在，認為學校只具有一小部分的功能，存在並無其必要性。但揆諸人類的文化史，學校的確產生其主要的教育功能，但也需家庭、社會的教育功能相互配合，才能發揮最大的教育功能。

現況下一般人普遍對於教育有經驗，且都有一套自己的看法。大均是認為學校的主要功能在傳授知識社會活動的場所，其目標在使學生能有豐富的知識，進而促進個人人格的發展。基本上這種看法實際上反映了部分的學校功能與目標，整體而言，學校是單純有效有計畫有組織的主要學習場所，其功能除可促進學生德智體群美五育均衡的發展與個人社會化提供社會的選擇，並進而促進個人的自我實現文化的傳承社會的變遷經濟的發展政治的民主。另外在學校目標上我們可以發現在國際化科技化本土化民主化的環境下，教育的目標除重視原有的德智體群美五育的教育目標外，開始重視學生一些能力的培養，使學生能適應現有多元價值的社會環境。

綜合學校功能與目標及國內外學者對學校組織效能指標之看法。筆者提出校長效能、行政效能、教師效能、學生效能、環境效能、社區效能之標準，以作為國小組織效能評鑑之依據。根據以上所歸納出來的六層面二十四個標準，來評鑑國小組織效能。然後據以比較學校有、無效能，一般而言評鑑的方法有：問卷的方法、現有的資料觀察評估、觀察、訪談等方式。再者評鑑應注意方法科學化、過程要民主化、兼重歷程評鑑與結果評鑑、兼做形成性評鑑與總結性評鑑、內部和外部評鑑兼用、應注意評鑑項目的綜合性及整體性、注意評鑑後的追蹤改進。

最後，個人認為透過學校經營理念的更新、學校行政之運作、學校工作之開展等向度與具體的作法，可以使學校達到國小學校組織的效能，並進而實現國小學校的功能與目標。

參考文獻

王連生（1991），《教育概論》。台北：五南。

王政彥（1994），《團體式教育參決策參與》。台北：五南。

毛禮銳等合著（1989），《中國教育史》。台北：五南。

呂祝義（1994），國民中學學校環境、社區環境與學校效能關係之研究，國立高雄師範大學教育研究所碩士論文，未出版。

吳清山（1997），《學校效能研究》。台北：五南。

林清江（1986），《教育社會學》。台北：國立編譯館。

林玉體（1997），《西洋教育史》。台北：文景。

徐宗林著（1991），《西洋教育史》。台北：五南。

胡星文（1998），台灣省原住民地區國民小學學校效能之研究，國立台北師範學院國民教育研究所碩士論文，未出版。

黃政傑（1989），《學校教育改革》。台北：師大書苑。

黃久分（1996），國民小學全面品質管理與學校組織效能關係之研究，台北市立師範學院初等教育研究所碩士論文，未出版。

莊懷義等（1989），《教育問題研究》。台北：空中大學。

教育部（1997），《國民小學課程標準》。台北：文芳。

陳峰津（1994），《教育概論》。台北：三民。

張慶勳（1996），《學校組織行為》。台北：五南。

張奕華（1997），國民小學組織學習與學校效能之研究，國立台中師範學院國民教育研究所碩士論文，未出版。

張德銳（1992），《桃竹苗地區山地國小校長能力、組織氣氛、組織效

能、教導行政困難之研究》。新竹：先登。

謝文全（1997），《教育行政-理論與實務》。台北：文景。

11. 學校防震措施調查研究：以高雄縣國小為例

高雄縣嶺口國民小學
郭耀輝

緒論

研究動機

　　一九九九年九月二十一日凌晨一時四十七分，臺灣地區發生芮氏規模七、三強烈地震，且餘震不斷，造成全臺震撼，震毀了美麗的家園、學校的校園；也震碎了許多人的美夢，災情慘重，乃臺灣地區百年來之重大天災。

　　依據教育部訓育委員會十一月三日公布九二一暨一○二二地震全國學校師生傷亡校舍損壞統計資料顯示（教育部，1999），全國各級學校共有教職員工死亡十五人、受傷五十三人；學生死亡三百二十九、受傷二百八十八人，校舍損壞校數八百五十七所。

　　另外教育部八十八年十一月十七日公布震災校園受損學校，已被民間團體及企業認養修建復原學校共計九十七校，認養經費共計七十五億八千四百二十八萬九千元；尚待認養學校共計八十七校所需復原經費共計五十八億一千六百一十二萬九千元。

　　根據上述統計資料顯示，九二一暨一○二二地震所造成的災害，不僅需要耗費大筆的金錢來整建校舍，也造成無可挽救的人員傷亡。除了物質、金錢上的巨大損失，也造成受災人心理創傷，極待事後的心理復建；全國人民對地震更造成一股莫名的恐懼與無助感。

　　一九八九年十月十七日美國舊金山南方洛馬普利塔（Loma Prieta）發生規七‧一級大地震，造成六十餘人死亡，三千七百餘人受傷，超過一萬二千人無家可歸，房屋受損十餘萬棟，橋樑損壞二十三座，損失數百億美元。（何沙崙，1999）

　　一九九五年一月十七日，神戶地震不僅摧毀了建設，也深深地打擊了一向井然有序的日本民眾的信心。不過對日本人來說，真正恐怖的還在後面。因爲根據專家預測，下一個大地震將會發生在人口稠密

的首都東京市，而且有可能會造成上百萬人死於災難。東京的上一次地震發生在一九二三年，當時一共造成了四萬人死亡。不過想像一下東京現在擁擠的情形，地震的噩耗實在是個巨大的陰影。這也是為什麼日本政府每年編列高達六千萬美元的預算，用在地震預報和研究上。不過就算再怎麼精密地測量計算，研究人員說，最令人害怕的，永遠是地震來臨時間的不確定性。（呂怡青，1999）

一九九九年八月之前，馬爾馬拉濱海地區是土耳其中產階級眼中的渡假中心，在八月中的強震之後，已化身成為鬼域。一度車水馬龍的繁華街道，如今只剩下斷垣殘壁，與滿目瘡痍的景象。地震在一夕之間毀了家園、事業和夢想，如今只能在瓦礫堆中尋找剩餘的物資，和一切災後僅存的殘破家產。規模七點四的強烈地震，造成一萬五千多人死亡，四萬多人受傷。在短短數秒鐘的強烈震動之下，許多原本就偷工減料或結構不良的建築物，在瞬間化為一堆瓦礫。（李寧，1999）

綜觀歷來的震災，地震對人類總體而言是生命、財產的重大威脅亦是心理上無可預測的恐懼。

目前，地震尚無準確的預測方法，唯有靠平時的預防、宣導以降低地震的災害與傷亡。教育部為了讓全國各級學校加強防震措施，日前公布「地震前後的準備與應變」讓各級學校在防震措施上有所依循。然而，就全國各級學校而言，各校條件、資源不一，該項「地震前後的準備與應變」是否適用於全國各級學校？

本研究擬針對高雄縣國民小學就該項「地震前後的準備與應變」進行抽樣調查，

瞭解實際情形與困難，彙成建議以供改進參考。

研究目的

鳳山斷層、旗山斷層、六龜斷層分布於本縣，且分布在三條活斷層五佰公尺內的各級學校計有十四所。（張徽正，1997）本研究的目

的，擬針對高雄縣國民小學以教育部頒「地震前後的準備與應變」爲標準，進行抽樣調查，瞭解本縣各國小地震防災措施實際情形與困難。

名詞界定

本研究重要名詞有地震、活動斷層、鳳山斷層、旗山斷層、六龜斷層、小型學校、中大型學校分別敘述如下：

1.地震

地震是突然且迅速的地殼震動，它的發生原因可分成自然的地震及人工所造成的地震兩種。人工造成的地震如核子試爆。自然所造成的地震又可分爲：（王啓祥、張美貞、曾琪淑、曾瑞蓮，1999）

（1）構造性地震。

（2）火山地震。

（3）衝擊性地震（例如，隕石墜落地表所造成的地震）三類。

其中構造性地震又以板塊運動所造成的地殼變動爲主。由於地球內有一種推動岩層的應力，當應力大於岩層所能承受的強度時，岩層會發生錯動（dislocation），而這種錯動會突然放巨大的能量，並產生一種彈性波（elastic waves），稱之爲地震波（seismic waves），當它到地表時，引起大地的震盪，這就是地震。所謂板塊構造的基本觀念是將地球岩石圈分成數個接近剛性的板塊、包括較大的歐亞板塊、美洲板塊、非洲板塊、印度洋板塊、太平洋板塊、南極板塊和數個較小之板塊，板塊受到張力、壓力、重力、及地函對流的作用，不同的板塊之間每年以數公分的相對速度緩慢移動，大部分的地震、火山及造山運動便由於相鄰板塊之互相作用而發生。大地震發生後，常出現地表破裂的現象，究是斷層引發地震或是地震造成斷層，目前尚無科學上

的定論。但是，斷層經常是地震釋放能量的地方。

當地震所造成的地表震動，人體可以感覺到的稱為有感地震；反之，則為無感地震。在主要地震發生之前，有時會先發生小地震，稱為前震（fore shock）。在主要地震之後，常有小地震相繼發生，稱為餘震（aftershock）。前震有時不易察覺，而餘震則較前震明顯。

地震震源深度在距離地表0-33公里者稱為極淺地震（very shallow earth quake）。在31-71公里間者稱為淺層地震（shallow earthquake）。在71-300公里間者稱為中層地震（intermediate earthquake）。而深層地震所造成的災害為小。

地震的大小以規模（magnitude）來描述，依照地震所放的能量，用一個無單位的實數來表示。目前世界所通用的地震規模為芮氏規模（ML），乃美國地震學芮氏（Ritcher）於一九三五年所創。

根據地震學家古勝堡（Gutenberg）的計算，當地震規模每增加一個單位，其所釋放的能量約增大三十倍。基本上，同一地區的地震規模愈大所可能導致的災害可能愈大。因為地震是一種能量的釋放，以波的形式向四方傳播。傳播途中，能量會因摩擦、吸收等而衰減，又因各岩石的物理性質不同，能量、振幅等衰減也因而不同。所以在有效距離內，規模愈大，災害也愈大，是不可否認的。

2.活動斷層

經濟部中央地質調查所為出版《臺灣活動斷層分布圖》，將活動斷層區分為二類，並說明其分類準則如下（張徽正等人，1997）：

第一類活動斷層（全新世活動斷層）：符合下列任一項者：

(1) 全新世（10,000年內）以來曾經發生錯移之斷層。
(2) 錯移（或潛移）現代結構物之斷層。
(3) 與地震相伴生之斷層（地震斷層）。
(4) 錯移現代沖積層之斷層。

（5）地形監測證實具潛移活動性之斷層。

第二類活動斷層（更新世晚期活動斷層）：未符合第一類活動斷層之分類準則，但符合下列任一項者：

（1）過去萬年以來曾經發生錯移之斷層。
（2）錯移階地堆積物或台地堆積層之斷層。

對於一些資料尚未充足而無法歸類之活動斷層，則暫被劃分為存疑活動層，包括：

（1）將第四紀地層錯移之斷層。
（2）將紅土緩起伏面錯移之斷層。
（3）具活動斷層地形特徵，但缺乏地質資料佐證者。

3.鳳山斷層

由鳳山東北方的子腳，沿鳳山丘陵東緣延伸至拷潭附近，呈北北西走向，全長約十一公里。孫習之認為本斷層為一逆斷層，東北側為升側，向西北或可連接龍船斷層，而截切向東北傾沒半屏山背斜。

本斷層的斷層性質不明確，暫列為存疑性活動斷層。（中央地調所，1999）

4.旗山斷層

本斷層位旗山的東北方，為東北－西南走向之左移斷層，亦有人認為本斷層為逆斷層，其延伸超過七十公里。

一九七三年於旗山斷層附近曾發生四次規模3或3以上的地震，造成更新世早期之二重溪層發生微量變形。謝世雄指出本斷層於旗山地區的層位落差約2,000公尺，往南漸次減少，東側為上升側。

本斷層的斷層性質不明確，列為存疑性活動斷層。（中央地調

所，1999）

5.六龜斷層

位於高雄縣六龜和新寮之間，為高角度逆斷層，呈東北走向，全長約十一公里。耿文溥認為本斷層以N15＊E走向延伸至荖濃溪以北長約十八公里。（中央地調所，1999）

6.小型學校

本研究之「小型學校」界定為班級數十五班以下（不含十五班）之學校。

7.中大型學校

本研究之「中大型學校」界定為班級數十五班以上（含十五班）之學校。

研究範圍與限制

本研究在範圍及限制方面，分述如下：

1.研究範圍

（1）本研究之研究對象以高雄縣各國民小學校校長為採抽樣範圍。
（2）本研究問卷以教育部中部辦公室公布之「地震前後應有的準備與應變」內容為問卷主要範圍。

2.研究限制

（1）本研究對象侷限於時間、人力、財力僅就高雄縣國小校長進行抽樣調查，未遍及到全國其它地區，研究結果恐怕與全國

其它地區之實際情形有所不同。

（2）研究者無法確切得知填答者是否全部據實以答，因此，在填答內容可能有填寫不實的部分，可能影響資料的真實性與造成研究誤差。

待答問題

本研究根據研究目的，擬定下列待答問題：

1.瞭解高雄縣內不同規模大小的國小在防震措施上（學校事前準備、學生應有的準備、地震發生後的因應）實際的執行情形。
2.探討高雄縣內不同規模大小的國小在防震措施上的實際困難。
3.分析高雄縣內不同規模大小的國小在防震措施上之差異。

文獻探討

地震前硬體上應有的防範

李錫堤（1999）指出，地震防災在硬體上應做好以下工作：

1.工程建設前資訊的掌握與審慎的選址

可能引致的地震災害及影響程度與範圍無資料可供查詢。故在各種工程建設前，工程師對於活斷層及防災資訊的掌握很重要。根據正確的資訊，工程師必須在工程設計之前委託專家做進一步地質調查，確認斷層的位置及評估地震災害，以做成審慎的選址。

不同目的或不同危險性的工程，對於選址考慮的重點及程度不

同。工程師必須參考法規與工程慣例做判斷。

2.工程防震措施

掌握正確的資訊並完成審慎的選址後，工程師必須根據專家提供的地震參數及潛在災害評估結果，按照法規或準則進行工程耐震設計。包括：結構物的佈置暨主結構體、內部裝備及維生管線等的耐震設計與防震措施。主結構及附屬設施，凡與安全有關的微小細節均應被謹慎的考慮進防震措施之內。結構基礎及周遭的擋土措施均須考慮在地震的狀況下是否發生地面斷裂、地陷、地層液化及受山崩影響等。位於海岸附近的重要設施，例如，核能電廠等，尚須考慮海嘯之影響。海嘯的防範通常是將主結構物及重要設施佈置到最大海嘯湧高以上的高程。

3.工程完工後使用階段的防災

工程運轉，使用中仍應進行定期的安全檢查，以找出可能的缺點，並能針對缺點進行補強。尤其對地質及地震問題的新知識及新發現更須予重視，並據以分析及評估結構現況在可能發生的大震之下的安全性。

平時，個人應注意內部擺設及周遭環境的變動。若有主要變動發生，應加以注意。若有疑慮，即應請專家評估安全性。

4.地震發生前的補強工作

安全評估後，發現有疑慮的結構物應即針對缺失進行改善或補強，能到耐震設計的標準。對於可能發生的地變災害問題，則應設法去瞭解可能發生的位置、總影響程度，並按專家的建議決定改善或補強的方法。若補強無法有效改善安全時，搬遷亦可考慮成為一個方案。蔡義本（1999）則建議，各級學校平時應做好危害評估。

每個學校每學年度至少應進行一次例行性危害評估，主要重點在於非結構物危害性。至於結構物危害性之評估則應由教育行政人員視

需要邀請專業人員進行（尤其是配合校舍增建或改建計畫）。

結構物危害評估至少應包括：

(1) 評鑑學校建築內部及外部結構體部分，包括：柱、樑、樓地板、負荷承載牆、地基等等的耐震能力。
(2) 建議拆除或矯正結構物地震危害性的可行方法。

地震前軟體上應有的防範

王啟祥、張美貞、曾琪淑、曾瑞蓮（1999）建議，地震平時的防護應做好以下的準備。

1.急難物資

(1) 三日份飲水及乾糧、急救包、手電筒、少量現金、緊急電話簿、小型收音機、電池、車輛及住家備用鑰匙。
(2) 急救包內宜包含必備健康藥品（胃藥、消炎藥、刀傷軟膏、優碘、繃帶等），並視需要增加個人藥品、衛生棉或紙尿布等物品。
(3) 各項物資以輕便為要，禦寒衣物、雨衣等可視需要酌加。

2.防震準備

(1) 模擬各場所之逃生計畫，住家、工作地點尤應詳加規劃，進出建築物隨時留意安全位置或疏散路線。
(2) 住家準備輕型安全帽（保護頭部）、哨子（警示或求援）於方便取得之處備用。
(3) 放置透明水壺裝水三分之一以上，作為地震時判斷強度之警示系統，睡眠時則在高處擺放類似物品（掉落時會發出巨大

聲響者尤佳）。

3.屋內設施

(1) 少用吊掛式物件（吊扇、吊燈），重物及大型傢俱宜加固定以防倒塌。
(2) 危險物品（易碎、易燃、化學藥劑等）置於低或安全處妥為存放。
(3) 床頭周圍避免吊掛物品，以免睡眠中地震發生，物件掉落傷人。

4.重要文件

金融資料（存摺）、有價証券等資產文件或憑證可存放保險箱。袁志晃（1999）則建議，將所有逃生配備集中放在一個急救袋內，以備不時之需，包含安全帽、厚抱枕、乾電池、手電筒、乾糧、急救箱、大哥大、收音機、儲水桶、水壺、扇子等物品。蔡義本（1999）更進一步詳細指出，學校在地震發生前非結構物上的危害評估及軟體上應有的準備至少應包括：

1.評估項目包括

(1) 是否接近有毒的、易燃的、高腐蝕性的、劇烈的化學品或放射性物品？
(2) 是否接近高壓電線？
(3) 地震後指定疏散地點，是否接近煤氣、自來水或下水道管線？
(4) 校舍內、外看板、遮陽棚等是否穩定？
(5) 圍牆、樹木、招牌、裝飾物體、外伸屋頂的連接通道是否穩定？

（6）室內懸掛或懸吊物體，例如，電燈、滅火器、獎牌、圖框等是否穩定？

（7）玻璃窗，尤其是靠近進出門口處，所有位於學生高度處的窗戶應採用安全玻璃或塑膠玻璃。每間教室應有一個塑膠窗戶標明是「替代逃生路線」。

（8）電腦、顯示器、鋼琴、電冰箱、視聽器材、冷氣機、電風扇、隔間屏風等是否穩定？

（9）書櫃、檔案櫃或書架以及書架上或抽屜內的物體是否穩定？

（10）熱水器、煙囪、火爐或鍋爐是否穩定？

2.建議排除或矯正非結構物危害性的可行方法。

3.緊急應變補給品

　　每個學校應儲備緊急應變補給品。學校每年都應清點這些補給品，一旦發現有缺少、變壞或過期時，應立即補更換。這些補給品應儲存於能夠發揮各該項物品功用的適當地點。最好存放在遠離教室的小屋，以便萬一在結構物有損壞時然能夠取用。

4.緊急應變計畫

　　各校專屬的緊急應變計畫書影本應存放於校內各個緊急補給品存放地點以及總辦公室。

　　緊急應變計畫書應包括：

（1）現任的指定緊急應變領隊名單和候補領隊名單，負責下列任務：

　　A.指揮官：由校長和二位職務代理人或值班教師擔任。
　　B.急救隊：由受過急救訓練的教職員擔任。
　　C.搜救隊：由受過搜索搶救訓練的教職員擔任。

D.指揮中心幹事：由校長秘書擔任。

E.水電管制員／搜救幹事：由管理員擔任。

F.義工協調員：由教職員擔任。

（2）曾受過急救訓練的現任教職員名單。

（3）緊急應變程序：專屬各校，規定疏散程序和上述任務編組。

（4）各校特定用途的地圖，顯示下列設施或物品的位置：

A.煤氣、自來水、電力等管線、熱水器、噴水系統和相關開關。

B.滅火器。

C.緊急應變補給品。

D.指定疏散路線、安全集合地點、指揮中心、急救站和大小便地點。

E.緊急應變車輛的通行路線。

F.家長校外停車場所。

（5）緊急應變補給品的全部清單：

A.依照補給品名稱及存放地點分別列出清單。

B.包括補給品數量和有效期限。

（6）社區資源之資訊：

A.當地救災機構的電話號碼，包括：警察局、消防隊、醫院、紅十字會、煤氣、自來水、電力公司、傳播媒體、鄉鎮市區公所、縣市教育局。

B.同意協助學校的當地具有專長的社區義工名單。

5.學生應有的準備

防震演習：各校每年至少舉行兩次防震演習；更完整的上課時間防災演習，各校每年至少應舉辦一次。非上課時間防震演習各校每年至少舉行一次。這種演習應選課間或中午休息時間或其他非上課時間進行，以便學生練習各類蹲躲姿勢。

課堂教育：每年應上一次由校長指定的地震教育節目，其內容應涵蓋以下各項：

（1）地震地質學，當作各年級正規科學課程的一部分。
（2）和地震相關的現實因素（當作防震演習的一部分）：

A.隨地震而產生的噪音。
B.地震可能造成的後果：震落的書籍、破碎玻璃、桌椅傢具移動等。
C.學生需要保持鎮定和安靜才能聽到號令。
D.餘震發生的可能性。
E.當地震發生時，不在教室的人（例如，在廁所、午餐、走廊、操場或在上學途中等），應該遵循的程序。
F.教室緊急補給品存放地點。
G.當教師無法帶領時（例如，不在教室或受傷昏迷），應遵循的程序。
H.地震後學生放學的規定。
I.在校園內或其他地方可能發生的危險。
J.地震可能引起的情緒反應，尤其應注意恐懼感和焦慮情緒。

地震時應有的防護

王啓祥、張美貞、曾琪淑、曾瑞蓮（1999），建議地震時的防護，可採取以下措施：

1.室內

（1）就所在地點立即尋求安全位置，房屋主要樑柱大型堅固傢具旁之處都可列入考慮，注意避開玻璃窗或易掉落物品，並找尋掩物保護頭部。

（2）將逃生門打開，避免因地震導致門扇扭曲卡死無法逃生。

（3）地震平息後關閉電源、瓦斯。

2.戶外

（1）行駛中車輛應立刻減速慢行並靠邊，若搭乘大眾交通工具時，聽從服務人員指示進行疏散。

（2）人員就近尋求堅固建築之掩蔽或往空曠處躲避，並注意保護頭部，切勿匆忙奔跑，應避開可能倒下、墜落的物件。

（3）若位於公共場所，可就近尋求安全位置躲避，切勿湧向電梯或逃生口若身處高樓層建築，勿立即試圖由樓梯往下層奔跑，並應避開欄杆、陽台等處以防墜樓。

蔡義本（1999）亦建議，地震發生時，採取以下措施：

1.人在校舍內

當地震發時正在校舍內的每個人都應立即採取蹲、躲、握的姿勢。

蹲：蹲下或趴在地上。

躲：就近躲避在書桌、辦公桌或其它堅固傢具底下（如係強震，則躲在上述硬物旁）。如果附近沒有這些傢具可躲，就貼近隔間牆角躲避，同時臉部向下並用雙臂掩護頭部和頸部。避免接近玻璃窗戶、懸掛或懸吊的物體、玻璃鏡子或高大傢具等潛在危險地帶。

握：如果是躲在傢具下，應握住柱腳並準備隨時跟著移動。保持這種姿勢一直到地震停止。特別重要的是要把頭部和頸部躲避在傢具下，以免被掉落的物體中。並把臉部向下，以免被玻璃碎片傷。

停：保持蹲下或趴下的姿勢，一直到地震停止後。

聽：保持鎮定和安靜，並注意聆聽指揮中心的號令。

2.人在校舍外

蹲：蹲下或趴在地上，並設法遠離建築物、玻璃窗戶、樹木、裸露電線、遊樂構架和其他可能傾倒造成為危險的地方。空曠的地方最安全，例如，操場。

躲：用手臂掩護頭部。臉部向下，並留意四周可能發生的危險，隨時準備躲避。

停：身體保持蹲下的姿勢，一直到地震停止後。

聽：保持鎮定和安靜並注意聆聽指揮中心的號令。

*如果是在上學途中，繼續向學校走去。如果是在放學途中，繼續*向回家路上走。如果是在校園，則走向預先指定的集合地點。

地震後應有的措施

1.硬體上安檢

王啓祥、張美貞、曾琪淑、曾瑞蓮（1999）認為，地震過後，一定有許多建築物產生程度不一的損壞，因此在災後重建工作事項上，除人員之安置醫療照顧外，建築物損害程度的評估也是相當重要的一環，民眾可依以下提列的簡易評估法為自己的家園進行初步的勘查，

若有疑慮，則需請專業人員（土木技師公會、政府機關工務單位人員）做進一步的勘驗。

建築物整體崩塌或部分崩塌：建築物在地震中發生崩塌是很嚴重的損壞，崩塌也可能侷限於一小部分，故本項的評估以崩塌部分佔建築物的比例來決定嚴重程度。

建築物整體或部分樓層傾斜：地震時若發生土壤液化或壓密沉陷，除產生沉陷外，也可能因沉陷不均勻，致使建築物產生傾斜。簡易評估建築物之傾斜程度，可將圓型玻璃杯水平放置於不滑桌面上，若玻璃杯產生慢的滾動，代表建築物之傾斜大約達中等程度。若玻璃杯產生順暢的滾動狀況，代表建築物之傾斜已達嚴重程度，最好仍由專業人員施行傾斜測量加以判定。

基礎與上部結構脫離錯開：本項破壞可能存於地面以下，較不易觀察，不過可以觀察建築物與地面相接處，地面土層是否產生擠壓或間隙，若產生此跡象便需詢求專業協助，依其嚴重性和範圍來決定災害程度。

柱損害程度：鋼筋混凝土結構，不論是柱、樑或結構牆，其損害現象不外乎產生裂痕、混凝土剝落鋼筋外露、挫屈、構材變形等，若柱子僅只表面保護層的混凝土剝落，剝落長度不超過柱子全長之20%，主筋未彎屈，圍束箍筋保持完整，表示柱本身的結構還是安全的。但如果圍束箍筋受到破壞，箍筋內部的混凝土已呈崩裂狀態，則為危險的狀況。

損害程度：損害程度之評估大致與柱損害評估方式共通，可參考運用。

結構牆（含剪力牆、承重牆）損害程度：結構牆包括剪力牆與承重牆，其損害之簡易評估方式乃依牆上裂縫寬度之大小與分布面積而定，裂縫寬度若超過0.4mm（約略等於一般牙籤穿得進去的寬度），分布面積超過整面牆的一半，即可判定此面牆已具危險性。天花板之損害評估亦可參照本作法。

2.地震後整體的因應

　　蔡義本（1999）建議：在整個地震緊急應變計畫中，所有關鍵人員都事先指定好職務。同時，每個指定人都有一至二位職務代理人，以備萬一。

（1）校長（或主任）：

　　A.疏散並隨身攜帶手提擴音機及指揮中心用品。
　　B.設立指揮中心指揮全校緊急應變作業。
　　C.巡視學校總體狀況，包括初步損壞評估，並隨時向教育局報告。在校舍尚未依規定檢查完備之前，禁止任何人進入。必要時派人站崗守衛。
　　D.發動並督導事先指定的緊急應變領隊們展開活動：

　　　　（A）急救隊（教職員）。
　　　　（B）搜救隊（教職員）。
　　　　（C）指揮中心幹事（祕書）。
　　　　（D）水電管制員／搜救幹事（管理員）。
　　　　（E）義工協調員（教職員）。

　　E.遵照規定，讓學生離開學校：

　　　　（A）交由家長或緊急識別卡上指定的人士領回（緊急識別卡由學生隨身配帶）。
　　　　（B）由校長視情況把學生送交給醫療中心或民防單位（緊急識別卡由學生隨身配帶）。
　　　　（C）保存學生去處的資料，以便家長查詢或會合。

　　F.與外界緊急應變機構保持聯繫。並用事先備妥的緊急狀況表，透過無線電通訊系統與教育局保持聯繫。

G.校長有權要求教職員延長下班時間。學校無限期開放，直到每個學生都交由家長或指定人士領回，或由民防單位接管為止。

H.在學校恢復上課第一天，督導收回全體學生緊急識別卡，以備餘震發生時之用。

（2）教師：

A.帶領學生疏散到預先指定的集合地點，走最安全的路線並攜帶緊急應變補給品。教師在疏散之前應先小心查看教室外面危險情況。疏散，任何人都不准返回教室，除非教室業經損壞檢查並經校長許可。

B.點名並分發給每個學生緊急識別卡，配戴在脖子上。

C.通報指揮中心失蹤和受傷的學生姓名及可能處在的地點。

D.使用學生緊急應變名冊，記載所有失蹤、受傷、缺課和不在教室的學生姓名。

E.在急救站設立之前，對受傷學生進行急救；必要時，豎立「一個紅色待救」旗子。

F.如果教師本身是預先指定擔任緊急應變任務，應即向指揮中心報到，並安排導護學生的教職員。

G.設法使學生保持鎮定和安靜。

H.向指揮中心報到並確定學生緊急應變名冊已交到指揮中心幹事或校長手上。

I.在校長准許離開學校之前，應隨時聽候校長的指示。

（3）駐校護士：

A.協助校長督導學校急救站設立和運作。

B.協助急救隊治療受傷學生。

（4）學校職員：

A.疏散：攜帶學校緊急應變補給品，包括：教職員緊急識別卡、鑰匙、學生緊急識別卡的副本。

B.擔任指揮中心的幹事，協助校長追蹤每個學生的去向。

C.記錄失蹤和受傷學生的姓名及其最新狀況。

D.接受保管教師和急救隊交來的學生緊急應變名冊。

E.答覆家長詢問，告知學生的去處。

F.收聽緊急應變廣播。

G.在必要又可行時，協助急救隊治療受傷學生。

H.引導義工向協調員報到。

I.在校長准許離開學校之前，應隨時聽侯校長的指示。

（5）學校技工：

A.擔任水電管制員及搜救隊助理，向指揮中心報到，聽候任務指派。

B.檢查瓦斯及水電。

C.遵照校長指示，關閉瓦斯及水電。除非水管破裂，否則自來水不要關閉。瓦斯及電力應經檢查，確定安全無虞，再打開。

D.在必要時，機動協助校長、義工協調員、搜救隊等。

E.在必要時，設置臨時衛生設備。

F.在校長准許離開學校之前，留守在指揮中心待命。

（6）緊急救護隊（由預先指定的教師和職員編組而成）：

A.向指揮中心報到，聽候指揮。

B.設立緊急救護站，調集急救用品及清水。必要時向義工協調員徵求義工協助。

C.進行急救，從最嚴重的傷患優先救護。

D.把急救事項記載在學生緊急識別卡及學生緊急應變名冊上。

E.遵照校長指示，安排學生去處：

（A）直接交給家長或學生緊急識別卡上指定人士領回。把學生離校的時間、地點、領走學生的人士、接受急救事項及學生身體狀況等記載在學生緊急識別卡及學生緊急應變名冊上。前者由學生隨身配帶，後者則在學全部離校後交到指揮中心備查。

（B）把學生轉交給醫療中心、民防機構或其它由校長指定的單位。把學生離校時間、地點、領走學生的人士、學生接受急救事項及學生身體狀況等記載於學生緊急識別卡及學生緊急應變名冊上。前者由學生隨身配帶，後者留校備查。

（C）在所有學生都離校後，將學生緊急應變名冊交到指揮中心備查。

F.隨時向校長報告緊急救護站運作情形。

G.在所有學生都離校或在校長准許離校之前，留守在緊急救護站待命。

（7）緊急搜救隊（由預先指定的教師及職員編組而成）：

A.向指揮中心報到，接受失蹤學生的報告。

B.收集搜救設備及器具。

C.搜尋失蹤人員，並用對講機向校長報告搜救情形。

D.必要時，請求義工協調員及學校技工支援。

E.採取適當措施保護受傷者的安全。如果需要緊急救護，可

用對講機向指揮中心求助。如需要將受傷者運送到緊急救護站，應使用現場可用取安全的方法（「緊急搜救指南」由教育局提供。）

F.在獲得校長准許離校之前，留守指揮中心待命。

（8）緊急義工協調員（由預先指定的教師或職員擔任）：

A.向指揮中心報到。

B.在校長指導下，分派義工到有需要的地點，擔任緊急救護隊助理、教師助理、衛生助理、交通指揮員、資訊傳達員等。

C.保管義工名冊及義工任務分派地點之資料。

D.在獲得校長准許離校之前，留守在指揮中心待命。

研究方法、樣本、工具、實施程序

研究方法與樣本

本研究資料收集採問卷調查法。資料分析方法有二，一為簡單百分比；二為無母數統計分析。

本研究樣本，以分層隨機抽樣抽取三十個樣本。將高雄縣各國小分成小型學校（十五班以下）、中大型學校（十五班以上）二類學校，再隨機自旗山區、鳳山區、岡山區隨機抽出三十所學校。

研究工具與實施程序

本研究之研究工具依據教育部中部辦公室頒布之「地震前後的準備與應變」內容，濃縮自編調查問卷（略）。實施程序如下：

1.選擇研究問題。

2.確定研究問題。

3.擬定研究計畫。

4.收集文獻。

5.撰寫研究架構。

6.文獻探討。

7.編定調查問卷。

8.抽樣。

9.寄發問卷。

10.追蹤問卷。

11.問卷回收。

12.資料處理與分析。

13.撰寫報告。

結果與分析

填答者背景及問卷回收情形

1.填答者背景

本研究填答者均是本縣國小校長，但各樣本學校校長年齡不一，約呈常態分布，35歲至39歲二人、40歲至44歲二人、45歲至49歲十人、50歲至54歲七人、55歲至59歲三人、60歲以上六人。

2.問卷回收情形

本研究樣本數為三十校，經由持續追蹤，問卷全部回收，回收率達100%。

調查結果

1.次數統計表

（1）學校事前應有的準備：

編號	題　　　　　目　　　　　組　別 統計數	A 是	A 否	B 是	B 否
01	建立緊急應變組織與任務編組	15	1	13	1
02	建立常設性指揮中心	11	5	9	5
03	成立常設性校內急救站	11	5	10	4
04	學校應變組織準備有候補人員	7	9	8	6
05	擬定可行的防範與應變計畫	14	2	13	1
06	每學年進行非結構物危害（室內物品是否穩固、實驗藥品擺置是否安全…等）的例行評估	9	7	9	5
07	儲備緊急應變補給品、備用物品	1	15	2	12
08	定期清點、更換補給品	1	15	2	12
09	訂定疏散、逃生路線	16	0	9	0
10	備有應變設施（水電自動關閉裝置、噴水系統）	5	11	5	9
11	製發緊急識別卡	7	14	2	12
12	建立救災機構檔案	9	7	8	6
13	成立學生勤務支援編組	6	10	3	11
14	備有完備的搜救用品	0	16	1	12
15	建立緊急應變義工組織與任務編組	7	9	6	8
16	建立親師緊急連絡網	16	0	13	1

（2）學生應有的準備：

題號	題　　　　　　　　　　　目	A		B	
		是	否	是	否
01	每學年至少舉行二次防震演習	13	3	12	2
02	每學年至少舉行一次無預警演習	12	4	9	5
03	每學年至少一次由校長指定地震教育（地震原因、可能的災害、應變惜施）的課堂教育	9	7	4	10
04	學生具有足夠的應變知能	6	10	12	2
05	演習時教師能迅速、正確應變	12	4	12	2
06	演習時，各應變部門能迅速展開應變活動	8	8	12	2

（3）地震發生後學校應有的應變

題號	題　　　　　　　　　　　目	A		B	
		是	否	是	否
01	指揮全校採取應變措施	15	1	13	1
02	立即啓動應變管理系統	6	10	6	8
03	巡視學校迅速掌握學校總體安全狀況	16	0	12	2
04	義工能主動聯繫學校詢問震後狀況	5	11	9	5
05	與救災機構保持聯繫	5	11	4	10
06	家長能主動聯繫學校詢問震後狀況	11	5	7	7
07	加強防震演習	15	1	12	2
08	加強急救知能研習	13	3	10	4

說明一：A：表示十五班以下學校。（計16校）；B：表示十五班以上學校。（計14校）
說明二：表中阿拉伯數字代表各校各題勾選統計數。

2.比例統計表

（1）學校事前應有的準備。

編號	題　　　　　目　　　　　組別	A 是	A 否	B 是	B 否
	統計數				
01	建立緊急應變組織與任務編組	94%	6%	93%	7%
02	建立常設性指揮中心	69%	31%	64%	36%
03	成立常設性校內急救站	69%	31%	71%	29%
04	學校應變組織準備有候補人員	44%	56%	57%	43%
05	擬定可行的防範與應變計畫	88%	12%	92%	18%
06	每學年進行非結構物危害（室內物品是否穩固、實驗藥品擺置是否安全…等）的例行評估	56%	44%	64%	36%
07	儲備緊急應變補給品、備用物品	6%	94%	14%	86%
08	定期清點、更換補給品	6%	94%	14%	86%
09	訂定疏散、逃生路線	100%	0%	100%	0%
10	備有應變設施（水電自動關閉裝置、噴水系統）	31%	69%	36%	64%
11	製發緊急識別卡	3%	87%	14%	86%
12	建立救災機構檔案	56%	44%	57%	43%

13	成立學生勤務支援編組	38%	62%	21%	79%
14	備有完備的搜救用品	0%	100 %	7%	93%
15	建立緊急應變義工組織與任務編組	44%	56 %	43%	57%
16	建立親師緊急連絡網	100%	0%	92%	8%

（2）學生應有的準備。

題號	題　　　　　　　　　　　目	A		B	
		是	否	是	否
01	每學年至少舉行二次防震演習	81%	19%	86%	14%
02	每學年至少舉行一次無預警演習	75%	25%	64%	36%
03	成每學年至少一次由校長指定地震教育（地震原因、可能的災害、應變惜施）的課堂教育	56%	44%	29%	71%
04	學生具有足夠的應變知能	38%	62%	86%	14%
05	演習時教師能迅速、正確應變	75%	25%	86%	14%
06	演習時，各應變部門能迅速展開應變活動	50%	50%	86%	14%

（3）地震發生後學校應有的應變

題號	題目	A		B	
		是	否	是	否
01	指揮全校採取應變措施	94%	6%	92%	8%
02	立即啓動應變管理系統	38%	62%	43%	57%
03	巡視學校迅速掌握學校總體安全狀況	100%	0%	86%	14%
04	義工能主動連繫學校詢問震後狀況	31%	69%	64%	36%
05	與救災機構保持聯繫	31%	69%	29%	1%
06	家長能主動連繫學校詢問震後狀況	69%	31%	50%	50%
07	加強防震演習	94%	6%	86%	14%
08	加強急救知能研習	81%	19%	71%	29%

說明：是：代表二組不同類型學校分別達成該項要求之比例。

否：代表二組不同類型學校分別未達成該項要求之比例。

資料分析

根據調查顯示（如次數統計表），資料分析如下（括弧內百分比代表二組不同類型學校分別達成該項要求之比例）：

1.不同類型學校在防震措施上實際執行情形

（1）不同類型的學校執行比例較高部分：

A.學校事前應有的準備：

（A）建立緊急應變組織與任務編組。（A：94%；B：

93%）。

　　（B）建立逃生路線。（A：100%；B：100%）

　　（C）建立親師緊急連絡網。（A：100%；B：92%）

　　（D）訂定可行的防範與應變計畫。（A：88%；B：92%）

　B.學生應有的準備：

　　（A）每學年至少防震演習。（A：81%；B：86%）

　　（B）教師演習時能迅速、正確應變。（A：75%；B：86%）

　　（C）演習時各應變部門能迅速展開應變活動。（B：86%）

　　（D）學生具有足夠應變知能。（B：86%）

　C.地震發生後學校應有的應變：

　　（A）指揮全校採取應變措施。（A：94%；B：92%）

　　（B）迅速掌握學校總體安全狀況。（A：100%；B：86%）

　　（C）加強防震演習。（A：94%；B：86%）

　　（D）加強急救知能研習。（A：81%；B：71%）

（2）不同類型的學校執行比例中等部分：

　A.學校事前應有的準備：

　　（A）建立常設指揮中心。（A：69%；B：64%）

　　（B）成立常設性校內急救站。（A：69%；B：71%）

　　（C）建立救災機構檔案。（A：56%；B：57%）

　　（D）學校應變組織備有候補人員。（B：57%）

　B.學生應有的準備：

（A）每學年至少一次由校長指定地震教育的課堂教育。
（A：56%）

（B）演習時各應變部門能迅速展開應變活動。（A：50%）

C.地震發生後學校應有的應變：

（A）義工能主動聯繫學校詢問震後狀況。（B：64%）
（B）家長能主動聯繫學校詢問震後狀況。（A：69%；B：50%）

（3）不同類型的學校執行比例偏低部分：

A.學校事前應有的準備：

（A）學校應變組織備有候補人員。（A：44%）
（B）儲備緊集應變補給品、備用物品。（A：6%；B：14%）
（C）定期更換清點補給品。（A：6%；B：14%）
（D）備有應變設施（水電自動關閉系統、噴水系統）（A：31%；B：36%）。
（E）製發緊急識別卡。（A：13%；B：14%）
（F）成立學生勤務支援編組。（A：38%；B：21%）
（G）備有完備的搜救用品。（A：0%；B：7%）
（H）建立緊急應變義工組織。（A：44%；B：43%）

B.學生應有的準備：

（A）每學年至少一次由校長指定地震教育的課堂教育。
（B：29%）

（B）學生具有足夠應變知能。（A：38%）

C.地震發生後學校應有的應變：

（A）義工能主動聯繫學校詢問震後狀況。（A：31%）
（B）立即啓動應變管理系統。（A：38%；B：43%）
（C）與救災機構保持聯繫。（A：31%；B：29%）

2.不同類型學校在防震措施上執行困難的事項

（1）備有完備搜救用品。（A：0%；B：7%）
（2）儲備緊急應變補給品、備用物品。（A：6%；B：14%）
（3）定期清點、更換補給品。（A：6%；B：14%）

3.不同類型學校在防震措施上差異之比較
（1）符號檢定（Sign Test）
 A.學校事前應有的準備：
 H_0：Ua＝Ub（學校規模大小與地震事前是否準備充分無顯著差異）

 H1：Ua≠Ub（學校規模大小與地震事前是否準備充分有顯著差異）

比組別例＼題號	1	2	3	4	5	6	7	8	9	10	11	12	13	14	15	16
A	94	69	69	44	88	56	6	6	100	31	13	56	38	0	14	100
B	93	64	71	57	92	64	14	14	100	36	14	57	21	7	42	92
A-B	+	+	-	-	-	-	-	-	0	-	-	-	+	-	+	+

PS：＋：代表A－B得正數；－：代表A－B得負數。

$$= \sum_{s=0}^{5} \begin{bmatrix} 15 \\ 5 \end{bmatrix} (1/2)^{15} = 0.1632 > \alpha = 0.05$$

Prob－vaule＝P（S＜5）

差異不顯著，接受Ho。

B.學生應有的準備：

H。：Ua＝Ub（學校規模大小與學生地震事前應有之準備無顯著
差異）

H1 ：Ua＜Ub（學校規模大小與學生地震事前應有之準備有顯著
差異）

比例\\組別\\題號	1	2	3	4	5	6
A	81	75	56	38	75	50
B	86	64	29	86	86	86
A-B	-	+	+	-	-	-

PS：＋：代表A－B得正數；－：代表A－B得負數。

Prob‐vaule＝P（S<2）

差異不顯著，接受Ho。

$$= \sum_{s=0}^{2} \begin{bmatrix} 6 \\ 2 \end{bmatrix} (1/2)^{6} = 0.3438 > \alpha = 0.05$$

C.地震發生後學校應有的應變：

H。：Ua=Ub（學校規模大小與地震事後應有的應變無顯著差異）

H1 ：Ua>Ub（學校規模大小與地震事後應有的應變有顯著差異）

比例\題號\組別	1	2	3	4	5	6	7	8
A	94	38	100	31	31	69	94	81
B	92	43	86	64	29	50	86	71
A-B	+	-	+	-	+	+	+	+

PS：＋：代表A－B得正數；＋：代表A-B得負數。

Prob-vaule＝P（S＜2）

$$= \sum_{S=0}^{2} \left[\begin{matrix} 8 \\ 2 \end{matrix} \right] (1/2)^8 = 0.1445 > \alpha = 0.05$$

差異不顯著，接受Ho。

根據上述考驗，不同類型學校在防震措施上無顯著差異。

（2）Kolmogorov-Smirnov檢定

A.學校事前應有的準備：

H。：Ua＝Ub（學校規模大小與地震事前是否準備充分無顯著差異）

H1 ：Ua≠Ub（學校規模大小與地震事前是否準備充分有顯著差異）

十五班以下學校	十五班以上學校	累加相對次數 a	累加相對次數 b	累加相對次數a-b	
15	13	0.111111111	0.115044248	0.00393	
11	9	0.192592593	0.194690265	0.00210	
11	10	0.274074074	0.283185841	0.00911	
7	8	0.325925926	0.353982301	0.02806	
14	13	0.42962963	0.469026549	0.03940	
9	9	0.496296296	0.548672566	0.05238	
1	2	0.503703704	0.566371681	0.06267	
1	2	0.511111111	0.584070796	0.07296	MAX
16	9	0.62962963	0.663716814	0.03409	
5	5	0.666666667	0.707964602	0.04130	
7	2	0.718518519	0.725663717	0.00715	
9	8	0.785185185	0.796460177	0.01127	
6	3	0.082962963	0.82300885	0.00662	
0	1	0.82962963	0.881858407	0.00223	
7	6	0.881481481	0.884955752	0.00347	
16	13	1	1	0.00000	
135	113				

$D = 0.07296 < 0.173403813$

$\alpha = 0.05$

接受H0

學校規模大小與地震事前是否準備充分無顯著差異

B.學生應有的準備：

H。：Ua＝Ub（學校規模大小與學生地震事前應有之準備無顯著差異）

H1 ：Ua＜Ub（學校規模大小與學生地震事前應有之準備有顯著差異）

十五班以下學校	十五班以上學校	累加相對次數 a	累加相對次數 b	累加相對次數a-b	
13	12	0.216666667	0.196721311	0.01995	
12	9	0.416666667	0.344262295	0.07240	
9	4	0.566666667	0.409836066	0.15683	MAX
6	12	0.666666667	0.606557377	0.06011	
12	12	0.866666667	0.803278689	0.06339	
8	12	1	1	0.00000	
60	61				

D＝0.15683＜0.247281172

α ＝0.05

接受H0

學校規模大小與學生地震事前應有之準備無顯著差異

C.地震發生後學校應有的應變：

H。：Ua＝Ub（學校規模大小與地震事後應有的應變無顯著差異）

H1 ：Ua＞Ub（ 學校規模大小與地震事後應有的應變有顯著差異）

十五班以下學校	十五班以上學校	累加相對次數a	累加相對次數b	累加相對次數a-b	
15	13	0.17442	0.17808	0.00366	
6	6	0.24419	0.26027	0.01609	
16	12	0.43023	0.42466	0.00558	
5	9	0.48837	0.54795	0.05957	MAX
5	4	0.54651	0.60274	0.05623	
11	7	0.67442	0.69863	0.02421	
15	12	0.84884	0.86301	0.01418	
13	10	1.00000	1.00000	0.00000	
86	73				

D＝0.05957＜0.216434662

α ＝0.05

接受H0

學校規模大小與地震事後應有的應變無顯著差異

結論與建議

結論

1.本縣國小防震措施仍待加強

本研究發現本縣各國小在防震措施上，無論是事前應有的準備、事中學生應有的準備、事後學校應有的應變許多項目仍待加強，分述如下：

（1）學校事前應有的準備方面：

A.建立常設指揮中心。

（A）成立常設性校內急救站。

（B）建立救災機構檔案。

（C）學校應變組織備有候補人員。

（D）儲備緊集應變補給品、備用物品。

（E）定期更換清點補給品。

（F）備有應變設施（水電自動關閉系統、噴水系統）

（G）製發緊急識別卡。

（H）成立學生勤務支援編組。

（I）備有完備的搜救用品。

（J）建立緊急應變義工組織。

（2）學生應有的準備方面：

A每學年至少一次由校長指定地震教育的課堂教育。

B演習時各應變部門能迅速展開應變活動。

C學生具有足夠應變知能。

D立即啟動應變管理系統。

E與救災機構保持聯繫。

（3）地震發生後學校應有的應變方面：

A義工能主動聯繫學校詢問震後狀況。

B家長能主動聯繫學校詢問震後狀況。

C立即啟動應變管理系統。

D與救災機構保持聯繫。

2.本縣各國小在防震措施遭遇的重大困難

本研究發現本縣各國小在防震措施遭遇的重大困難如下：

（1）物力：

    A.無法備有完備搜救用品。
    B.無法儲備緊急應變補給品、備用物品。
    C.無法定期清點、更換補給品。

（2）人力：

    A.具備急救能力人員不足。
    B.學校應變組織候補人員不足。
    C.學生缺乏能力成立勤務支援編組。

（3）財力：

    A.上級政府未編列預算，學校經費嚴重不足。
    B.社會支援的財源，具城鄉差距。

建議

1.上級政府寬列經費，補助學校充實設備：

（1）各校下列設施或物品必須加裝與定期更新：

    A.自動噴水系統和相關開關的設置。
    B.滅火器、自來水、電力等管線定期檢修與更換。
    C.緊急應變補給品的購置與定期更換。
    D.購置無線電設備。

（2）非結構物必須矯正：

A.校舍內、外看板、遮陽棚等的固定。

B.圍牆、樹木、招牌、裝飾物體、外伸屋頂的連接通道的固定。

C.室內懸掛或懸吊物體，例如，電燈、滅火器、獎牌、圖框等的固定。

D.玻璃窗的更換，使用安全玻璃或塑膠玻璃。每間教室應有一個塑膠窗戶標明是「替代逃生路線」。

E.書櫃、檔案櫃或書架以及書架上或抽屜內的物體的固定。

F.熱水器、煙囪、火爐或鍋爐的固定。

2.持續定期辦理急救知能研習。

3.辦理教師危機事件輔導研習或情緒輔導研習。

4.研定校舍建築規範。

參考文獻

教育部（1999），震災造成師生暨校舍損壞統計，《臺灣省教育通訊》，116。

何沙崙（1999），舊金山地震的政府資訊角色。
http://www.rdec.gov.tw。

呂怡青（1999），土耳其災後餘生。http://www.pts.org.tw。

李寧（1999），土耳其地震的災後重建。http://www.pts.org.tw。

教育部（1999），地震前後的準備與應變。臺灣省教育通訊，115。

張徽正等（1997），臺灣地區活動斷層分布圖。http://140.115.123.45。

王啓祥等（1999），地震災害防護須知，《科技博物》，3，（6），94-104。

中央地調所（1999），臺灣的活動斷層。http://www.sinica.edu.tw。

李錫堤（1999），地震地變與防災。http://gis.geo.ncu.edu.tw。

蔡義本（19998），學校地震緊急應變計畫樣本。

    http://www.gep.ncu.edu.tw。

袁志晃（1999），十萬火急自救大全。http://www.yljh.chc.edu.tw。

12.校園偶發事件管理與處理

高雄縣旗山鎮圓潭國民小學

訓導主任 劉稠泉

前言

學校經營的最基本原則，乃提供一個安寧無障礙的學習環境，讓學生能夠快快樂樂的學習，健健康康的成長。但人類的社會本難免會有意外發生，尤其學生心智人格尚未成熟，增加了更多的不確定因子，學校除了要有防範未然的意識外，更要事先擬定因應策略，演練處理程序。務期所有可掌握的變數都納入管制，縱使不幸意外發生，也能當機立斷，減低傷害。

另一方面，現今校園圍牆內的事，已非校園內的行政人員及教師所能解決的了。中央機關、省屬機構、縣政單位、鄉鎮基層，警政單位、消防單位，衛生單位，甚至社會福利團體，為求工作落實推行，方向直指中小學，中小學也一向來者不敢拒，可是校園內發生問題欲尋求奧援時，常是求助無門。就拿學生上、下學的交通來說：只要警政機關肯配合，一個月路口站個二、三次，開個幾張紅單，我想，學生也不用冒險在路口執勤了。

教育從業人員之權責未清，主管機關之各項工作規定又常有塞責之嫌，教育工作充滿曖昧，如何善盡職責，又能不染塵埃，有賴教育工作者睿智的判斷了。

偶發事件之內涵

偶發事件的範圍

學齡兒童心智本就尚未成熟，校園安全的維護比起其他機關團體更形重要及困難。依據臺北縣政府教育局偶發事件報告表中，所載偶發事件範圍如下：

1.火警。

2.竊盜。

3.綁架。

4.食物中毒。

5.爆裂物。

6.陳情抗議。

7.罷課。

8.意外傷亡。

9.集體鬥毆。

10.搶劫案件。

11.其他。

偶發事件的管理

偶發事件的管理乃公共安全管理的一環，其管理原則仍不外乎以下：

防範未然原則：學校應秉持預防勝於補救的理念，對可能發生危險的人、事、物等因素，妥善規劃，在事前就進行評估，推測檢查與阻止。

尊重人性原則：學校一切公共安全管理應尊重人性需求，以學生全人格的發展為重要的考慮因素，提供安全無障礙的學習環境。

科學系統原則：各項資訊的蒐集、分類、儲存，建立各類資料庫，以提供相關人員互通訊息之便。

共同參與原則：在全面性參與的基礎上，由教育和學校行政人員、建築師、教師、學生、社區人士、管理人員等，分別貢獻心力，共同來完成，始能發揮功效，確保公共安全。

分層負責原則：為發揮學校行政管理的功能，建立分層負責的行

政組織，是保證公共安全管理制度有效運作的途徑。透過事有專職，人員的管理逐級負責、檢核，應可完成學校公共安全管理的任務。

聯繫溝通原則：學校各個分層負責的工作族群之間，必須要有密切的協調與溝通，才能使計畫、執行、考核的進程聯結為堅固而靈活的安全管理體系。確保學習活動能夠在安全無礙的情境中順利進行，以創造最高教育品質。

主動積極原則：學校成員應該徹底改變好逸惡勞的因循心態，養成主動積極的工作態度，制危機先。

整體持續原則：學校應以全方位的整體觀念，來取代單層面、臨時性的安全維護措施，持續性的隨時偵測危安因素，並且謀求妥善的處理與防範。

教育訓練原則：學校應利用各種相關的課程活動的機會，偶發的狀況設計的情境，來指導訓練學生，更是不可或缺的當務之急。

把握時效原則：在危安事件發生後，為了減低損害程度與後遺症，相關人員應該切實掌握時效，冷靜、快速、妥善、圓滿地處理與解決，以免情境持續惡化。

偶發事件管理的時機

平時持續的管理：例如，校園門禁、水電設備、交通安全、飲食衛生、反性侵害、防暴安全等。只要學生在學校活動，這些都是不能忽視的安全管理項目。

教學活動進行的管理：各科教師及相關人員，應在教學活動進行前，準備教材、教具，檢視教學設施，瞭解是否堪用。活動進行時，並應指導學生正確的操作方法；活動結束後，應該再檢視各項器材、設施是否收拾妥當？是否復原與歸位？若有損壞，應立即報修。例如，實驗課程、校外教學、飲食衛生、教學設備、遊戲器材、游泳運動水電設備等項……。

寒暑假期間的管理：學校總務處及相關人員，應在假期中全面檢修校舍建築、防火設施、水電設備、教學設備、遊戲器材等，以維持其完整堪用與安全。

特殊情形的管理：當不可抗力的因素發生特殊情況時，必須特別再加強安全管理的項目。例如，颱風、水災、火災、地震等天然災害發生時，事前有預警者，應進行妥善的防範措施，事後亦應進行檢驗和災後重建工作。無預警狀況時，更應提高警覺，以減少損害的程度。

偶發事件管理的執行

熟悉相關法令：對於學校的權力與義務，應依據相關法令，配合與遵守保護學生的相關法令，才能更周全有效的保護學生。

成立處理小組：在偶發事件狀況發生時，應該立即成立危機處理小組。採取任務編組的方式，進行各項救護的緊急任務，以加速危機的處理與解除，以減少損失，並做妥善的善後處理，迅速恢復環境與心理的安寧。

明訂處理流程：狀況發生時，須有一快速妥善的處理流程，使得發現受害者，督導者能夠迅速反映危安狀況；學校能夠立即成立危機處理小組，做好分工，採取快速救援行動，積極掌控、處理、請求支援，以消弭危安狀況，並立即進行各種善後處理。

爭取有力支援：狀況發生時，必須臨危不亂，沉著應變，妥善處理。主動請求權責單位或上級機關的支援與協助。千萬不可隱匿不報，坐失救援良機，以致擴大損害程度。善後的處理，更應該主動請求心理輔導機構與醫療機構的專業支援，進行各種生理與心理的重建工作。

偶發事件處理──教、訓、輔整合模式

項　　　目	初級（預防）輔導	次級（諮商）輔導	三級（治療）輔導
交 通 事 故 、 山 難 、 溺 水 、 實 驗 、 運 動 傷 害 等 ……	1.教導學生交通安全常識及各項緊急求生技巧。 2.租用車輛宜審慎，並簽約保險，以明責任。 3.校外教學參觀旅遊或活動時，事先應嚴密編組、造冊保險，指定教師或相關人員帶隊，並選訓小組長協助。 4.對擬參觀或旅遊之地點，應事先勘察地形，掌握狀況，全盤瞭解是否有安全顧慮，以確保人員之安全。 5.體育課、游泳課、實驗課等，較具危險性之課程，教師務必全程在場指導。 6.攜帶連絡通訊器材及急救設備，以備不時之需。	1.案發時，應立即循行政體系通報，救人為先。 2.評估事態之嚴重程度，予以適切處理，重者有危險者，優先處理。 3.遇事應本著：沉著、冷靜之態度，不慌亂，並表示負責態度。 4.事件發生時，應通知家長，並安撫家長，探視傷亡者，並致贈慰問金。 5.指定專人，依事情發生之實情，撰寫新聞稿件，必要時，可供媒體參考，以排除不必要的疑慮。 6.召開相關會議，向師生報告。利用機會教育，喚醒師生共同注意，以預防偶發	1.傷患送醫急救。 2.傷癒後，實施心理輔導。

	7.舉辦活動、旅遊、參觀等，應周密計畫，事先訓練，將行蹤告知家長，並取得其同意書。	事件再次發生。	
飲食衛生、飲水、便當及外燴中毒	1.飲水機、廚房、餐廳、員生消費合作社之飲食部，應定期檢查、不定期抽查。尤其休假後，更應徹底檢查，以維師生飲食安全。 2.飲用水及食物，定期檢驗，指定專人負責維護飲水設備之清潔與安全。 3.禁止販賣過期、糖份過高等有礙健康之食品。 4.供應師生食品之廠商，應嚴格篩選，以具備合格條件，衛生良好，並依法保險者為優。 5.各項食品之選	1.中毒事件發生時，召開危機處理小組，緊急會議處理相關事宜。 2.緊急將傷患送醫，並依人數之多寡，採分散式送醫，較能受到妥適照顧。 3.指派專人分走各醫院，照顧患者，並作必要的處置。 4.通知家長，並設法取得諒解。 5.循行政體系向有關單位通報，如教育廳、局，衛生單位，環保單位，家長會等…。 6.撰寫新聞稿，必要時，提供媒體	

用、販賣，均須經法定程序，並通知家長會事件再次發生。	參考。 7.通知法律顧問，必要時，採法律途徑解決。	

摘錄自《學生輔導月刊》58，52-53。

如何管理與處理偶發事件

防火安全管理

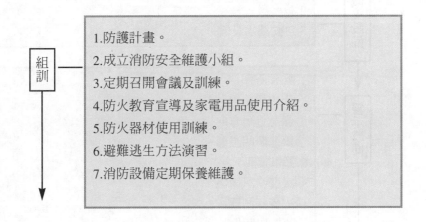

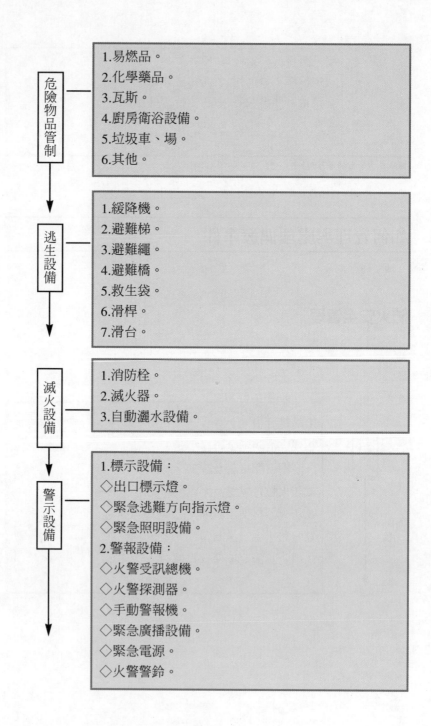

危險物品管制
1.易燃品。
2.化學藥品。
3.瓦斯。
4.廚房衛浴設備。
5.垃圾車、場。
6.其他。

逃生設備
1.緩降機。
2.避難梯。
3.避難繩。
4.避難橋。
5.救生袋。
6.滑桿。
7.滑台。

滅火設備
1.消防栓。
2.滅火器。
3.自動灑水設備。

警示設備
1.標示設備：
◇出口標示燈。
◇緊急逃難方向指示燈。
◇緊急照明設備。
2.警報設備：
◇火警受訊總機。
◇火警探測器。
◇手動警報機。
◇緊急廣播設備。
◇緊急電源。
◇火警警鈴。

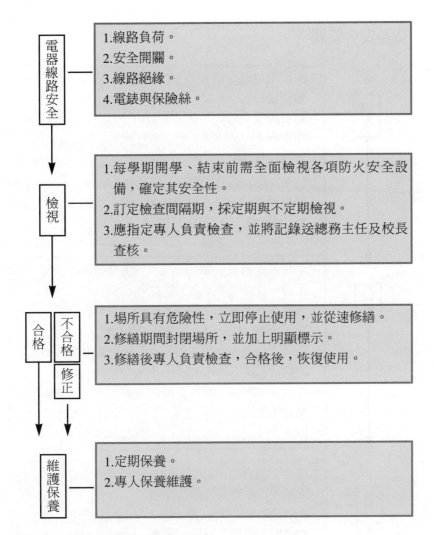

電器線路安全
1.線路負荷。
2.安全開關。
3.線路絕緣。
4.電錶與保險絲。

檢視
1.每學期開學、結束前需全面檢視各項防火安全設備,確定其安全性。
2.訂定檢查間隔期,採定期與不定期檢視。
3.應指定專人負責檢查,並將記錄送總務主任及校長查核。

合格　不合格　修正
1.場所具有危險性,立即停止使用,並從速修繕。
2.修繕期間封閉場所,並加上明顯標示。
3.修繕後專人負責檢查,合格後,恢復使用。

維護保養
1.定期保養。
2.專人保養維護。

資料來源:《國民中小學公共安全管理手冊》

交通安全管理

規劃 —

> 1.學校應成立交通安全教育委員會，切實負責設計、規劃及督導、考核有關事宜。
> 2.要有周密完整的交通安全教育實施計畫，並符合交通安全教育教師手冊規定的施教項目及時數標準。
> 3.經常辦理有關交通安全的教學與活動，並佈置環境，充實教具及所需之設備器材。
> 4.應有適當的宣導及輔導措施，使全校師生及家長瞭解計畫的內容，體認交通安全，人人有責。

設置 —

> 1.學校附近重要地點，宜設置行人穿越道或天橋、地下道，以保障學生上下學安全。
> 2.校園內適當地點，設置各種交通安全教育模型或標誌、標線、號誌等，以發揮境教功能。
> 3.需成立交通安全教育資料中心，有關之各種圖表、幻燈片、錄影帶等教具及裝備，應予充實。
> 4.校內人車用道，應有良好的規劃。汽車、機車、腳踏車亦有適當的停放設施，並能顧及殘障者的需求。

執行 —

> 1.配合實施計畫，訂定相關的執行辦法或要點，並納入學校行事曆，列管執行。
> 2.應透過有關的教學與活動及行政的配合，加強宣導交通安全常識，並力求實踐，以達知行合一。
> 3.適切的編組學生通學路隊，訓練糾察服務隊，及安排老師導護輪值，每日應正常運作。
> 4.學生違規行為之輔導及交通事故之預防與處理，應有良好的措施，並定期檢討績效。

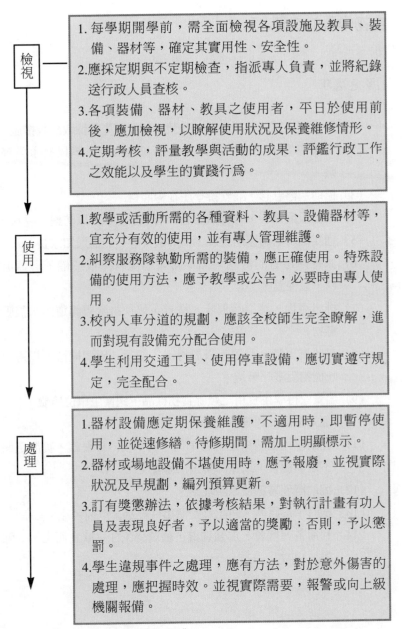

檢視

1. 每學期開學前，需全面檢視各項設施及教具、裝備、器材等，確定其實用性、安全性。
2. 應採定期與不定期檢查，指派專人負責，並將紀錄送行政人員查核。
3. 各項裝備、器材、教具之使用者，平日於使用前後，應加檢視，以瞭解使用狀況及保養維修情形。
4. 定期考核，評量教學與活動的成果；評鑑行政工作之效能以及學生的實踐行為。

使用

1. 教學或活動所需的各種資料、教具、設備器材等，宜充分有效的使用，並有專人管理維護。
2. 糾察服務隊執勤所需的裝備，應正確使用。特殊設備的使用方法，應予教學或公告，必要時由專人使用。
3. 校內人車分道的規劃，應該全校師生完全瞭解，進而對現有設備充分配合使用。
4. 學生利用交通工具、使用停車設備，應切實遵守規定，完全配合。

處理

1. 器材設備應定期保養維護，不適用時，即暫停使用，並從速修繕。待修期間，需加上明顯標示。
2. 器材或場地設備不堪使用時，應予報廢，並視實際狀況及早規劃，編列預算更新。
3. 訂有獎懲辦法，依據考核結果，對執行計畫有功人員及表現良好者，予以適當的獎勵；否則，予以懲罰。
4. 學生違規事件之處理，應有方法，對於意外傷害的處理，應把握時效。並視實際需要，報警或向上級機關報備。

資料來源：《國民中小學公共安全管理手冊》

食物中毒的處理

1.緊急處理

（1）動員師生協助照顧患者，並請學校校護先行採取急救措施。

（2）安撫患者，使能安靜休息。手腳冰冷時，應以溫水袋等熱敷。

（3）協助送醫急診，並安排學生在旁照料。

（4）瀉肚很嚴重時，應繼續給患者喝少量溫水，以防嚴重脫水。

（5）通知輔導老師協助處理，情形嚴重者，並應通知家長。

（6）保持中毒者的舒適，如中毒者感覺寒冷或疲倦，可蓋上毛毯，以保溫暖。

（7）排出毒物，應進行催吐、洗胃，儘快排除胃腸道內未被吸收毒物。

（8）嘔吐厲害時，可置冰袋於胃部。頭須往兩側擺置，以避免嘔吐穢物阻塞呼吸道。

（9）儘量取得學生食用之殘餘食物樣品，送衛生單位檢驗。

（10）通知廠商負起應負之責。

（11）促請學校函請衛生主管單位，對學校內外餐飲，實施定期及不定期檢查，以保障學生用餐安全。

（12）協助辦理醫療及保險理賠。

（13）檢討中毒原因，並記錄整個事件經過，以備考查。

（14）利用各種機會，加強宣導，籲請學生注意飲食衛生。（陳芳雄，1997）

2.處理流程圖

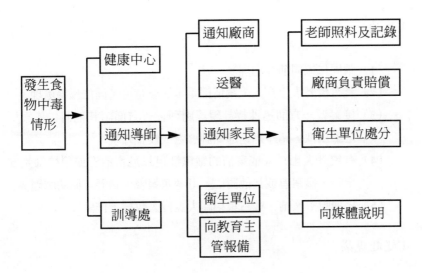

學生鬥毆及施暴犯上處理程序及要領

從諸多學生鬥毆事件的案例中，無論是互毆或群毆，我們可以發現一個共同點，那就是只要教師或教官趕赴現場，並做權威式的制止，通常學生都會心虛的一哄而散。除非是鬥毆人員過於凶暴。（許龍君，1998）

1.接案

任何一位教師接獲學生鬥毆或施暴犯上的報告之後，應以維護校園安全為己任，迅速接案處理，並趕赴現場處理為宜。

2.思考

迅速思考案情的嚴重性及危險性，若屬學生徒手互毆，則案情較單純，危險性較低。若相互以棍棒、刀械鬥毆，或有校外人士介入或

群毆，則危險性較高，應有多位教師同往處理為宜。

3.反映

(1) 請同仁協同前往處理。
(2) 若有校外人士介入，案情嚴重，必要時可請同仁報警處理。
(3) 接案者一方面迅速趕赴現場處理，一方面請其他同仁依案情之嚴重性，循序迅速通知訓導處或校長知曉。
(4) 有校外人士介入或案情的嚴重性足以危害治安或學校師生安全時，接案者或其他同仁，可考慮報警，請警方協助處理。
(5) 迅速瞭解案情，並召集相關人員投入救援工作。

4.趕赴現場

(1) 最好有二位以上教師一齊趕赴現場。
(2) 攜帶哨子、警報器。
(3) 若危險性較高，應視狀況，攜帶防身物品。例如，電擊棒、催淚防身器等。

5.制止

(1) 若是學生互毆，則宜大聲嚇令制止。
(2) 若是群毆，則可以開啟警報器，或用哨音，或兩者齊用俾以制止。
(3) 若鬥毆群眾中，有以木棍、刀械相互砍殺者，接案者應提高警覺，準備用防身物品防身。
(5) 若學生不聽哨音及口頭上的制止，則應拉開鬥毆人員。
(6) 接案人員若無法立即制止鬥毆現況，則應盡量降低衝突狀況，使雙方人員無法近身，並好言相勸，靜待救援。

（7）若是校際群毆，除了強力制止及安撫本校學生之外，應儘速請對方學校師長出面處理。兩校學生應儘速疏導，並由另位師長帶領離開現場，同時告訴學生：本校師生已儘速處理中，不可躁進。

（8）若是學生對師長施暴犯上，應立即制止學生行動，並將學生帶到辦公室處理。

6.規勸與安撫

（1）好言規勸鬥毆或施暴人員，並以法令規範提醒之。

（2）學生此時的情緒必然激動難安，應動之以情，設法協助管理其情緒。

（3）表達教師關懷與協助其解決問題的誠意。

7.處理現場人員

（1）現場若有傷患，應儘速送醫治療。

（2）不論互毆或施暴、犯上的學生，皆應帶回訓導處處理。

（3）若是學生群毆，則儘快找出為首者，先將為首者帶離現場，再將現場其餘人員一起帶至訓導處處理，並隔離問訊。

（4）若在校外，以儘量能帶回學校處理為原則，倘無法即時帶回學校處理，亦應在最快的時間內約定學生到辦公室談話，並做適當處理。

（5）若校外人士到校滋事，宜先嚇退，驅趕離校。若不聽制止，則衡量本身能力，能則扭送警局，不能則報警處理。

（6）若在校外，則以嚇退校外人士，避免其傷害學生為原則。

（7）若是學生家長、親戚為滋事者，則請至訓導處詳加商談，並瞭解其滋事原因，俾作處理。

8.現場蒐證

(1) 若有校外人士介入鬥毆，應記下其身材、面貌、服飾之特徵，及其機車、轎車之車牌號碼。

(2) 木棍、刀械等行兇物品，應攜回，並妥善保管。

(3) 瞭解現場有那些學生目睹案情內容，請其提供訊息，以便有利處理本案。

(4) 若有人證，應婉言請其留下姓名、電話號碼、地址。

(5) 蒐集現場各項證據。

9.案情處理

安撫：鬥毆或施暴學生，帶回辦公室或訓導處之後，其情緒一時仍難穩定，應注意其情緒反應，並適度表達關懷之意。

瞭解：

(1) 鬥毆雙方分別隔離問話，瞭解案情。

(2) 傾聽其訴說，從中探討案情之來龍去脈及主要癥結。

(3) 請其書寫自白書，俾做記錄參考。

(4) 從其他目睹案情經過或知曉案情內容之學生、人證，蒐集相關資訊，瞭解案情。

會商：由訓導處召集相關人員研究案情，並商討處理方式。若屬校際群毆，應聯繫他校訓輔人員協同處理。

反映：將案情研討結案，反映上級。若屬校際群毆糾紛，亦應適時轉達學生知曉。

處理：

(1) 依案情的嚴重性及需要性，告知其家屬，必要時，請其家屬

來校協助處理。

（2）涉及當事人之權益及民事、刑事糾紛時，務必請其家屬或警方人員出面處理，學校協助之。

（3）學校應依校規處分之。

（4）特別告知學生不得有報復行動，學校亦應研擬防範措施，尤其是在上下學時刻，應加強學生路隊的巡察維護。

（5）學校應指派適當人員探望傷患，並協助處理善後。

　　追蹤：學校應委請導師、教官及其親近好友，隨時追蹤學生言行，防範其報復行動。

　　轉介：鬥毆學生經過此事件之後，其態度、認知及心理情緒如何？宜密切觀察，必要時，轉介至輔導室，實施心理輔導。

10.結案

（1）完成完整的紀錄備案，並向上呈報。

（2）讓當事人及家屬瞭解學校處理的結果。

（3）向協助單位人員答謝。

校園偷竊行為

　　校園內的偷竊者，除了來自校外的入侵者之外，學校內也有少數學生具有不良的偷竊行為。這些偷竊者，雖不至於造成學校的重大損失，但卻會讓學校師生感覺到一種莫名的不安全感。

1.學生偷竊行為的因素探索

　　家庭問題的影響：不論是父母貪財觀念，或是家庭不和諧，或是零用錢控制太嚴，都可能造成子女的偷竊行為。

不良環境的促成：交友不慎，或是染上了賭博、吸毒的惡習，都是因素。

　　不正常的心理觀念：偷竊不是因爲缺乏，而是爲了病態的心理滿足。

　　社會風氣的渲染：資本主義社會中，過度的鼓勵消費，引起過高的物質慾望。

　　臨時的見財起意：看到了別人的錢財，而想據爲己有。

2.校園偷竊事件的預防措施

　　家庭聯繫：提醒家長注意子女的交遊情況，以及使用金錢的情形。

　　學校的預防措施：

（1）財物應予噴漆或烙印校名。

（2）加強法律宣導。

（3）告誡學生妥善保管自己財物。

（4）全校師生均應注意可疑人物。

（5）師長應隨時注意學生金錢的花費狀況，可疑之處加以追查。

（6）學校重要場所視需要裝設監視器。

3.偷竊事件的處理程序與原則

（1）接案

　　A.瞭解案情內容。

　　B.安撫失竊學生的情緒。

　　C.儘快向訓導處反映處理。

（2）調查

　　A.未能即時破案，應列入長期追蹤處理。

　　B.針對可疑及必要之人、事、時、地、物進行偵察。惟對某些人、地、物、處偵察時，宜有同仁或同學陪同，以避免發生後遺症。

　　C.對於涉嫌學生，宜耐心輔導，雖應避免冤枉好人，但也不可為虛偽所欺矇。

　　D.呼籲學生勇於認錯，並接受祕密自首，以維其自尊。

　　E.儘可能不向警局報案。

（3）處理

　　A.請家長配合學校進行輔導。

　　B.讓學生瞭解其應負的法律責任。

　　C.鼓勵其改過向善。

　　D.指導班上的同學友善的接納他。

陳情抗議事件

　　學校是開放的系統，不可脫離周遭環境而獨立。因而不免與社區有互相干擾、妨害或衝突的情形發生。

1.常見的陳情抗議問題

　　來自社區方面的反映：如學生不當的行為，造成了社區的困擾；學校作息干擾了社區；學校禁止向校外訂購飲食，阻斷了商機。

　　來自家長的反映：對學生的管教方式、管理的尺度；不明白各項代辦、代收的費用的名目等。

藉由學生罷課，達成社區民眾對政府的訴求。

2.處理原則

（1）瞭解問題，找出癥結所在。
（2）保持客觀立場，對事不對人：處理時，應將焦點擺在事情上，不可情緒化，導致更大的衝突。
（3）慎重處理，不可拖延敷衍
（4）善用各種正式與非正式管道來解決問題。
（5）事發時通報教育主管機關，並書面補送處理情形。
（6）開危機處理會報，檢討改進，研擬適當對策。

結語

　　校園中的偶發事件，伴校園而生，隨校園發展而蓬勃，更因經濟活動的活躍而複雜。任憑您有諸葛孔明的神機妙算；齊天大聖的通天本領，也無法將之消弭於無形。

　　偶發事件的發生雖然難以預料，但嚴謹的經營態度可以防患於未然。預防的措施確實是繁雜擾人，但比起造成的傷害，以及撫平傷害的艱難，再怎麼盤根錯結，我們都得全力以赴，畢竟傷害若已造成，誰都無法挽回分毫，只能恨然懊悔。

參考文獻

陳芳雄（1997），《校園危機處理》。台北：幼獅。
許龍君（1998），《校園安全與危機處理》。台北：五南。

教育部（1995），《國民中小學公共安全管理手冊》。台北：教育部國
　　教司。
省政府教育廳第四科（1992），《台灣省各級學校公共安全查核手
　　冊》。台中：省政府教育廳。
唐璽惠（1998），校園危機處理，《學生輔導月刊》，58，44-57。
沈銀和（1996），學生擦窗墜樓喪生誰負責，《師友月刊》，344，76-
　　81；《師友月刊》，345，48-51。

13. 國小提早入學資優生之研究

高雄縣光武國民小學

羅志宏

前言

研究動機

提早入學指年齡未達入學條件，但經心理測驗或晤談、觀察等資料研判，孩童具有入學的能力，而准予其入學就讀。例如，我國「特殊教育學生入學年齡修業年限及保送甄試升學辦法」中規定：「資優學生之入學年齡不受幼稚園、各級學校入學最低年齡之限制」，便是我國資優生提早入學的法令依據。在各級學校提早入學的條件，國小階段：團體與個別智力測驗結果，在平均數正二‧五個標準差以上、身心狀況良好。在國內外關於加速式教育成效的研究中，也以針對提早入學的研究最多，而在現行體制中，這種安置方式也相當便捷，不需為學生另作特殊安排。（陳美芳，1988）。

根據教育部於中華民國八十八年二月三日所修正公告之「資賦優異學生降低入學年齡縮短修業年限及升學辦法」中之：「第二條、資賦優異學生之入學年齡得依本法規定予以降低，不受各級學校最低入學年齡之限制。」與「第三條、資賦優異之未足齡兒童提早入學國民小學，應由其父母或監護人提出申請，並經特殊教育學生鑑定及就學輔導委員會鑑定符合下列規定者為限：

1.智能評量之結果，在平均數正二個標準差以上或百分等級九十七以上。
2.社會適應行為之評量結果與適齡兒童相當。前項申請程序由直轄市及縣（市）主管教育行政機關定之。」

在對資優生的生活與學習適應的長期追蹤研究中，最早研究資優兒童生活適應問題的始於推孟（Terman），一九六八年推孟的長期追蹤

研究結果報告中指出資優兒童在性格測驗中的分數俱高於普通兒童，尤以在自信、有恆、誠實及幽默上更有良好的表現。他們的雙親及教師對其人格特質的評定結果也高於對於普通兒童的評分。同時資優兒童成長後，患生活失調、疾病、犯罪、自殺、離婚、酗酒、同性戀的比率也較一般人低，這表示資優兒童的生活調適較一般人優秀。雖然如此，也有學者指出，推孟的研究結果若要推論到其他受試者，也有幾點必須注意的。第一，推孟的受試者均由教師選擇出，而教師們也許因為愛才的因素而高估了受試者的生活適應情況。第二，推孟沒有採用控制組，因而一切生活適應的評量，只能與普通兒童的常模作比較。

繼推孟之後，也有很多研究結果顯示資優兒童有較良好的生活適應，同時情緒也較穩定，也有較優秀的親子關係。然而也有一些教育學者認為資優兒童因在許多特質上異於一般兒童，所以他們也必然會有許多適應困難的地方。這些困難包括受文化的限制及社會對於創造性的不瞭解與負面態度。因此也導致了情緒困擾及低成就資優兒童的出現。許多資優兒童面臨與周圍人物的衝突，他們包括：同齡的兒童、師長、學校及其他的社會機構。資優兒童的創造機能常使他們對自身的行為失去控制，因而與傳統的生活模式發生了衝突，影響他們的適應行為，而這些也直接干擾了他們的心理健康與生產性。有時候，過度的壓抑也會導致心理疾病，因而導引他們妥善發揮他們的創造性，以走向建設性的途徑，實為一項重要的工作。此派教育人士認為資優兒童需要心理的輔導，以協助他們正確發揮最大潛能。

研究目的

基於上述的研究動機，本研究之主要目的在探討下列幾點：

1.瞭解提早入學資優學生的家庭背景。
2.瞭解提早入學資優學生身心發展狀況。

3.瞭解提早入學資優學生在校學習及生活適應問題。

4.瞭解家長的教育期望及態度。

5.瞭解老師對於提早入學資優學生的看法。

6.瞭解提早入學資優學生的學業成就。

7.瞭解教師與家長對提早入學此一制度的看法。

名詞釋義

有關本研究之專有名詞定義如下：

提早入學：大多數的國家對於兒童進入幼稚園或小學的年齡，在法令上皆有明確的規定。對於心智與社會成熟水準皆令人滿意的資賦優異兒童，則可讓其提早進入幼稚園或小學一年級。對象是最近這學年通過各縣市提早入學甄試並就讀一年級之資賦優異學生。

資優生：資賦優異兒童或青少年是指其在學前、小學，或中學階段，經過鑑定而確認其在智能、創造力、某些學科、或領導才能、或表演與視覺藝術方面，有具體成就或潛在能力者而言。基於此一原因，因而他們需要學校提供一些特殊的服務或活動。研之資優生乃通過提早入學甄試智力測驗之資格者。

研究方法、工具、對象

研究對象

研究主要對象旨在探討國民教育階段，提早入學資優生學習與生活適應的情形。因此發函給各縣市教育局，請其協助提供最近兩年通過提早入學甄試者之名已入學一年級學生為樣本。以其家長、教師及

學生本身爲對象，發出問卷，要做回收率調查。

表1 調查表回函統計表

	發出	回收	發出	回收	發出	回收
縣市						
縣市						
總計						

表2 爲兩地提早入學學生就讀一年級的學校人數各校統計表。

縣　　市	學　　校	人　　數

研究工具

所使用測量學生學習與生活適應之工具乃參考吳新華（1996）所編製的「國小學童生活適應量表」，及賴保禎（1986）所編製的「父母管教態度測驗」，而自行編製之家長、學生、教師部分之問卷。以下分別對於研究所使用之工具做一介紹。

1.提早入學學生學習與生活狀況調查家長部分

爲了探討提早入學資優生的學習與生活適應，本問卷參考賴保禎（1986）所編的「父母管教態度測驗」。該量表旨在協助受試者瞭解本身之教育期望。並根據研究目的，編制問卷內容，適用於提早入學之學生家長。包含六個領域：

（1）社經地位。

（2）年齡。

（3）子女排序。

（4）教育期望。

（5）管教態度。

（6）對於提早入學制度之看法。

2.提早入學學生學習與生活狀況調查學生部分

爲了探討提早入學資優生的學習與生活適應，本問卷參考吳新華（1996）所編的「國小學童生活適應量表」。本量表旨在探討國小學童生活適應之情形，另根據研究目的，編制問卷內容，適用於通過提早入學甄試，並就讀於國小一年級之資賦優異學生。包含六個領域：

（1）學習適應。

（2）人際關係。

（3）學校生活適應。

（4）身心發展。

（5）父母教育期望。

（6）感興趣的科目。

3.提早入學學生學習與生活狀況調查教師部分

爲了探討提早入學資優生的學習與生活適應，本問卷參考馬蘭（Marland, 1972）對資賦優異兒童各項領域能力之界定，另根據研究目的，編制問卷內容，適用於通過提早入學甄試，並就讀於國小一年級資賦優異學生之導師。包含六項領域：

（1）各科成績表現。

（2）領域能力表現。

（3）教學態度。

（4）教育期望。

（5）與家長聯繫。

（6）對提早入學制度之看法。

實施程序

1.檢驗工具

取得參考工具之後，檢閱所有的題目，擇選出適當題目，若覺有所不宜，則進行修改，並加入自己所編製之題目，最後請指導老師協助，檢查，以便進行修改工作。

2.聯絡施測對象

施測前，即開始以電話聯絡施測對象，先確定施測對象是否能參與研究。於各項工具選定之後，則再次電話聯絡施測對象，請其配合本之施測，並詢問其在校之班級導師基本資料。

3.正式施測

所有施測工具及聯絡事項完成後，即準備進行施測。於施測前，研究者以電訪方式與施測對象進行再次的時間確認，以便進行正式的施測作業。將家長部分問卷以郵寄方式，按其對象資料寄至家中地址，並附上施測說明及回郵信封，請其在時限內寄回。學生及教師部分問卷則寄至學生所就讀之學校班級，並附上說明，請教師指導學生作答，之後再使用所附之回郵信封寄回。由於學生部分問卷有相關父母教育態度之問題，故寄至班級，可提昇測驗之精準度。

資料處理

於施測全部結束之後，便進行資料的整理。就家長部分問卷，先計算各題目的勾選人數與百分比，兒童與教師部分問卷亦如是。之後，便進行資料的分析與處理。

結果與討論

　　本章旨在依據調查問卷所獲得的數據資料，分別對研究變項進行人數統計及百分比之計算，以瞭解研究之結果。

提早入學學生學習與生活狀況調查家長部分之統計情形

1.父親的教育程度？國中□高中□高職□五專□大學□碩士□博士□其他□（人數）（比率）。

2.母親的教育程度？國中□高中□高職□五專□大學□碩士□博士□其他□（人數）（比率）。

3.父親的職業？教師□副教授□公□商□技師□軍職□工□機械維修□警□工程師□洗衣業□醫□金融□土木工程□（人數）（比率）。

4.母親的職業？教師□自由□公□商□家管□工程師□洗衣業□醫□金融□文教機構□服務業□安親班輔導□民營企業會計主管□（人數）（比率）。

5.父親的年齡？提早入學學生父親的平均年齡為幾歲。

6.母親的年齡？提早入學學生母親的平均年齡為幾歲。

7.家中的經濟狀況？富裕□小康□尚可□赤貧□。

8.您一共育有幾位子女？1位□ 2位□3位□其他□。

9.家中提早入學之子女其排序？老大□老二□老三□老么□獨生子(女)□。

10.您為何想讓貴子弟提早入學？（他有此能力□不要輸在起跑點上□沒時間照顧□）。

11.您覺得讀書比遊戲重要嗎？是□否□ （人數）（比率）。

12.您希望孩子將來的成就比您現在還好嗎？是□否□ （人數）（比率）。

13.只要是對孩子有益的事，您都會盡全力做到嗎？是□否□ （人數）

（比率）。

14.您關心孩子的學業更勝於孩子的其他表現嗎？是□否□ （人數）
（比率）。

15.您對孩子的管教態度是？嚴謹的□開放的□放任的□其他□（人數）
（比率）。

16.您希望貴子女在班上智育成績名列前茅嗎？是□否□ （人數）（比
率）。

17.您會每天詢問孩子在校學習的情況嗎？是□偶爾□否□ （人數）
（比率）。

18.您會犧牲您的時間陪孩子一起做功課嗎？是□偶爾□否□ （人數）
（比率）。

19.您滿意貴子弟目前在校的成績嗎？滿意□不滿意 （人數）（比率）。

20.您希望貴子弟的成績能再進步嗎？是□否□ （人數）（比率）。

21.您希望教師對待貴子弟的態度是？嚴謹的□開放的□放任的□其他
□（人數）（比率）。

22.您會主動與學校老師聯繫，詢問孩子的學習狀況嗎？會□不會□只
有成績不好時才會□ （人數）（比率）。

23.您是否注重孩子在學校與同學相處的情形？是□否□ （人數）（比
率）。

24.您希望將來孩子的職業能依據您的選擇嗎？是□否□ （人數）（比
率）。

25.整體而言，您滿意貴子弟提早入學後的表現嗎？非常滿意□有點滿
意□不滿意□ （人數）（比率）。

26.依照您孩子的表現，您贊成讓孩子提早入學此一制度嗎？非常贊成
□有點贊成□不贊成□ （人數）（比率）。

提早入學學生學習與生活狀況調查學生部分之統計情形

1.你喜歡來學校上學嗎？喜歡□不喜歡□ （人數）（比率）。

2.你在班上有很多好朋友嗎？有□沒有□ （人數）（比率）。

3.你覺得跟同學在一起快樂嗎？快樂□不快樂□ （人數）（比率）。

4.你常會因為一些小事情而不開心嗎？會□不會□ （人數）（比率）。

5.你覺得自己因為年紀比較小，所以和其他同學不一樣嗎？會□不會□
（人數）（比率）。

6.你喜歡和同學一起學習嗎？喜歡□不喜歡□ （人數）（比率）。

7.你對自己的成績滿意嗎？滿意□ 不滿意□ （人數）（比率）。

8.你在學習上有遭遇到困難嗎？有□沒有□ （人數）（比率）。

9.你覺得爸爸媽媽對你的成績要求很高嗎？會□不會□ （人數）（比率）。

10.你覺得別的小朋友遊戲的時間比你長嗎？對□不對□ （人數）（比
率）。

11.你最喜歡的科目是：國語□數學□自然□社會□音樂□美勞□體育
□都喜歡□ （人數）（比率）。

12.你最不喜歡的科目是：國語□數學□自然□社會□音樂□美勞□體
育□都喜歡□ （人數）（比率）。

提早入學學生學習與生活狀況調查教師部分之統計情形

1.該生在貴班級各科成績表現如何？（人數）（比率）。

	前三名	四～六名	七～十名	十名以後
總成績				
智育				
國語				
數學				
自然				
社會				
德育				
體育				
群育				
美育				

2.該生與其他學生比較在下列領域能力表現如何？（人數）（比率）

選 項	極優秀	優 秀	普 通	不優秀	極不優秀
一般智能					
問題理解能力					
問題解決能力					
人際關係					
領導才能					
生活自理					

3.您對待提早入學學生的態度與班上其他同學比較起來是□特別關照□
一視同仁□ 刻意忽視□ （人數）（比率）。

4.您會特別注意貴班提早入學學生的成績嗎？會□不會□（人數）（比
率）。

5.您會主動與提早入學學生家長報告學生近況嗎？會□不會□成績明顯
退步時才會□（人數）（比率）。

6.整體而言，您贊成學生提早入學嗎？贊成□不贊成□無意見□（人數）
（比率）。

討論

　　根據研究的目的所獲得的實徵性研究結果，已分別敘述於上列各
節，茲就預估結果做進一步的討論如下：（因時間匆促，沒做問卷，
以下僅供參考）

1.學習適應方面

　　關於家長社經地位方面，發現「提早入學學生及普通班學生在社
經地位上並無顯著差異」，與學習適應並無相關，此項大致與與鄭如安
（1995）的研究相同，但與部分學者（Putallaz, et al., 1985；盧雪梅，
1989；徐慕蓮、蘇建文，1988）的研究不同。導致這樣的原因可能是
研究樣本不足，只限定於局部縣市的部分提早入學學生，若能擴充樣
本範圍，則可得到較為準確的結果。

　　至於父母的教育期望方面，發現「提早入學學生家長的教育期望
多偏高，且影響學生的學習適應」，使其學業成就不是較足齡學生較
高，或於足齡學生，此項與鄭如安（1985）的研究有部分相同，而與
徐慕蓮、蘇建文 （1988）的研究則不同。

　　在身心發展方面，顯示「提早入學資賦優異學生的身心發展有部
分較低於足齡入學學生」，且因此影響體育科的成績表現，與黃永結
（1989）、盧雪梅（1989）的研究相同。

而家中排序方面，顯示「提早入學者多為家中老大」，其各方面領域能力與足齡入學兒童相較，似乎有較優良的趨勢，與盧雪梅（1989）徐慕蓮、蘇建文（1988）的研究不同。

以智力在學習適應方面的影響，為「大多數提早入學學生成績優於足齡入學者」，且以智育成績較為優秀，佔全班較前的名次，與徐慕蓮、蘇建文（1988）及Tallent（1978）的研究相同。

在親師聯繫程度方面，顯示「親師聯繫愈高者，子女的學業表現愈佳」，與吳武典、林繼威（1982）的研究相同。

2.生活適應方面

在提早入學學生生活適應部分，主要是探討與其相關的因素，根據本文及學生問卷對照顯示，「父母管教態度較嚴格者，學生壓力感受較大，也影響學業上的表現」，此項與孫沛德（1983）的研究相同。

有關提早入學資賦優異學生所感興趣的科目方面，顯示「提早入學學生有興趣廣泛的傾向」，雖然他們最偏好體育科，但仍有多數學生的意見是各科都喜歡，與推孟、倍克（Baker）及孫沛德（1983）的研究結果相同。此外比較需要注意的是，有較多學生所不喜歡的科目是社會科。

結論

評估資賦優異提早入學成效，不僅單從學生的課業表現與智能發展方面考慮，尚須由學生的生活、學習適應之良窳來衡量，更進一步的探討提早入學學生是否同時具備良好的生活、學習適應能力。因此依據此研究提供若干建議，以作為學校、家長與老師等輔導提早入學學生建立良好的生活、學習適應能力之依據。

綜合本研究結果及分析討論，就所獲得的研究結果如下：

生活適應方面

1. 提早入學學生及普通班學生在社經地位大致上並無顯著差異。
2. 提早入學資賦優異學生的身心發展有少部分較低於足齡入學學生。
3. 提早入學者大多為家中老大。
4. 大多數提早入學學生成績優於足齡入學者。
5. 一般親師聯繫愈高者，子女的學業表現愈佳。

學習適應方面

1. 父母管教態度較嚴格者，學生壓力感受較大，也會影響學業上的表現。
2. 提早入學學生頗有興趣廣泛的傾向。

參考文獻

吳武典、林繼威（1982）家庭與學校聯繫程度與兒童學業成就和生活適應之關係，《教育心理學報》，（15），127-137。

吳新華（1993），小朋友快樂嗎？國小學童生活適應問題之研究，《國教之友》，44，（3），27-36。

孫沛德（1983），《天才兒童教育》。台北：文景。

徐慕蓮、蘇建文（1988），個人及家庭因素影響國小新生學校生活適應之研究，《家政教育》，10，（6），48-54。

黃永結（1989），提早入學不是福，《師友月刊》，（265），34-35。

陳美芳（1988），資優學生的加速式教學方案，《我國特殊教育的回顧與展望》，267-282。

郭靜姿（1985），從幾個觀點談資優學生的自我概念與生活適應，《資優教育季刊》，（16），6-10。

鄭如安（1995），談提早入學，《國教天地》，（112），57-62。

盧雪梅（1989），台北市國民小學提早入學資賦優異兒童學校生活適應之研究，國立臺灣師範大學碩士論文（未出版）。

14.情緒障礙與情障學生輔導之探討

高雄縣五福國民小學

教師 林淑玲

前言

　　情緒障礙又簡稱為情障，在醫學診斷分類上，依世界衛生組織頒布使用的《國際疾病與傷害分類》第十版（ICD-10, 1992），正式的醫學診斷名稱是「兒童期情緒障礙」（emotional disorders with onset specific to childhood, 代號F93）。根據宋維村（1998）的報告指出，情緒障礙和智障、學障這三類心理功能發展有關的障礙有下列共同的特徵：

1. 有知覺、認知、情緒、行為、學習等方面的發展障礙。
2. 是由認知、情緒、行為、學習等方面的特徵來診斷，尚缺乏特定的生物學診斷準則，因此診斷隨行為診斷準則的改變而改變。
3. 雖然缺乏生物學診斷準則，但此障礙常有併存的非特定的生物學病變。
4. 有較高的併存或併發的其他精神疾病。
5. 這心理功能發展障礙的基本心理功能核心缺陷（core deficit）尚未出現根本治療的方法，它們造成個人、家庭與社會的不便，因此需要醫療、教育與福利系統之長期的整合良好的服務。

　　輔導與教學在本質上有許多相同點，其目標都是要以學生的成長與發展為關心的焦點。在現今大環境下，犯罪率的提高，自殺案件的快速增加，且不分男女老少，各種年齡層均有；可見在壓力漸大、競爭越多的社會中，如何使人的成長發展能正常化是現今教育上重要的課題，因此輔導工作就顯得更重要了。

　　去年有個殊緣，輔導一個心思縝密、多愁善感的幻想小天使…情緒障礙兒童。在整個輔導過程中，由剛接案的惶恐（無輔導嚴重情緒障礙兒童的經驗），到最後的欣慰（該生明顯的進步），其中的心路歷程，非筆墨所能形容。本文主旨，想讓更多人瞭解何謂情緒障礙，因

瞭解後不會再對情緒障礙這個名詞有歪曲的認知以及以異樣眼光來看待情障學生。並以數個事件來述說輔導過程，期盼經由這個輔導個案的分享，能讓大家瞭解一些情緒障礙兒童的內心世界以及能正視他們的障礙問題，進而能體認到輔導情緒障礙兒童的重要性並能集合整個社會的支援系統，給予特殊學生適當的教育與生涯進路。整個社會也應培養尊重每位孩子的基本人權之態度，並支援每位孩子身心健康可能性的創造，如此才能使每個孩子都能更適應學校及社會生活。吳英璋（1998）

情緒障礙的定義及鑑定基準

情緒障礙的定義

1.外國對情緒障礙的定義

美國聯邦公法Public Law 94-142（等同於我國的特殊教育法）用「嚴重情緒困擾」（Serious Emotional Disturbance, SED）這個名詞來稱情緒障礙的兒童。此法將「嚴重情緒困擾」定義為：

（1）這個名詞乃是指一種狀況，學生呈現一種或多種以下特質已有一段長的時間，並達到明顯的程度，這種狀況對學生的教育表現有不利的影響。

A.不能和同學或老師建立或維持滿意的關係。
B.不能學，不能用智力、感官、或健康的因素來解釋。
C.在正常的情境下，有不適當形態的行為或感覺。
D.一般普遍性的不愉快或沮喪的情緒。
E.傾向因個人或學校的問題，產生身體的症狀或害怕。

（2）這個名詞包括兒童精神分裂患者。這個名詞不包括社會不適
　　應的兒童，除非導源於嚴重情緒困擾。

2.我國對情緒障礙的定義

　　民國八十七年教育部所提出的嚴重情緒障礙之定義，主要是以美
國全國心理與特殊教育聯合組織（The National Mental Health and
Special Education Coalition）在一九八〇年代末所提出的定義為主要參
考架構，不同於美國身心障礙者教育法（IDEA）的定義。經過國內學
者、心理衛生專家與特教實務工作者的意見，最後修訂完成的內容包
括概念性定義和鑑定基準兩部分。

　　「嚴重情緒障礙」這一類在我國特殊教育法規所出現的名稱一直不
一致（如表1），而且分合之間也未見共識。民國七十三年特殊教育法
曾經將其分為「性格異常」、「行為異常」兩類，民國八十六年的特殊
教育法卻重新合而為一。然而，在民國八十六年所稱之「嚴重情緒障
礙」一詞，倒是國內第一次以「障礙」命名，而且只以「情緒」取代
過去的「行為」或「性格」。

　　雖有名稱的變化，但「嚴重情緒障礙」一詞與過去所見的「性格
異常」、「行為異常」、「性格及行為異常」等詞，仍意義相類似，均

表1 我國歷年來「嚴重情緒障礙」一類所使用之名稱

年　　　代	出　　　　處	名　　　稱
民國五十九年	台灣省特殊教育推行辦法	「性格及行為異常」
民國七十三年	特殊教育法	「性格異常」、「行為異常」
民國八十年	第二次全國特殊兒童普查	「性格及行為異常」
民國八十六年	特殊教育法	「嚴重情緒障礙」

指心理（特定在情緒行為表現上）顯著障礙而需要特殊教育服務的學生。

　　「嚴重情緒障礙」納入特殊教育之身心障礙類別之一，主要在保障行為或情緒的問題所致之學習不利的學生，根據民國八十六年特殊教育法第三條對身心障礙的定義「因生理或心理之顯著障礙，致需特殊教育和相關特殊教育服務措施之協助者」之規定，嚴重情緒障礙所指的心理顯著障礙，係行為或情緒方面有困難而致需要特殊教育和相關服務的特殊學生。

情緒障礙學生鑑定原則與基準

　　嚴重情緒障礙依據「身心障礙及資賦優異學生鑑定原則鑑定基準」第九條之定義內容：本法第三條第二項第七款所稱嚴重情緒障礙，指長期情緒或行為反映顯著異常，嚴重影響生活適應者；其障礙並非因智能、感官或健康等因素直接造成之結果。情緒障礙之症狀包括：精神性疾患、情感性疾患、畏懼性疾患、焦慮性疾患、注意力缺陷過動症、或有其他持續性之情緒或行為問題者。根據上述定義可歸納出嚴重情緒障礙的四個重要特徵：

1.主要問題在行為或情緒反應顯著異常

　　行為或情緒反應異常是嚴重情緒障礙學生主要障礙特徵，例如，在平時有不當的行為反應或情緒反應，或行為與情緒反應與一般同年齡同文化的同儕顯著的不同。美國學者波以爾（Bower, 1957）所提出的情緒困擾（emotion disturbance）五類中有四項可以說明行為或情緒顯著異常之類型：

（1）無法和同儕及教師建立或維持滿意的人際關係。
（2）在正常的狀況下有不當的行為或情緒型態。
（3）普遍充滿不快樂或憂鬱的情緒。

（4）會因個人或學校的適應問題衍生出有關生理症狀或恐懼。

　　也就是說在一般情況下，情緒障礙學生情緒行為的發展會出現不當的表現，例如，攻擊的危險行為、自傷、不成熟、嚴重退縮、衝動、過動、注意力短暫、無法與人溝通互動等特徵，或者過動焦慮、恐懼、憂鬱等不快樂情緒，導致無法建立或維持正常的人際關係，有時會衍生身心反應的生理症狀。

2.問題的嚴重程度需要長期而且明顯的，且嚴重影響生活適應者

　　因為一般人難免會有暫時性的行為或情緒的異常表現，為區分起見，「嚴重情緒障礙」所謂的行為或情緒問題之嚴重程度必須符合三項標準，長期的、明顯的以及問題的後果已嚴重影響行為者的生活適應者。

　　長期的：一般兒童精神醫學在各種心理疾患（disorder）的診斷時間常以六個月或十二個月以上，意指問題出現的時間需持續六個月或十二個月，持續長度因各種疾患而異，換言之，如果是因環境變故或疾病而致情緒或行為暫時的異常，並不能符合此標準。

　　明顯的：一般對於明顯的定義，係指與一般同年齡、同性別、相同文化背景的同儕比較，可明顯看出差異者。

　　問題的後果：由於情緒或行為的問題常易有主觀的判斷，而且容易有特質與問題之間的爭議，例如，固執性或活動過多等，這些可能是一個人的特質，也可能已經惡化成問題。因此，在問題嚴重程度的定義，明文指出情緒或行為問題必須嚴重到會造成行為者的生活適應受到負面影響。生活適應可包括：團體生活、人際交往、學業學習、或工作表現等項。

3.問題成因排除智力、感官或健康等因素直接影響者

智力、感官、或生理健康的異常會影響一個人的行為或情緒的表現，因此，對於資賦優異、智能障礙、聽覺障礙、視覺障礙或慢性疾病的學生的心理與行為特徵也常是特殊教育教師應有的知能。為了區分「嚴重情緒障礙」與其他別類別的特徵，特別說明此類學生之情緒、行為的問題，並不是由智力、感官或健康等因素直接造成的。換言之，如果甲生有行為異常問題，但也同時有智能障礙，則要判斷甲生的行為異常為情緒障礙之前，必須判斷甲生的行為表現雖因智能障礙而有所影響，但其異常的行為或情緒並不是智能障礙所直接造成的。換言之，即需判斷兩種障礙是共同存在，而非因果關係。

4.服務對象包括兒童精神醫學所診斷的患者

根據美國全國心理衛生與特殊教育聯合組織在一九八○年代末期所建議之「情緒或行為異常」（EBD）定義中，探列舉精神醫學的疾患說明，包括：精神分裂疾患（schizophrenic disorders）、情感性疾患（affective disorders）、焦慮性疾患（anxiety disorder）或其他對學校教育成效有負面影響之持續性的行為或適應困擾。在八十六年鑑定基準草案修訂時（張蓓莉，1997）一場邀請國內兒童精神科醫師、特教學者、實務工作者、與家長代表的座談會中，曾對定義中的列舉有不同的看法，主要的爭議在需不需要列舉，以及應該列舉哪些疾患類型。最後在場的共識除了列舉上述三疾患外，只增加「注意力缺陷過動症」，並保留概括性描述以涵蓋其他未列舉或難以分類的問題。

在嚴重情緒障礙的鑑定基準中提出三項具體基準，換言之所有的嚴重情緒障礙學生之鑑定必須符合下列三項條件：

1.行為或情緒顯著異於其同年齡或社會文化之常態者，得參考精神科醫師之診斷認定之

　　行為或情緒顯著的異常係指該行為或情緒表現與同年齡、同性別、同文化背景的常模相比，而異常的標準可分標準參照或常模參照。標準參照是指在達到幾個特徵即可判別，由於參照標準需一定的專業診斷，通常由精神科醫師診斷之；但在行為或情緒異常的這項標準，醫師的診斷可當作參考，而非此項鑑定的必要程序或文件。常模參照則以標準化測驗或量表之常模所得的相對分數來決定，一般精神醫學規定異常的標準是指百分等級90或95；甚至也有百分等級85，此標準會因不同工具而異。但是基於行為或情緒評量上的特殊困難，很多學者都呼籲在學校鑑定或情緒異常應該採用多元評量工具。

2.除在學校外，至少在其他一個情境中顯著適應困難者

　　很多行為或情緒的問題是情境式的，惟在某特定情境才會出現，嚴重情緒障礙卻是要求問題需要跨情境的出現，以確定這些學生的問題是普遍性，而且對學校教育有影響。因此，鑑定基準要求嚴重情緒障礙學生的行為或情緒適應問題必須要出現在學校，且還出現在學校以外的至少一個情境。如果沒有跨情境，或是只在家裡或其他非學校的情境才出現者，學校不需要提供特殊教育的照顧。也為了排除學校適應不良所致的行為或情緒問題，嚴重情緒障礙的鑑定標準之一要求行為或情緒問題必須出現在學校以外的至少一個情境，例如，在學校退縮不說話，此行為在學校外，例如，家庭或放學後的校外情境也應該有類似的問題，才能符合標準，否則該問題只能為學校情境適應困難，此乃學校輔導室一般輔導工作的對象，不應該納入嚴重情緒障礙教育的範圍。

3.在學業、社會、人際、生活等適應有顯著困難，且經評估後確定一般教育所提供之輔導無顯著成效者

在此條規定兩項標準確定嚴重情緒障礙學生的行為或情緒問題的嚴重性。第一項標準為適應困難的標準，規定除了有行為或情緒問題外，還必須有學業、社會、人際、或工作上的適應困難，這四項乃DSM對精神病患診斷功能損傷常見的領域，而症狀（即行為或情緒的問題）是否造成功能受損，常是精神疾患診斷的重要指標之一。這四項適應困難說明如下：

學業適應困難：包括學業低成就或學業成就低落，該生學業表現遠比該生能力差、或是比應有的就讀年級差、或是趕不上班上的學習進度，為全班倒數。

社會適應困難：係指群性不佳，包括不能參與團體學習、活動、或生活，或是在學校一般的團體生活中會有干擾或危險的行為。

人際適應困難：係指在學校與教師或同儕不能建立或維持適當的人際關係，例如，受全班同學排斥、孤立或是忽視、多數任課教師均拒絕與該生維持一般師生關係等，即使在校外或其他環境也不能結交朋友。

工作適應困難：對於未就業的學生所指的工作乃包括學生所負責的工作，包括：清潔工作、值日生、或其他例行的事務，有些學生因行為或情緒問題導致無法個人獨立完成例行性工作，例如，工作不穩定需要其他同學叮嚀或提醒，或是表現不穩定難維持符合標準的工作表現等。對於就業的工作，很多情緒障礙學生常出現工作適應困難可能出席不穩定、常遲到、工作表現不穩定、甚至無法獨立擔負責任。

情障學生個案輔導事件紀實

事例一：小小人事件

第一次見面，為了打開話題，問她叫什麼名字，她說她叫○○○，接著我又要求她把她的名字寫在紙上。她的名字筆畫與筆畫之間均未連起來，留有空隙，我問她：「為什麼留空隙呢？」她說：「因為小小人在裡面，它們好可憐，我不想把它們關起來。」回答完，我注意到她雙手都一直握得緊緊的，我又問：「為什麼握緊雙手呢？」她回答說：「因為怕小小人掉下去受傷。」在該生的世界裡存著小小人，而這些是妄想症的症狀表現。我接受她的小小人想法，但是我告訴她，她應該改變一些她保護小小人的方式。

我告訴她，小小人住在房子裡（字），但筆畫不連接就好像住在房子裡忘了關門，那麼沒關好門，是否壞人就容易進來把它抓走或傷害它呢？為了保護小小人，雙手握得緊緊的，這樣的保護方式可能也不太好，因為握得緊緊的，小小人沒有活動空間會很難過，而且沒有空氣可能會窒息。建議有這二種行為產生時，告訴自己這樣的保護方式不好反而會害了小小人，要放開它以免窒息（不握緊雙手），要把門關好，以免壞人侵入（筆畫該連接的就該連好）。最後以講述一個電影故事來告訴她，小小人就像這部日本電影中的小精靈一樣，它們有超人的能力會保護自己，她不必再為它操心。（88.2.18）

事例二：自傷行為

該生時常發脾氣，而且非常在意同學對她的看法。別人的一句話、一個動作都有可能使她馬上不高興，或是壓力來時，時常無法寫功課。她說：「我知道這種行為不好，我不可以這樣做，但我又不想

傷害同學，我也不想讓爸媽傷心，我更不想我的家人發生不好的事情。」在這情形下為了發洩她的情緒，她採取了自傷的行為，撞頭、割腕是她最常用的方式。

針對自傷行為，與該生共同尋找發脾氣時如何處理的方式。詢問她這種自傷行為好不好，她說：「我知道這種行為不好，可是我又很難過，雖然醫生也曾告訴我生氣時可以去運動、散散步，但是我無法控制我自己的脾氣。」認同她的想法，並告訴她每個人遇到別人誤會自己的時候，心情也都會很難過，就算像老師這樣的大人也會表現出情緒激動的行為出來，但是我們應該也可以有不同的發洩方式。因為自傷行為會造成自己嚴重無法彌補的後果，是最不好的發洩方式。接著要她試著和老師共同找出一些較好的發洩方式來替代原先的自傷行為。商討一陣後，共同擬出發洩方式，例如，打枕頭（不打自己）、放聲大哭（不壓抑自己情緒）、看照片回憶快樂時光（跳脫痛苦時刻）、寫日記（記錄自己心情）、散步和運動（轉換另一活動）……等。（88.5.10）

事例三：剛出生的小狗

當師生二人在操場散步時，跑道上圍了一群人，有二位女老師以及三、四位學生，不知發生什麼事，往前一看，她發現了一隻剛出生不久的小狗，眼睛尚未打開，牠就乖乖地被一位低年級的小朋友抓在手上。她問：「牠的媽媽在哪裡呢？」接著又著急地問：「那怎麼辦呢？找不到媽媽牠就會餓死了，怎麼辦呢？」此時眼淚在她的眼眶打轉，紅著臉替小狗著急。輔導期間，她對同學○○○的家庭及心理問題一再提及，她替吳同學擔憂，可見她凡事考慮別人、顧慮別人的煩惱、痛苦、問題的個性；又時常把別人的問題變成自己的問題。現在她又把小狗的問題變成自己的問題了。

我告訴她，妳不要替小狗擔心，因為有兩位老師在場，她們自會

處理。等小狗的事情告一段落後，和她繼續散步，藉小狗事件引到吳同學事件，讓她瞭解她現在還小、能力有限，無法幫吳同學解決問題，吳同學的問題可交由老師來處理；並讓她知道，不要在她自己問題尚未解決之前再加上因自己關心別人所帶來的問題困擾，使自己心理增加負擔，而這些負擔是她能力所無法負荷的。（88.5.7）

事例四：露營事件

週休二日，全家與朋友出去露營，原本應是美好快樂時光的回憶，回來後卻是嘔吐、拉肚子，以致隔天無法上學。媽媽述說原由，在露營時，朋友對她說：「妳太胖了，該減肥了。」她非常在意別人的看法，心理上更在意別人說她胖；所以心理上的疙瘩，轉成生理上的發洩。很久以前亦有一次相同的情形，那次不知何因（媽媽忘了），嘔吐、拉肚子延續了二星期之久，最後也不知怎樣就痊癒了。

知道可能原因後，我約她碰面，告訴她，在發育期間，稍微胖一些無所謂，不可隨意減肥，否則身體健康會受到嚴重的傷害。報章雜誌、電視新聞亦常報導減肥不當導致生病，甚至丟掉生命的例子很多。針對她太在意別人的觀感，灌輸她「人非完美，無法在做事及做人方面做到人人滿意的程度，我們的作為只要獲得大多數人的認同就好了。人要為自己而活，要有自己行事的標準規範（合乎社會規範），不要活在別人所限制的框框中，否則日子就太難過了。」（88.5.26）

對情障學生協助之道

這位學生去年六月畢業了，先前從母親口中得知，親戚中跟她一樣有相同的病症——妄想症；由此知道，她的情緒障礙雖受後天的影響不少，但先天上生理的遺傳因素也是另一個重要的因素。在輔導過程

中，經由精神科醫師的介紹，得知治療方式是藥物與心理輔導二種方式雙管齊下，效果較佳，但詢問需多久才能痊癒，醫師卻不敢下斷言，況且她太早發病，思想尚未成熟，自我控制力不佳情形下，更無法判斷是否能完全痊癒。

尚未正式升上國中，她就已開始煩惱她不知如何與新同學、老師相處，她擔心別人是否會接受她。思考她升上國中的適應問題，除了先轉介至國中輔導室外，又思考自己該用什麼方式繼續輔導她；不是不信任國中老師的輔導功能，而是想多一些人關心她、幫助她，可能痊癒的機會會更大。因為她發病以後，國小班級導師對她的障礙問題束手無策，而且對特殊兒童瞭解不深，亦不知如何輔導，幸虧導師用愛心包容她，用智慧引導同班同學幫助她；導師又尋求輔導老師的協助，集多人力量（媽媽、導師、同學、輔導老師等），總算情緒障礙問題減少了許多。

從這輔導個案的例子，我們知道當老師面對情緒障礙學生的障礙時，該如何去協助他們乃是當務之急，且是責無旁貸之事，但協助之道非一人所能擔當，需結合醫療、學校、教育與福利系統的長期整合服務。

根據「特殊教育法」對特殊兒童（情障學生）可提供之相關服務與支援系統

1. 對身心障礙學生應配合其需要，進行有關復健、訓練治療。
2. 教育行政機關應設專業團隊，集合衛生醫療、教育、社會福利、就業服務等專業，共同提供課業學習、生活、就業轉銜等協助。
3. 依據情障學生個別學習及生活需要可提供資源教室、復健治療、家庭支援、家長諮詢等相關支持服務。

學校系統中專業人員之協助

1. 學校系統中專業人員需評估與治療妨礙學生學習之障礙，包括各種身心障礙與行為問題，提供有利學生之社會資源。
2. 學校系統中特殊教育相關專業人員應與教師或其他相關人員充分團隊合作，提供下列服務：
   （1）身心障礙學生鑑定，個別教育計畫之擬定與執行及追蹤評鑑等直接性服務。
   （2）特殊教育老師、普通教育教師及家長諮詢等間接性服務。

專業相關人員之協助

1. 心理治療師協助情障學生的智能評量、心理／行為暨情緒問題之評估與治療。
2. 社工師協助情障學生權益／福利、家庭功能之評估與建議、社會資源之評估與建議。
3. 相關專業人員指導或建議老師執行治療性相關之課程活動或注意事項。
4. 專業人員提供諮詢與衛教。

醫療系統對情障學生所擔負之任務

1. 早期發現、早期診斷和早期療育是醫療系統對身心障礙者所需擔負的第一項任務。
2. 診斷的時候，檢查其可能有關的生理病理，若有可以治療的生理病理則給予治療，是醫療系統對身心障礙者所需擔負的第二項任務。
3. 檢查其有無相關的或併發的精神疾病，或相關的家庭、學校方面的問題，並給予必要的治療，是醫療系統對身心障礙者所需擔負

的第三項任務。

4.對發展障礙患者促進其正常心理功能的發展、促進其適應，減少或根本消除不適應行為，則為醫療系統對身心障礙者所需擔負的第四項任務。

5.與教育和福利系統充分合作，建立相互支援和轉介的服務體系，並做適當的分工，則是醫療系統對身心障礙者所需擔負的第五項任務。宋維村（1998）

結語

早期特殊教育的對象常只限於生理或智能方面的障礙，目前情緒障礙學生也被視為需要特殊教育照顧的對象。美國自二十世紀初即設立專門機構招收情緒或行為有適應問題的學生，直到一九七五年正式立法保障這些學生接受特殊教育的權利，也規定政府需提供適當教育方式幫助這些具特殊需求的學生。

事實上，早在民國五十九年，「台灣省特殊教育推行辦法」已將具有情緒或行為適應問題的學生納入特殊教育的服務對象，並定名為「性格及行為異常」；民國七十五年「特殊教育法」更保障這些學生接受適當特殊教育的權利。然而，距今二十餘年，國內照顧這類學生的特殊教育班級數不超過十班，而且仍發現學校、機構和家庭將行為問題或情緒障礙學生像皮球般踢來踢去，甚至套用特教的「在家教育」方式讓這群學生賦閒在家。近年來，國內校園暴力、社會青少年問題似定期般的發生，已顯示出我們的社會為上述的疏忽正付出沉重的代價。（洪儷瑜，1995）

近二十年來，跟隨著社會結構、經濟發展、生活型態、以及價值觀念的急速變化，國內外兒童與青少年的情緒與行為問題日益嚴重；不但孩子本身為問題所困而讓悲劇一再重演，學校、家庭以及整個社

會都有憂心忡忡和束手無策之慨。根據最保守的估計，至少有百分之十的兒童和青少年面臨著嚴重的情緒與行為問題，需要專業人員的診斷與治療。這項估計尚不包括那些偶爾出現人際關係衝突或是生活適應困難的孩子。有些情況特殊的社會環境中，學校老師竟然發現將近半數的學生或多或少都有值得關切的行為問題。這些駭人聽聞的統計數目呈現一個相當嚴重的教育問題，也向社會提出一個嚴重的挑戰；不但父母與老師日日掙扎於孩子惱人的行為問題，整個社會也面臨著安全的威脅和無窮的禍患。我們必須瞭解，孩子呈現情緒與行為問題固然給四周圍的人帶來困擾，甚至加害於別人而使直接受害者咬牙切齒，旁觀者感到寢食不安；事實上，孩子本身更是受害者，有的為此一生痛苦潦倒，有的身陷囹圄遺憾終身。無論從人道的立場來分析問題的性質；從社會價值的觀點來判斷問題的來龍去脈；從教育的眼光來看問題的處理，在在都要借助於教育的力量與心理治療的功能，給孩子提供行為的支援，以適當的行為取代不良的行為。

從生理的角度來看，每一個人的一言一行多多少少都受生物化學因素的影響；這些因素甚至會造成情緒與行為問題。而心理的因素對情緒與行為的發展也環環相扣，這些心理因素大多源自遺傳，加上幼年經驗的累積，默默地左右一個人的情緒與行為。後天環境給個人帶來的壓力和衝擊無可諱言的是情緒與行為問題的導火線。孩子在家中、在學校裡、在鄰里社區的活動中，一而再地遭到外來的壓力，諸如：家庭財物的困難、父母離婚或死亡致使孩子流離失所、父母本身情緒與行為的困障、孩子在學校中鄰里間處處受到排斥、屢次在競爭中遭遇挫折失敗，以及社會歪風的影響和誘惑，往往把原先生化與心理不平衡的孩子推入情緒與行為問題的深淵中。由於孩子的情緒與行為問題非肇因於單一因素，而是各種根源糾纏結合，相互影響；如此，多重治療的模式就成為目前治療情緒與行為問題的良方。

孩子呈現情緒與行為問題時，父母、老師以及關切此問題的親友一般都會相當納悶這個孩子為什麼會變成這樣子？這是一個事關緊要

的實際問題。尋找情緒與行為問題的來龍去脈不是在指責誰是誰非，而是在找出問題的根源，盡可能地斬草除根，或是在無法改變根源時，依據實際情況設計因應措施。更重要的是瞭解問題的肇因，可以預先防範，免蹈覆轍。我們要廣泛的從孩子的生理狀況、病理與醫學、遺傳因素、制約的歷史、認知與心理發展以及環境因素，逐層地剝繭抽絲，期能探討問題的來龍去脈，直搗問題的根源。使得情障學生的情緒得到紓解，行為導入正常，則社會當能更健康、更安全了。

參考文獻

黃惠聲（1998），智障、情障、學障學相關服務與支援系統。文章發表於跨越社會殘障的鴻溝：跨越心靈的鴻溝——智障、情障、學障的問題與對策研討會。台北：國立台北師範學院。

宋維村（1998），醫療服務與支援系統。文章發表於跨越社會殘障的鴻溝：跨越心靈的鴻溝——智障、情障、學障的問題與對策研討會。台北：國立台北師範學院。

吳英璋（1998），身心障礙教育需要整個社會的支援。文章發表於跨越社會殘障的鴻溝：跨越心靈的鴻溝－智障、情障、學障的問題與對策研討會。台北：國立台北師範學院。

張蓓莉（1999），《身心障礙及資賦優異學生鑑定原則鑑定基準說明手冊》。台北：國立台灣師範大學特殊教育系。

洪儷瑜（1995），瘋狂教師與一群無法教導的學生，《P.S.你沒有注意聽我說P.S. Your Not Listening ——情緒障礙班教師工作手記》。台北：國立台灣師範大學特殊教育系。

施顯銓（1998），《情緒與行為問題：兒童與青年所面臨與呈現的挑戰》。台北：五南。

15. 國小統整課程實施的可行性評析：以高雄縣為例

高雄縣政府教育局

黃麗香

緒論

問題敘述

在世紀交替之際，國內正進行一系列之教改活動而課程改革是其中最重要的一環。參與改革有關的人，例如，設計者、執行者等，在改革過程中的努力，值得肯定。而課程與教學研究的焦點，已逐漸從「教師的教」轉移到「學生的學」。過去教師本位，事實導向及教科書為主的課程與教學，已不足以適應世界潮流及社會環境的急劇變遷轉而朝向學生本位，生活中心、科際整合的課程與教學。基本上課程是擴散、多元、統整且非直線結構的。它結合學生整個生活經驗，並使學生成為積極的參與者；教師則扮演從旁協助、引導、資源提供及共同參予之角色。（高強華，1994；盧美貴，1991）

在國民教育階段的教學卻經常面臨兩大難題：缺乏學科教學時間與教學策略過度依賴教科書；教師鮮少去嘗試建構主動的學習情境，學生學習內容往往被限制在傳統的教科書與習作（薛梨真，1994）。教育部於民國八十七年九月公布「國民教育階段九年一貫課程總綱綱要」，並預定於九十學年度起實施。其中最顯著的是強調「課程統整」和合科教學，在教育目標中特別強調統整能力；在課程結構和實施方面，打破傳統的學科組織方式，將課程統整為七個「學習領域」，而且強調：「學習領域為學生學習之主要內容，而非學科名稱」；「學習領域之實施應以統整、合科為原則」；「教科用書編輯應以九年一貫統整的精神，發展各科課程內容」。由此可知強調課程統整，以糾正過去分科課程和教學的弊端，是本課程綱要的一大特色。

其實，國內有關統整課程的重要性及規劃設計實施文獻相當多（陳伯璋，1995；黃政傑，1997；盧美貴，1997；高強華，1994）；方案課程、主題教學、雙語教學等教學設計均屬統整課程。只是統整課

程它不是萬靈丹,在實施中需仰賴教師對課程內容、學生需求的瞭解與教師間的合作。國內在這方面尚處萌芽階段,需要更多基層教師與學者專家共同耕耘這領域。

名詞釋義

統整課程:統整課程其實對應分科課程而來,具有跨學科與整合學習特色;其鼓勵學生利用一科所學去建構、去解決另一學科或真實世界中所遇到的問題。其次,教師應接受統整是一個過程而非一事件,它應包括學習過程與傳統的內容知識。(陳伯璋,1995)

研究目的

1.瞭解實行統課程的可行性。
2.瞭解教師對統整課程意涵的認識。

課程統整的理論基礎

課程統整之必要性

為何課程需要統整?可從以下課程統整的意義和理由二方面剖析:統整的意義在將兩個或兩個以上不同而彼此相關的個別事物組成有意義的整體是連結的一種運作或行動(黃炳煌,1999)。課程統整則是將相關的學科或教材內容,予以連結成完整的、有意義的學習。它可以由五個層面認知(黃譯瑩,1999):

1.在心理學層面上,統整課程為一種個體自身所發生的有意義學

習。

2.在教育學層面上，課程統整係教師或專家透過規劃的學習內容與
  設計的教學活動，將相關科目予以連結成單元或問題解決情境。

3.在社會學層面上，課程統整是個人與他人及組織互動過程中，發
  展出自我適應感受及其相關的能力。

4.在知識論層面上，課程統整將一群具有共同的知識結構及研究方
  法的知識，予以相互連結。

5.在哲學層面上，課程統整是將個人的思想及行為規劃提昇至更高
  整合層次的一種型態。

國內學者歐用生（1997）批判分科課程的三項缺失：

1.令人誤解分科課程為最適當的課程組織。

2.令人誤解學科知識是教育目的和手段。

3.學科知識不以學習者生活經驗為基礎，而是學者專家為其目的和
  利益所劃分之領域。

之後提出課程統整受重視的理由為：

1.教育學者強調知識的應用，反對知識的記憶和累積。

2.有關腦功能的研究指出，知識愈統整，愈能受容於腦，愈易學
  習。

3.真正有意義的問題，必須仰賴各種學科的知識來解決。

4.教育進步的理念，強調以社會問題為焦點統整課程。

因此為追求完整的、有意義與連貫的學習，課程統整是相當必要
的。

課程統整之探討

　　本研究旨在釐清課程統整之概念，及探求實施國小實施統整課程之可行性。

課程統整的原則

　　有關課程統整的原則，學者提出的論述大致可歸納成下列五項（黃永和，1999；黃炳煌，1999）

1.避免課程統整可能產生的缺失

　　課程統整不是萬靈丹，稍一不慎即可能犯錯：

（1）課程統整只是一種策略，而非最終目的。

（2）為統整而統整，導致由各學科間擷取片斷內容，無法成為有意義而連貫的學習。

（3）流於拼湊零碎的資訊，囫圇吞棗成瑣碎的學習。

2.教學策略與學科內容必須配合，其途徑如下：

（1）學習內容。

（2）教學策略。

（3）技能。

（4）解說、練習、應用。

（5）觀念。

（6）舉例做比較、分析、綜合。

（7）探究。

（8）依證據發展、修正假設、議題。

（9）會議、討論、作決定、解決衝突。

3.統整課程應是跨越時空的

它可以從過去帶入現在並指向未來，也可以由個人領域擴展到世界領域。

4.統整課程應是全教師的協同合作

統整課程的設計，不僅需要教師彼此間之集思廣益，且有賴於教師相互支援的協同教學。

5.統整課程可以是學科內或跨學科的連結

它將一個學科或幾個不同學科領域的教學目標和教材內容，加以分析整合。避免重複與減少分量，以達成連結的功效。

統整課程的方式

國內外學者專家依據學理基礎，曾提出不少課程統整的模式，內容如下：

單文經（1999）引述國內外學者Fogarty（1991）（陳伯璋，1985）提出的十種課程統整模式，包括：

1. 窠巢式（nested），單一主題多面化。
2. 連結式（connected），重視每一學科細部及其連貫性。
3. 共有式（shared），二個學科同時分享其概念與技能上重疊的部分。
4. 張網式（webbed），將各個觀點當成一主題，再以蜘蛛網式聯結不同的要素。
5. 並列式（sequenced），藉由廣泛的相關概念，建構出不同教材內容架構。

6.線串式（threaded），透過再瞭解課程

7.分立式（fragmented），只有一個方向，單一觀點及專注於單一學科。

8.整合式（integrated），利用每一學科的基本要素形成新的型態與設計。

9.網路式（networked），指多面向的觀點。

10.沉浸式（immersed），允許微觀個人的觀點，內容均以專長和興趣為前提。

　　一項關於「國民小學課程統整模式之研究」（林怡秀，1998），研究者透過文件資料分析與學校訪談方式，歸納出課程統整的模式包括：單一學科、多元學科，科際整合、超學科主題式、超學科領域分析式及學生自主等六類。

　　學者黃譯瑩（民88）由課程的意義，發展出四大類模式：

1.學科統整式課程：包括複科、多科、科際、跨科四種型態。

2.己課統整課程。

3.己我統整課程。

4.己世統整課程。

　　上述學者提出的課程統整模式，各有其特色與限制，教師及課程設計應依據教學目的予以選擇和應用，嘗試發展出單一學科和跨學科的教學設計。

課程統整的研究方法

　　本研究乃研究者利用任職教育局之便於七月八日，以隨機取樣方式。商請高雄縣各國小校長協助，共發出八十份開放式問卷。請各校

內參與過本縣二年來舉辦「九年一貫統整課程」相關研習課程十八小時以上的老師協助填答問卷。問卷內容主要目的在瞭解國小教師對統整課程之認識有多少？對國民小學統整課程的實施方式、設計作進一步之回應。問卷內容如下：

1.您是
□正式老師　　　□代課老師（跳答第4題）
2.您任教年資
五年以下 □5~10年 □10~15年 □15年以上
3.您任教的班級數
□6班以下 □6~12班以下 □13~36班 □37班以上
4.請您以簡短的敘述說明對統整課程的瞭解？
5.如果欲使國小教師對統整課程有基本認識，您想教育行政當局
　（教育部局、學校行政單位）該有那些措施？
6.依您的教學經驗若在國民小學實施統整課程，對教師、學生、家
　長有那些優點浮現？
7.依您的教學經驗若在國民小學實施統整課程，對教師、學生、
　家長有那些缺點浮現？

結果，本研究計回收有效問卷共四十三份，其陳述內容均對統整課程有初步之認識。

研究結果

利用有效問卷四十三份，經整理分析後得到以下意見回應：

如果欲使國小教師對統整課程有基本認識，您想教育行政當局

（教育部局、學校行政單位）該有那些措施？

　　1.辦理相關研習，提供相關知能（37人，86%）

　　2.校內外教學經驗分享（座談會或讀書會）（35人，81.3%）

　　3.宣導觀念對象擴及家長（29人，67.4%）

　　4.出版大傳媒體（期刊、錄影帶、電視宣導）（26人，60.4%）

　　5.辦理教學觀摩及實務工作研討，編印實務手冊（37人，86%）

　　6.容許教師評量方式及編選教材自主（28人，65.1%）

　　7.充實教學設備（資訊、視聽及圖書設備）（30人，69.7%）

　　8.成立教師協同教學團體，安排教學研討（26人，60.4%）

　　9.全縣、三區及校際間成立教學資源及諮詢中心（18人，41.8%）

　　10.減輕教師兼任行政工作負擔（33人，76.7%）

　　11.其他

　　安排學生自獨立研究時間（4人，9.3%）、改變升學聯招推甄制度（13人，30.2%）、改變課表編排方式（6人，13.9%）、廢除定期三次成績考查（8人，18.6%）、允許上課彈性自主（10人，23.2%）、請教育局減少不必要的行政考評活動（11人，25.5%）。

　　依您的教學經驗若在國民小學實施統整課程，對教師、學生、家長有那些優點浮現？

　　1.親子合作的機會增加，增進親子關係。（12人，27.9%）

　　2.教師的教學更具挑戰性，激勵研究精神（20人，46.5）

　　3.課程內容更充實，增進學習的深度與廣度（28人，65.1）

　　4.學生獲得完整的學習。（24人，55.8）

　　5.學生得到實用生活化的知識與技能。（29人，67.4）

　　6.學生能主動學習，培養查詢資料與解決問題的能力。（16人，37.2）

7.教師教學會更活潑。（21人，48.8）

8.家長更積極參與協助教學活動。（11人，25.5%）

9.其他

教師教學有連貫與整體性（7人，16.2%）、可培養學生創造思考能力（4人，9.3%）、學生專注學習同一主題成效大（4人，9.3%）

依您的教學經驗若在國民小學實施統整課程，對教師、學生、家長有那些缺浮現？

1.家長無法瞭解導致無法配合。（34人，79%）

2.家庭能力無法配合（父母學識、經濟能力）無法配合。（32人，74.4%）

3.教師及學生不易獲得所需資源。（37人，86%）

4.級任與科任共同設計課程不易達成（21人，48.8%）

5.教師設計課程能力不足。（25人，58.1%）

6.教師設計研究課程時間不足。（26人，60.4%）

7.學校圖書館及社區圖書館所能提供的支援有限。（40人，93%）

8.學生放學後才藝班、安親班活動多，無時間收集資料。（38人，88.3%）

9.為統整而統整，本末倒置。（10人，23.2%）

10.其他

老師評分不客觀，家長計較排名（13人，30.2%）、社經地位低的孩子差距愈大（15人，34.8%）、怕影響國中課程（5人，11.6%）、上課秩序亂（9人，20.9%）、教師經驗不足無法掌握（6人，13.9%）。

結論與建議

本研究探討國小實行統整課程的可行性，以參加過課程統整研習十八小時以上的教師，實施問卷調查所得的回應，結論如下：

1. 實施統整課程後首要克服的問題，主要協助教師釐清觀念，並給予實質支持協助。
2. 國小教師課程的前提在於提供充足的資源（人力、設備）及教師教材選擇及評量方式的自主。
3. 瞭解統整課程的宣導方式以辦理實務實作研習最受認同，其次為教學討論，提供經驗分享。
4. 實施統整課程的優點激勵教師教學研究與提高學習品質最受認同。
5. 在教師方面多數教師認同應更主動鑽研教材內容、活絡教學方法的挑戰性；學生方面也得到活用學習的知識、技能以主動探索解決問題。
6. 實施課程統整的問題，由問卷中發現學校所在地屬性（市區、偏遠地區）、學校規模、教師行政份量多寡是影響推動是項工作能否成功的因素。

綜合以上的研究分析，高雄縣教育局及學校行政單位提出下列建議：

教育局方面

1. 分區（鳳山、旗山、岡山）成立教學研究與諮詢輔導中心，建立支援網路體系。
2. 透過行政系統，切實要求各校允許教材選擇及教師評量自主。

3.舉辦相關研習,編印刊物及利用視聽傳媒,溝通教師與行政人員。特別是家長的觀念。

4.改進知能考查辦法、學籍成績登錄辦法。

5.寬列經費充實教學軟硬體設備、符合教學需要。

學校行政單位

1.真正落實教師教學與評量自主。

2.成立學年教學研究會,組織統整課程教學小組。

3.與全校教師協商共同決定,充實教學軟硬體設施,有效運用於統整課程教學。

4.配合學校本位的進修制度,辦理統整課程研習、經驗分享等活動。

5.透過各種管道溝通家長觀念,推動親師合作配合統整課程的實施。

參考文獻

黃政傑(1991),以科際整合促進課程統整,《教師天地》,(52),38-43。

高強華(1994),論開放教育課程統整與教學效率,《台灣教育》,(524),11-15。

陳伯璋(1995),我國中小學課程整與連貫問題之檢視,《台灣教育》,(540),15-23。

林怡秀(1998),國民小學課程統整模式之研究,國立花蓮師院國民教育研究所碩士研究論文(未出版)

教育部(1998),《國民教育階段九年一貫課程總綱綱要》。台北:教

育部。

黃譯瑩（1998），課程統整之意義探討與模式建構，《國科會研究集刊；人文與社會科學》，8，（9）。

鄧運林主編（1996），《開放教育新策略》。高雄：復文。

鄧運林主編（1998），《開放教育自勵學習》。高雄：復文。

歐用生主編（1997），《新世紀的教育發展》。台北：師大書苑。

盧美貴（1991），開放教育的理念及其在幼身動設計之應用，載於台北《師院學院學報》，93-120。

簡楚瑛（1994），《方案課程之理論與實務》。台北：文景。

薛梨眞（1998），《統整課程活動設計》。高雄：復文。

曾嘉琪（1996），北市國民小學試辦「教學與評量改進班」之評鑑研究，國立政治大學教育研究方案碩士論文（未出版）

16. 學校實施生命教育方法之研究

高雄縣上平國民小學

朱俊芳

問題敘述

　　生命是一條奔流不息的長河，是從無到有各種因緣的輾轉相續；要想持續的生存，需要有更高的智慧。然而當我們醉心於從網際網路、大眾傳媒、學校殿堂，填充日益暴漲的知識時，卻發現生命的內涵愈來愈空洞。放眼街頭流浪狗的四竄，水族店興起養水母的歪風，電子遊戲的盛行，層出不窮的自殺事件，處處顯現漠視生命的「千禧年異象」。彷彿人活著，只是天地過客，卻不能善待自己的生命，不瞭解生而為人的意義？更遑論如何對待他人，對待萬物。思索在成長的教育歷程裡，是否忽略了什麼，讓我們面對生命議題不知所措；學校也因知識分科而漸漸缺乏人生圓融智慧的統合，過分著重事實判斷，缺乏價值判斷，講究唯智主義，罔顧人性疏導，塑造出恣意縱情貪得的功利文化，人生在非輸即贏的二分法裡，顯得粗糙庸俗，須知，教育的目的在求學，即學做人，這才是教育的本質。能夠針對受教育者的生命做一番省思，而不僅是知識、技能的培養，讓受教者不侷限於有限的生命，而能「自覺他人」，「利益天人」，相信，這才是生命的智慧，教育的初衷。

　　本文之主要的目的在於探討生命教育的意義與性質、發展與領域，以及小學實施生命教育的內涵與方法，以作為推展生命教育之參考。本文首先闡述生命的目的與內涵，包括：國小低、中、高年級生命教育的內涵與小學生命教育課程的實施，最後敘述國小生命教育的展望。由於國小生命教育仍屬初步發展階段，因此不論在政策、師資、課程、教材與教法等方面猶待努力規劃與適當推展。作者認為兒童需要對生命的起源、孕育、出生、成長、發展、衰弱、病痛、死亡等人生課題有較深刻的體認，以便能愛惜生命、豐富人生、珍惜自己、尊重別人、愛護環境、崇尚自然，使學生能在生理、心理、社會、精神等方面有健全而完整的發展、過幸福美滿的人生。

生命教育內涵及目的

　　基本上，生命教育的推動主要在幫助學生認識自己的生命與尊重他人的生命，進而能珍惜人類所共同生存的環境。此外，更能主動的去思索生命的意義找出自己存在的價值與定位，進一步將自己所學回饋社會，造福更多的生命。因此，生命教育主要是希望達到下列四個目的：

1.幫助學生主動去認識自我，進而尊重自己、熱愛自己。
2.培養社會能力，提昇與他人和諧相處的能力。
3.認識生存環境，瞭解人與環境生命的共同體的關係。
4.協助學生探索生命的意義，提昇對生命的尊重與關懷。

　　對於「生命教育」的內涵，學者、教師、教科書多有不同的看法，綜合整理如下：（黃德祥，1999）

文軒（1998）滿足學生「安全的需求」、認識生命的意義、尊重生命。
孔建國（1998）尊重自己、尊重他人、增加挫折容忍力、情緒教育、學習面對生命中的常與無常。
黃雅鳳（1998）認識自己、尊重別人、善待別人、情意教育、生命的終極關懷。
黃德祥（1998）瞭解人生的意義、目的、價值、功能與限制，進而珍惜生命與人生，並能尊重自己、他人，環境及自然。
楊仲鏞（1998）教導學生熱愛、尊重自己和別人的生命、求生應變技能的獲取、情緒教育。
楊瑞珠（1998）失落與悲傷的輔導。
李遠哲等（1999）認識自己、肯定自己、尊重生命、欣賞生命、愛惜自己、勇於面對挫折、應變與生存、敬業樂業、信仰與人生、社

會關懷與正義等。

曾志朗（1999）強調情意教育、人際關係的建立、瞭解生命意義、對
　人的尊重、對死亡的正確認知。

　　綜合上述可知，生命教育的內涵除了涵蓋生之教育，同時也應包
含死之教育。整體而言，其內涵概括了自己、他人、環境、自然與宇
宙，五大範疇。吳武雄（1999）也指出，生命教育主要在於統整過去
分散在各課程中有關生命的意涵，透過教學、省思與體驗，使學生學
會包容、接納、欣賞別人，建立樂觀進取的人生觀。因此，應該讓學
生能深刻體悟：人與自己、人與人、人與環境、人與自然、人與宇宙
的各種關係，並從中發展「生命的智慧」。

　　八十七學年度，台灣省國民中學推展生命教育實施計畫提出，為
學生建立一個「全人教育」的環境，藉著體驗活動、環境教育、潛在
課程等倫理教育的情境，使學生瞭解生命的意義，學會包容、接納、
欣賞別人、建立樂觀積極人生觀。生命教育課程應包含四個重點：

1.輔導學生體驗與建立生命的意義，進而尊重生命。
2.輔導學生認識自我，建立自尊與自信。
3.輔導學生建立正確的死亡態度。
4.輔導學生體察失落的情緒，勇氣走出悲傷。

　　生命教育也好，死亡教育也好，或是生死教育，筆者以為透過學
校教育所實施的生命教育，除了上述重點外，應有的目標為：

1.引導學生欣賞生命，提昇自我肯定。從潛能開展中發揮生命價
　值。
2.輔導學生珍愛自己的生命也尊重他人的生命。
3.珍惜人與人之間的機緣，發揮助人的美德。
4.培養學生尊重大自然中一切生命體的情操。

另外，美國《大死亡教育》教科書作者柯爾氏等人（Corretal, 1997）以認知的、情意的、行爲的與價值的分列教育目標也很值得參考：

　　認知層面的目標：應提供學習者各種死亡有關事件與經驗的資訊，並提供輔助使其瞭解這些經驗，可提供事實與討論，增進學生瞭解。

　　情感層面的目標：讓學生學會如何面對死亡、瀕死和喪慟的感情與情緒，並且正當地處理哀傷、悲慟的情緒。對於尚無喪離經驗者，也能運用同理心協助居喪者處理情緒。

　　行爲層次的目標：協助學生知道如何或什麼樣的反應是正常的，甚且，如何協助他人表現死別的哀傷。

　　價值觀層的目標：協助學生澄清、培養、肯定生命中的基本目標與價值，並藉由死亡的必然來反省生命的意義與價值。

小學生命課程的實施方法

課程內容

　　國小實施生命教育，必須考量國小學生的身心發展原則，發展適合國小學生學習的生命教育內涵。因此，鑒於生命教育的目的，小學生生命教育的課程內容應包括：

1.小學低年級

　　人與自己的教育：教導學生認識自己、尊重自己。
　　人與他人的教育：教導學生明白人際關係的重要，重視人與人之間的倫理關係。

人與環境的教育：教導學生認識、珍惜生存環境。

2.小學中年級

人與自己的教育：教導學生認識自己、尊重自己並且熱愛自己的生命。

人與他人的教育：教導學生明白群己關係及公共道德的重要。

人與環境的教育：幫助學生建立社區與生存息息相關的意識，並且珍惜生存環境。

人與自然的教育：讓學生有機會去親近生命、關懷生命，並且教導學生尊重生命的多樣性及大自然的規律性。

3.小學高年級

人與自己的教育：不僅要教導學生認識自我，而且要協助學生發展潛能，實現自我。

人與他人的教育：教導學生重視人與人之間的倫理關係，尤其明白人際關係及公共道德的重要，並且重視次級文化的存在，進而關懷弱勢族群，增進人際間和諧的互動。

人與環境的教育：教導學生愛護動物、體驗生命的偉大，明白人與環境生命共同體的關係，並進一步關懷社會、國家、宇宙的生命。

人與自然的教育：教導學生民胞物與的胸懷，尊重生命的多樣性及大自然的節奏與規律性。

人與宇宙的教育：引導學生思考死亡的意義，探索人類存在的意義與價值，並認識國家，世界的倫理，關心人類的危機，建立地球村的觀念。

課程設計

這一代的青少年，是完全生活在享受台灣奇蹟的成果中，加以資訊的推波助瀾及物質享受，超過了心靈的提昇；使得他們只知道追求表面的生命滿足，缺乏關懷別人，民胞物與的惜福之心。因此，學校推展生命教育，必須透過行政的規劃與設計，以及全校教職員工的參與，為學生建立一個「全人教育」的環境，藉著體驗活動、環境教育、潛在課程等倫理教育的情境，使學生進一步瞭解生命的意義，學會包容接納、欣賞別人，建立樂觀進取的人生觀，並把所學回饋社會，帶來真正的和諧與進步。學校如何設計生命教育課程，可朝下列方式來做：

1.蒐集及編輯教材

（1）有關生死教育題材，或社會時事個案，編輯成冊，作為教材。
（2）教材應以學生認知和發展為指標，以實踐生活為素材。
（3）課程結構應重邏輯組織，更要配合學生道德認知發展。

2.融入各科教學

（1）確實施行道德教學，善用彈性和多元的教學策略，例如，價值澄清、角色扮演等方式，以成熟的道德認知和啟發，代替道德教材灌輸。
（2）教學正常化，加強生活與倫理教學。
（3）教師於各科聯絡教學活動中，掌握「可教時機」，設計說故事、角色扮演、心情分享、畫畫等方式，讓學生表達對生死的瞭解與感受。
（4）教師必須具備「同理心」、「小團體輔導」等技巧，討論如

「認識生命線」、「如何愛惜自己的小生命」，讓學生分享類似經驗，引導學生愛護自己的身體，進而尊重他人人身之自主。

(5) 實施愛的教育，使學生在安全、快樂的情境中成長。

3.各項教學設計

(1) 購置或拍攝對生命或死亡意義探討的錄影帶，供學生觀賞，並和學生共同討論。

(2) 有計畫辦理生命課程，並配合社區資源，辦理大型活動，例如，節約飲食日、殘障日、義演、義賣等活動。

(3) 發起每班培養花木，擴展對生命的關懷面，把生命教育與美育結合。

(4) 從比賽、學習、社團活動中，鼓勵學生欣賞過程之美及盡心盡力，負責任的行為，更要從社團活動中學會關懷他人，而擴大到社會。

(5) 每學期至少一到二次，辦理社區服務，併入社團活動。

4.校外參觀教學活動

(1) 參觀婦產科醫院，讓學生瞭解生命誕生之過程。

(2) 帶學生去榮總參觀，看了生老病死之後，或許整個生命觀就改變了。

(3) 到垃圾掩埋場聞味道、看髒亂之後，學生回到學校，相信就會心甘情願地去做垃圾分類。

5.營造充滿生命情境的校園

(1) 讓學生認養生態教材園。

（2）專闢「靜坐」室，讓學生反省及內視自我。

（3）落實各科情意教學。

（4）統整社區資源，加強親職教育、溝通生命教育觀念、營造適切的學習環境。

6.行政配合措施

（1）成立生命教育推展委員會，規劃生命教育實施及相關事宜。

（2）辦理生命教育師資研習：

A.鼓勵教師參加各項有關生命教育的研習。

B.利用週三進修及教學觀摩會，發表心得、教學經驗，協助教育出刊研究著作心得。

教學方法

生死教育成效主要關鍵繫乎於教學者，因而生死教育的專家學者皆呼籲從事生死教育的教師，應具備正確的、健康的、自然的態度，並對死亡教育的內容、實施方式有基本之瞭解，才能引導學生自然地瞭解死的相關知識。（張淑美，1998）

生死教育的實施方式有以下幾種方式：

講授法：由教師透過投影片將有關主題或知識向學生說明、解釋。

欣賞討論法：包括團體討論和小組討論方式，前者是由教師以問答方式進行，後者是由學生間探討相關主題。而其方式可為透過各種視聽媒體，例如，幻燈片、影片、音樂、文學和藝術作品、以及報章雜誌等欣賞和討論。

隨機教學：當生活上發生有關出生與死亡的事件時（例如，班上

同學生長之社區及社會發生之出生及死亡事件），以此爲生死教育的教材，隨機教學。

模擬法：角色扮演；情境模擬想像、以及故事主角模擬想像等方法。

閱讀指導法：介紹或是選定閱讀有關生命與死亡的圖書、故事及詩文等教材，然後討論和心得分享。

親身體驗法：如透過直接的參觀生與死相關場所（例如，醫院育嬰室、殯儀館、葬儀、安寧病房等），實際照顧臨死病人、專業機構的展覽、和專家之演講。

活動教學法：藉由戲劇表演、繪畫及寫作等活動進行生死主題的教學。

作業／自我教學法：藉由指定或自訂的作業從事資料或文獻的閱讀和收集、研究及整理分析已獲得相關知識。

生死教育內容及方法是呈現多樣化的，並無固定模式，教學者應根據學生程度教學資源、及時間和情境之不同而彈性、靈活的設計、選擇與利用，以達有效教學及目標（引自劉明松，1998）。

實施途徑

依前所述，生命教育是件重要且時勢所趨的方向，然生命教育如何於小學落實與實施呢？敝人認爲應先說明教育當局及學校成員的角色、職責，有分權才能求其負責。次者，釐清有關生死的正確理念，繼而建構良好的教育環境，經由教師選取適用教材，運用正確的教學原理與方法，生命教育才能融入生活和課程之中，其相關具體的做法，分敘於下：

1.教育行政機關方面

（1）召集學者研討各級學校實施生命教育的可行性，並從而瞭解死亡教育的重要性及必要性，期能順應世界潮流，以及時下人民精神需求。

（2）召集研究課程的學者、專家研擬編輯有關生命教育主題的教材，期能配合東方國家之傳統生死觀點，建立本土化的系統教材，供師生教學或學習之參考。

（3）為落實生命教育各階段之「銜接原則」，幼教以及國中小階段的師資培育機構，應將生命課題納入課程，或是開設生命教育相關學分供師資培育的準教師研習，讓教師與準教師們在未來面對一貫課程統合學生全面性發展的要求下，能夠協助學生建立正確生命觀。

（4）在一貫課程的要求下，教師的事業素養與能力將顯得重要，教師的自我成長與強化勢不可免，因此加強舉辦生命教育死亡學的研討會議，辦理教師進修，或提供生命課程以供教師研習與進修，以強化現職教師的生死教學知能。

（5）加強生命教育的宣傳工作，印製相關的文宣與動畫，多進行校園體系宣傳與多媒體宣傳，納入學生與家長等對象，使生死的教育理念普遍地融入生活互動之中。

（6）配合行動研究的風氣，鼓勵教師在實際教學環境的周遭，從群體或部分個案，從事有關兩性平等教師之研究，除了幫助教師專業成長，研究結果也有助兩性平等教育的推展。

2.學校擔負的任務
部分對生命教育課程活動的進行，給予行政上的實質的支援。

（1）在校內成立「生命教育」教學研究會，定期研討相關問題，使生命教育順利推動，並主動瞭解老師進行生命教育的困

難，並予以協助。

（2）成爲與家長會之間的橋樑，經由良好的溝通與回饋，讓家長瞭解「生命教育」對孩子成長的助益。

（3）透過讀書會提昇家長與教師的覺察能力，矯正以往錯誤觀念。並經由學校教育與家庭教育的配合，達成相輔相成的效果。

（4）透過校園網路與資訊媒體協助，例如，設立相關網站、討論區等，提供多元化的生命教育資訊。

3.校長的角色與理念

（1）校長應具有正確理念，以身作則，眞正詮釋「全人教育」的理念，並且反省在校園中發生的違反理念的事。

（2）能正視「生命教育」的意義及重要性，並經由實際行動使全校師生產生共識，並以學校實踐全人化的教育爲榮。

（3）配合「學習型學校」（learning school）的推展，校長應重視教師的教育知能進修，教育局於進修中可獲得新的觀念、做法，將有助於生命教育順利推動。

4.教師的角色與職責

（1）教師應具備正確的死亡觀與相關知識，以及坦然面對和接受死亡的態度，同時成爲一個熱愛生命的老師。身教是最好的範本，自己對生命的尊重、珍惜，才能感動學生的心靈，使學生也一樣懂得珍惜、熱愛生命。

（2）教師應協助家長瞭解「生命教育」的重要，培養家長正確觀念，使爲人父母具有正確之態度，而能配合學校教育。在家庭中能與子女公開正確地討論生命話題，進而成爲教師教學的得力助手。

（3）隨時掌握機會教育，注意現實社會發生的死亡事件，引以爲教材，進而增進學生的見聞，並澄清其疑慮，建立正確的死亡觀與態度。

（4）「避死談生」的態度，在教室中創造正式、公開討論死亡的情境，由境教中培養坦然面對死亡的態度。

（5）教師應具備與死亡相關之知識，平常勤於收集教材；在相關教學活動中，能引導學生討論，教導學生正確知識培養正面的態度。

生命教育推廣困難及願景展望

現況困難

1.權責統則方面

教育廳雖然重視生命教育，不過，由於主要執行者是基層的學校是曉明女中易產生責大權小的困境，這主要表現在經費運用、教材編輯及其他各項工作上全盤規劃的不足。

2.課程落實方面

（1）大部分的教材仍未完成，故各校尙不易開始實施這項課程。

（2）生命教育並非課程標準之要求，故不具強制性。

（3）省屬機構外之北高兩市未同步參與。

3.師資培養方面

（1）人生哲學、倫理學、宗教哲學是生命教育師資最重要的素

養，也是目前大部分中小學老師最缺乏的部分。

（2）研習會式的師資培訓基本上具急就章性質，而且，由於經費的限制，各校僅有一名教師參與研習會作種子教師，如何落實成效，值得憂慮。

（3）教育廳即將改組，各單元教材完成後之教材教法研習會之推動與預算有待後續解決。

4.教材方面

（1）各單元教材的印製與發行無統一的計畫與預算。

（2）十二單元的生命教育無法全面顧及學生心靈成長之所需。

願景展望

1.近程需求

目標：省教育廳推動之生命教育，使十二單元生命教育課程能真正貫徹於全國中小學教育中。

作法：

教育部成立「推動生命教育辦公室」：召集人最好由教育部高層擔任，而且不能只是掛名，必須真有推動之熱誠與使命。蓋相關工作經緯萬端，有權責者若不能親自投身，計畫不容易有效率，也不易具前瞻性、全盤性。

本辦公室應針對生命教育各項推動工作之性質，進行有效的組織分工，以便對於進程與中長程之各種目標進行有效、精確、全盤之計畫、落實、督導、協助以及缺失之檢討。

北高兩市生命教育之同步推動：這可以包含各校校長及行政主管之生命教育研習會、各校有意願從事生命教育教師之培訓等。專案小組應切實規劃各研習會之舉辦，讓參與者分享理念與熱情，切忌流於

形式。

　　教材落實方面：專案小組宜從預算及行政兩方面規劃如何將目前的已完成之各單元教材、體驗活動資料、教學多媒體資料普及全國各中等學校。

　　課程實施方面：各校是否切實實施生命教育以及實施時遇到哪些困難等問題，目前似乎並無特定機制去進行瞭解、協助與督導。宜通盤思考規劃之。

　　體驗活動與校園文化方面：以經費實質鼓勵各校辦理促進學生心靈成長的各種體驗活動，例如，有關生命教育之生活營、體驗營。

　　師資培育方面：加強生命教育師資培育，並儘速分區實施教學教法研習會。

2.中長程願景

　　目標：

（1）建立生命教育課程標準，納入中等教育教育體系。
（2）師資培訓制度化。
（3）與九年教改之方向銜接與整合。
（4）將生命教育往下往上延伸至小學大學。

　　作法：

　　以生命教育為核心，整合相關課程，建立生命教育課程標準：在目前中等教育體系中，與生命教育相關決策方面已注意到的重要教育課題大概包含了道德教育、倫理教育、生活教育、公民教育、兩性教育、環境教育、藝術教育、法律教育等方面，為避免疊床架屋，宜以生命教育之概念為核心，通盤思考生命教育的內涵，以建立課程標準或綱要。

　　建立生命教育師資養成教育之制度：生命教育師資除應有一般老師所需之教育學程素養外，還該接受包含人生哲學、倫理、宗教哲學

等方面的薰陶。生命教育制度化必須包含師資養成教育之制度化。

　　許多教會學校素有倫理課之規劃，師資來源包含各大學哲學及宗教系所的畢業學生。由於倫理、哲學、宗教等科目尚不屬中等教育課程標準之內，故這些老師多半有實無名。如何協助輔導這些老師成為生命教育專業老師，亦可一併納入考慮。

　　生命教育與九年教改之整合：生命教育與九年一貫教改及其他教改專案之間目前仍是各自為政，教育部宜於教改同時進行整合性思考，以為全盤規劃

　　小學與大學生命教育之實施：當中等學校之生命教育有一定規模時，即可進一步著手規劃小學及大學生命教育之實施。

結語

　　生命教育其實正是全人的教育，它所思索的議題，涵蓋生死，也包括：人與自己、人與他人、人與環境、人與自然、人與宇宙的各種關係，而它的實施方式，則是透過倫理課、體驗活動及各個學科知識的整合與不斷反省。因此，生命教育的實施與推動，是需要許多人的心力投入與支持配合，莊子言：「吾生也有涯，而知也無涯。以有涯隨無涯，殆已。」這時虛心求教，結合許多同好來完成這「知其不可而為之」的事情，是解決當前困難的最佳辦法。希望透過本文之研究能拋磚引玉，能吸引更多對生命關懷，對教育用心的熱情夥伴，提供給生命教育更清楚的發展方向，更具體的實踐力量，使生命教育的工作能有更理想的未來！

參考文獻

孔建國（1998），點燃生命的火炬，《輔導通訊》，（55），11-14。

吳武雄（1999），推展生命教育回歸教育本質，《高中教育》，（7），10-15。

劉明珍（1998），國中死亡教育課程設計及其實施成效之探討，《學生輔導》，（54）。教育部。

劉瑞瓊（1999），如何落實推動生命教育，《台灣教育》，（580），54-57。

鎮永鎮（1998），生命教育的實施背景及基本理念，《研習資訊》，15，（4）。

張淑美（1998），《死亡學與死亡教育》。高雄：復文。

曾志朗（1999），生命教育，刊載於李遠哲等著，《生命的教育》。台北：聯經。

孫效智（1999），死亡尊嚴與生命智慧，《台灣教育》，（580），2-8。

段德智（1984），《死亡哲學》。台北，洪葉。

黃德祥（1998），生命教育的本質與實施，《輔導通訊》，（55），6-10。

17.我國原住民教育與文化政策發展動向初論

國立台東師範學院教育研究所

助理教授 梁忠銘

研究目的、背景

　　本文的意旨在於試圖提起研究臺灣原住民教育問題上之若干心得與問題點，期望能引起相關研究的共鳴反應，至於其內容之嚴謹與代表性則需更進一步作詳細的實證性研究。

　　在研究臺灣近代教育方面，除牽涉到敏感的民族感情的問題，也夾雜錯綜複雜的政治環境、歷史年代定位等等問題。因為這段歷史大部分正處於日本殖民統治期間（1896-1945），亦涉及荷蘭據臺（1624-1661），西班牙據臺（1626-1642），鄭成功治臺（1661-1683），清朝治臺（1683-1896）時期。再者其重要基本文獻與史資料幾乎為以日人所撰、日文所纂寫之資料，且長年在重歐美輕日亞的政策方向之下無疑的使現時的教育研究方向、內容與人材亦偏向於研究歐美流派。在基於有上述的政治背景、語文能力與政策方向的多重因素之下，對於研究臺灣的近代教育之經典著作並不多見，其中探討有關原住民教育問題在一九八〇年代以前更是有限。此外在提倡臺灣的自我認知之本土教育之時、又害怕損及民族自尊心或所謂的日本文化侵略往往採取逃避殖民地情結的心態。加上欠缺認識近代臺灣教育的基礎研究資料而對於近代臺灣教育的認知亦無法做出完整與客觀的解析與批判。

　　事實上、史的研究應該不僅可以瞭解過去、認識現在並擬定未來發展方向以達到鑑往知來的目的，提高自我的認知與本土教育的效果，亦有助於提高民族與種族的融洽，例如，日本政府長年刻意忽視其侵略史實，以致造成東南亞諸國國民與其國民在歷史認知的衝突不斷即為最好之例。

　　論及臺灣原住民教育研究的發展，一八九六年至一九四五年日本統治期的研究是非常重要，除有豐富的史料文獻以外，在原住民教育發展過程中此時期意識重要的萌芽與規劃發展期。一九四五年臺灣光復以後、因為長期國共問題使得臺灣在政治、社會上處於極度不安定

的狀態，國民基礎教育雖有顯進發展，但原住民教育與研究卻處在一種過渡時期而幾乎呈現膠著不展的狀態。此時期因國際性的社會經濟動盪不安不僅在臺灣是如此、在日本的學界也是處於同樣的狀況。而在中國大陸的共產主義政權更是如此，依據一九七一年由其人民出版社出版，劉大年、莊嘉農等編著《臺灣問題重要文獻資料集》內之二十二篇論文的論述可知大陸地區七〇年代為止，諸多的學術研究則偏向於如何解放臺灣與歐美帝國主義的抗戰，對於臺灣教育與文化問題的論述則無所見。所以在光復初期至七〇年代之間兩岸對於有關臺灣的教育問題研究並不是很多，且都偏向於政治與殖民地時期所衍生的問題。

其中在研究有關原住民問題的研究主要是以臺灣大學歷史系與考古人類學系的學者的研究成果為中心。一則是因為臺灣大學繼承日殖民時代舊台北帝國大學的研究資源、二則是因為正有一群年輕有為的本土學者從事起繼往開來的研究工作。

研究時期的區分與發展特徵

時期的區分

有關臺灣原住民研究依據陳奇祿教授在一九七四年發表其〈「臨時臺灣舊慣習調查會」與臺灣土著研究〉（收錄於陳奇祿：《臺灣土著文化研究》，1992，473-488）之論文中、主張略可分為五個時期：

1.十七世紀～一八九五年。
2.一八九六年～一九〇九年。
3.一九〇九年～一九二八年。
4.一九二八年～一九四五年。

5.一九四九年～一九七四年（論文為一九七四年發表之故）。

此外教育部於一九九七年在其發表的教育《中華民國原住民教育報告書》一書中述及政府在臺灣光復後對原住民教育的推展，劃分為三個時期：

1.一九四五年～一九六二年山地平地化時期。
2.一九六三年～一九八七年融合整體社會期。
3.一九八八年～一九九七年開放發展期。

另外行政院原住民委員會亦於一九九八年出版《原住民教育與文化政策規劃之研究》一書中也提及時期劃分的問題，雖不反對前述教育部之《中華民國原住民教育報告書》一書的時期劃分，但是認為不夠理想。主張應另以政府的政治意圖，即是以戒嚴與解嚴的時期一九六七年來作為臺灣光復後區分原住民教育發展的時期，為：

1.一九四五年～一九七六年壓服時期。
2.一九七六年～一九八七年同化時期。
3.一九八七年～一九九八年自治時期。

一則著重在光復前的敘述，二與三則是著重在光復後的闡述。而行政院原住民委員會的版本與陳奇祿教授的時期劃分較為接近。若綜合三者之論，則可權宜將臺灣原住民教育之發展史設定為光復前四期與光復後三期。

發展特徵

國民政府於一九四九遷台後於訂有「臺灣省教育廳改善山地教育設施三年計畫」，並於次年公布「改進山地教育實施方案」，但由於經

濟尚未發展困境不少，成效自然有限（教育部編，1997，頁13）。此時期為光復後之第一期，可以假設為原住民教育發展的第五個時期。

爾後在一九六三年擬定「山地行政改進方案」，一九七〇年又公布了「臺灣省加強山地國民教育辦法」，期望能有效提昇原住民教育水準，促使原住民得以融入臺灣整體社會。一九七四年八月底中央研究院民族學研究所召開了「高山族研究回顧與前瞻」討論會，對過去的研究成果做一歸納，並提出了「理論研究與實用問題」及「學術與行政問題」結合的主張。不久之後、政府亦在一九七六年四月解除「山地保留地制度」改而實施開放「山地」的政策。因而使研究原住民的問題展開一鼓新的研究風潮，而此時期的研究特徵，似乎響應學術與現實結合之主張而更直接的探討現實的問題。將研究原住民的問題提昇到另一個境界。因此亦可以設定至一九六三年以後進入第六個時期。但是此時期也未能達到預期目標有效的提昇原住民教育水準（教育部編，1997，頁15）。

一九八〇年代中期以後、李總統登揮先生執政以來，臺灣內部的民主化與臺灣獨立之論調的高漲，不僅臺灣內部的種族意識與少數族群權利意識也高昇，促使教育部於一九八八年成立「原住民教育委員會」，邀請學者專家、民意代表及教育行政人員擔任，定期開會規劃研商原住民教育加強集改進之道（教育部，1996，頁16）。同時中共政權的政策內部亦提高對於臺灣獨立的警覺，進而加強對臺灣內部種族的研究以達到所謂的祖國統一的目的（施聯朱、許良國主編，1987，前言頁），同時回應所謂的「文化交流活動」，由大陸政權的內部組織「中華全國臺灣同胞連誼會」具名，邀請以臺灣原住民權利促進會組成的「少數民族自治區考察團」（團員包括：阿美族、泰雅族、布農族、邵族等）前往大陸為期二十三天的訪問、造成大陸當局研究機關對於臺灣原住民研究的另一股高潮。因此一九八〇年代中期以後可視為一個新的時期的開始。

在上述第一時期為期約三百年之中，曾經有西班牙與荷蘭人的入

侵，並經由鄭成功於一六六二年結束荷蘭人在臺灣為期三十餘年左右的殖民行動。鄭氏亡後清康熙帝於一六八三年安撫（統一）臺灣成功。在這段漫長多變的期間中其文獻史料多屬地方誌、遊記、雜記與少數的土著語言之研究、雖然為數不多，但仍不失為有價值的資料（陳奇祿著，1992，頁473）。

　　第二、三、四時期，即所謂的日據時代。清朝於一八九四（光緒二十年）的甲午戰爭（日清戰爭）敗戰後於一八九五（清光緒二十一、明治二十八年）在馬關（下關）條約中將臺灣割讓給日本，臺灣至此成為日本的殖民地。直到一九四五（民國三十四、昭和二十年）第二次世界大戰，日本無條件投降為止約有五十年的統治期間。理所當然，日本基於政治上的理由與為達成管理統治的目的，將「理番」（原住民治理）列為施政的重點，並將其管理職責交付於臺灣總督府警務局管理。而其警務局也特別為了管理「番（原住民）」成立了「理番課」、負責統轄管理原住民的教化問題。此外、日本學術界對於新領土臺灣的風俗、文化的研究也積極的參與，特別是以東京人類學會的成員為中心展開了一連串有關臺灣土著文化（原住民）的研究熱潮，東京人類學會成立於一八八四年當時是亞洲最早研究這門學問的組織（陳奇祿，1884，頁117）。尤其是在第三期以後基於政治上的需要，更展開計畫性的大規模調查臺灣高山族的生活習慣的研究活動，並在一九○一年成立「臨時臺灣舊慣習調查會」於台北，其中「番族科」（一九一九年改稱為番族調查會）負責原住民的調濟。其調查範圍涵蓋分布於臺灣全省的原住民各個部落族群。其調查的內容包括：各族的分布情況、人口數目、種族的沿革、身體特質、社會組織形態（番社組織、頭目及社民、制裁慣例、家族、出生、婚姻、葬儀）、口碑傳承、風俗習慣（衣飾、飲食、住居）、宗教信仰的狀態（祭祠、巫術、迷信、首狩、音樂）、經濟狀況（經濟能力、生產方式能力）、性格、品格等項目的調濟。在其將近二十數年的調查過程之中，首先於一九一三年開始陸續的公布其調查成果報告書，至一九二一年之間前後有二

十七冊的報告書與論著公諸於世（陳奇祿，1992，頁479）。雖然這些調查報告書與論著其目的是為達成其殖民統治政策的目的，但是其調查工程之巨細靡遺與成果之豐碩、在今日研究近代臺灣原住民之史料價值是不容否定的。而也「番族調查會」持續不斷的公布其調查成果報告書而帶動當時學術界對於研究臺灣原住民的一股風潮。爾後隨著台北帝國大學成立，土俗人種學研究室更將研究原住民問題發展至純研究人類學的領域。一九三四年我國曾成立「中國民族學會」於南京，主要從事以中國西南諸省的少數民族的調查研究。爾後至一九四五年間對於我國少數民族有許多重要的研究結果。其中有關於臺灣之研究有林惠祥著《臺灣番族調查報告撮要》與《臺灣番族之原始文化》（陳奇祿，1984，頁118-122）。 此一時期的研究成果亦以人類學之研究手法闡述原住民之種族系統來源與其藝術生活文化、信仰習俗等研究為主。

　　前文述及臺灣在一九四五年光復之後，本可使研究原住民問題進入一個新的時期，但因處於國共內戰的狀態之下，國民政府自顧無暇。對於原住民的研究進入一個短暫的空窗期（陳奇祿，1984，頁122）。但臺灣大學（舊日本台北帝國大學）在李濟教授的領導之下很快的成立了考古人類學系並繼承了土俗人種研究室的研究領域，繼續其對於原住民的研究。爾後相續的有中央研究院在一九五五年成立民族學研究所。此外還有臺灣省博物館民族學研究室等陸續的發表有關原住民的研究論文，但幾乎都著重於人類學與考古學的研究。直至國民政府在安定其政權以後於一九六〇年由臺灣省民政廳設立「山地研究小組」、主導研究如何開發山地、發展原住民教育、以提高其文化水準與經濟能力。並在一九七〇年代後期確定「山地現代化工作」目標、以行為科學與社會學的視點為研究重心，企圖促使融合原住民於一般社會、提昇其生活水準。

　　在一九八〇年代後期、因臺灣內部權威主義政治的解體與民主自由化轉形的成功及臺灣獨立論調的高漲。政府在原住民教育政策方面

也有調整。例如，在教育部之下成立原住民教育委員會（1988），行政院亦成立原住民委員會。並訂定「發展並改進原住民五年計畫（1993-1997）」（行政院原住民委員會編印，1998，頁23）。同時亦促使大陸（共產政權）內部提高對臺灣民族問題的重視。因此，在九○年代前後、出版了幾本相關著作。但這些著作一則缺乏實地見聞與最新資料、因此只能做文獻的分析。再者深諳解讀日文文獻者的缺乏、因此又被侷限於現代文獻資料的分析研究，有限於此，因此諸多研究的參考資料不得不引用臺灣本土學者之研究論文。例如前文述及施聯朱、許良國主編《臺灣民族歷史與文化》之一書中的373～385頁之中，由許良國著〈臺灣高山族民族學研究概觀〉一文中，諸多轉載（無記明引用出處）陳奇祿教授所著《「臨時臺灣舊慣習調查會」與臺灣土著研究》之論文內容。再則因這些著作帶有濃厚政治色彩，因此其論述之客觀性也大打折扣。唯其在對於日據時代以前的臺灣即清朝時代之臺灣原住民的研究分析則有部分具有獨到的見解尚不失參考價值。

　　近鄰的日本方面近年因其媒體界與政界對於臺灣之論調有較鬆綁的傾向，在一九九○年開始至一九九七年裏，根據日本書籍販賣協會的資料統計將近有二百本的著作出版於日本本土。其中有關於臺灣原住民的研究有六冊，但是其著者幾乎都是研究機構與團體，而不是個人研究成果，因此可能具有某種特殊某種目的，且其內容大多偏向於概論論述與生活文化的研究，而非單純的學術研究著作。唯有一冊可視學術性的研究著作尚是值得注目的笠原政治所編之《日本的臺灣原住民研究文化目的》（1997）由日本風響社所出版之一書。本書雖為目錄集彙，但是卻非常方便研究者瞭解有關臺灣原住民之研究的動向。

教育政策發展概況

　　臺灣自民國三十四（1945）年回歸中華民國政府以來，政府對原

住民政策的訂定、權益的保障、傳統文化的維護、生活素質的提昇、社會福利等方面的推動，依社會經濟與民主政治的發展對於原住民的問題也有所改進。

論及戰後臺灣原住民文化教育的發展，前文亦提及國民政府於民國三十八（1949）遷台後於訂有「臺灣省教育廳改善山地教育設施三年計畫」，並於次年公布「改進山地教育實施方案」，爾後在民國五十二（1963）年擬定「山地行政改進方案」，民國五十九（1970）年又公布了「臺灣省加強山地國民教育辦法」，期望能有效提昇原住民教育水準，促使原住民得以融入臺灣整體社會。但由於經濟尚未發展困境不少，成效有限（教育部，1997，頁13）。同時，因為長期國共問題使得臺灣在政治、社會上處於極度不安定的狀態，國民基礎教育雖有顯進發展，但原住民教育與文化研究卻處在一種過渡時期而幾乎呈現膠著不展的狀態。

一九八〇年代中期以後、李總統登輝先生執政以來，臺灣內部的民主化與臺灣獨立之論調的高漲，不僅臺灣內部的種族意識與少數族群權利意識也高昇，促使教育部於民國七十七（1988）年成立「原住民教育委員會」，邀請學者專家、民意代表及教育行政人員擔任，定期開會規劃研商原住民教育加強及改進之道。（教育部，1996，頁16）。特別是八〇年代後期，臺灣權威政治的解體與高度民主自由化之下，研究原住民教育的問題亦顯得蓬勃發展。

在民國八十（1991）年起在各相關師院成立原住民教育研究中心。更使政府與學者對於原住民教育的研究更加積極。在教育政策方面，教育部於民國八十二（1993）年頒布實施「發展與改進原住民教育五年計畫大綱」，該計畫於民國八十七（1998）年結束。在檢討該計畫之成效與缺失後，隨即又訂定「發展與改進原住民教育第二期五年計畫」，作為未來五年原住民教育政策之主要依據。（洪泉湖，2000，www）。同時於民國八十五（1996）年十月一日，立法院三讀通過「行政院原住民委員會組織條例」，同年十二月十日正式成立「行政院原住

民委員會」，使原住民政策的釐訂與推展更具一致性、整體性、與前瞻性，以帶動原住民的發展。除顯現政府對原住民的重視，也企盼各項政策得以落實。並擬定四大施政目標：

1.維護原住民的尊嚴與權益。
2.提高原住民的社會競爭力。
3.傳承原住民的文化資產。
4.提昇原住民的生活品質。

四大目標均直接或間接地顯示與教育的密切關係。欲保存原住民文化、提高原住民的競爭力、改善原住民生活品質，提供良好的教育機會，使其教育水準提高是根本的辦法。原住民文化資產的傳承與保存更有賴教育功能的發揮，尤其是學前教育的紮根階段特別重要。（翁毓秀，2000，www）。

教育部並於民國八十六（1997）年發布的《中華民國原住民教育報告書》，擬定原住民的教育政策是以「維護傳統文化，適應現代生活，創新未來願景」為政策的發展方向主軸。行政院也依據教育改革推動小組第六次會議之決議，研擬教育改革行動方案（1998年5月29日），並於第九章內具體的提出強化原住民學生教育，其主要內涵歸納如表1。

民國八十七（1998）年並頒布「原住民族教育法」。如上所述，政府為發展原住民族教育，先後訂定許多原住民教育法令，以輔導原住民學生接受良好的教育。惟都屬於行政命令，導致有限教育資源無法妥善運用；或不合社會潮流的發展，以致未能兼顧原住民社會文化的特性與需求。因此，「原住民族教育法」的制定，企圖改進過去的缺失，統籌原住民族教育各項措施，有效運用教育資源來推展原住民族教育。並且確立原住民族教育的主體、實施方式及教育目標，政府應本於多元、平等、尊重之精神，來推展原住民民族教育。（教育部，1999，第一節）。爾後，教育部與行政院原住民委員會相繼提出原住民

表1 教育改革行動方案強化原住民學生教育具體內容

....

執行事項	執行內容與說明	執行期間	經費（千元）
1.建立原住民教育體系	◇制定原住民族教育法。 ◇加強輔導原住民職業教育重點學校，培育各類技職人才。 ◇加強輔導原住民重點中等學校（含完全中學），培育原住民人才。 ◇透過各級教育行政機關，選定原住民語言、文化、藝術等之重點發展學校。	1999年度至2003年度	340,000
2.改進原住民教育師資培育、任用及進修	◇訂定獎勵辦法，鼓勵師範校院及一般大學開設多元文化教育及文化人類學課程；參與原住民教學之教師須修習上述課程。 ◇鼓勵師資培育機構開設「學士後原住民教育師資儲訓班」。 ◇積極訂定具專業能力及服務熱忱之人士以技師或專業人士身份，參與原住民區域學校教育及社會教育工作之辦法。	1999年度至2003年度	206,000
3.建立原住民學生生活與教育輔導體系	◇提供公費或廣設獎助學金，鼓勵原住民就讀各級學校及出國留學。 ◇加強中途輟學原住民學生之復學輔導。 ◇輔導高中、高職設置補校，招收失學原住民青年。 ◇廣建原住民學生宿舍，健全住宿制度；並設置專任住宿生輔導員，協助輔導學生生活。	1999年度至2003年度	140,000

續表1

執行事項	執行內容與說明	執行期間	經費（千元）
4.強化原住民教育課程與教學	◇邀請學者及中小學教師編製原住民各族母語教材。 ◇選定幼稚園與國民中小學，進行母語教學實驗，並予以推廣。 ◇獎勵教師自行選編適合原住民學生之教材、教具。	1999年度至2003年度	140,000
5.提昇原住民學校教育設施水準	◇選定學校成立原住民文物陳列室。 ◇結合社區文化特色，進行原住民學校之校園規劃。 ◇增建圖書館及專科教室，協助推展原住民工藝文物之教學與創作。 ◇協助偏遠地區之原住民學校擴充設備及網路，以連接全國資訊網路。	1999年度至2003年度	267,528
6.推展原住民親職教育與社會教育	◇研訂推展原住民親職教育方案。 ◇配合原住民區域文化及社會特性，研擬有效的社會教育活動課程。	1999年度至2003年度	310,000

資料來源：教育部《教育改革行動方案》

教育之重大計畫有下列二項，教育部提出「發展與改進原住民教育第二期五年計畫」，行政院原住民委員會提出「原住民族文化振興發展六年計畫」。（教育部，1999，第二節）。

整體而言，臺灣隨著民主社會的變遷與發展，對於原住民的文化應給以保存與發揚，讓全民共享其文化之認知，已受到更多的尊重與認同，對於原住民的文化的價值也受到肯定。但是，如果與漢人的教育情況相比，臺灣原住民的教育無疑是比較落後的，這不但是受地理環境、交通狀況等天然因素的影響，而且也被族群文化、教育資源等人為因素所制約。（洪泉湖，2000，www）。因此，各界仍需以更積極的行動尊重及接納少數民族，助其發展多采多姿的文化。

原住民教育、文化相關法規及獎勵計畫

政府也明確的瞭解，如要在短期之間，解決原住民之問題，必須結合政府與民間團體共同規劃，同時由各方面加強推動，協同學者專家及民間團體從事原住民文化之研究調查、發掘原住民藝術人才、策劃籌辦原住民藝術季活動、協助原住民母語之保存。但是，透過學校的教育，有系統的發掘培訓原住民領導人才與宣導重視原住民文化的維護與發展，應是最有效的方法之一。

其實近年來在學校教育政策方面相繼提出相關計畫歸納如**表2**。

前文提及「行政院原住民委員會」所想訂定保存原住民文化、提高原住民的競爭力、改善原住民生活品質，提供良好的教育機會之四大施政目標均直接或間接與教育的密切關係。亦即是欲藉教育水準的提高及教育功能的發揮，使原住民文化得以傳承與保存。（翁毓秀，2000，www）。即使如此，由於原住民族群傳統居住地區多屬偏遠，文化及教育資源缺乏，加以學校教育未能針對原住民文化特性規劃設計，使原住民在學習適應上發生困難，其學習成就、教育發展與一般

表2 獎勵原住民教育、文化相關法規及計畫
....

實施日期	法規名稱	內容要旨、目的	單位
1969年10月28日府教4字第66291號令 1980年3月1日府教4字第28319號令修正	臺灣省山地國民教育辦法	發展山地國民教育，提高山地國民教育水準。	臺灣省政府
1992年6月23日台81教字第21635號函	發展與改進（山胞）原住民教育五年計畫		行政院
1994年11月16日台（83）社字第061888號函修訂	教育部補助民間團體辦理原住民社會教育實施要點	鼓勵並結合民間團體配合政府原住民教育施政重點，共同推展原住民社會教育，以保存並發揚原住民固有優良文化增進原住民適應現代生活之能力。	教育部
1995年3月21日（78）府民原字第147718號函修正	臺灣省原住民專業人才獎勵要點	獎勵原住民專業人才，貢獻國家社會，特訂定本要點。	台灣省政府
1995年7月5日教育部台（84）參字第031206號令修正名稱發布	臺灣地區原住民族籍學生升學優待辦法	優待臺灣地區原住民族籍學生升學高級中等以上學校，特訂定本辦法。	教育部

續表2

實施日期	法規名稱	內容要旨、目的	單位
1996年9月13日85府教三字第164100號	臺灣省公私立高級中等學校原住民族籍學生助學金設置要點	獎勵原住民族籍學生升學公私立高級中等學校就讀，特訂定本要點。	臺灣省政府
1996年9月13日台（85）社一字第85512389號函修正	獎勵及補助原住民成人教育活動實施要點	充實原住民基本生活知能，提高教育程度。增進原住民工作及生活知能，提昇生活素。	教育部
1997年3月14日86教三字第04245號	臺灣省國民中學原住民學生甄選保送就讀職業學校試辦要點	爲獎勵國民中學綜合表現、一般學科及藝能學科成績優良原住民學生，就讀高級職業學校及高級中學附設職業類科（以下簡稱高中職校），以發展其特殊才能，特訂本要點。	臺灣省
1997年7月17日台86原民教字第860376號頒發	行政院原住民委員會獎勵原住民學生就讀大專校院獎、助學金設置要點	獎助就讀大專校院學行兼優或具特殊才藝表現或自願工讀及低收入戶原住民學生。	行政院原住民委員會
	國民中小學原住民學生八十七學年度獎學金設置要點	爲鼓勵原住民學生奮發進取、安心就學並培育其德、智、體、群、美五育之均衡發展。	行政院原住民委員會

續表2

....

實施日期	法規名稱	內容要旨、目的	單位
	培育原住民專門人才獎勵要點及獎助原住民學生就讀大專校院實施要點	為獎勵原住民傑出專門人才、貢獻國家社會,特訂定本要點。	行政院原住民委員會
	獎助原住民學生就讀大專校院實施要點	為獎助就讀大專校院學行兼優或具特殊才藝表現或自願工讀及低收入戶原住民學生,特訂定本要點。	行政院原住民委員會
1997年10月22日台(86)研字第86122927號函	獎勵原住民教育及語言研究著作實施要點	鼓勵教育人員、學者、專家、民間研究者、研究生,積極從事原住民教育、語言及文化研究著述,以保存並發揚原住民文化,提昇原住民教育品質。	教育部
1997年度基層訪視原住民行政分區座談會綜合建議	原住民族文化振興發展六年計畫	在培育原住民發展能力上,要提昇原住民的教育品質,培養原住民人才。	行政院原住民委員會
1998年5月29日	教育改革行動方案(第九章)	強化原住民學生教育主要內涵。	行政院
1998年6月17日總統(87)華總(一)義字第8700121270號制定公布	原住民族教育法	為保障原住民之民族教育權,提昇原住民之民族教育文化,特制定本法。	

續表2

實施日期	法規名稱	內容要旨、目的	單位
1999年9月1日台（88）參字第88107008號台（88）原民教字第8816469號	原住民族教育法施行細則	為保障原住民之民族教育權，指保障原住民享有之一般教育權利，及民族文化發展之教育權利。	
1998年7月23日行政院第2568次會議通過	原住民族發展方案	健全原住民族教育制度，推展民族教育，全面提高教育品質。 維護原住民族文化資產，推動民族藝術，促進文化交流與發展。	

社會相比，有一段差距，影響原住民社會向上流動，因此，原住民教育政策與措施有待進一步深入檢討並改進。

有鑑於此，前文述及行政院在教育改革行動方案（1998年5月29日）中具體的提出強化原住民學生教育外，再依據憲法有關教育文化之規定及機會均等之教育理想，推展原住民族教育，普及原住民教育水準，於中華民國八十七（1998）年七月二十三日第2568次會議通過原住民族發展方案，依據民族平等，互助共榮的理念擬定二期八年長程計畫（第一期：自1998年7月1日起至2002年6月30日止；第二期：自2002年7月1日起至2006年6月30日止）。此方案即以尊重文化差異，發展多元教育型態；結合社區資源，開啟發展生機；珍惜固有文化，建立自我認同；確立符號系統，傳承語言文化；運用多元媒體，促進族群融合之理念，研訂發展與改進教育文化之可行途徑包括立即採行措

施十五項（如表3），以期健全原住民教育文化制度，充實教育文化內涵，活絡教育文化活動，以提昇原住民族教育水準並促進文化發展。（行政院，2000，www）。

教育是每個人未來發展希望，對原住民族而言，也是關係原住民族文化興衰的主要關鍵，透過適當的教育是認同我族文化最有效之方法之一。

行政院原住民委員會在「原住民族文化振興發展六年計畫」中也很具體的提及今日臺灣原住民文化發展的困境的原由如下諸點，可視為一般性的共同認知：

1.**缺少優秀蒐集與教學人才**：原住民族文化的振興與發展工作，最重要的不在形式本身，而在展現人的精神，而一般教學或技術傳承又需要長時間的學習，訓練尤其需要不同專業人才配合，人才培育更難。

2.**原住民參與意願不高**：原住民族文化保存與發揚，有賴原住民的共同參與。由於以往對原住民文化推動，單從推動零散之活動著手，使得興趣愈形失色，對於原住民歷史文化、原住民母語學習、傳統音樂、舞蹈及工藝訓練，無法獲得正面認識與評價影響原住民參與意願。

3.**缺乏文物館的設施**：原住民的學習中心、蒐集資料中心、傳統工藝展售（示）中心及教學場所缺少，使原住民缺乏精神標竿，無法提供原住民社會自己族群文化內涵精髓之設施，值得深思。

4.**原住民家庭經濟能力差**：原住民家庭多從事勞動工作，收入平均額較低。教無經濟能力讓其子女於接受放學前後之輔導或補習教育。

5.**原住民的家庭教育與社會教育內容與現代學校內容的乖離**：青少年學生、學童放學返家得不到應有的照顧，不但讀書環境差，亦缺乏資訊新知的獲得。

6.**學前教育與校後輔導教育的缺乏**：私人興設幼稚園缺乏誘因，而社區托兒所亦因鄉鎮公所財政困絀，設備簡陋，對學前教育學習有

表3 原住民族發展方案有關教育文化的要旨
....

政策方針	實施要領	預期目標與時程	（協辦）機關	備註
1.提昇原住民中小學教育品質	（1）改進原住民教育師資培育、任用與進修。 （2）建立原住民學生生活與教育輔導體系。 （3）加強原住民教育課程與教學。 （4）提昇原住民學校教育設施水準。 （5）提高原住民學校教師與學生福利。 （6）激勵原住民地區學校師生教學成就動機與表現。 （7）設置原住民完全中學。	＊加強原住民中小學教育，提高就學率、升學率與教育品質。 ＊賡續教育部「發展與改進原住民教育第一期五年計畫」，第二期自八十七年七月起逐項推動實施。	教育部、行政院原民會、省市政府	＊已列入教育部發展與改進原住民教育第二期五年計畫辦理。
2.擴增原住民就讀高等教育機會	（1）增加原住民就讀大專院校之管道。 （2）協調大專院校設立原住民民族學系所或設立大學。 （3）充實並提高原住民大專及研究所原住民學生獎助學金。 （4）提供原住民公費留學名額。 （5）獎助原住民自費留學生並辦理助學貸款。 （6）積極輔導原住民學生參加大專院校、研究所及留學考試。	＊增加原住民就讀高等教育之機會，培育社會發展所需的原住民高級學術及專業人才。 ＊每年提供大專院校原住民學生獎學金200名，助學金300名。 ＊每年提供原住民公費留學生名額五名。 ＊自八十七年七月起逐項推動實施。	教育部、行政院原民會（省市政府） 教育部、行政院原民會、省市政府	＊行政院原民會已訂有「原住民學生就讀大專院校獎助 ＊教育部「發展與改進原住民教育第一期五年計畫」列有每年三名公費留學生名額；行政院原民會自八十六年起，每年提供二名公費留學生名額。 ＊教育部「發展與改進原住民教育第一期五年計畫」列有每年三名公費留學生名額；行政院原民會自八十六年起，每年提供二名公費留學生名額。

政策方針	實施要領	預期目標與時程	（協辦）機關	備註
3.推展原住民社會教育及家庭教育	(1) 培育並充實原住民成人教育及親職教育工作者。 (2) 結合社會資源設立原住民地區社區學苑或部落教室。 (3) 運用傳播媒體及資訊網路推展原住民社會教育及家庭教育。 (4) 獎助民間團體推展原住民社會教育與家庭教育。 (5) 加強原住民社會教育及家庭教育研究及出版。	＊每年培訓成人教育及社會教育人員至少50名。 ＊於原住民地區逐年辦理社區學苑或部落教室至少三十處。 ＊賡續教育部「發展與改進原住民教育第一期五年計畫」，第二期自八十七年七月起逐項推動實施。	行政院原民會教育部、省市政府	配合教育部「發展與改進原住民教育第二期五年計畫」辦理。
4.辦理原住民族學苑推廣教育	(1) 規劃籌設原住民民族學苑體制。 ◎設民族學苑教育行政中心：統籌規劃、協調、審議、推展、評估及研究推廣教育工作。 ◎普設民族學苑校區：結合文教機關、學校、團體等分區辦理原住民推廣教育。 (2) 規劃設計原住民族推廣教育課程。 (3) 從事南島民族文化之研究與出版。 (4) 辦理原住民民族學苑績效評鑑。	＊設立民族學苑充分提供原住民教育機會，以建立終身學習制度。 ＊預計每年參與推廣教育人數為三百人。 ＊自八十七年七月起逐項推動實施。	行政院原民會（教育部、省市政府）	＊行政院原民會已於八十七年度委託國立東華大學研究規劃籌設原住民民族學苑。 ＊原住民民族學苑推廣。

續表3

政策方針	實施要領	預期目標與時程	（協辦）機關	備註
5.推動原住民體育活動	(1) 改善原住民地區學校及社區運動場地設備。 (2) 鼓勵各級學校推廣適合原住民學生培訓並具特色之運動項目。 (3) 蒐集、保存、研發並推廣原住民傳統體育活動。 (4) 訂定獎勵辦法，獎勵原住民傑出運動人才及優秀教練。 (5) 定期辦理全國性原住民體育競技活動。	＊充實原住民地區運動設施，推廣原住民體育活動，培育並獎勵傑出體育人才。 ＊自八十七年七月起逐項推動實施。 ＊每年辦理原住民學生研習，參加學生預計一百名。 ＊每年辦理原住民學生國際交流，預定每年遴派二十名參加。	行政院體委會、省市政府	＊自八十七年七月起逐項推動實施。
6.促進原住民青少年學生文化成長	(1) 輔導社區設立原住民青少年學生文化成長班。 (2) 培訓原住民青少年學生文化成長班輔導師資。 (3) 推動民間及大專學生社團植根式文化服務。 (4) 辦理都市原住民青少年輔導及文化活動。 (5) 擴大辦理國中小原住民學生城鄉交流活動。	＊實施要項（1）至（4）項已列入行政院原民會「原住民族文化振興發展六年計畫」規劃辦理。 ＊結合社會資源，輔導原住民社區成立三十個原住民青少年學生文化成長班，建構文化成長支持網路。	行政院原民會、教育部	＊自八十七年七月起逐項推動實施。

續表3

政策方針	實施要領	預期目標與時程	(協辦)機關	備註
		＊每年辦理輔導師資培訓班二梯次，每年培訓六十人。 ＊每年辦理原住民學生城鄉交流活動三梯次，參加學生預計二百名。		
7.推動原住民教育之研究及學術交流	(1) 獎助原住民教育研究及出版。 (2) 推動原住民教育研究及學術交流。 (3) 辦理原住民學生教育與文化研習。 (4) 辦理原住民學生國際交流。	＊加強推動原住民教育研究與學術交流，提高原住民教育學術水準。	教育部、行政院原民會（省市政府）	＊第（1）（2）項已列入教育部「發展與改進原住民教育第二期五年計畫」辦理。
8.辦理原住民教育文化傳播媒體工作	(1) 委託製播原住民廣播電視節目。 (2) 輔導公共電視製播原住民節目。 (3) 培育原住民傳播媒體專門人才。 (4) 獎勵原住民教育文化傳播媒體事業。	＊委託製播原住民母語廣播電視節目，每年至少十五個節目。 ＊每年辦理原住民廣播節目人員研習二次，計六十人。 ＊自八十七年七月起逐項推動實施。	行政院新聞局、行政院原民會（省市政府）	第（1）（3）項已列入行政院原民會「原住民族文化振興與發展六年計畫」辦理。

續表3

政策方針	實施要領	預期目標與時程	(協辦)機關	備註
9.振興原住民族語言	(1) 建立原住民各族語言符號系統。 (2) 編纂原住民各族語言辭典。 (3) 編輯原住民各族語言教材。 (4) 培訓原住民各族語言師資。 (5) 製作原住民各族語言教學視聽媒體。 (6) 辦理原住民族語言觀摩、研討及競賽。 (7) 維護原住民族語言生態。 (8) 獎助機關、團體及個人推廣原住民族語言工作。 (9) 辦理原住民各項語言調查、研究及出版。	＊八十八年度內完成建立原住民各族語言符號系統。 ＊八十九至九十年度陸續完成編纂各族辭典並出版。 ＊八十九至九十二年度陸續完成編輯各族語言教材並出版。 ＊自八十七年七月逐項推動實施。	行政院原民會（教育部、省市政府）	＊已列入行政院原民會「原住民族文化振興發展六年計畫」辦理。
10.原住民族部落歷史重建	(1) 辦理原住民族部落歷史與社會制度之研究。 (2) 辦理傳統故事與人物記述。 (3) 辦理原住民族遺址調查研究與古蹟維護。 (4) 整理與出版原住民族歷史文獻。	＊委託研究原住民各族群歷史文化、制度及辦理遺址調查、族譜整理。 ＊培育原住民族部落文史研究及文化工作者，預計培訓一百名。	行政院原民會、行政院文建會、內政部（省市政府）	＊已列入行政院原民會「原住民族文化振興發展六年計畫」辦理。

政策方針	實施要領	預期目標與時程	（協辦）機關	備註
	（5）培育從事原住民族部落文史研究及文化工作者。 （6）辦理原住民各族族譜調查與整理。	*自八十七年七月起逐項推動實施。		
11.原住民族藝術保存與傳承	（1）委託規劃原住民族傳統樂舞及工藝研究與出版。 （2）培育原住民族傳統樂舞及傳統工藝師資訓練。 （3）扶植原住民族藝術團隊及培育原住民族文化人才。 （4）推展原住民族傳統樂舞及工藝巡迴表演與展覽活動。 （5）製作原住民族傳統樂舞及工藝之影音文字記錄。 （6）充實原住民文化園區及原住民技藝研習中心設施，並輔導辦理各項活動。 （7）建立原住民族藝師制度。	*研究出版原住民各族群傳統歌謠、舞蹈與工藝叢書。 *每年扶植各族原住民族藝術團隊。 *自八十七年七月起逐項推動實施。	行政院原民會、省市政府（教育部、內政部、行政院文建會）	*已列入行政院原民會「原住民族文化振興發展六年計畫」辦理。
12.原住民族文物保存	（1）補助地方政府設立區域性原住民族文化館設施（備）。 （2）維護並充實現有原住民文物館（室）軟硬體設施。	*補助地方政府興設原住民族文物館五處。 *每年預計補助現有原住民族文物館（室）軟、硬體設施。	行政院原民會、省市政府（內政部）	*已列入行政院原民會原住民族文化振興發展六年計畫辦理。

政策方針	實施要領	預期目標與時程	（協辦）機關	備註
	（3）辦理原住民族文物保存人員培訓及研討。 （4）建立原住民文物保存導覽系統。 （5）獎勵公私立機構或團體辦理文物保存工作。	＊辦理原住民族文物保存及管理人員培訓，預計培訓150人。 ＊自八十七年七月起逐項推動實施。		
13.推展原住民族民俗文化活動	（1）輔導推動各族群原住民各族歲時祭儀及生命禮儀。 （2）獎助辦理原住民族民俗文化暨體育競技活動。 （3）辦理原住民族民俗文化觀摩與研習。 （4）定期辦理原住民族民俗藝術傳統與創新表演。	＊每年預計補助約200件原住民民間團體、機關學校辦理民俗文化活動。 ＊自八十七年七月起逐項推動實施。	行政院原民會、省市政府（行政院文建會、內政部、行政院體委會）	
14.促進原住民族文化交流	（1）遴選績優原住民族演藝團隊，參加國際原住民族文化交流。 （2）獎勵原住民族民間團體與大陸地區少數民族文化交流。 （3）舉辦國際原住民族學術及文化交流。	＊每年遴選五個績優團隊，參加國際文化交流。 ＊每年補助約十個團隊前往大陸與國際少數民族文化交流。 ＊自八十七年七月起逐項推動實施。	行政院原民會、省市政府（外交部、行政院文建會、行政院陸委會）	

政策方針	實施要領	預期目標與時程	(協辦)機關	備註
15.增進原住民族文化研究與發展	(1) 編纂原住民族文化叢書。 (2) 編譯出版原住民族文化書籍圖冊。 (3) 蒐集原住民族文化書冊。 (4) 獎助原住民族研究翻譯及出版。 (5) 設置原住民族文化藝術創作獎。 (6) 獎助原住民基層文化團體。	*完成原住民族各族群蒐集、編纂原住民族文化書籍。 *每年辦理原住民族文化藝術創作頒獎活動。 *自八十七年七月起逐項推動實施。	行政院原民會（行政院文建會、教育部、省市政府）	教育工作已列入行政院原民會「原住民族文化振興發展六年計畫」辦理。

資料來源：行政院《教育改革行動方案》

限。都會地區常見的安親班、課輔班，在山地鄉鎮則寥寥無幾。

　　以上諸點確實普遍的存在於原住民族群。但是，不可否認的是也普遍的存在於早期的臺灣社會之一般家庭。如同今日開發中之國家的一般家庭所面臨的問題。所以，近年來政府雖然在積極規劃法規上的保護性學習與成長的輔導計畫，提供必須之經費、場地、人力與教材、期能確實提昇原住民學童學習成就，培養其競爭力。（行政院原住民委員會，2000，www）。但是，實際上加強原住民教育迄今，振興原住民文化仍面臨許多困境，成效有限。（行政院原住民委員會編印，1998，頁2）。因此，有必要重新檢證其根本問題的原因爲何。

結語

　　綜上所述、今日論及有關臺灣原住民之研究主體,主要包括有:
日本學術界、大陸政府機構與其學術界、與我國政府機構與學術界。
此外還有少數歐美學者。其研究時代則可大致分為一八九五年以前的
臺灣即是清朝治下的臺灣時代,與一八九五年以後日據時代的臺灣及
一九四五年光復後之臺灣三個時代。

　　其研究的內容則以社會學、人類文化學、與行為科學為主。而對
於有關以教育史學之視點來研究臺灣原住民的教育問題,綜觀戰前
(光復前)與戰後(光復後)初期為數並不多,且以日本人用日文所纂
著為主。在研究原住民的教育問題時幾乎是著重於政策性的探討,或
者是附屬在研究臺灣教育問題上的一部分。但是在光復後為數不多的
著作之中,以我國留日學者李園會教授的大作《日本統治下之臺灣初
等教育的研究上、下》,雖然也是日文版本,但是是值得注目的嘔心瀝
血之作。該書參考文獻與資料豐富,包括當時官公廳所(官方)刊行
的資料,如負責臺灣全島事務的臺灣總督府之重要資料《臺灣總督府
官報》、《民政事務成績提要》、《臺灣總督府學事年報》,負責理番事
務的警察本署之重要資料《理番誌稿》等。此外、關於臺灣近代教育
研究的重要著作,臺灣總督府所編著《臺灣教育誌原稿》,臺灣教育會
之《臺灣教育沿革誌》,吉野秀公所著的《臺灣教育史》,臺灣總督府
警務局所編著的《番人教育概況》,日本文部省編著的《明治以降教育
制度發達史11卷》等。此外還有雜誌新聞、歷史傳記等。幾乎網羅當
時重要的文獻與著作。

　　前言所及在八〇年代後期,臺灣權威政治的解體與高度民主自由
化之下,研究原住民教育的問題亦顯得蓬勃發展。在一九九一年起在
各相關師院成立原住民教育研究中心。更使政府與學者對於原住民教
育的研究更加積極。在教育政策方面,教育部於民國八十六年發布的

《中華民國原住民教育報告書》，擬定原住民的教育政策是以「維護傳統文化，適應現代生活，創新未來願景」爲政策的發展方向主軸。民國八十七年並頒布「原住民族教育法」。並且教育部與行政院原住民委員會相繼提出原住民教育之重大計畫有下列二項，教育部提出「發展與改進原住民教育第二期五年計畫」，行政院原住民委員會提出「原住民族文化振興發展六年計畫」。（教育部，1999，第二節）。在學術界方面亦從各個研究角度如社會階級再製、多元文化、教育內容適應等等視點論及，使我國在原住民教育的發展即將眞正的進入新的時期。

此外如上所述，政府近年來爲發展原住民族教育水準與文化，如果僅限於所頒訂定的法規與計畫來看，可說是相當的充分。所以就其根本改善方法，法規形式上保護固然重要，更重要的是自我內部意識的覺醒。因爲只有自立自強，才可創出堅實的開拓我族文化。

至於具體的方案，則需集學界各領域研究專家與地方知識份子及各族精英份子，共同努力思考。

參考文獻

中文部分

劉大年、莊嘉農等編著（1971），《臺灣問題重要文獻資料集》。人民出版社；日本：龍溪學舍。

李園會（1981），《日本統治下之臺灣初等教育的研究上、下》。瑞和堂。

陳奇祿（1984），《民族與文化》。台北：黎民。

施聯朱、許良國主編（1987），《臺灣民族歷史與文化》。中央民族學院。

陳奇祿（1992），《臺灣土著文化研究》。台北：聯經。

張崇根（1992年），《臺灣歷史與高山族文化》。青海人民出版社。

文建會（1996），《臺灣原住民文化藝術傳承與發展》。台北：行政院。

教育部編（1996），《原住民教育發展簡報》。台北：教育部。

教育部編（1997），《中華民國原住民教育報告書》。台北：教育部。

行政院原住民委員會編印（1998），《原住民教育與文化政策規劃之研究》。台北：行政院。

網路部分

教育部編（1999）。《中華民國教育年報》。

（http://www.nmh.gov.tw/edu/basis1/694/index.htm，2000/8/20）。

洪泉湖。《臺灣原住民的教育問題與政策》。

（http://www.kmtdpr.org.tw/4/58-3.htm，2000/8/20）。

翁毓秀。《二十一世紀臺灣地區原住民學前教育的未來與展望》。

（http://www.kmtdpr.org.tw/4/58-2.htm，2000/8/20）。

文建會。《臺灣原住民文化園區》。（http://www.tacp.gov.tw，2000/8/20）。

行政院。《教育改革行動方案》。

（http://www.ey.gov.tw/planning/pw870723-2.htm，2000/8/23）。

行政院原住民委員會。《原住民族文化振興發展六年計畫》。

（http://www.apc.gov.tw/apc04/0401-008.html，2000/8/23）。

18.社會變遷對社會科教學方法的影響

台東師範學院實驗國民小學

教育主任 吳銘順

前言

　　如同生物成長進化，社會並非靜止不動，而是會隨著時空的改變，受到內在或外在的各種因素的衝擊，在整體社會結構、科技知識以及人際互動與個人態度等領域，以漸進或激進的形式，促使傳統社會邁向合理化的現代化社會——這樣的發展過程是為「社會變遷」（葉至誠，1997）。人類發展的軌跡係不斷在追求更美好的生活，由於不斷發揮解決問題的創造力，促使人類社會持續的變遷。

　　近四十年來，臺灣地區所經驗到的變遷是多廣泛的，且迅速的。除了經濟上「臺灣經驗」的輝煌成就，政治、社會、教育、文化發展等方面也都面臨了鉅大的衝擊：解嚴、思想開放、言論自由、全民健保、老人年金、教育改革、本土文化紮根…這些變遷隨著資訊科技之進步與傳播媒體之開放流通，直接影響著民眾的生活。

　　社會變遷導致教育改革，教育改革帶動了社會變遷。臺灣經濟快速發展的奇蹟，主因政府致力於教育的普及與高級人才的培育。然而，受傳統「萬般皆下品，唯有讀書高」觀念與行政單位「學歷和文憑資格」的用人制度的影響，使得臺灣教育走上側重升學主義及形式主義之途。當今走向二十一世紀，迎向「後工業社會」之際，科技發展日新月異，資訊及知識不斷暴增；我們所知道，已遠遠落後於我們必須知道的是事物與變化（美國社會學科研究會，1989）。面對這樣的沉痾與新局變，臺灣教育勢必循改革之路，培養能因應大未來的社會變遷與挑戰的二十一世紀國民。

　　由於國家威權體制解除、民主政治快速發展、經濟高度成長、社會急遽開放自由等社會變遷，以及「人性化、生涯化、多元化、國際化、資訊化」的社會趨勢動向，促成了教育改革：重視國小教育，促進五育均衡發展、均衡城鄉教育發展、落實正常化教學、強化生活與道德教育；又因人本主義、認知心理學派、建構主義等教育思潮，課

程與教學依著「以兒童學習爲中心」的原則改進。

社會科是國民小學課程中的主要科目之一，主要是「教導兒童熟悉社會科學的知識架構（內容）和探究方法（過程），澄清價值，以作理性的決定，並依據這種決定採取行動。兒童在此過程中所獲得的經驗的總和就是社會科。」（歐用生，1991）；其主要任務是培養「具有思考、批判的能力，以適應多元化的社會，並能發展積極人生觀，且能付諸行動，成爲一個現代化的國民」的兒童（陳美芬，1994）。處在新舊世紀交替的此時此刻，國小社會科課程應如何革新，發揮其功能呢？

社會科課程的革新

社會課程標準是社會科教學的主要依據。從臺灣光復迄今，國民小學課程標準共修訂七次；各科課程中，以社會科的變革幅度最大。以往的舊課程標準是典型的「國家目的」導向，總目標所呈現的「國家主義」和「民族主義」意識型態甚深，教材選自歷史、地理、公民等知識範圍，使得社會科教學一向以教科書爲中心，偏重在知識的傳授；教師上課的主要方法爲「課文講述法」和被動的「練習教學法」，並以強記的方式測驗兒童的學習效果；學生僅能達成認知目標，至於情意目標或技能目標就很難達成（李伯佳）。這樣的教學，使兒童完全處於被動的地位，無法養成主動參與的學習態度，發展其應有的推理、創造、判斷與思考的能力，以及正確的價值觀和行爲規範（陳青青，1990）。

此次課程標準修訂，就社會科總目標來看：

1.培養兒童適切的自我概念，建立和諧的群己關係，好的生活習慣，已發展健全的人格。

2.輔導兒童瞭解其生活環境及本國歷史、地理和文化，以培養其愛鄉土、愛國家、愛社會、愛國家的情操。

3.輔導兒童瞭解世界大勢，擴充其視野和胸襟，以培養平等、互助、合作的世界觀。

4.培養兒童批判思考價值判斷及解決問題的能力，以奠定適應民主社會生活的基礎，並發展積極的人生觀。（教育部，1993）兼容並蓄各種社會科任務，加強生活教育、民主法治教育、公民教育、鄉土教育、世界觀教育等等理念，並能強化學生獨立思考判斷與解決問題的能力（李伯佳），這與美國一九七○～一九八○年代社會科發展動向的教育理念：「重視作決定與價值判斷，養成解決問題、積極參與社會所需的知能」不謀而合。

　　人文及社會學科教育指導委員會所擬定的未來小學社會科教育目標，界定在「歷史、地理、政治、經濟、社會、心理、文化人類」等七類社會科學，歸納「差異、價值、傳統、變遷、因果關係、相互依賴、合作、衝突、權力、社會控制、平衡和適應」十二種社會科學最重要概念作為組織教材的基礎。社會科新課程教材以此為藍本，從各學科中選擇適合國小兒童學習的共六十三個通則，歸納於主要概念裡；這樣的歸納，增加了「科技整合」的空間。而兼顧「符合性、經濟性、統整性、程序性、連續性」等原則的教材組織，使得社會科新課程各單元在生活領域的分布上，具有螺旋累進的特色。採用通則的形式來組織教材，改變了以往著重零碎散亂的知識記憶教學，使知識內容的學習能連結成為互有關係的系統架構，讓知識內容的學習由「點」（事實）而連結成「線」（概念），進而連結成「面」（通則）。當學生能將繁瑣的知識內容以點、線、面的形式主動加以連結時，即是知識建構的表現形式。然而，在兒童知識建構的學習過程中，教師應如何設計教學活動，讓兒童學習連結、架構這些知識內容的方法呢？

　　為達成社會科新課程的總目標與詮釋課程組織的精神，並將課程

的理念落實在日常生活世界裡，需要教師從傳統的傳遞知識的「教書者」角色轉變成「教學者」，以平等開放的態度在兒童學習的立場去構思自己的教學歷程，並將兒童視爲獨特的個體，進而選擇最適合的切入點去引導兒童。教師是師生共同演出的場所，教師不再是唯一的主角（范信賢，1997）。

兒童與教師在教學活動過程互動學習，教學活動必須根據學科內容及教學目標，來選擇安排教與學的活動，以達到最高的學習成效。然而，不同領域的目標，必須由不同的教學方法來達成；又不同的教學法，有其不同的理論背景和進行方式。如何安排適當的教學方法和活動，是教師的重要課題。

「教學方法」是指有完整步驟的教學模式，其中包含了數個不同的教學活動。「教學活動」則是指尚未發展成教學模式的單一教學活動，若無適當的教學方法可用時，則將教學活動依「準備、發展、綜合」三階段，做有系統、有組織的安排。

社會科新課程常用的教學方法有：練習教學法、讀圖教學、角色扮演、問思教學法、年表教學、討論教學法與分組學習等（秦葆琦，1997）；常用的教學活動則包括：報告與發表、問答與討論、歸類與分類、演練和表演、統整和歸納、歸納和欣賞、說明與講述、資料蒐集、整理資料、參觀、遊戲等。

綜合言之，受到近年來逐漸形成的激發創造思考、培養公民意識、孕育世界觀、追求真理思變價值、統整各學科概念、促進自我與文化發展的「全人」和「人本」教育意識，社會科新課程的革新從總目標來看，是愼重考慮二十一世紀公民的需求，並充分把握社會科的任務；課程組織上，發展出統整性的社會科；兒童從生活事實整理出通則以爲解決問題時思考與判斷的依據，並運用通則去統整各科的知識架構；教學方法更是引導兒童「以社會科學的方法學習社會科」。整個社會科新課程非常具有前瞻性。

社會科新課程的教學活動

秦葆琦（1997）在《國民小學社會科新課程概說》一書中，對社會科新課程主要的教學方法與教學活動做了介紹。

主要教學方法

1.練習教學法

練習教學法是以反覆不斷的練習，使某些技能、經驗或特定內容的學習，達到正確或純熟的反應或結果的教學方法。這種練習是有目的，包含了思考、理解、認識和統整的活動，其主要功能包括：養成習慣、熟練技能和強固聯想。但在社會科中，主要是運用於達成「良好的生活習慣」和「熟練技能」的情意和技能目標（秦葆琦，1997）。

社會科的練習教學法，步驟為：

引起動機：運用說故事、報告、發表、觀察圖片等教學活動來引起兒童的學習動機。

探討重點：透過問答或討論教學活動，讓兒童思考、理解、認識和注意，以針對主題來探討其重點。

教師示範：教師配合口頭說明做正確的示範，讓兒童仔細觀察，以為模仿的根據。

指導練習：當兒童瞭解正確的行為、態度或技能之後，就可以讓兒童嘗試練習。

2.讀圖教學

使用閱讀地圖、地球儀和圖表的這項技能，有助於兒童認識生活環境及本理、世界大勢。這是社會科的基本技能之一，這項技能包含了八項能力：以符號代表實物、觀察生活中的景物及功能、找出地方

的位置、理解和表達相關位置、解釋地圖上的符號—圖例、發展基本的相關大小和尺度觀念、認讀方向、瞭解地球儀式地球表面最正確的代表。教師可以透過適當的教具和活動步驟，利用技巧的發問和操作來增進兒童的讀圖能力。

讀圖教學的步驟為：觀察、說明、練習、統整。

3.角色扮演

角色扮演是在一個設計的情境中，自然的扮演某個人，透過模擬技巧，可以藉扮演的情境，幫助個人對其本身的動機和關係，做進一步的洞察；它可以讓兒童在自由的氣氛下充分表達出真正的感情，也可以擴展兒童對各種角色的認識，並學習以彈性的態度，來面對多變的社會環境；而藉著安全氣氛的建立，以及同儕的支持鼓勵，可提供兒童嘗試各種正負向角色的機會，學會以他人的角度來瞭解人際間的問題；活動中，教師以引導和催化的身份，取代傳統教學的權威角色，使兒童在更多的參與互動下，獲得更深的體驗、達成更加的學習效果。

角色扮演多用於情意目標的達成，活動步驟為：

討論情境：引導兒童瞭解情境的重點，並探討情境中人物的感覺、想法和處理問題的方式和後果。

預演：由兒童表演情境中人物可能有的情緒、行為。

解說表演者與觀眾的責任：使兒童明白每個情境角色的地位，觀眾則需注意演出過程中發生的每一件事。

角色扮演：表演過程中隨時提醒兒童重點的表現，表演後給予表演者及觀眾適度的勉勵。

討論表演情形：引導兒童迴響表演過程，並探討情境人物的想法、情緒及行為反應的適當性。

角色扮演單獨使用外，也可以用在「解決問題教學法」的「練習」

之步驟中。

4.年表教學

年表是呈現歷史事實的一種方式，透過年表教學可以認識本國歷史。年表的運用，有單一年表和對照年表的學習方式。教學步驟如下：

（1）觀察年表的要素：朝代和時間。
（2）說明：朝代與時間的意義。
（3）練習。
（4）統整：年表對學習歷史的功用。

5.問思教學法

問思教學法有助於兒童學習興趣、思考及判斷能力的培養，可達成社會科新課程總目標中，強調培養兒童批判思考、價值判斷等能力的目標。此外，由六大學科的通則架構而成的新課程教材內容，問思教學法在引導兒童瞭解通則，有其效果。

問思教學法的教學模式（陳青青，1990）：

引起動機：課前準備並根據教材內容擬定一個統念。
分析概念：主要是引導兒童正確瞭解教材中的一些重要概念。

（1）列舉事實（或次要概念）：根據有關的各項資料，列舉出事實。
（2）討論分類：從列舉的事實中找出有關的項目，加以分類。
（3）確定名稱：將分類後的概念訂定名稱。

歸納統念：主要是訓練兒童發展分析與歸納的思考能力。

（1）整理資料：先討論，再將有關主要概念的資料填寫在設計好

的資料儲備表中。

（2）分析資料：引導兒童找出概念之間的關係。

（3）提出假說：引導兒童對概念之間的關係，自行歸納出統念來。

證明及應用：輔導兒童應用演繹的方法來證明所得的統念。

（1）驗證假說：就所提出來的假說，加以測驗及證明。

（2）應用統念：將經過驗證的統念，適當的應用到其他情境中。

價值判斷及選擇：啓發兒童的思考，對教師所提出的問題，加以判斷、評價與選擇，並能夠應用內在或外在的標準來支持自己的立場。

6.討論教學法

討論教學法是在主持人的引導下，透過某些技巧，共同來討論問題；討論法應用於教學，有「熟悉教材、改變態度、解決問題」的認知功能，和「激發學習興趣、增進團體向心力、促進團體自我瞭解」的情意方面之功能（吳英長，1990）。

討論教學法的教學流程—— 以阮惠珍論文中實驗組的操作定義爲例，這是一個以教師爲主持人的討論法（吳英長，1990）。

（1）引起動機：談論個人體驗與意見。

（2）提示研究問題。

（3）輔導兒童閱讀課文與參考資料。

A.閱讀課文與參考資料。

（A）參觀訪問。

（B）觀賞影片。

　　B.討論。

　　　（A）提出討論的主題。
　　　（B）進行討論的活動。
　　　（C）綜合、檢討。
　　　（D）結論。

（3）報告與討論。
（4）總結。

　　A.歸納大家解答問題的意見。
　　B.綱領式的複習。

　　討論教學法的目的是在促進學生參與，共同思考問題；也就是激發學生運用事實、知識、概念和思考過程來考慮問題。社會科的學習是訊息的傳遞和接受的過程，討論教學法最適合這種雙向互動的學習。

7.分組學習

　　分組學習主要步驟有五個：

（1）將兒童分成異質性小組。
（2）各小組選出小組長、紀錄等工作人員。
（3）說明小組學習的題目。
（4）分組討論或進行活動。
（5）分組報告。

　　進行分組學習時，需要特別費心是分組座位和小組長責任制。分

組學習透過教師適當的運作，使兒童能專心於具體的學習活動，並從中養成各種學習態度和方法，此即「學習輔導」。

從以上所說明的教學法，我們可以端倪出社會科新課程主要的教學方法鼓勵兒童積極主動學習、獨立思考的精神，這樣的進步很明顯是受到社會變遷、教育改革的推動與現代人本主義教育思潮、新認知心理學與建構主義的影響。除了以上所說明的教學法，歐用生（1990）提出社會科教學法有：探究教學法、價值澄清法、問題解決教學法、討論式道德教學法；在周經媛等著（1990）的《國民小學社會科教學法專輯》一書裡，還介紹了歷史人物教學法；而李緒五、蘇惠憫（1984）也提出能力本位教學、概念教學；周愫嫻專文介紹社會劇教學；程建教（1992）所著「國民小學社會科教學方法研究」一文中，也介紹了其他值得參考的社會科教學方法，例如，單元教學法、旅遊教學、故事教學、思考與創造教學、績效教學等。

結語──追求社會科教師的專業成長

順應社會變遷，因教育改革，社會科課程有了再次革新。然而，教育改革不只是課程上教材和教學上的革新而已，更重要的是它意味著教學理念或教育哲學的轉變。當教師能隨著課程典範的轉移而做改變時，課程改革、教育改革才能真正落實。

在多元化、民主化、自由化的社會中，社會科教育已面臨嚴重的挑戰，社會科教師需要以新的視野、新的觀點來面對新的爭論和問題。因此，社會科教師要能體察社會科教育的發展趨勢，採取因應之道，尤其要能反省、批判社會科教育的問題，及教師在社會科教育中扮演的角色，以培養更人性、有理性、有參與能力的公民，達成社會科教育的目標（歐用生，1998）。

處在新舊世紀交替的此時此刻，社會科教師如何追求專業成長呢？

適應社會科教師的新角色

社會科教師要扮演新的角色，以求適應新的要求；而這個新角色是：

「學習者」：在「學習社會」中，處處學習，時時學習。
「研究者」：研究自己的教學實際，以改進教學。
「協商者」：師生共同探討，協商課程，共創意義。
「反省思考者」：對課程、教學和評量要做批判性的反省。
「有轉換能力的知識份子」：教師是專業人員，要能探討知識份子
　所處的環境並澄清角色。

學習做一個人性化的教師

社會科的教學應該是人性化的學習環境，教師要信賴學生的發展潛能與人性，接受學生的各種意見和想法，尊重並關心學生的獨特性和潛能。學生在信賴、自由與尊重的學習環境中，學生才敢自我表露，表明其價值，並作決定，學習成為一個原原本本的自我。

充實社會科教師知能

首先要熟悉社會科課程的學問基礎，及其內容領域和探究方法。其次要能探討過程導向或技能導向的教學方法：探究教學法、合作學習、價值澄清等，並加以實踐和體驗。

建立並參與社會科教育社區

教育社區可以協助教師專業成長與發展。社會科教師建立社會科教育社區，共同討論社會科教育有關問題。在校內，社會科教學研究

會可成為一個批判性的學習社區,分享教學經驗;在校際之間,也可組成自主性的學習團體,共同研討專書、資料、實施專案研究等。

實施社會科實際教學研究

研究和教學是相關聯的過程,教師要願意並有能力質疑自己的教學並在實際教學過程中,試驗理論,發展適合自己的教學的理論。社會科教師可多使用個案研究、行動研究、俗民誌研究等探討社會科教育問題,並可與其他實際工作者合作,相互探討、分享經驗,以提昇專業知覺,促進專業成長。

李宜堅(1992)分析六個國民教育波羅蜜為:究竟、成長、精準、條理、激越、愛。期勉教育工作者能秉持修行者的精神,追求究竟目標,教學圓滿無憾;持續的成長,帶動學生精進;發展精準的教學策略,落實因才施教;條理課程法則,發展適切教材,協助學生學習;激越學生潛能,促其自我實現;有正確教學理念,發揮教育愛;在教育工作的生涯,為學生導航或領航,在浩瀚學海裡,從啟蒙航向終生學習的彼岸。

參考文獻

臺灣省國民學校教師研習會編(1995),國民小學新課程標準的精神與特色。台北:臺灣省國民學校教師研習會。

台中師範學院國教輔導雜誌社編(1991),國教輔導選集—社會科教學研究。台中:台中師範學院國教輔導雜誌社

李伯佳(1997),我國小學社會科教育的回顧與展望,《臺灣教育》,(564),40-43。

李宜堅(1992)。新時代教師圖(自)畫像,輯於臺灣省政府教育廳國

民教育巡迴輔導團編印，《社會科八十一學年度教材教法研習資料》，附錄頁8-23。

吳英長（1990），如何運用討論法於班及教學，輯於周經媛等著，《國民小學社會科教學法專輯》，89-120。台北：臺灣省國民學校教師研習會。

周愫嫻（1996），社會劇：一個符合臺灣社會變遷步調的社會科教法。輯於《成長與學習（九）》，315-328。

周經媛等著（1990），國民小學社會科教學法專輯。台北：臺灣省國民學校教師研習會。

范信賢（1997）。一起來學習國小社會科資料蒐集和整理的教學，《人文及社會科教學通訊》，8，（1），96-105。

高敬文（1992），《未來教育的理想與實踐》。台北：心理。

秦葆琦（1997），國民小學社會科新課程概說。台北：臺灣省國民學校教師研習會。

陳青青（1990），問思教學法，輯於周經媛等著，《國民小學社會科教學法專輯》，3-22。台北：臺灣省國民學校教師研習會。

陳美芬（1994），從社會變遷看國小社會科課程目標之演變，《國教之聲》，（28），2，6-9。

程建教（1994），國小社會科教學方法研究，輯於臺灣省政府教育廳國民教育巡迴輔導團編印，《駝鈴集VII》，98-141。

葉至誠（1997），《蛻變的社會—社會變遷的理論與現況》。台北：洪葉。

楊瑩（1994），社會變遷與教育革新，輯於國立中央大學共同學科編印，《當前臺灣社會與文化變遷學術研討會論文集》，123-148。

歐用生（1991），《國民小學社會科教學研究》。台北：師大書苑。

歐用生（1998），社會科教教師的專業成長，輯於《社會學科教育之趨勢》，27-33。教育部人文及社會學科指導委員會。

19.終身教育理念在國小教育之應用

屏東縣牡林國民小學

校長　戴文柱

緒論

　　二十一世紀即將到來，未來人類之變遷與進步，必將不斷的向前推進。尤其是資訊的時代已經來臨、國際化的趨勢已經形成、科技的知識暴增、加以經濟富裕的生活，此時人文的關懷與個人知識以及自我修養的能力，已成為個人的發展、社會的進步、國家提昇競爭力與否的重要指標。

　　過去常以為「學校教育」是唯一的具有教育意義的場所，事實上教育實包含：家庭教育、學校教育、社會教育等三個層面，亦可涵蓋學前教育、初等教育、中等教育、高等教育等四個階段，每一個層面、階段都有其存在的意義、功能、任務。換言之「教育」有其現代的意義，亦即個人應在不同的階段、不同的層面不斷的進行學習與實踐，藉此可以增進個人生命之成長、自我之實現、更進而促進社會之進步、國家之發展。教育部有鑑於此特將（八十七年）定為「終身學習年」，這是對「教育」的一種積極、有意義、全面性的期待。

　　「終身教育」是指個人接受教育的時間是持續一生的，其方式可以是正規的學校教育、非正規的社會教育、以及非正式的學習機會，其目的在提昇個人的知識、技能與態度、促進個人的自我實現。換言之，一個人一生應該不斷的學習與接受新知，以促進個人智慧的成長、自我的實現。「終身教育」是一種廣義的教育，其理念的實現可以增進人文的關懷與提昇文化的素養，是一種符合個人需要、社會期望的理念。

　　「學習」並非是學生之專利，「學習權」是每一個人與生俱有之基本權利。尤其身為教育工作者更應有這一份深層的體認，除了扮演一個成功的「教學者」之外，更應扮演一個認真的「學習者」，甚至「學習者」更甚於「教學者」的角色。另外，各級學校亦應扮演「終身教育」實踐者的角色，尤其國民小學是一切教育之根基，更應肩負起推

展「終身教育」理念的重責大任，可在師資、課程、設備、環境、社區、組織……等方面多所著力，以發揮「終身教育」的功能，建立一個學習的社會。

終身教育理念的探討

終身教育理念倡導之背景

1.終身教育之緣起

　　一九一九年英國的成人報告書特別強調成人教育的重要性及終其一生的學習與接受教育的前瞻性的理念，引導了教育發展的新方向。一九二九年英國的成人教育學者耶克斯里（B. A. Yeaxlee）出版《終身教育》（*Lifelong Education*）一書，成為第一個提出「終身教育」名詞的學者。一九三四年另一個成人教育的學者皮爾斯（R. Peers）特別強調終身教育的必要性，獲得了極高的評價。

2.終身教育之發展

　　一九六○年代開始，由聯合國教科文組織（UNESCO）所發動的以終身教育為主體的教育改革，廣泛的獲得國際的迴響與普遍的支持，咸認為是未來教育發展的主要方向。一九六五年藍格南（Paul Lengrand）在UNESCO巴黎會議的終身教育提案，一九七二年法爾（Faure）報告書均以學習社會和終身教育為未來教育發展的藍圖。一九九二年UNESCO的四十週年報告書中更指出，今後推動研究與國際知識合作，重點在以終身教育與教育民主化，作為日後教育改革與更新之指導原則。

3.終身教育之實施

　　一九九四年三月三十一日美國總統柯林頓（Clinton）公布「美國2000年目標：美國教育法案」（Goals 2000：Educate America Act）將布希的「美國2000年教育策略」（America 2000：An Education Strategy）提出之教育目標正式立法。其重點亦是以終身教育為中心的教育理念，敘述如下：

（1）為了今日的學生，必從根本上改進現有的全部學校，把這些學校辦好、更能為其辦學結果負責。

（2）為了明日的學生，要創見一個新世紀需要的新型學校。

（3）對已離開學校進入工作場所的人，要他們能不斷學習以便在當今世界上成功地生活與工作。所以要把一個「處於危機中的國家」變成一個「全民在學的國家」。

（4）為保證學校的成功，所以要超越教室，將眼光放在社區與家庭上，使每一個社區成為可以學習的地方。

　　一九九〇年日本政府頒布「終身學習振興法」，鼓勵民眾終身學習，並自一九九一年於都、道、府、縣設置「終身學習中心」具體的推行國民的終身學習活動，包含：終身學習的規劃、架構、模式、課程、報告與建議。一九九六年歐洲終身學習年白皮書就指出「歐洲未來的社會是學習的社會。在這方面，教育體系中的教師及其社會參與者應扮演重要的角色。教育與訓練是個人自覺、歸屬感形成、自我改進及自我實現的主要管道。個人得自正規教育、在職教育或非正規教育的學習，都是決定自己前途與未來發展的關鍵因素。」一九九七年韓國政府為推行終身教育將社會教育法修訂為「終身學習法」，即將完成修法，付諸實施。

　　我國行政院教育改革審議委員會第二期諮議報告書，也以「推動終身教育，建立學習社會，落實教育改革。」作為改革的理念。前教

育部長郭爲藩（1995）亦以「實現終身學習社會」作爲教育改革的方向。前教育部長林清江（1998）更發表「邁向學習社會」的白皮書。呈現國人對於教育改革的共識以及殷切的期盼。

綜合而言，終身教育緣起於成人教育的重要性與對整個教育的理念的一種徹底的反省；而終身教育又因學者及UNESCO的各項報告，成爲教育改革的指導原則；最後，終身教育的理念迅速的實踐於各國的實際的教育改革情境中。

終身教育興起之因素。

前教育部長林清江（1998）發表「邁向學習社會」的白皮書指出建立終身學習社會之因素爲：

1.提昇國家競爭力的基本動力。
2.經濟富裕過程的人文關懷。
3.資訊社會來臨的國際化趨勢。
4.社會開放以後的個人發展。
5.對於各種挑戰的因應。

因此，終身教育興起之因素實涵蓋政治、社會、經濟、科學技術、教育、文化、生活、宗教……等各種領域。推動終身教育應該瞭解其興起之因素，進而知曉其意義、特性…等，才能提出有效之實施策略，建立學習社會。

終身教育之涵義

前教育部長林清江（1998）發表「邁向學習社會」的白皮書指出終身教育是從學前兒童到高齡者，形成繼續性的教育過程。在橫的方面，包括：正規的、非正規的及非正式的教育活動。在縱的方面，它

涵蓋家庭、學校、社會三種教育活動。對學習主體而言，它提供每一個人隨時隨地均可學習的教育體系。

　　總之，「終身教育」又稱「終身統合教育」（life-long integrated education），它不僅要水平統合學校、家庭、社區及工作場所的教育，而且要垂直統合個人從出生到死亡為止，人生各階段的教育。因此終身教育不是社會教育的現代化，也不是學校教育加成人教育。它是統合家庭教育、學校教育、社會教育的一種教育指導理念。

終身教育的基本理念

　　1.一九七二年聯合國教科文組織（UNESCO）「國際教育發展委員會」（International Commission on the Development of Education）委員長法爾（Edgar Faure）在教育計畫報告書中，列舉終身教育的特性如下：

（1）終身教育涵蓋生活、終身和教育三種概念。
（2）終身教育不僅是成人教育，它統合各階段的教育──學前教育、初等教育、中等教育、高等教育、成人教育。
（3）終身教育是終身的歷程，並非僅限於學校教育。
（4）終身教育的過程中，家庭和社區均扮演最微妙及最重要的角色。
（5）終身教育在垂直領域上尋求其持續性與流通性；在水平領域上尋求其統整性。
（6）終身教育代表教育的民主化與普及性。
（7）終身教育在內容、技術、學習工具及學習時間等各方面均有其彈性與差異性。
（8）終身教育的主要條件是學習機會、動機及可教性。
（9）終身教育在運作上提供教育的統整制度。
（10）終身教育的終極目的在維持及提昇生活素質。

2.郭爲藩（1996）認爲終身教育有三項任務：

（1）提供每一位民眾學習的機會。
（2）學校教育要特別培養學生自我學習與自我規劃的能力，並引導生涯規劃的能力。
（3）讓每一位民眾喜歡唸書，活到老、學到老、更有高品質的教育課程。

3.林勝義（1995）認爲終身學習社會有下列特質：

（1）學習是個人終其一生的活動。
（2）學習活動可以在各種環境和機構中進行。
（3）學習過程強調自我導向的學習。
（4）學習的目的強調全人發展的重要性。

4.林清江（1995）認爲終身學習社會有下列特質：

（1）學習與教育是個人終其一生，持續不斷的歷程，個人無法將其人生明顯區分學習與工作階段。
（2）學習與學校教育不同，學習可以在各種場合進行，而學校教育只是終身教育的一環。
（3）各種型態的學習與教育必須協調統整，以滿足不同階段的需要。
（4）每一階段的學習成敗指具有相對的意義，不能做爲區分社會組成份子的目標。
（5）強調全人的發展與創意，重視個人自由發展與社會成員的不同思維方式。
（6）強調以終身教育的方式，協助個人接受現代思潮，建立歷史觀、科學態度與相對意識。

綜合言之，終身教育是個人終其一生的教育、是學習—工作—休閒—學習的動態連接系統、是自由、民主、普及的教育理念、是持續、統整、全面的教育態度，其目的是提昇自我、發展社會、促進國家的進步與繁榮。

終身教育與學習型組織

1.學習型組織之意義

（1）聖吉（P. M. Senge, 1990）認為，所謂「學習型組織」（learning organization）乃為組織中之個體能交互不斷的學習，以完整的解決組織的問題，並促使教育人員心悅誠服的對問題解決方案接納，同時也因想法影響力（idea power）的尊重，創造的思維能不斷的擴散於組織，以使整個組織成為學習流或文化，組織不斷的注入活水，學校或教育行政組織能在成員的相互學習中，更新組織的傳統，達成組織發展的目的。

（2）孫本初（1995）認為，所謂「學習型組織」係指全體動員的學習，其學習的層次是從個人、團隊擴及組織全體，其學習的歷程是動態的、持續的、終無止境的。

綜上所述，學習型組織是一種以學習為中心而形成的組織，是合作的、開放的、整體的、持續的學習，其目的在促進個人、團體、組織的進步與成長。

2.學習型組織的特徵

（1）薩克遜及班伯格（Isaacson & Bamburg, 1992）指出「學習型組織」應具有以下五項修煉：

A.自我超越。

B.改善心智模式。

C.系統性思考。

D.團隊學習。

E.分享願景。

（2）黃乃熒（1995）指出有效學習性的領導策略為：

A.動力系統思維。

B.接連不斷的進步程序。

C.共同願景的建立。

D.對工作人員抱負的尊重。

E.合作與團體工作。

F.心能模式的發展。

　　總之，「學習型組織」是以五大修煉為主體的合作、完整、持續、全面發展的學習。

3.學習型組織在終身教育之實務應用

（1）菲蒲斯（Plipps, 1993）研究將聖吉（Senge）之五項修煉應用在學校圖書館的轉型領導之上。

（2）當登（Duden, 1993）指出在答拉哈斯（Tallahassee）、佛羅里達（Florida）等地區的小學已從具有良好學校效能變革變為具有高品質之學習型組織，主要是受到戴明（Deming）之全面品質管理原則之啓發，進而全面持續發展品質，改進組織之文化。包括：重要的個人、專業教師教育者、團隊成員、父母親即夥伴、分享作決定等核心價值。

（3）梅葉斯（E. R. Myers）在賓州的私立美普友誼學校設計持續

合作而終身學習的學習實驗室，讓教師、學校與社區合而為一，一起進入博物館、科學中心、大學、企業與家庭之中，並促進老師的進修與學習。

（4）埃文斯（J. Evers）指出公立學校應由「系統思考」開始邁向學習型組織。如在討論故事可由不同的角度解釋，有不同的發展與結果。

由上可知，學習型組織理論可應用於學校圖書館、教學、教育行政組織、教育政策制定、教師進修發展、社會教育…等均有其必要性與迫切性。

終身教育與回流教育

1.回流教育理念的發展

（1）基於消除社會不平等的要求。

（2）因應生活與工作的需要。

（3）「貶學校」教育思想的影響。

（4）縮短不同世代間教育差距的需要。

2.回流教育實施原則

一九七三年的《回流教育：終身教育的一種策略》一書中提出了下列幾項實施之原則：

（1）學校內和學校外的學習是互補。

（2）要重行檢討強迫教育的結構與課程。

（3）在強迫教育後應保障個體一生中的適當時機，均有接受教育的機會。

（4）公共教育應與勞動教育相互協調。

（5）有計畫擴展成人教育之機會，提供一般民眾就讀。

（6）開放成人在傳統高等教育機構的學習機會，以使成人有機會參與高等教育的活動。

（7）承認由非傳統學習管道所獲得的學分價值。

（8）在中等學校後（大學及工作場所）的工作與教育係以輪替的方式進行。

3.終身教育之策略—建立回流教育的制度

教育部（1998）「邁向學習社會」的白皮書指出建立回流教育制度的途徑有：

各級學校應擴充機會給非傳統學生。例如，國民中小學可以加強辦理成人基本教育，以提供未受教育或低教育程度者有再接受教育的機會。

各級學校應改變招生策略及調整學生結構。例如，在青少年及兒童學生之外增加成人學生的比例，在全時就讀的學生以外，增加部分時間的學生比例。

建立學分累積與轉移制度。學生的學習過程，可以再不同的時段間續進行；學習的成就，可以累積成文憑或學位。

工作場所應提供員工進修的教育假。所謂教育假，是指雇主為工作中之員工，於工作期間提供進修之機會，使其學習與工作有關的技能，或與生活有關之知能。

終身教育理念在國小教育的應用

一九九六年聯合國教科文組織（UNESCO）所出版的《學習：內在的財富》（*Learning：the Treasure Within*）一書中就明確的指出：

「終身教育概念是人類進入二十一世紀的一把鑰匙」、「終身教育居於未來社會中心的位置」該書並指出未來人類要能適應未來社會變遷的需要，必須進行四種基本的學習，這些是教育的四大支柱。亦即：學會認知（learning to know）、學會做事（learning to do）、學會共同生活（learning to live together）、學會發展（learning to be）。國民小學教育亦應培養此四種基本學習，以推動終身教育的理念，促進個人社會的進步與發展。

國小教育應從下列策略，落實終身教育的理念：

學校經營理念之再造

1.學校教育的理念更新

「師者，所以傳道、授業、解惑者也。」古之師者著重於對學生道德的啓發、課業的傳授、疑惑的解答，亦即是經師亦是人師。然今之師者應兼具經師人師與良師，良師除傳道、授業、解惑之外，更需不斷的學習追求新知，促進自我專業的成長，以發揮教育最大的效果。

2.學校教育目的的開展

根據終身教育理念，學校教育目的，不應重在既有的知識的提供，以及一技之長的培養，因爲現有的知識與技能很容易被淘汰。相對而言，學校教育目的，應重在終身學習者的培養，亦及注重學生終身學習的態度、方法、技能及習慣的養成，使其離校後能不斷的學習，各人的知識與技能才能永續的提昇。

3.學校教育對象的擴充

學校教育的改革，不能僅著重於「教育機會」的均等與增加。更應重視「教育對象」的公平與擴充。學校除了提供學生均等的教育機會，也應讓想回到學校學習的民眾和在職的人士有接受基本教育、進修教育、繼續教育的機會，使教育的機會能分布在人生全程，以利國

民終身學習。

4.學校教育角色的改變

學校非「知識的殿堂」、「學術的象牙塔」、「技能的養成所」，而應是「終身學習的苗圃」、「社區學習中心」。其角色意義在於培育學生養成終身學習的理念與習慣、開放學校資源供社區民眾使用，使學校成為終身學習的場所。

5.學校教學場所的變化

學校校園及教室已不是唯一教學的場所。社區中之圖書館、博物館、美術館、文化中心都是學習的地方，另外亦可透過校外教學、社區服務、建教合作…等加強學生與外在世界的聯繫，以培養終身學習的能力。

學校行政之運作

1.成立「終身教育推動委員會」的組織

「終身教育推動委員會」是統籌終身教育體系的重要機制，可以收集終身教育相關之政策、法案、法規之資料、分配終身教育之財政資源，並擬定終身教育之計畫、執行之評估、評鑑之評鑑，以確實發揮終身教育的效果。

2.建立透明化的「終身教育」決策歷程，提昇學校決策管理的品質

(1) 以「多元參與」的方式，掌握「科技整合」的特質，發揮集思廣益的效果。

(2) 學校擬定明確的目標，以爭取社區家長的認同與支持。

3.訂定富有前瞻性的「終身教育」的計畫，作為「終身教育」
  推展之依據

   (1) 依學校、社區、教師、學生之特性，擬定短、中、長期之
       計畫、部分、整體計畫，力求計畫之一貫性與一致性。
   (2) 計畫必須符合教育之政策與法令，並以過去之歷史背景作
       為基礎。
   (3) 計畫需隨時依實際的情境修正，使其更具可行性。

4.採用民主權變之領導，群策群力凝聚向心力

   (1) 拋棄權威式領導方式，強調人性化、民主化的領導。
   (2) 重視關係導向與工作導向交互運用的領導方式，因人、
       事、時、地、物制宜。
   (3) 採用依「成員之成熟度」的情境領導。

5.善用良好的溝通技巧，營造「終身教育」的組織氣氛

   (1) 運用正式、非正式及上行、下行、平行的多元溝通管道，
       使組織運作更加順暢，氣氛更加和諧。
   (2) 要運用單向與雙向之溝通，以瞭解教師之需求與意見。

6.注重科學績效的評鑑，以落實「終身教育」的工作

   (1) 評鑑的過程應民主化、方法化、科學化。
   (2) 兼重質的評鑑與量的評鑑。
   (3) 評鑑應有項目與標準。
   (4) 注意評鑑後的追蹤與輔導。

教育工作之開展

1.培育教師終身學習之素養

(1) 師資培育階段應招收有志於擔任教育工作的學生。例如，入學前實施有效的性向測驗、入學後應不斷的追蹤與輔導並建立及早淘汰的制度。

(2) 師資培育的過程中，應開設有關「終身教育」的科目，加強終身教育理念的培養與終身學習方法的探究。

(3) 師資培育的課程應注重科目的統整性與生活適應的瞭解。

(4) 教師在職進修的過程中，應力行終身教育的理念。例如，大學、師範院校、教師研習中心的進修課程中，應增加終身教育的科目與活動，以充實在職教師的終身教育知能。

(5) 學校應該鼓勵教師參加各項進修活動。例如，各項的研習、學分的進修、學位的進修，營造一個全校積極進修的氣氛，以促進教師不斷的成長。

(6) 辦理各科、各項的研討會，使教師在不斷討論與辯證之中學習新知。

(7) 辦理校內進修活動、研讀新書發表會、新知識之介紹…等各項活動。

(8) 建立教師分級的制度，促進教師的專業發展。

(9) 實施工作一段時間後，給予進修教育假。

2.豐富終身教育課程的內容

(1) 初等教育階段內容，應側重基本知能的學習，包括：語言的理解、意見表達能力的養成。（教育部，1998）

(2) 學校課程內容的調整，宜包括：（教育部，1998）

A.加強「學習方法」的內容，使學生學習如何學習。

B.加強「學科統整」的內容，避免片段零散的學習。

C.加強「經驗學習」的內容，使學生從經驗中學習。

D.加強「生活應用」的內容，使理論與實務相結合。

（3）90年實施的九年一貫制的新課程。

A.七大領域：語文、健康與體能、社會、數學、自然與科技、綜合活動、藝術與人文素養。

B.十項能力：瞭解自我與發展潛能；欣賞、表現與創造；生涯規劃與終身學習；表達、溝通與分享；尊重關懷與國際合作；文化學習與國際理解；規劃、組織與執行；主動、探索與研究；獨立思考與解決問題；運用資訊與科技。

（4）推動學習外語。

A.擴展學習管道，利用各項媒體、錄影帶、錄音帶…等的學習。

B.改善學習環境與學習方法，促進學習效果。

C.辦理評量與觀摩活動，鼓勵學習。

（5）推廣電腦資訊教育。

A.電腦的基本認識與操作。

B.文書的處理。

C.電腦輔助教學的應用。

D.網際網路的認識與應用。

3.教學方法的求新與求變

（1）教學方法應加強教育工學與電腦網路。

（2）教學過程應注重批判思考及自我探索能力的培養，鼓勵學生作自我導向的學習。

（3）運用各項教學資源，協助學生經驗的學習。例如，電視、廣播、報紙、雜誌、圖書…等。

（4）靈活的使用各種教學法。例如：

A.啓發式教學法。

B.發現式教學法。

C.價值澄清法。

D.欣賞教學法。

E.編序教學法…等。

4.學習成就的多元肯定

（1）訂定全民學習成就的認證辦法。學校不應以考試成績為評斷學習成就的唯一標準，包括學生在校內或校外有特殊優異的表現或在工作上有任何成就都應得到學校的認可。

（2）定期的舉辦知能認證或檢定，並發給證書。

（3）採用各種不同的成績評量，以提供適當的回饋。例如，安置性評量、形成性評量、診斷性評量、總結性評量、個別化評量、適性評量、檔案的評量。

（4）運用各種評量的方式，以獲得客觀的資料。例如，紙筆測驗、發表、報告、表演、實驗、參觀、實作、觀察、自陳量表。

5. 推動社會教育，以提昇社區的學習文化

（1）辦理國小補校的工作：

A.編輯適合成人學習的課程與教材。

B.培養受過成人教育訓練的師資。

C.充實成人教育的環境與設備。

D.編制寬裕的經費與預算。

E.有效的成人輔導措施。

F.補校的銜接管道應力求暢通。

（2）辦理成人基本教育，掃除文盲，提昇失學民眾識字的機會。

（3）辦理各項語文、休閒、技藝的學習活動。例如，書法班、國畫班、電腦班、插花班、合唱團、陶藝班…等。

（4）辦理各項文化講座，以提昇社區文化。例如，親職教育講座、醫學講座、法律講座、投資理財講座…等。

（5）協助社區社團的活動。例如，提供場地、師資、設備…等。

6. 發展各類學習型組織，推動終身教育

（1）推動學校內學習型組織。

A.教學方法研討會。

B.課程教材研討會。

C.班級經營研討會。

D.兒童發展研討會。

E.讀書進修研討會…等。

（2）推動學習型家庭。

　　A.購置或借閱家庭教育相關圖書。
　　B.訂閱家庭教育相關雜誌。
　　C.全家參與文藝或演講活動。
　　D.全家參與親子成長或研習活動。
　　E.訂定家庭學習計畫，配置學習機會。
　　F.參與國內或國外的休閒或旅遊活動。
　　G.購置家庭電腦，進行網路學習。

（3）推動學習型社區。

　　A.配合社區特性，組織社區讀書會。
　　B.發行社區學習通訊，方便社區瞭解與參與。
　　C.成立社區學習中心。
　　D.選拔社區學習楷模，提供優良的學習的典範。

7.運用圖書館的功能，發揮終身教育的精神

（1）圖書館基本應具共同事項。

　　A.閱覽服務：兒童閱覽室、開架閱覽室主要在提供讀者的
　　　服務，並根據讀者所提供之建議增購資料以獲得最佳之
　　　效果。
　　B.充實圖書：國小的圖書典藏普遍缺乏，至於圖書種類亦
　　　是十分稀少，所以圖書館常未能有效的利用。爭取經費
　　　充實圖書之量與質是最急迫的要務。
　　C.電腦自動化：利用電腦對所有圖書加以編目、建檔與查
　　　詢…等，使圖書易於管理與使用。

D.新書介紹：利用所發行之通訊、刊物向學生或社區民眾介紹好書，不但可以引起讀者的興趣，更可以提昇閱讀的風氣。

E.開放圖書館：利用下班時間或假日開放學校圖書館，使圖書館發揮更大的功用，進而使學校成為社區的文化中心。

F.提供參考諮詢的服務：應儘量設專員指導讀者使用各種參考用書及各項相關之設備。

（2）圖書館推行生活教育事項。

A.辦理兒童禮儀研習事項。

B.辦理親子科學活動事項。

C.辦理鄉土母語的研習。

D.推動誠實教育。（影印採自動式付款、良心傘的設置。）

（3）圖書館推行知能教育事項。

A.成立讀書會。（選擇好書，利用報告、討論的方式，激盪思考判斷的能力，養成良好的讀書習慣。）

B.辦理圖書館參觀的活動，使讀者瞭解書的結構、圖書分類、參考書的使用、電腦查詢。

C.辦理各項講座與研習，例如，自然科學、教育文化、保健醫學…等講座。書法、國畫、版畫、電腦操作…等研習活動。

D.編印書刊。

（4）圖書館推行休閒教育事項。

A.各項美術、文物、史蹟、盆栽…等展覽。

B.音樂欣賞活動。

C.歌劇、國劇…等綜藝欣賞活動。

D.招收義工從事圖書館服務事項。

8.辦理終身教育的各項宣導活動

(1) 利用親職教育的活動宣導「終身教育」的意義、理念、特
性與具體之做法。

(2) 利用學校之週、集會對學生加以宣導終身教育的重要性，
以建立一種學習的正確概念。

(3) 佈置學校之川堂、佈告欄以介紹終身教育的相關訊息。

(4) 舉辦終身教育有關之作文、書法、繪畫、壁報、演講…等
比賽，以擴大終身教育的宣導效果。

(5) 編印終身教育通訊、期刊定時提供有關終身教育的資訊。

(6) 個別或團體輔導學生生涯之規劃與輔導。

9.營造「終身教育」的學校文化

(1) 建立良好的師生關係：教師應該以身作則、身教重於言
教，亦即教師本身應不斷的學習與進修，以成為學生學習
的楷模；另外，亦應對學生時常以關懷、接納、尊重、讚
美、溫暖的態度來面對學生，使學生自我肯定，更進而自
我實現。

(2) 建立「讀書」為主的同儕文化：提出不同的主題讓學生分
組討論，以激發學生的學習興趣與學習潛能。

(3) 舉辦讀書心得報告討論會。

(4) 鼓勵學生以創造、思考、批判的學習方法。

(5) 利用各種機會表揚表現優異、學習認真、學不厭倦…等學
生。

10.開放校園環境與設備，提供完善的終身學習空間

    （1）學校校園應儘量做到美化、綠化、淨化、靜化的學習環境。

    （2）校園建築應重視教育性、安全性、實用性、美觀性…等原則。

    （3）充實教學設備，提昇學習效果。

    （4）開放學校之教室、操場、圖書館、視聽設備、教材、教具…等提供社區民眾使用，發揮學校教育的功能。

    （5）規劃無障礙的學習環境，重視弱勢族群的教育機會。

    （6）善用學校之儀式慶典，發揮制教的功能。

    （7）倡導校園倫理，孕育優良的校風。

11.善用社區的資源，發揮終身教育的功能

    （1）廣徵人才資源：運用家長會、義工人員、熱心人士…等的人力資源，協助學校辦理終身教育的各項工作之推展。

    （2）尋求財力資源：各項社區之捐款、設備、物品之提供…等的財力資源，作為學校工作推展之後勤支援。

    （3）運用組織資源：各機關、社教機構、公益團體、企業…等的組織資源，可與學校相互配合推動終身教育的工作。

    （4）善用自然資源：利用本土的自然景觀、名勝古蹟、河流山川、民俗文物…等自然資源，提供終身教育的內容。

12.全面整合終身教育的學習資訊

    （1）編印終身教育刊物，提供學生及社區民眾能即時獲得終身教育的各項學習資訊。

    （2）建立終身教育的資源網路，使終身教育與民眾生活結合在

一起：

　　　A.建立終身教育檔，包括：課程檔、活動檔、人才檔、法
　　　　規檔、場地檔…等，讓各層面的資料能公開流傳運用。
　　　B.與現有之社會教育、文化中心資訊網結合。

　（3）整合有關終身教育之研討會、座談會、觀摩會及競賽活動
　　　　之資訊，以加強終身教育之宣導。

結論

　　二十一世紀即將到來，未來的社會必將更快速的變遷與進步。個
人欲在多元社會環境中生存，唯有不斷的學習，「終身教育」將是未
來社會的主流文化，未來的社會必將是學習的社會。

　　「終身教育」的理念已普遍深植於世界各國，其興起實受政治、經
濟、社會、文化、教育、科學技術、宗教…等諸多因素影響，而產生
的一種統合不同時間、不同場合的教育。換言之，它是結合家庭教
育、學校教育、社會教育的一種教育的理念。「終身教育」是個人終
其一生的教育，它是一種自由、民主、普及的一種教育理念，具有持
續、全面、統整的特性；它可以用學習型組織與回流教育制度…等策
略，實現學習社會的理想；世界各國均透過組織之建立、法規之立
法、配合家庭、學校、社區、企業的實踐以及正確的教育理念的導
引，終身教育的推動已具有豐碩的成果。

　　在國小的實際運作中，終身教育理念可經由學校經營理念之再
造、學校行政之運作、教育工作之開展的策略來落實。換言之，透過
教育目的的開展、教育對象的擴充、教育角色的改變、教育場所的變
化、教育理念的更新等的學校經營理念的再造；成立組織、透明決

策、前瞻計畫、民主領導、有效溝通、科學評鑑等的學校行政之運
作；師資素養、課程改變、教法改進、成就肯定、社會教育、學習型
組織、圖書館利用、校園開放、組織文化、宣導活動、社區資源、整
合資訊等的教育工作之開展，可以使終身教育理念在國小紮根、成長
與茁壯，實踐終身教育的理想。

　　「終身教育」是期望個人可以透過如此多元、多樣、自由、豐富的
學習，使每一個人都能自由而有尊嚴的成長；經由學習、工作、休閒
的態度，使社會更加的多元與進步，最後邁向「學習社會」的理想。

參考文獻

中華民國成人教育學會主編（1997），《回流教育》。台北：師大書
　　苑。

王仁宏（1994），《教育資料彙編（上）（下）》。台北：旭昇。

李文能（1994），圖書館—終身教育的場所，《中國圖書館學會會
　　報》，53，35-41。

吳金蘭等編撰（1995），《社區家庭教育實務手冊》。台北：台北市政
　　府教育局。

辛紹笛（1993），成人之美的終身教育理念，中央月刊，26（3），49-
　　52。

邱天助（1996），學校教育改革與終身教育，《中等教育》，47（1），
　　10-21。

林勝義（1995），圖書館在終身學習社會之角色功能，《台北市立圖書
　　館館訊》，13（2），1-7。

教育部社會教育司主編（1994），《成人教育與國家發展》。台北：師
　　大書苑。

郭爲藩（1996），終身教育與文化發展，《中等教育》，47（1），3-9。

黃振隆（1994），《終生教育新論》。台北：心理。

黃政傑（1995），《成人教育課程設計》。台北：師大書苑。

黃久分（1996），國民小學全面品質管理與學校組織效能關係之研究，台北市立師範學院初等教育研究所碩士論文，未出版。

曾雪娥（1995），圖書館利用教育與終身學習，《台北市立圖書館館訊》，13（2），26-34。

程良雄（1994），公共圖書館如何推行終身教育—兼談台灣省立台中圖書館實例，《中國圖書館學會會報》，53，19-26。

廖和敏（1995），《穩賺不賠的生涯投資：終身學習》。台北：遠流。

廖春文（1997），策行政院國家科學委員會專題研究計畫成果報告—後現代教育政發展系統動力模式之研究，國立台中師範學院初等教育系，未出版。

賴月容（1994），從終身教育理念探討鄉鎮圖書館經營之研究—以龍潭鄉立圖書館為案例之分析，《中國圖書館學會會報》，53，27-33。

20.淺談原住民傳統文化之傳承

台東縣大鳥國民小學

校長 王武榮

前言

動機

　　一九九三年是聯合國所訂的「國際原住民年」，在此一象徵促進世界各民族平等、和諧與尊重，對憲法明定國內各民族一律平等的我國而言，深具特別深遠的意義。「國際原住民年」的基本理念有下列四項：

　　平等：凡是有少數民族存在的國家，均應切實的反省與檢討，在心態上、法律上、政治經濟上、社會及教育機會上，是否存有歧視、不合理、不平等的地方，並應採取有效的行動予以消除。

　　尊重：任何民族的成長，對於自己民族的藝術和文化，要樂於接近和理解，對於與自己不同民族的藝術和文化，要給予尊重。

　　感恩：強勢或占多數的族群，應對所有的原住民或少數族群，抱著感恩的心情對待；弱勢少數的族群，也應以友善的態度接納與自己不同的種族。

　　展望：各個族群應該共同計畫未來，彼此友善互助、尊重諒解、共享資源，為全人類的福祉努力。（吳堯峰，1994）

　　臺灣自光復後五十餘年來，政府對原住民政策的訂定、權益的保障、傳統文化的維護、生活素質的提昇、社會福利的推動等等均不遺餘力，其成效乃見仁見智，然而，原住民也面臨許多發展與適應的困境。但隨著社會的變遷，原住民的聲音與意見已受到更多的尊重，多元文化的價值也受到肯定。因此，原住民的文化應適當的保存與發揚，讓全民共享各文化之成果，各民族更應共存共榮，期望大社會能以更開放的心態尊重及接納少數民族，透過文化的選擇共創多采多姿

的多元文化。

　　近年來原住民各族覺查自己族群的文化流失快速，部落社會與信仰之瓦解，語言的喪失與族類人口的質變，這些都很清楚的說明了原住民是一群黃昏的民族。這意識著原住民現況的困惑煎熬和眞實，原住民問題的本質包含一種張力，就像黃昏同時具有白天和黑夜的某些性質一樣，既不可宣判原住民文化已死亡，但也不是日正當中的幻象。原住民社會在發展同時也付出了相當大的代價，原住民不但面臨社會解組及文化消亡的危機，而且與主體社會的發展來比較，呈現了相對落後的困境，更嚴重的是，在可預見的未來，原住民傳統文化的衰退將會更爲劇烈。

　　臺灣的原住民各族，雖然有豐碩的文化遺產、優美的歌舞文化藝術，但是由於缺乏文字的記載與保存，僅以口授傳承，在文化洪流衝擊之下，確實被侵蝕吞落，導致原住民社會瀕臨瓦解、社會組織解體、生活文化沒落等種種危機出現。

原住民傳統文化與社會環境變遷

　　藝術是自有人類活動就有了藝術活動，既有藝術活動就必有傳承的方式，從臺灣史前的舊石器時代到荷西時代這漫長的近五萬年，其間的藝術教育可以「世襲相傳」稱之，主要是因爲當時人類在適應環境生活的互動中，由最原始的觀摩、思考、模仿、反覆練習、試做、修改，形成技藝或藝術，並在親密血緣關係中的上一代傳授給下一代。臺灣在世襲相傳時期，藝術的成就是令人刮目相看的，這些成就分別呈現在石器、陶器、建築、雕刻、編織、音樂及舞蹈等。早期居住在臺灣的原住民一直和大自然共生共存，加以幾乎與外界隔絕，因而發展出極具特色的「山海文化」，只是原住民沒有文字，無法紀錄和累積更多的文化傳統與歷史。

　　然而，原住民各族群的文化在歷經荷蘭及日本人的統治，加上臺灣資本主義快速發展及政府缺乏原住民文化政策的情況下，原住民文

化快速崩解，目前原住民幾乎已經沒有「文化人口」，而更由於缺乏制度之支持且遭社會歧視、人口外流與經濟上處劣勢，使其語言正急遽衰亡，已到了遠低於維繫語言生命最低限度的「臨界人口」。這樣的情況，造成了原住民傳統文化的喪失、母語的遺忘和信仰體系的破壞，斬斷了原住民傳統文化的創生和傳承，也使得原住民與傳統越離越遠，導致原住民文化未能延續。

　　由於受到社會變遷及大環境的影響，原住民的鄉土文化，包括了原住民的藝術、語言、風俗習慣等，日漸流失。根據張佳琳（1993）對原住民教育的語文及課程的檢討分析，發現在臺灣，由於雙語教育及民族文化教育的缺乏，使原住民逐漸遺失了自己的歷史和根源，而課程安排的忽略與無形的偏見，也產生了負面的影響。另外，在文化價值體系不完全一致的情形，原住民青少年比一般學生更容易面臨文化認同的混淆，形成能力和人格發展的危機，而這種文化認同的危機，與其學校的學習行為及生活適應困境，呈現一種相互相生的關係（譚光鼎、湯仁燕，1993）。因此，如何加強原住民鄉土文化的保存傳承及創新，實為刻不容緩的課題。

　　一般而言，優勢的族群大多擁有政權，並以其政經力量推行不正確的污名化，致使弱勢族群民族遭受同化與摧殘的命運。臺灣早期的所謂原住民政策是繼承日本的高砂族政策，日本高砂族政策又繼承滿清的政策，滿清的政策又繼承明鄭的政策，鄭成功又繼承荷蘭的政策，世代相傳，與時推持，變本而加厲。昔日的原住民，其生活本身就是「宗教」，宗教的型式是文化的本質，他們崇拜「精靈」、過集體性的團體生活，其生活方式也遵循傳統的儀禮，處處充滿著團體的精神和情感，當然更少不了民族的族性凝聚力，但是當強勢的外力介入時，這些存有的都崩解了，取而代之的是散落的個人。從這樣的崩解，進而使得傳統的文化也因而變質了，變的很世俗了。

　　再者，年齡階級制和部落制度受到漢人經濟化的結果，祖傳的優良制度已不再如往昔的落實，只留一些形式，原住民變成邊緣化。不

少的原住民族對自己文化的認同不足，不會也不敢用母語交談，甚至不肯承認自己就是原住民的一份子，這種妄自菲薄的心理因素，更助長原住民文化傳承的困境。

原住民文化的內涵（文建會，1995）

1.物質文化

（1）建築。
（2）工具。
（3）靜止藝術。

　　A.裝飾藝術：身體裝飾（體飾與服飾）、器具裝飾。
　　B.描述藝術：繪畫、雕刻。

2.精神文化

（1）社會制度。
（2）行動文化。

　　A.律動藝術（舞蹈、音樂）。

觀照藝術即文學語言（歌謠、神話傳說）。

原住民傳統文化之現況

臺灣原住民對於文化藝術傳承的困惑

1.民族自尊與自信

　　這深深影響著族群認同與文化的創造力，一般人都相信原住民之所以自卑與缺乏自信心，主要是因為長期遭受主導社會誤解誤導，並以制度性的力量破壞其整個母體文化社會主體的結果。

2.主體性的問題

　　重新檢討原住民在臺灣歷史中的主體位置，以及政府應該讓原住民自主處理原住民事務。

3.部落的文化與倫理

　　文化的重建應該從規範的重建開始，強調對部落老人的尊重、集會活動場所的重建、年齡階層制度的恢復、頭目或階級制度的再生等。

4.母語問題

　　母語對於文化傳承的重要性是毋庸置疑的，從母語教學、培養母語人才、教材的編寫、母語文學創作…等等方法，都是推展母語可供參考的措施策略。

5.姓氏的恢復

　　姓氏是民族身分的重要表徵，自然也是文化傳承工作重要的內涵。

6.傳統文化的維護與發展

傳統文化的維護與發展,其實包括了傳統與現代適應兩個領域的思考,有不少的策略與方法,是可行而且就維護及發展領域而言,能達及兼顧的立場,結合本族個人或團體進行。

7.其他

諸如文化藝術的傳承、宗教對原住民文化的深遠影響、都市原住民的問題等等,都是現代臺灣原住民對自己文化傳承的困難。(文建會,1996)

文化認同的強烈意識

原住民族群深深體會到自己面臨傳統文化的流失,對文化認同的意識感受更是越來越強烈,所以各個族群的文化發展團體有如雨後春筍般的因應而生,更由於原住民文化活動場所的缺乏、文化傳承人才的凋零…等因素,造成原住民文化發揚與保存最大的阻礙,實在不容忽視。

由於社會化過程並沒有合理地兼顧民族認同與國家認同,致造成原住民在認同上的困惑及污名感。在文化方面,也由於原住民文化政策缺乏系統性及根本性的作為,加上大量原住民流入都市,因此幾乎已經沒有「文化人口」,其文化生機奄奄一息,而原住民母語能力,已遠低於維繫一個語言的「臨界點」(黃宣範,1993)。

原住民自決的省思

一九九九年世界原住民教育會議的主題是原住民教育自決(Self-determination)的權利:「一切操之在我…」(The Answers Lie Within Us…),這也是世界原住民教育會議所草擬的Coolongatta原住民教育權利宣言的核心理念。Coolongatta宣言指出:原住民堅持主張有接受教

育的權利，然而就教育的本質和結果而言，教育早已被非原住民的標準、價值所建構與衡量，教育最終的目的是將原住民同化於非原住民的文化與社會。因此，原住民有權且亟需建立能展現尊重並包涵各原住民族文化價值與哲學的新教育制度，這些價值觀與生命哲學是數千年來形塑、養育及維持原住民族的文化搖籃。（李瑛，1999）

優勢文化本位主義的偏見

一般少數民族，在社會化過程中經常出現一兩難的局面，也就是應當堅持自己的價值觀，使之能區別於優勢族群，並可能招致低劣的印象，還是接受優勢族群所設計的文化環境，以喪失自己的文化來改善在大社會生活的機會。要解決這種兩難的方法策略，就是要承認現代化工業社會在公共生活範圍有一種共同的文化，這種文化是學校應該灌輸的，它不會對少數族群的民俗文化造成威脅，而民俗文化也可以在私人生活範圍內得到維護和尊重。這正是多元文化社會中，一切文化開始分享一個共同核心，它使任何人都不會因為自己的文化背景而受到貶低。所以，政府應檢視現在的大環境中，任何文化偏見或對原住民族之忽略，加以修正，使所有國民都具有基本的多元文化精神的素養，不應具有文化偏見的表現，以免造成原住民族群的傷害，及錯誤的示範。

現行學校鄉土文化教育的檢討

教育部為了回應原住民族群維護傳統文化的強烈訴求，公布「獎（補）助原住民實施母語要點」，同時在八十五學年度起實施的國民中小學新課程標準中，增加了鄉土教學的課程，並在之前就挑選了各族群原住民教師，參與各族群鄉土教材蒐集、整理和編輯。編製原住民鄉土教材有下列令人振奮的現象：（教育部，1992）

1.原住民教師的充分投入。

2.教材內容涵蓋周延。

3.教師手冊及教學指引完備。

4.學者專家的參與。

但是由於目前的母語教學是在正式架構之外所附加的，多元文化教育的精神與內涵並無法真正融入學校整體情境。而且目前的鄉土文化教育，大多偏重母語與歌舞教學，尚無法有效達到原住民文化的傳承與發揚，這些都是缺乏來自制度支持的特殊情況，也是族群文化語言本身所面臨的困境。

原住民文化傳承困境

現今原住民的文化可以說是一種「拼裝的」、「形式的」文化，這些可以從原住民語言文化的式微、人口外流、傳統歌舞者年齡的老化，以及紛亂的生活儀典…等證明（谷縱，2000）。對於長期受制於強勢民族文化箝制的弱勢民族，其對於自身文化的延續發展，猶如雪上加冰，現實面上已出現嚴重的斷層，不僅難以保存，更不易於傳承。這已造成臺灣原住民各族群文化傳承的威脅，也因而紛紛呈現危機意識，更在各族間建立起發揚、保存、傳承的積極共識。

結論與建議

有鑑於以上資料的顯示，在在都呈現原住民文化藝術的亟待搶救，及由於長期遭受不平等之待遇、強勢文化的同化與摧殘等等，造成現今原住民似乎已忘記自身的優質文化，各個族群的文化流失嚴重，已經衝擊各族群的存續，當這樣的危機被族群意識到時，若不積

極協助其文化的重整與妥善整理，將影響其文化的傳承。當然有更充足的資料顯示，目前政府也已有積極的措施，致力於原住民文化的保存與發揚，然眾多原住民族群，寄望政府的相關政策不是「補償」性質，而是更落實予以永續的尊重。

今後努力的方向

對於原住民藝術文化的傳承議題，受到社會變遷以及長期遭受到冷落的衝擊，已經使得原住民的未來，猶如雪上加霜，急待協助予以傳承。現階段及今後努力的方向可以由以下幾點加強推動：

1.結合政府與民間團體規劃設立原住民特色文物館。
2.發掘原住民藝術人才。

策劃籌辦原住民藝術季活動，其項目應包括：文藝創作、體能競賽、美術展覽、詩歌朗誦及歌舞表演、民俗才藝競賽活動及各族的豐年祭，藉以發掘培訓原住民藝術人才。

3.推動原住民文化研究調查。

委託學者專家及民間團體從事原住民文化之研究調查，如蒐集整理原住民各族傳統音樂、口述歷史、祭典儀式等。

4.協助原住民母語之保存。（文建會，1994）

落實「原住民教育基本法」之各項條款，將原住民文化藝術的傳承及發展納入新課程內涵中，增加教學時間。設立民族文化學院，作為培育師資及教師進修的途徑，同時在師資培育過程中，納入多元文化的課程、保障原住民各族群名額、學校鄉土教學師資聘任彈性化、建請將各原住民鄉鎮之國語推行員之編織，改為原住民文化推行員，

負責部落文化工作。

有效策略的建議

1. 政府當局應配合各國族政策之世界潮流，以多元主義、平等正義及時宜性和整體性的原則，修訂或調整憲法之民族政策條款，以符實際。
2. 尊重原住民的族群認同權，取消「平地原住民」及「山地原住民」之差別劃分。
3. 保障並落實原住民各項權益，並將之立法化。
4. 合理調整我國民族行政體制，以使之更具整體性與前瞻性。
5. 正視原住民語言文化消亡的危機，採取有效策略搶救即將消失的原住民文化，並拓展其文化再創造之契機。
6. 繼續加強原住民文化藝術活動，提昇原住民藝術創作水準，以能提供社會大眾更豐富的文化視野。
7. 加強支援原住民鄉鎮規劃興建原住民文化活動中心、傳統文物陳列室，提供原住民發展成長空間。
8. 有計畫培育原住民藝術人才，使原住民優質文物得以繼續傳承。
9. 積極籌設文化資產及民族音樂中心，研究保存文化藝術，使能發揚。

原住民文化政策設計和問題解決，不能單從經濟和生活輔導層面去思考，個人或民族的存在，是整體而無法分別，同時文化認同的渴望，也是人的基本需求，應將文化與特殊性的考慮，逐步反應在行政的推行與政策的規劃上，臺灣原住民的文化源遠流長，不僅是國家重要文化一環，也是全人類文化的寶貴資產，其表興與發展有助社會臻於多元文化之理想，擴大國家文化的縱深與內涵。為提振原住民文化最有力且最有效的方法，必須透過社會各種途徑，強化原住民固有文化之保存與發揚工作，進而培養民族自尊心與自信心，並謀求原住民

文化建設與發展、再創新猶。（華加志，1994）

　　以往有關原住民歷史文化的記錄與著述非常有限，從事研究的人也很少，所見歷史文獻紀錄，多出自日據時期的調查報告，由於原住民地區環境特殊，學術調查不易，人力經費與時間有限，致使內容無法有系統完整的記錄，難望有系統性、全面性、正確性的報告。再者，原住民族語言消失的危機，根據考古人類學家和語言學家的考證和研究，臺灣原住民文化語言，成為瞭解南島文化生活最重要的學術據點，原住民語言表興是一項浩大的工程，亟需整體規劃與推動。原住民傳統工藝逐漸失傳，係由於社會轉變的衝擊，隨社會要求的消失而隱沒，目前僅能由博物館古物之美，感受到文化存在的痕跡。

　　目前的臺灣社會已經越來越開放且成熟，政治也越來越自由化與民主化，由於「政黨競爭」時代的來臨，可以預見少數族群的意見將更受到關注，多元文化的價值也將逐漸受到肯定。更重要的是，最近十餘年來原住民的文化認同和自主意識上的要求已越來越強烈，「期望的昇高」必使原住民對政府的「原住民政策」有更多更高的期望。政府應該正視原住民語言文化消亡的危機，積極制定有效的策略，以搶救即將消失的原住民文化，並拓展其文化再創造的契機。

參考文獻

山海文化雜誌社（1996），臺灣原住民文化藝術傳承與發展系列座談報告書。

中華民國臺灣原住民族文化發展協會（1994），原住民政策與社會發展。

臺北文建會（1996），臺灣原住民文化藝術傳承與發展，236。臺北。

李瑛（1999）。世界原住民教育的迴響，《原住民文化與教育通訊》。臺北：原住民教育學會。

谷縱（2000），原住民文化何去何從，《原住民文化與教育通訊》。臺北：原住民教育學會。

吳堯峰（1994），《原住民政策與社會發展》，頁118。臺北：中華民國臺灣原住民族文化發展協會。。

張佳琳（1993），臺灣光復後原住民教育政策研究。國立臺灣師範大學教育研究所。

黃宣範（1993），《語言、社會與族群意識》。臺北：文鶴。

華加志（1994），關於原住民文化政策的幾點思考，《山海文化雙月刊》，9。臺北：山海。

譚光鼎、湯仁燕（1993），《臺灣原住民青少年文化認同與學校教育關係之探討》。臺北：臺灣書店。

21. 國小音樂科輔導教材之探討

彰化縣華龍國民小學

總務主任 陳進順

緒論

　　國民小學音樂科的主要精神，在於培養兒童愛好音樂、欣賞音樂、學習音樂的興趣和能力。尤其是我國的傳統音樂——國樂，更是培養兒童愛國情操、發揚高尚民族精神及服務社會的主要教材。因此如何激發兒童學習國樂的動機，並配合其身心發展及實際需要；精心研究國樂教材，選用適當的教學方法，以達成國民小學國樂教學的獨特目標，是我們教育工作者刻不容緩的事情了。

　　近年來，由於社會上各階層有識之士大力倡導「國樂教育」一改過去只喊口號，不見具體行動的作風，全面整頓規劃，由「坐而言」進而「起而行」；這不僅對國樂的發揚光大收到實效，亦且是對保存「我國傳統民族藝術」之人士的一大鼓勵。然而國民小學的國樂教育觀念，不但未爲一般家長所接受，甚至連小學的教師們往往也忽略了其重要性而未予重視，使得國民小學的國樂教育蒙上了一層陰影；總以爲國樂教學是可有可無，且影響考試甚鉅，學習國樂不如學習西洋音樂來得有用等錯誤觀念的影響，更使得國樂發展雪上加霜。筆者站在平時喜歡研習國樂、推展國樂教學之立場，願就平日所思、所讀、所學、所聽之心得，加以歸納、分析；希望對推展國民小學國樂之教學有所裨益。

我國音樂的簡史

遠古到戰國

根據古籍的記載，許多樂器和古代有名的樂曲，在中華民族始祖：伏羲、神農、黃帝諸時代已經發明與存在。尤其是以黃帝時代在音樂理論上有兩大成就：第一是命音樂家伶倫截取竹管制定了樂律；第二是決定了「黃鐘」律管的音高更是難能可貴。實用方面，當時嫘祖已經發明了蠶絲，可推想各種彈絃樂器的琴絃，已由植物纖維進為蠶絲了，他們對於音色的追求，當更講究。黃帝之後，許多樂器也相繼發明，譬如：琴、瑟、排簫、管、鼓…等等。

到了周朝，中國音樂進入了第一個高峰時代。當時，各派學術思想林立，他們對音樂的看法不一，所以在樂論方面的著作很多，其中以儒家思想的觀念影響後世最大。儒家認為：良好的音樂能移風化俗，而頹廢的音樂卻能腐化社會，所以又說政治的好壞，可以影響到音樂，而音樂的好壞，也會影響到政治。

有鑑於此，在這之先，周公旦輔助成王治國時，便制禮作樂，廣布天下，利用音樂的潛移默化力量來協治廣闊邦土與複雜群眾。以當時所能有的音樂材料來看，周代已充分的利用上，他們這種廣收博采的態度，造成了歷史上第一個音樂的輝煌燦爛高潮。由於周代的善於運用音樂力量，在內政、教育、外交、軍事上均確收甚大的功效，因而引起後世當政者對於當時音樂成就的憧憬，而屢次意圖重現當時的樂音。

綜觀周代，除了樂教制度的確立外，遠古音樂發展至此，樂器方面已八音咸備，創制特多。樂律已由五聲七音而十二律俱全。旋宮之法亦已發明，並合歌舞與奏樂一體。

秦漢至五代

經過了戰國之亂和秦代的焚書，周代的曲調和音樂技術，大部分無形消滅與失傳。萬古推崇的先王雅樂，至此實告崩壞，後世的雅樂，實際上已無法重獲當時的實質與內容。論著方面，秦始皇的仲父呂不韋，曾領導食客們撰寫了一部很有價值的《呂氏春秋》，是傳世最早述及以數求律的專書，也是探求上古音樂史大意的珍貴資料。

漢武帝時，武帝是一位雄才大略而且對文學、音樂都很有修養的君主，為了採取各地民謠，和培養訓練典禮音樂人才，他特別設立「樂府」，負責採編民謠，創立樂隊，並訂定了郊祀之禮，採用民間音樂為郊祀的音樂。

魏晉南北朝時，當時文人的琴曲已有很高深的造詣。著名的「廣陵散」一曲便是魏時琴家嵇康所傳。

南北朝，南朝因地域繁華，競尚俗樂，尤以清商樂為其重心，並保存雅樂於廟堂中；北朝胡樂胡伎盛行，許多西域樂器及樂人也相繼進入中原。目前我們所使用的琵琶，也大約在北魏時經西北傳入我國北方。

當中國音樂發展到隋唐時，更形燦爛，在唐玄宗時逢於極盛，蔚成中古文化的奇葩，是音樂史上的第二高峰。這時期，在樂風中很明顯的看出外族音樂已被吸收和融合到國人的創作裏頭。

宋代至清末

從宋代到清末這九百五十年間，中國音樂的發展有三個特點：

1.雅樂復古運動瀰漫
宋元明清各代的典禮音樂，都致力恢復周代以前所用的雅樂，而產生了模擬雅樂。值得一提明朝萬曆年間，朱載堉創立十二平均律，目前通行全世界。

2.民間音樂的轉移

一般性的軍樂，自漢代開始，歷朝均採用很大部分邊疆一帶的樂器及樂曲，這一時期也不例外，所用鼓吹樂的內容，均採自邊區民間的樂器及樂曲。此外，如鑼鼓、吹打及其他民間合樂曲調，自明朝以後在各地流行其廣，種類及風格各異，其中許多民間曲調都為下述的詞曲音樂提供原始素材。

3.詞曲音樂的興盛

近世期中所產生的各種詞曲音樂，支配了這段期間的我國樂壇。例如，宋代的「詞」；類似迴旋曲式的「傳踏」；類似組曲的「唱賺」；類似歌舞劇的「隊舞」；曲體非常複雜的「諸宮調」和「大曲」等等。

民國以後

民國建立後，許多體制均仿西歐，音樂亦大量吸收西方體制與教材，部分有識之士，例如，周少梅、劉天華等氏逐致力於國樂的復興改革。抗戰時期一全國軍民同仇敵愾，全面抗戰，產生了數以千計朝氣蓬勃，熱血澎湃的愛國抗敵樂曲。在物質條件貧乏，生活困苦的情況下，大家皆能奮發堅定地發展音樂，舉辦各種演奏會。

台灣光復以後一部分國樂家相繼來台，共同甍展台灣的國樂。自此以後，各級大、中、小學如雨後春筍般陸續成立國樂社團，經常演奏新曲或民謠、古曲等。願我們共同為中國音樂史創造第三個高峰。

我國民族音樂的特色

民族音樂的形態特色

國樂既然是代表我們中華民族的音樂，當然具有濃厚的民族「風格」、「特色」和「表達方法」，而這些便形成了我國民族音樂極重要的構成因素。

1.民族音樂的風格

音樂風格，就是用國人所熟悉的民族音樂語言來作成曲調，使中國人聽來親切易懂，外國人聽來別具風味的一種音樂。這裡所稱的「民族音樂語言」，是包括了我國傳統的古曲音樂以及各地方民間音樂所慣用的音樂語法。這種語法的產生，表面上是以五聲音階的進行為主，實際上是藉著以五聲音階的調式結構為基礎；運用各種已知的音階進行方法來構成的。

2.民族音樂的特色

我國音樂發達得很早，遠在上古時期的周代就建立了各種樂制，從所謂的「八音」；金、石、絲、竹、匏、土、革、木各種類型的樂器，經過歷代的演變、吸收和改進，便成為一套非常完備而富有民族色彩的樂器體系。因而我們的傳統樂器，無論在音色及性能上，都有它們的獨特之處，沒有其他樂器可以取代。

3.獨特的表達方法

具體地說，就是「聲韻兼備」的演奏（唱）技巧。我們中國音樂無論是演唱或是演奏，都講究腔調的韻味。這也是構成中國音樂風格所不可缺少的重要因素之一。中國的樂器，除了極少數有音階的打擊

樂器而外，幾乎全部具備了這種製造「聲韻兼備」效果的性能。所以祇要適切地發揮這種聲韻的表達方法——就是產生各種不同韻味的演奏技巧——便能畫龍點睛地襯托出中國音樂美妙的神韻了。

民族音樂的本質特色

中國音樂由於受到我們民族習性與傳統文化的影響，在本質上還具有多方面的特點。

1.我們的音樂充分表現了悠美典雅，剛柔並濟的氣質

這和我國自古以來愛好和平，崇尚正義的民族精神是一致的。這種精神即使有時遭到外力的衝激，也不會產生大的影響作用。也許這是因為我國歷史文化悠久，民族優良傳統根深蒂固，絕不因一時的異常現象而使其改變。

2.我們的音樂在表現上是細膩而深刻的，講求意境的塑造和感性的發抒

並且含有自然的民族感情，是美化人生、淬勵情操的無形薰陶方式。小則涵養心性、砥勵志節；大則促進社會安定祥和，發揮國民精神力量。是有益於社會人群的高尚藝術。

3.我們的音樂是屬於大眾化和雅俗共賞的，能夠普及社會，深入民間

既可當做娛樂消閒，也可作為學術研究。中國樂器不但便宜而且易學，任何人都買得起學得會。由於近年的不斷改進，在理論的探討以及樂器的製造和教學法上，都已逐漸邁向學術化及科學化的境地。

國樂調式——五聲音階

我國五聲音階

　　我國的五聲音階，音階內祇有五個音，各音之間，或為全音，或為小三度。這五個音的名稱，古代叫做宮、商、角、徵、羽，用現在的唱名唱出來，就是Do、Re、Mi、Sol、La。

宮	商	角	徵	羽	宮
Do	Re	Mi	Sol	La	Do

五聲音階的調式

　　我國的五聲音階有五種調式，五個音各輪流起調一次，便可排成五種不同的調式。這五種調式的名稱，古代叫做宮調、商調、角調、徵調、羽調。

識別五聲音階調式的方法

　　五聲音階的歌曲，雖然也可應用大音階的調號來記譜，但不照調號來識別調式。通常我們判斷這首歌曲是什麼調式，是要看這首歌曲的結音（歌曲結束的一音）來決定。如果結音是首調唱名Do，就是宮調；是首調唱名Rel，就是商調；是首調唱名Mi，就是角調；是首調唱名Sol，就是徵調；是首調唱名La，就是羽調。例如：

數哈蟆（四川民歌）

首調
唱名
: Sol Mi　Sol Mi　Sol Do　Re　　Sol Mi　Sol Mi　Sol Do　Re

Sol Mi　Sol Mi　Do Re Mi Re Do　La Do La Do Re　Do La Sol

La Do La Do Re　Do La Sol　Mi Sol Re Mi　Sol

Do La Sol　Mi Sol Re Mi　Sol　Mi Do　Re

　　這首民歌是五聲音階（無半音），它結音Re，就是商，所以我們判斷它是五音商調。

現代常用的中國樂器

管樂類

1.笛

笛在中國音樂史上佔有不可或缺的地位,其中又分爲曲笛、梆笛和十一孔笛:

曲笛:笛管粗而長,發音柔美,嘹亮,常見於江南絲竹樂或崑腔中,故又名「崑笛」

梆苗:笛管較曲笛細而短,發音高亢、嘹亮,常見於北方梆子戲或地方戲曲中,因而得名。

十一孔笛:是我國近代改良的吹管樂器,發音孔共有十一個,可自由轉十二個調。

2.笙

古代將這種樂器列入匏類,後來才慢慢的改爲木或銅的,管下部有一小孔,當按閉時管內氣柱即與簧共鳴而發育。這種樂器當由口簧逐漸演進而成爲可奏和音的樂器。

3.簫

直吹爲簫,橫吹爲笛。簫又分爲:

南簫:管子粗大,吹孔打通。
北簫:管子細長,吹口大半留節。

吹簫要和平、婉轉和靜意。傳統上有氣長、音滿、朗靜、悠遠、

圓潤等五宜。又躁急、輕浮、錯亂、粗暴、懦弱等五忌的說法。

4.鎖吶

鎖吶又名「喇叭」，是中國古老的民間樂器之一，聲音響亮，是一種雙「簧管」樂器，中間部分稱銷吶桿，底部用一個喇只形，金屬製造的擴音器，把聲音擴大。

絃樂類

1.琴

為我國非常古老的樂器，所以又稱「古琴」，有七絃，琴上有十三徽。

2.箏

古代的箏有五絃、六絃、七絃、九絃、十絃、十二絃、十三絃、十四絃、十五絃、十六絃、十八絃、二十一絃等多種，常用的有十六、十八、二十一絃。

3.琵琶

在漢朝武帝時由西域傳入中原。日本仍舊保存著唐朝傳去的式樣，並用木撥彈，我國則自唐朝琵琶演奏家裴洛兒廢改手彈後，各種技巧大為進步，琵琶上的品數也隨時代而逐漸增加。

4.三弦

是根據三代的謬鼓改變而成，這種樂器在唐朝是樂人所習奏的，現在日本稱「三味線」也是一種通俗樂器。

5.阮咸

為低音彈絃樂器，近年在台灣創製之四絃大阮與低音阮音量大，音色低沉渾厚，且絃品較多，性能大為增加。

6.月琴

形圓如月，所以叫月琴，琴身較扁，琴頸也短，上有四絃，兩絃同定一音。

7.南胡

盛行於長江流域，所以叫作南胡，琴筒較京胡、二胡要大，琴桿也長，筒上蒙的是蟒皮，鑾音柔和悅耳。

8.中胡

音色沉厚，其定音較南胡低五度。

9.大胡

於民國二十五年創製，琴胴大而厚，而均蒙木板，以粗老絃或牛筋絃，發音渾厚。

10.低胡

爲低音的擦弦樂器，較大胡低八度。

擊樂類

1.揚琴

從前稱「洋琴」，因爲是中東地區的樂器，清朝時傳入我國，絃線爲銅絲或鋼絲是用兩支竹槌敲擊發聲。

2.敲擊樂器

鐘類、磬類、鑼類、鈸類、鼓類、木類又稱敲擊樂器。

我國打擊樂器種類之多爲其他民族所罕見。在戲曲、舞蹈、宗教、祭典以及節慶等各種性質的音樂中，都少不了它們。甚至很多創作的音樂作品裡面，也都靠著它們來製造特殊氣氛。可說是中國音樂

最具特色的部分。一般使用的約有：

（1）大鼓、小鼓。

（2）大鑼、金鑼、京鑼、雲鑼、風鑼。

（3）大鈸、小鈸。

（4）鈴鼓、串鈴、雙星。

（5）銅磬、音階銅磬。

（6）大、小木魚、音階木魚等。

國樂團的組訓

樂團的形成

　　國樂的演奏形式很多，有的因地區不同而互異，有的因人數多寡而有別。而在我國的傳統樂隊中，除了以演奏雅樂的古式樂隊外，大部分均爲地方性的民間樂隊組織，而他們的演奏內容也多偏重於地方色彩的樂曲。直至民國三十一年，才出現了一個頗具規模的現代化國樂團，那就是由陳濟略、甘濤和高子銘等國樂家運用了新的組合形式，也採取了新的演奏內容。這些新的樂曲既不偏於任何地方色彩，而又能顯示具有代表性的中國音樂典型。這劃時代的創舉，無寧說是開拓了國樂發的新的里程。

演奏方式

　　國樂團的演奏方式，隨著樂器的改進，人數的增加，以及基於樂曲效果的要求，自然地構成立體交響化的形態。這種聲展，並不是模仿西洋交響樂的形成，也不要把國樂團的某部分比作西樂團的某部

分，因為在樂器的性能、數量的配置，乃至於樂曲的表現上，都有不同之處。因此在國樂的演奏方式上，我們將同類的樂器予以分組，然後根據音響原理把每組樂器的音量、音色、以及演奏時所需要的空間，作一適當的調配，使各部分能均衡而集中排列，以使整個樂團在彼此能夠獲得充分協調及統一的指揮之下，產生有層次的綜合音響美感。這便是現代國樂團演奏方式形成的唯一原因，也是大規模樂團演奏的必然發展。

而在國樂團的編制，目前雖然還沒有演進成一種固定的型態，但將樂器分為吹管、撥絃、擦絃及打擊樂器等四組予以適當配置的原則，似已確定。而其演奏時的隊形，就要看參加演奏的入數來決定了。

樂團的組成

廣義的說，多數人使用相同或不同的樂器以演奏樂曲即可成為樂團。但以某種特定的形式與要求的樂團並不如此單純。樂團的組成，應根據人數按比例來決定樂器的配置。是一決定樂器配置的要素就是要看採用何種演奏形式而定：

1.古典國樂演奏形式

古樂演奏形式除單獨作音樂演奏外，並可配合詩樂演唱和樂舞表演，在表現上不但容易顯示我國固有文化的優美特色，且更能造成表演藝術的多彩多姿。

2.現代國樂合奏形式

現代國樂合奏形式最大的特點則在於承襲了民族音樂的傳統風格，擴充了民族音樂的表現領域，並能適應其表現技巧（包括作曲及演奏）在甄展上的不斷要求。

關於現代國樂團的編制，視實際情況和需要，其規模可大可小。

不過團員必須都要具備相當的演奏水準，否則不是濫竽充數，就是只能演奏一些簡單樂曲，那就顯得大而無當了。其中更需要特別注意的是：

（1）我國吹管樂器中之低音部分較為欠缺，為了達到合奏樂曲的某種音響效果，在改進我們原有的低音管樂器之前，似可暫以部分能與中國樂器調和的西洋木管和銅管樂器代替。

（2）撥絃及擦絃兩組如能加倍當然更好。

（3）其中板胡、南胡、擊樂等，隨樂曲之需要而加以靈活調動運用。不應墨守成規或刻板規定人數。

（4）「工欲善其事，必先利其具。」樂器是用以演奏樂曲的必要工具，一個樂團的好壞，除了團員的演奏技術與平素訓練而外，所用樂器的精良與否，也為重要因素之一。

樂團的訓練

樂團演奏的好壞，與平素的練習關係很大，一個具有高水準的樂團，平時不但需要有規律而認真的練習，而且需要有充分準備的訓練方式和妥善安排的演出計畫。此外還需要有一位既具有領導人力又有音樂修養的樂團指揮（或指導），因為他不但是構成整個樂團的重心，更是發揮樂團表現績效的動力。甚至我們可以說，沒有好的指揮（導）人才，就不會有好的樂團。

一個樂團的訓練，大體上來說有下列幾種：

1.固定的練習時間與場地

無論是專業的樂團或是業餘的樂團，練習時間和場地均以固定的比較好，這樣可使團員們在安排自己的活動日程或預定作息時間上，較為適切而有規律。場地的固定，不但可以避免搬移樂器的麻煩，也可節省練習時間，因為搬運樂器和排定位置往往浪費不少時間，甚至

影響團員的練習情緒。而練習的時間應就多數團員的條件許可下酌情訂定。每週不可少於一次。每週兩次則較佳,如其他條件許可的話,每週能練習三次更好(即每隔一日練習一次)。因為練習次數多的話,對於樂曲的演奏表現力和養成團員合作默契方面自然有莫大的幫助。

2.樂譜的週全準備

樂團練習的主要目的在熟練並發揮樂曲演奏的效果,因此對於樂譜的準備工作十分重要。一般的情形之下,應注意到下列各點:

(1)譜表不可太淡太小,以免影響團員的視力。

(2)音符宜力求清晰確實,以免造成團員視奏上的錯覺。

(3)樂曲如果太長,雙頁仍不夠抄寫時,儘可能在有休止的地方換頁。

(4)表情記號應力求完整適當。

(5)任何一份樂譜必須加註小節數,以便於樂曲的分段練習或加強某些樂段的練習。

(6)註明擦絃樂器的弓法及指法,可使音色音準獲得最佳的協調。

(7)反覆記號及休止符均應計算確實,並顯著標明,以免造成不必要的紛亂。

3.要求準確調音

樂團在練習之前,各部分樂器都要作準確的調音,通常以「笙」作為標準音的樂器,不過如果樂團中沒有笙的話,才用揚琴代替,但須事先精確調音,而在敲擊時,力度要儘量均勻。

至於使用音叉及定音笛等工具作為標準,優點固然很多,不過由於他們的音量很小,必須個別調音,浪費很多時間,又因製造技術及運用原料的關係,各種產品的標準音高,亦有顯著差別的情形,對整個樂團的音響協和上來說,也不絕對可靠。所以在選購這類定音工作

時，要特別注意，必須達到精確的標準才行。

　　就技術水準的觀點而論，最好的調音方法，乃是訓練每一團員均具備一副最佳音感的耳朵，在聽到標準音之後，即以最快的速度，在最短的時間之內調準高音八旨需要調音的各種管絃樂器）通常樂團調音均採取個人、分部和整體調音的程序，當然最重要的關鍵在於「個別調音一部分。最好由團員自己調音，除非音感特別差的人，否則儘量避免由別人代勞。

4.練習的方式

　　一個訓練有素的樂團，必然具有相當的演奏水準，換言之，高的演奏水準必然要靠有效的練習得來。因此，樂團的練習，應講求方法，把握重點，根據樂曲的需要、團員的素質，運用各種不同的方式施以確實的磨練。

　　在實施練習的過程中，擔任指揮（導）的人，應該注意每一個細小的部分；音程的準確，節奏的適切，應列為基本的要求，其他如力度和速度的適當表現也不能馬虎放過，並經常提示團員在演奏時應有的表現方法。遇有較複雜或技巧較難的樂句或樂段，宜反覆演練，直至認為滿意時為止。練習應該確實，不必求快，因為技術的求進是沒有捷徑的，必須在不斷而正確的磨練中，才能達到純熟的境界。

　　此外，在練習演奏時，團員除了正確表現自己的部分以外，還要用眼睛的餘光留意指揮的動作，以及憑感覺跟隨樂團的進行，造成完美的合作默契，切忌不管別人只顧自己的亂搞，尤其是擔任吹管樂器的團員，應隨時留意吹出準確而與樂團協和的音來，否則只是「埋頭苦吹」必將影響大局。

樂曲的處理

　　任何形式的樂曲，無論是屬於齊奏或合奏，必有其一定的表現特色，樂曲中的特有情節和趣味，應使所有演奏員獲致充分的瞭解，並

促使大家的觀點趨於一致，在演奏時才可望達到理想的境界，否則祇是將不同的音符逐一演奏，毫無情緒感應與內心共鳴；則充其量祇不過是製造一連串的音樂而已，絕無音樂氣氛可言。

處理一首樂曲，應該先瞭解這首樂曲的創作或形成的思想背景，它是屬於一種甚麼性質的樂曲？在純技術的表現方面是否為本樂團所能勝任？這些問題往往為一般樂團所忽略，以致很難於適當地表達該樂曲的真正效果。而上述問題，正是構成該樂曲的特色，這些特色由於其表達方式的不同，使每一樂曲可以產生各種不同的音樂效果。因此，我們對樂曲的處理，如能把握這些特色，必有助於發揮樂曲的效果。

當然，對於樂曲的處理，各人自有各人的觀點，對樂曲的見解也未必一致。但最主要的是必須依據既有資料對樂曲加以分析體會，通過適當的處理程序，予樂曲以新的註釋，使樂曲的原始意境在您的演奏中再現而不是盲然地依樣畫葫蘆，這種演奏才有音樂感性，這種樂曲才有音樂生命。

紀律與榮譽

樂團的練習，應有一定的紀律，大家遵守紀律才能建立團隊的榮譽。而紀律的訂定應是團員發自內心、自動自發的規條，如平時練習的勤奮、認真的程度、守時的習慣、樂器的自行調理、虛心接受指導者的糾正、愛護公有器材…等都必須確實遵守。

對不守紀律的團員，要有防止或制裁的辦法，以免影響練習情緒和整個團體的榮譽。因此，每一個樂團最好能訂立一個可資據以獎懲的組織規章而加以認真的執行。唯有優良的紀律才會有良好的表現，樂團有好的表現才能建立傳統的榮譽感和團隊精神。

使用簡譜的說明

1. 樂譜為記載音樂的工具，如同文字之記載語言。任何形式的樂譜，只要能忠實而全部地將音樂記錄下來，並能使演奏者毫無遺漏地予以再現，就具備了實用的價值和功效。

2. 「簡譜」也就是首調樂譜，用數字來代表音階的高低。對於以五聲音階調式為基礎的我國民族音樂來說，它確已具備了足夠的表達功能。「簡」是指「簡化」的意思，絕非「簡陋」，它已形成一種樂譜制度；一種能夠充份地為中國音樂而服務的樂譜制度。

3. 由於簡譜是首調樂譜，所以任何調的「Do」都是「1」，因此使它成為一種最便捷的移調樂譜。

4. 「線譜」是較為完備的樂譜制度之一：現已被全世界所採用，我國的音樂教育亦以使用線譜為主。但我國傳統樂器的教學法，自古以來均採用「旋相為宮＊之法。也就是各調「Do」的位置在樂器上是不固定的。這在某種角度上來看雖不夠科學，但在藝術表現上卻極具特色。因此，在實際演奏中，簡譜往往較線譜來得更為方便有效。

5. 線譜與簡譜的同時應用，不僅絲毫不相抵觸，而且能夠相輔相成，各盡所長。如同我們除了會說標準國語之外，同時又能說幾種方言或外國話豈不是更好嗎？以現代人的學習能力來看，懂得線譜又會簡譜並不困難，事實上大多數學習音樂的人都能有效地使用簡譜。

6. 簡譜除了音符係以數字代表而外，其他如節拍及表情記號，都與線譜完全相同。

7. 我國調式風格的音樂宜以「首調唱名」來表現。如採用線譜的話，最好也要用首調唱名法來讀譜，這一點請擔任指導的老師們要特別注意。

8..民族音樂的特質有其一定的表現領域與風格要求，我們的音樂應該隨著時代的進展而日益發揚光大。但也必須避免因求變心切地反倒失掉自我。在「復興民族文化」的時代使命之下，從事音樂教育工作者，不僅要恢復民族自尊自信心，更要對我傳統民族音樂的特質多加體認，進而運用一切新的好的音樂處理方法，使它成為影響未來世界音樂文化的一支主流。

線譜、簡譜及首調唱名對照表

（簡譜寫法）	1	2	3	4	5	6	7	i
（首調唱名）	Do	Re	Mi	Fa	Sol	La	Si	Do

結論

我國傳統國樂推展至今，已受到海內外普遍喜愛。尤以各級學校的青年學子更是研習者與日俱增，水準亦逐日提高。更由於國樂已行納入了音樂教育的正軌，使其在提高學術與技術水準方面，產生了顯著的績效。

然而目前社會業餘及各級學校的國樂組訓情形看來，在形式上不但很不一致，在處理的方法上，也有很多值得研究的地方。尤其是國民小學的國樂團隊，有的指導老師本身即不是音樂學習者，對國樂又沒有深刻的認識與經驗。有的雖然由音樂老師兼任，但因為從前沒有學過或下過工夫，又缺乏實際工作經驗，在處理組訓工作上感到困難重重，而在無法向別人請教或找不到處源幫助的情形下，只好避重就輕，甚至退避三舍而不敢問津。更令人擔憂的是國民小學有組訓國樂團隊的更是寥寥無幾，這些實在是發展學校國樂活動的嚴重組礙。

要使我國國樂教育在國民小朋友育中深根，更有效的基本做法，除了培養優良的師資外，便是從教材教法方面著手了。在標本兼治的計畫配合之下，加入適當的教材、優秀的師資、優異的教法，多方面密切配合之下，才能使國樂教學真正的落實，也才能培育出傳承薪火的「新生代」。

參考文獻

楊家駱（1975），《中國音樂史料》。鼎文。

不著籍（1971），《中國古代音樂史料輯要》。學藝。

楊兆禎（1988），《中外音樂故事》。

朱方明（1971）《中國古代音樂家》。天同。

王光祈（1956），《中國音樂史》。台北：中華書局。

許之衡（1996），《中國音樂小史》。台北：商務。

梁在平（1971），《中國樂器大綱》。中華國樂會。

孟瑤（1965），《中國戲曲史》。傳記文學。

許常惠、游素鳳著（1991），《中國的音樂》。台灣省教育廳。

劉德義（1971），《中國音樂故事》。樂雅。

高子銘（1956），《現代國樂》。台北：正中。

劉毅志（1980），《國樂淺說》。台北：大中國。

董榕森（1974），《實用中國樂法》。大聖。

江永生（1973），《洞簫彙編》。中華國樂資訊社。

楊素珍，《國樂教學》。省立台北師專。

江永生（1978），《蕭笛曲集》。中華樂訊雜誌社。

魏德棟、魏德樑（1989），《箏藝曲集》。生韻。

22. 環境教育與廢棄物處理的調查研究：以屏東縣內埔國小為例

屏東縣內埔國民小學

輔導主任　鍾美津

前言

　　環境，可分爲：

1. 自然環境（包括地理空間，各種自然環境系統）。
2. 社會環境（社會裡面的現象、結構、制度、社會階級、行政的型態、政治、經濟、生活方式和現象等社會的生態環境）。
3. 規範環境（亦即價值的環境，這是我們在人類群體生活當中所持有，和所形成的態度、價值觀念）。

　　教育其實就是學習生活的歷程。環境教育的特性是：強調自然狀態下學習的教育，是民主教育而且是終身教育，在本質上是一種價值教育，是整合性的跨科際教育。環境教育是一種多元化的教育，應該注重環境的整體性，不可能說一時做了就好，必須永續經營，而且教導國民使之瞭解環境的內在關係並能重視環境。是以整體環境爲教學內容，涵蓋認知、情意、行爲的層面，透過科際整合的教學方法，增進學生對環境的認識、理解，從而建立積極的態度和責任，提昇人類生活品質的教育歷程。

　　近年來，由於工商業發達，科技的進步，我們享受了繁榮與富足的生活，確實帶來了環境污染與公害問題，諸如交通秩序混亂，造成許多可怕的車禍。工廠排放廢氣、廢水污染了大自然，且造成慢性疾病，妨害了國民的健康，破壞了人類與生活環境的和諧，使得大家都非常痛心。其實，要做好環境衛生，首先，就要做好垃圾的處理，而學校是社會進步的動力，更應大力推動環保教育，從「節用愛物」到「天人合一」、「物我共存」及生命共同體的觀念，是當今環保教育的核心，宜從下列各項做起。

環境教育的重要性及推展策略

根據環境教育季刊報導認為在國小要教導學生下列知能

認識自然環境的教育：引導學生透過自然觀察，瞭解自然發展的歷程與現象，以觀察自然、接近自然、進而愛護自然。

保護自然環境教育：深入探討人口問題、糧食、水污染、空氣污染、能源、公害防治、交通等問題，使學生瞭解保存自然動物與山川土壤、森林之重要。

環境科學教育：培養環境科學、專業人才，促進環境科技專業化，以提昇環境保護工作的績效。

為培養兒童環境保護意識，學校應有下列做法

1.環境的創新

（1）建立人性化，民主化的學校人文生態，使學生感覺自由、和諧、積極的學習效果。

（2）塑造創意、美化、綠化、無噪音、無障礙，符合衛生、安全、創新的校園。

（3）師生共同參與規劃生態教材園：花圃設計，植物認養活動。（例如，設置一個網室型含自動噴灑系統的教材園，依功能性為：陸生、水生植物生態區及小動物展示區，每班認養一種植物，做報告及簡介）。

2.配合各科教學

(1) 環境教育配合各科有關單元、設計教學活動，（可採多元方式融入教學中，例如，知性之旅、夏令營、認識校園…等活動）。

(2) 編擬設計生動活潑，富趣味性的自然環境保護教材，隨機施教。（取材生活化、鄉土化、由淺而深、材料易獲得觀察，例如，抓蝦、摸蟹活動，從活動中適時切入生態保育觀念。鼓勵學生以環保教育為主題，從事自由研究）。

(3) 落實社團活動的規劃與實施，設「生態保育組」、「生產勞動組」。（例如，利用週末舉辦淨山、淨河、淨灘等活動，撿拾垃圾、種菜…，保持乾淨的生態環境）。

3.設計自然環境保護教育活動

(1) 訂定「自然環境保護教育週」，配合舉辦各項藝文活動，機智搶答。（例如，以「我愛家鄉的溪流」，「山坡」或「我愛校園」為主題，配合舉辦音樂、繪畫、作文……等藝文活動，加深大家對環境教育應負有的責任感及義務）。

(2) 舉辦整潔、勞動服務、公務保養等競賽。

(3) 配合戶外教學活動，設計合宜可行的自然環境保護教育活動。（出發前能透過幻燈片、錄影帶……等媒體做行前解說，到現場教學時，儘可能引導體驗與觀察，記錄之學習活動）。

整體規劃社會資源的運用

透過社區，家長會喚起民眾對環境保護的關心與參與。（能適時引領家長參與、規劃、指導、行政……等，可強化師生互動、瞭解）。

透過社教機構辦理社區政令宣導，各項研習觀摩活動。（使大家都能解決周遭環境的問題，進而會珍惜、愛惜）。

鼓勵兒童隨手做環保，注意身邊的一草一木，關心社區。

編製問卷調查，並提出自己的看法：提供環教工作之策劃與推動。（包括：資源回收、節約用水、用電、垃圾減量、校園環境綠化、美化、校園噪音管制，綠色消費（使用低污染產品）、其他……等）。

鼓勵教師進行環境教育相關研究：充實教學資源設備。

實施垃圾分類和資源回收，並透過各項環境衛生教育活動，加強推動校園環境衛生工作。

加強國內、外學術教流，並運用現代化教學資源，建立完善之推廣網路。

定期實施環境教育評鑑，藉以追蹤實施環境教育的情形，促進環境教育功能及組織落實。

人人製造垃圾，垃圾量逐日增加，使用期限能有多久，令人懷疑，沒有人願意垃圾場設在自家村落附近，這種本位主義的心理作祟，是人同此心，心同此理，因此解決垃圾量逐日增加的困擾，實施垃圾分類資源回收是不可失為上策的辦法，垃圾分類為解決紛爭之本，既減少垃圾量又教育民眾惜福美德。

環保工作，不應止於片面與消極的宣導，應積極的建立共識，結合全民的生靈智慧，由小學教育開始，開創環境品質與生態平衡的新景象。

內埔國小廢棄物的調查研究

研究動機

　　我們在清理垃圾場時，發現垃圾場堆滿了廢鐵罐、塑膠袋、紙袋、紙屑、果皮…等廢棄物，不知道要如何處理。有位同學建議點火焚燒，結果一時濃煙瀰漫，並散發出陣陣刺鼻的氣味，真叫人受不了，最後仍然剩下一大堆燒不掉的鐵罐、鋁罐、玻璃瓶等東西，於是大家想：這些東西不是可以再回收利用嗎？因此我們想藉著這個機會瞭解我們學校到底製造了那些廢棄物，每天生產了多少廢棄物？要怎樣使這些廢棄物再加以利用？於是我們就共同探討這個問題。

研究目的

　　1.探討本校廢棄物的來源。
　　2.探討本校廢棄物的種類及特性。
　　3.探討各年級廢棄物的數量。
　　4.檢討本校廢棄物處理方式及改進方法。

研究器材

　　1.彈簧秤。
　　2.醬瓜瓶。
　　3.酒精燈。
　　4.鑷子。
　　5.電算機。
　　6.清水。
　　7.各類廢棄物。

研究過程

問題（一）有多少人製造廢棄物？

1.分組調查本校各班級學生數和教師人數。

2.調查結果如下表：

年級	一　年						二　年					三　年					
	甲	乙	丙	丁	戊	己	甲	乙	丙	丁	戊	甲	乙	丙	丁	戊	己
人數	49	49	52	53	52	52	54	59	54	55	55	47	46	46	46	47	47
	307						277					279					

四　年						五　年						六　年						合計	教師	總計
甲	乙	丙	丁	戊	己	甲	乙	丙	丁	戊	己	甲	乙	丙	丁	戊	己			
50	51	51	46	46	46	48	50	51	48	50	47	45	45	49	45	45	45	1720	62	1782
290						294						273								

問題（二）有那些廢棄物？

1.在校園內蒐集學生和老師丟棄的廢棄物。

2.校園中常見的廢棄物如下表：

3.將以上廢棄物分成紙屑、金屬、塑膠、玻璃、果皮等五類。

廢棄物	樹　葉	塑膠袋	鐵　罐	牛奶盒	紙　屑	果　皮	木　塊	塑膠罐
來　源	樹　木	包食物	裝飲料	包裝牛奶	廢　紙	水　果	廢桌椅	販賣機
發現地點	樹　下	垃圾桶	垃圾桶	教　室	教　室	垃圾筒	倉庫邊	校園內

玻　璃	破布爛	粉筆屑	荣　屑	保麗龍盒	狗　屎	竹　棍	鉛筆屑	
破玻璃瓶	抹　布	粉　筆	午　餐	便　當	狗	掃　把	鉛　筆	
垃圾場	垃圾桶	教　室	垃圾桶	堆積場	操　場	圍牆邊	教　室	

問題（三）有多少廢棄物？

1.設計記錄表，並按日把各類廢棄物加以測量統計。

2.分組進行測量各班垃圾桶裡的廢棄物重量並作記錄。

3.各班廢棄物每日平均產量如下表：

單位：克

年級 廢棄物	一 年						二 年					三 年					
	甲	乙	丙	丁	戊	己	甲	乙	丙	丁	戊	甲	乙	丙	丁	戊	己
紙屑	208	665	305	210	270	410	435	280	545	335	170	218	106	180	341	286	226
金屬	450	310	225	265	375	230	370	155	380	460	165	196	192	103	157	227	153
塑膠	155	235	200	155	225	175	265	245	265	440	90	262	317	85	241	275	158
玻璃	0	0	40	0	0	0	0	0	4	30	6	4	0	0	8	0	0
果皮	200	335	200	210	215	110	155	210	150	80	145	205	331	136	242	271	223
合計	1013	1545	970	840	1085	925	1225	890	1344	1345	576	885	946	504	989	1059	760
	6378						5380					5143					

四 年						五 年						六 年						
甲	乙	丙	丁	戊	己	甲	乙	丙	丁	戊	己	甲	乙	丙	丁	戊	己	
587	182	705	252	600	40	177	221	726	486	267	320	250	118	280	223	118	320	10982
502	162	678	146	193	50	254	276	231	244	344	210	180	256	109	264	126	210	8689
462	166	425	214	410	240	251	343	284	306	415	530	204	191	302	391	146	530	9564
0	5	0	3	0	0	0	7	0	0	0	6	0	5	0	0	0	0	112
434	191	445	110	195	120	242	332	267	565	203	150	120	158	169	304	150	150	7783
1958	706	2253	725	1398	450	924	1179	1508	1601	1229	1210	2523	723	860	1182	540	1210	38966
7517						7510						7038						38966

4.根據上表資料各年級每日生產的廢棄物的比較如下表：

各年級每人每日生產廢棄物比較圖

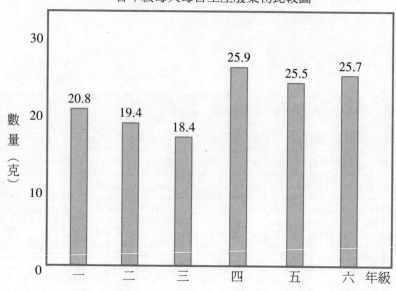

全校每日各類廢棄物數量比較圖　　單位：克

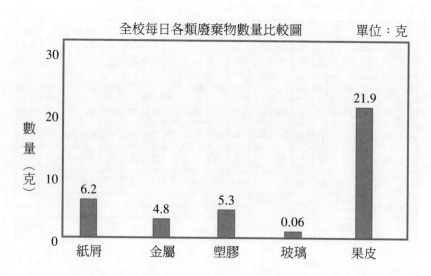

問題（四）怎樣處理廢物？

1.廢棄物有什麼性質？

◇用火燒燒看！

廢棄物	現　　　　　　　　　象
紙　屑	很快燃燒，火焰大，帶橘色有黑煙，並有黑色易碎的殘留物
金　屬	不燃燒，不冒煙，發紅
塑　膠	先熔化，再燃燒，冒出大量濃煙，火焰大且燃燒時間長，有刺鼻的氣味使人噁心
玻　璃	不熔化，不燃燒，會碎裂
果　皮	先冒出白煙再開始燃燒，火焰小，稍帶黑煙，有黑色易碎塊狀殘留物

◇用水泡泡看：

浸泡在水中的情形如下表：

廢棄物	現　　　　　　　　　象
紙　屑	有臭味，會腐爛
金　屬	不變形，不易腐爛
塑　膠	不變形，不腐爛
玻　璃	不熔化，不燃燒，會碎裂
果　皮	不變形，不腐爛

2.本校處理廢棄物的現況：

<table>
<tr><td rowspan="3"></td><td colspan="6">1.目的：使本校有個乾淨的讀書環境，並養成學童喜愛整潔及良好
　的垃圾分類處理的習慣。
2.本校每日各班所產生的垃圾有下列五大類，茲將其處理方法列表
　如下，希望全體師生期同來實施。</td></tr>
<tr><td rowspan="2">垃圾分類</td><td rowspan="2">來源或包含項目</td><td rowspan="2">處理方法</td><td colspan="2">垃圾桶</td><td colspan="2">打包後處理</td></tr>
<tr><td>紅</td><td>藍</td><td>時間</td><td>放置地點</td></tr>
<tr><td rowspan="2">計</td><td>一、教室
　　垃圾
（分二項）</td><td>在教室走廊產生</td><td></td><td></td><td></td><td></td><td></td></tr>
<tr><td rowspan="3">△課業垃
　圾

△零嘴垃
　圾</td><td>做功課時所產生
紙屑、橡皮屑、
鉛筆屑…</td><td>用墊板或紙
張盛放好丟
棄</td><td>ˇ</td><td></td><td>星期
一、
四放
學後</td><td>四號門外
通路與廣
濟路叉口</td></tr>
<tr><td rowspan="2">畫

內</td><td>自己帶來或在合
作社購買之零食
的包裝：
1.用紙、塑膠
　袋、軟瓶</td><td>打結</td><td>ˇ</td><td>ˇ</td><td></td><td></td></tr>
<tr><td>2.飲料盒、軟硬
　罐</td><td>壓扁</td><td></td><td>ˇ</td><td>隨時</td><td>老人會前</td></tr>
<tr><td rowspan="2">容</td><td></td><td>3.塑膠硬罐、保
　特瓶</td><td>儘量壓扁</td><td></td><td></td><td>隨時</td><td>老人會前</td></tr>
<tr><td></td><td></td><td></td><td></td><td></td><td></td><td></td></tr>
</table>

計畫內容	二、打掃垃圾	打掃時間所產生					
		1.教室或走廊產生者		∨		打掃時間	教室
		2.室外產生者	同教室垃圾處理 △可燃		∨		
		（1）樹枝	△不可燃			打掃時間	垃圾場邊
		（2）樹葉 △乾的 △濕的或部分濕的	放樹枝集中場（垃圾場邊）、放垃圾場內放垃圾場內的垃圾桶中			打掃時間	垃圾場 垃圾場邊濕葉集中地
		（3）塑膠袋、瓶、盒、紙及其他可燃性物品	放垃圾場內的垃圾桶中			打掃時間	垃圾場內垃圾桶
		（4）泥土、碎石及難以揀拾的碎垃圾	集中後填入自己的掃地區或校園四周低窪處			打掃時間	校園低窪處
		（5）資源垃圾	老人會前回收			打掃時間	老人會前

	垃圾分類	來源或包含項目	處 理 方 法	垃圾桶		打 包 後 處 理	
				紅	藍	時間	放置地點
計 畫 內 容	三、廠商 　回收 　垃圾	1.牛奶盒罐	飲用後洗淨 壓扁每十個 裝一盒，罐 子另外放置			每天	二丁教室 後
		2.午餐餐具 （1）飯盒、湯匙	重疊放置， 不可散亂			中午 12時 30分 前	永棋一玄 關前大聚 甫如眞眞 好（由廠 商帶回）
		（2）竹筷	用橡皮筋綁 好				
		（3）筷袋、湯 　　袋、橡皮筋	先打結，再 放置餐盒中				
	四、資源 　垃圾	1.大型紙盒、箱	拆開壓扁 綑綁好			每天 放學 前	老人會前
		2.廢紙、廢棄之 書報課本簿冊 …					
		3.軟硬罐、保特 瓶	壓扁				老人會前
	五、其他 　類垃 　圾	1.金屬類：廢五 金、電線、鐵 釘、鐵桶	直接拿到指 定地點			隨時	老人會前
		2.非金屬類 △玻璃、陶瓷	直接拿到指 定地點			隨時	老人會前
		△塑膠類：如廢 棄之水桶、畚 斗、刷子、水 管				隨時	老人會前
		△破損的掃把、 拖把、竹掃 把、窗刷及木 器課桌椅	放在樹枝集 中場			隨時	垃圾場邊 樹枝集中 站

		3.其他廢棄的傢具	直接拿到指定地點		隨時	老人會前

計 畫 內 容	附註： 1.打包好的垃圾請於每星期一、四放學後，直接拿到指定地點放置，鄉公所清潔隊於每星期二、五清晨來校收取運走。其他時間儘量不要拿到該指定地點，如有特殊情況，請與衛生組聯絡。 △指定地點：本校南側圍牆外即廣濟路與四號門外通路交叉路口。 2.本校垃圾場只堆放樹葉及紙類－由負責班級處理。 3.其他各類垃圾請按上列方法處理。 4.請指導貴班學童養成不邊走邊吃，不亂丟垃圾，並能自動撿垃圾的好習慣。 5.資源回收：由每班環保小尖兵，將班級可回收之垃圾送至回收中心，分門別類收集之。而回收資源有一定數量後，聯絡廠商回收，所得回饋金，分配各班，充作班費。

結論

1. 我們每天生產的廢棄物種類很多，以紙屑、果皮、塑膠袋、空飲料鐵罐等最多。
2. 常見的廢棄物有的可以燃燒，有的不能燃燒，可以燃燒的有塑膠類、紙屑、樹葉果皮等這些廢棄物燃燒時都會產生濃煙和發出刺鼻的惡臭，不能燃燒的有金屬、玻璃等，也不容易腐爛。
3. 金屬類廢棄物大多是飲料空罐子，所佔的體積很大且不能燃燒，應該收回利用，做再生資源。
4. 樹葉果皮等廢棄物浸泡在水中容易腐爛，同時產生惡臭，可用保溫綠肥器，將它製成有機肥。
5. 塑膠燃燒時會產生濃煙和刺鼻的臭味，造成空氣污染，掩埋而不易爛應找代替用品或禁止使用。
6. 可以燃燒的廢棄物燃燒時，都會產生大量的熱，應該設法在不影響環境污染下加以充分利用。
7. 鼓勵兒童多喝開水自備茶具及餐具，儘量避免使用塑膠製品以免造成二次污染。（垃圾減量）
8. 做好垃圾分類，資源回收的工作，化垃圾為資源，進而消除兒童亂丟垃圾之不良習慣，以培養兒童化腐朽為神奇之優良品德。

參考文獻

楊國賜（1997），談我國學校環境教育的發展。中華民國環境教育學會
　　第二屆第二次會員大會專題演講。

李崑山（1999），落實國民小學環境教育之策略與方法，《環境教育季
　　刊》。

王佩蓮（1993），《如何在國小推廣環境教育》。台北市立師院環境教
　　育中心。

周儒（1993），環境教育的規劃與設計，《環境教育季刊》，（16）。國
　　立台北師範大學環境教育中心。

陳佩正（1996），《環境教育教學活動的省思》。國立台北師院環境教
　　育中心。

陳叡智（1997），《生態園在開放教育中的應用》。台北縣板橋市實踐
　　國小。

楊冠政（1995），環境教育發展史。《教育資料集刊》，（20）。國立教
　　育資料館編印。

23. 初探國小推廣傳統藝術之願景：

以台中縣瑞城國小民俗特技為例

台中縣瑞城國民小學

教師 洪高農

緒論

研究背景與意義

我們中華民國，由於五十年來政治安定，經濟建設的成功，加上科技進步，交通發達，已由較單純的農業社會邁入現代化多元的工商業社會，在快速發展的過程中，社會結構和價值觀念蛻變，國民物質生活不斷提昇，然而精神生活卻相對失去平衡，社會如同一部快轉的機器，人人隨其轉動，天天生活在緊張忙碌的枷鎖中，心靈無法加以調劑和舒展，造成社會種種暴戾脫序行為，例如，勒索、綁架、販毒、吸安、公權力不彰、走私、飆車…等等，形成嚴重的社會問題，處於當今社會，彷如讓人有不知所措迷失方向的感覺，於是如何提昇國民生活品質，充實大家生活內涵，進而導正社會的價值規範，改善社會浮華奢侈之風氣，成為目前大家專注所矚目的課題。

因此各級政府，刻不容緩的大力來營造推動心靈改革，提昇休閒品質，倡導正當娛樂，提供最佳的學習空間，配套措施，例如，教育部每年舉辦傳統藝術教育發表會；文建會文化下鄉；國立傳統藝術中心籌備處辦理傳統民俗活動；省文化處——社區總體營造；各縣市政府，成立老人大學，終身學習生涯規劃，再造人生第二春；縣市文化局假日廣場、藝文展覽…林林總總，可說任君挑選，各取所需。

尤其以教育部所舉辦傳統藝術教育發表會，內容動態方面諸如：布袋戲、舞龍、舞獅、雜技、跳鼓陣、扯鈴、跳繩、踢毽子、放風箏、打陀螺、跳鼓陣、宋江陣、滾鐵環、踩高蹺、皮影戲、北管、南管、相聲、國樂…等等活動，靜態方面，例如，剪紙、陶藝、木雕、竹編、草編、捏麵、篆刻、中國結、摺紙…等等活動，成果更是輝煌，獲得熱烈迴響和參與。使大家在潛移默化中，變為有活力有朝氣的國民，以來迎接璨爛之二十一世紀的來臨。

學民俗特技好比人生一樣，有波折律動，富有充實的挑戰性，彷如善於捉弄不聽使喚且頑劣的野孩子一般，但是不用怕，只要我們時時用愛心、耐心、信心、常常跟它做朋友，生活在一起，它們雖然沒有智慧人性，但久而久之，它會漸漸的善解人意，變成乖寶寶，展現出溫柔的舞姿和旋律來給我們欣賞，與其享受一技在身，樂趣無窮成功的喜悅應是民俗特技的運動意義。

民俗特技的內容與特色

　　目前民俗特技的表演內容琳瑯滿目，例如，祥獅戲球、中國功夫、舞盤、步步高昇、龍騰虎躍、飛車疊羅漢、耍罈甕、跳火圈…等等，其神乎其技，精湛的演出，真讓觀賞者歎為觀止，回味無窮。

　　台中縣瑞城國民小學民俗特技團所介紹的民俗特技，個個乃賦予婉約典雅的名稱，例如，陀螺巡禮、任我遨遊、夢幻如意棒、跳躍音符、碗之饗宴、一柱擎天、扭轉乾坤、流星飛舞、腳底神功、圈變萬化、斗笠傳奇、天音繚繞、小小溜冰場、姜太公釣米、風馳電掣、天傘護身…等等。望能藉富詩人之韻味，激起大家在觀賞外，亦能接近它，以自娛而娛人。

　　民俗特技運動的特色，不勝枚舉，現僅略述幾項供參考：

1.不受場地限制，因地制宜，小小場地即可玩的不亦樂乎。
2.沒有年齡層限制，不管年齡層大小，只要有興趣者，皆可來學，再加上時間的薰陶就會。
3.運動量匯合跳繩（激烈）太極拳（柔和）之中性量，不急不緩，在平和靜氣中完成。
4.不受時間的限制，只要有時間空檔，就可以玩。
5.每一種道具，皆能發揮其妙用，亦即運用之妙，存乎一心，多功能。
6.人人都是特技家，只要…。

民俗特技運動的好處

民俗特技除和其它運動一樣，好處多多外，更有如下神來之功：

1. 可以訓練身心和眼力的協調，開始練習時可能不聽使喚，但在時間的洗練下，即能達到心手眼合一之境界。
2. 可以激發腦力，讓智慧大開，對自己有信心，肯定自己的能力，只要肯用心，天下沒有不會的，由學習的成就，建立以後長大事業成功的基礎。
3. 在練習當中，變化動作，每天突破自己的記錄和瓶頸，生活在打破自己記錄的成功喜悅當中。
4. 在各種花式中，要達到完美境界，追求美感自然而然，自己的身子不正不直也難。自己會想辦法去突破，而變成文質彬彬的紳士。
5. 可以修身養性，變化氣質，練得越熟練越謙虛，從中得到做人做事之道理，可以廣結人緣。

台中縣瑞城國小民俗特技團簡介

緣起與成立的期望與目標

民國八十一年五月下旬，台中縣政府指定大里市公所接受省府社區考評，校長接獲市公所之拜託，提供表演節目，校長一口就答應。

當時校長就找上平常對民俗體育有興趣的洪老師幫忙，洪老師想想，不如讓其試試，組一個小小特技團看看，校長一聽之下馬上贊成。

因此瑞城國小民俗特技團，民國八十一年六月在本著如下期許目標終於誕生。

1.首創臺灣區國小第一團民俗特技團。
2.在多元化民俗體育活動中使學生有一多樣化的選擇活動空間。
3.提倡正當的娛樂「享受一技在身，樂趣無窮」從學習中肯定自己，以享受成功的喜悅。
4.傳承我國優良傳統民俗技藝，並往下紮根。

團員組成

目前男女團員有六、七十位來自全校六十二班中的四十五班，分屬於二、三、四、五、六年級，每年級團員大約保持十五位左右，以利於薪火相傳。

1.四、五、六年級為當然的正式表演主角，出場表演大約三十位。
2.二、三年級為明日之星接棒團員。

年級	二		三		四		五		六	
性別	男	女	男	女	男	女	男	女	男	女
人數	9	6	8	7	8	6	8	3	8	1
合計	15		15		14		11		9	

1.新新團員的來源

（1）二年級下學期到各班物色，經各班老師推薦──手腳靈巧的學生。
（2）有興趣的小朋友自己報名。

（3）參加一個月的練習，在精挑十五位左右的學生，經家長同意確認後，才正式加入團隊訓練。

2.團隊公約規定

（1）練習時間要準時，不遲到、不早退。
（2）學弟、學妹向學姊、學長請教要有禮貌；學姊、學長教學弟、學妹要有愛心和耐心。
（3）練習時除了道具聲外，不能有其它講話聲。
（4）平常在校穿衣服，要紮進去不能外露。
（5）練習時嘴巴不准吃東西、口不出惡言。
（6）功課按時做好，字體要工整。
（7）練習完後，道具歸定位後，方可解散回教室。

指導老師與練習時間

本團，九年來經過熱心默默耕耘的名師，蒞校指導孕育下，方有今日被肯定的成就，師資構成如下：

1.外聘藝師

陳建和：天瓏特技團監製編導、李棠華特技團第一期高徒。
吳鎮江：天地傳播企業、民間雜技藝人。
劉永和：中華民間藝術發展協會理事長、全台陀螺首創人。
洪聰明：南投縣永康國小校長、全國民俗體育比賽扯鈴教師組冠
　　　　軍。
張素眞：復興劇校第一屆畢業生、復興劇校公演編排。

每位教師都以其專長，用最簡單、團員容易吸收的方式，以身示

範來教團員，因此團員個個學得不亦樂乎！且欲罷不能功力亦大增。

2.本校務義指導老師

洪高農：瑞城國小民俗特技團創始人。
王俊鴻：台北燈會民俗特技團指導、全國民俗體育比賽陀螺公開
　　　　組第三名。

3.學長制

老師常常向團員講，上場表演，表演到出神入化，掌聲如雷灌耳，大家內心當然會很高興，但這只會一半而已。你們若能把不會的團員，教到會，那才是真正的會，如此你會更高興享受成功的喜悅。

因此團員在彼此教學相長下，學習精神和技巧蒸蒸日上。

以不影響正常之教學為原則，上課前五分鐘停止練習，道具歸定位後，即進教室，成立九年來始終如一。平常練習時間如下：

（1）利用每天早自習、升旗時間，從07:30至08:30止。
（2）吃飽飯午休時間，12:35至13:20止。
（3）每天放學後時間，16:20至17:30止。
（4）星期假日、寒、暑假，早上07:00至11:30止。

表演練習內容

1.平常練習內容

（1）陀螺巡禮。
（2）風馳電掣。
（3）跳躍音符。
（4）一柱擎天。
（5）任我遨遊。

（6）姜太公釣米。

（7）滿漢全席。

（8）天傘護身。

（9）繩中技法。

（10）天音繚繞。

（11）圈變萬化。

（12）小小溜冰場。

（13）流星飛舞。

（14）雙手吸碗。

（15）如坐針氈。

（16）輕如浮雲。

（17）斗笠傳奇。

（18）仙人炒豆腐。

（19）祥獅獻瑞。

（20）扭轉乾坤。

以上之內容有的適合室外表演，有的適合室內表演視場地而定。

2.應邀表演內容

以整體藝術達到力和美之最高表現。

圈變萬化：以個人、雙人互拋、變化花式。

仙人炒豆腐：以木棍做個人、雙人互拋、變化花式。

跳躍音符：活潑的沙鈴跳舞給我們看。

流星球：漂亮的繩球球變化花式。

跳躍音符：活潑的皮球跳舞給我們看。

斗笠傳奇：斗笠變化花式。

繞地球轉：小球在油紙傘上滾動。

一柱擎天：以一指神功頂住旋轉的大球而不墜，變化各種花式。

陀螺巡禮：陀螺各種變化花式。

任我遨遊：騎獨輪車[1]花式變化：神遊、前進──後退──前進、定點旋轉。

繩中技法：把各項民俗特技融和在民俗體育裡面，繩中打陀螺、轉碗。

祥獅獻瑞：騎獨輪車來舞獅，（民俗特技，薪火相傳）。

經費來源

經費的來源可來自下面三部分：

1.教育部傳統藝術教育經費補助：

年	83	84	85	86	87	88	89
金額（萬）	7	4	4	4	4	4	3

2.家長會支援：家長會大力支持特技團之特色，因此以有限資源做最大的鼓勵。

年	82	83	84	85	86	87	88	89
金額（萬）	5	0	0	0	0	0	5	5

3.邀請單位車馬費補助：每一邀請單位幾乎說，經費有限，只能一點補助，除必須支出（車租、保險、誤餐、…）外，所剩不多。

掌聲響起──豐碩的成果

　　由於類似的表演單位不多及本團的精彩節目，所以邀請本校特技團表演的機關團體絡繹不絕。例如，曾在民國八十四年的光復節，應省政府之邀，於慶祝臺灣省光復五十週年紀念大會中表演；及民國八十五年在台北環亞大飯店舉辦的國際獅子會遠東年會晚宴中演出；八十八年台北燈會應交通部觀光局在中正紀念堂表演。在演出後，皆能獲得好評，甚至拿過總統給的大紅包，眞是令人羨煞。另外，本團也曾接受過國語日報、兒童日報、及各大報及廣電基金節目的專訪及錄影。八十八年十一月十四日、八十九年一月三十一日上中視「中視冠軍家庭TV秀」節目錄影；八十九年二月三日僑委會錄影「中國古玩藝」專集；八十八年三月六日和八十九年二月二十二受交通部觀光局之邀參加台北燈會，至中正紀念堂表演；由於節目精湛，聲名遠播，經常應邀做公益性表演。九年來應邀表演已滿百場，現僅陳列較大型的表演如下：

84.10.25：臺灣省光復五十週年紀念大會──台中體專體育館。

85.11.30：國際獅子會遠東年會晚宴表演──台北環亞大飯店。

86.03.29：臺灣省八十六年度民俗育樂活動觀摩會表演──新竹。

86.04.04：台北市兒童育樂活動中心表演。

86.04.14：臺灣省中小學優良學生表揚大會──中市中興堂。

87.05.19：臺灣省中等學校優良學生表揚大會──明德中學。

88.03.06：交通部觀光局舉辦台北燈會表演。

88.05.15：國立自然科學博物館應邀表演。

89.01.18：教育部杏壇芬芳錄表揚表演。

89.01.30：應邀參加中視「冠軍家庭TV秀」節目錄影。

89.02.02：僑委會委託華視製作專集。

89.02.22：交通部觀光局舉辦台北燈會表演。

89.07.02：九二一世紀感恩團參加國內外公演選拔。

一步一腳印：

八十七年民俗特技團榮獲臺灣省中小學優良學生（團體）。
八十七年民俗特技團榮獲臺灣省推行社教有功人員（團體）。
八十九年民俗特技團入選九二一世紀感恩團參加國內外公演。

草創的艱辛與目前困境

在智育掛帥之今日，學校推展各項活動，難免會有阻力，我們民俗特技團亦無法倖免，創團維艱，當初之窘境舉如：

團員方面：有天份有潛力之學生，要和家長溝通徵求其同意，起初家長皆抱著懷疑和不贊成，以為學民俗特技，長大要當「師公」（辦喪事之小丑）之低俗職業，避而遠之，在洪高農老師苦口婆心的將學民俗特技之妙處說盡，姑且勉強答應讓其孩子參加。

經費方面：學校經費各其有用途，只好由老師先自行掏腰包墊出，爾後幸蒙家長會之奧援支持，勉強苦撐。

道具方面：在有限之資源和無現成之道具下，老師和學生只好因陋就簡，共同研發設計，將廢物加以利用，如用壞掃把柄，鋸成短竹棒來練習。

信心建立：突破學生心理障礙，學生總認為練特技是專業人員之專利、或老師大人才會，學生無法接受「人人都是特技家，祇要…」之觀念。老師即從旁加以鼓勵之，以提高學習的興緻。俗語說：「人怕出名，豬怕肥」，要繼續培訓下去也不行，因為種種問題待解決，體力無法負荷；要收場也不行，隨時有人邀請，呈現進退維谷的窘態。

練習地點：瑞城國小逢九二一大地震，亦無倖免，全校遭到拆除命運，眾多的學生擠在有限的空間，練習空間幾乎沒有；目前尚未拆，拆了再打算如何善後。

團員來源：真正有表演天份能夠出場的學生，家長不讓他參加，

而非可造就（特技）之材的學生，整天吵著要加入。

功課壓力：家長以成績來要脅其孩子，進步則繼續練，退步則退出。讓身為老師的我們，除教技巧外，還要分心來注意學生功課，讓人分身乏術。

練習時間：學校活動越來越多，星期一、三、五晨間實施美語教學、星期二讀經、再來一個週休二日。算算能練的時間越來越少，而要練的項目越來越多，真是讓人捉襟見肘，不知如何是好。

授課時間：校長礙於法令及權責，無法減輕指導老師授課時數，讓老師身疲力倦的苦撐，若不是演出讓人肯定之喜悅精神支撐，早已崩潰了。

安全問題：學生個個生龍活虎，常常做出令人無法捉摸的動作來，讓人心驚膽跳，沒事，則老師很好；有事時，那可不是那麼好說了。每天處於戰戰兢兢的待命中。

招式研發：學生常常問：「老師，還有沒有新花樣呢？」，沒有智囊團共同來討論變換花式，只能靠學生提供之意見，加以改良變化之。

經費來源：經費沒有固定來源，只能靠出場表演的補助款餘額度日，真是巧婦難為無米之炊。

建議與期望

辛苦的耕耘八載，一切的一切，從無到有，所花費的時間、經費、精力可說無法數計，要讓現已到開花結果的民俗特技團能永續下去，以下有幾點建議：

經費來源：教育當局能給予特別之補助，因學校經費都有整體考量和用途，可無餘額對民俗特技團特別照顧，道具研發和添購都需要經費做後盾。

老師授課：指導老師授課依專案處理給予減輕。

安全問題：練習或表演難免會有不測，若有錢給予加保意外險，以減輕老師負擔。對家長可有一圓融的交代。

獎勵：終年辛勞的指導老師，犧牲假日，指導團員練習，默默付出，應給與實質或無形的獎勵。

出路安排：國小練一練，國中即斷層，沒有永續的傳承動作，真是可惜。

企業贊助：學校和企業合作，如此學校可得經費贊助，企業可得宣傳廣告，互蒙其利，如此一方面可回饋社會，一方面又可薪傳此特技。

納入課程：體育課安排簡易民俗特技教學讓學生從學習中培養興趣一方面鍛鍊身體，一方面又傳承此優良民俗技藝。

經過九年耕耘，現已讓人肯定的特技團。期盼在適當的機會及時間許可下，利用星期六安排至縣內各鄉鎮中心學校做巡迴公演，甚至推廣到全省各縣市（時間全程約三十分左右）以期拋磚引玉，增進學生遊戲空間，以達寓教於樂之功，使學童個個成為身手矯建，智慧大開，知書達禮之天生驕子，瑞城國小特技團能有今天的成果，真的是要感謝很多人的熱心幫忙。當然，在享受這甜美果實的背後，確實付出了相當多的辛勞。期盼更多珍惜傳統民俗活動的朋友，一起加入文化向下紮根的工作；也期盼各界，能多給予這些默默耕耘及奉獻的老師、小朋友們鼓勵，讓他們能繼續成長茁壯。

結語

看完了表演，心有所嚮往，手會覺得癢癢吧！也想親自練練看，在此先恭喜您了，真是佛渡有緣人，「師父引進門，修行看個人」。但是剛開始練習時，難免大球、小球總是滿天飛，不聽使喚，讓人氣

惱，真不好玩哦！切記！請不要氣餒，因為「民俗特技」若那麼容易練，想想「一技在身，樂趣無窮」之滋味也沒有什麼可品嚐之處，唯有在自己不斷的練習，不斷的向自己記錄突破時，才能體會出個中滋味。

自己親自練習後，觀賞特技家表演時，除讚嘆輕巧俐落的演出外，方能以感恩佩服之心，來體驗出其背後所付出的辛酸歷程。因此對一個表演者，不管表演的好壞，請不要吝於掌聲，給予鼓勵，唯有大家的掌聲，是表演者最大的精神支柱。

其實民俗特技的運動，並非想像中那麼難，而是一種非常富有教育及創意的正當娛樂，只要老師或學校提供足夠的道具和略懂一些小技巧，即能讓學生百玩而不厭，且玩得不亦樂乎！享受成功的喜悅，進而在玩當中，會悟出做人做事的道理，並能妥善安排自己的作息時間，那會有電玩迷、安公子、飆車族之出現呢？

期望教育單位能聘請有專精的學者或專家，舉辦類似的研習，讓教育同仁或社會賢達，大家一起來學，以其在拋磚引玉中，能達薪火之相傳，並以激勵來打開未來主人翁之智慧竅，重塑社會之祥和，以謀人類之福。

參考文獻

吳騰達（1984），《臺灣民間舞獅之研究》。台北：大立。

蔡淑慎（1999），《臺灣民俗特技教育的現況和展望》。國立傳藝中心籌備處。

蔡欣欣（1999），《初探雜技與戲曲特技之關聯性》。國立傳藝中心籌備處。

程育君（1999），《臺灣地區雜技培訓課程之初探》。國立傳藝中心籌備處。

民俗體育（1991），《跳繩》。臺灣省政府教育廳。

附註

呼籲

　　據筆者購買獨輪車時，聽老闆講，它們一個月銷日本三千部獨輪車，而在臺灣如此生產的廠商有十幾家，完全銷日本，算算一年最少有數十萬部以上，當時以為老闆誇大其詞，想想在我們臺灣一年可能賣不到十部，那有可能呢？抱著「如此言之，姑且聽之」存疑的態度。八十三年參加教育廳長青專案到日本考察，參觀兩所小學，發現在學校走廊排了一百多部獨輪車，尤其下課時，男女學生即個自拿起獨輪車，到室外騎，如此消遙和盛行，真讓人羨煞！印證了老闆所言非假。想想！以日本人的聰明和智慧，會有如此的投資和推動，諒必有其妙處，反觀我們呢？把騎獨輪車淪為低俗的表演節目，真是可悲！盼有興趣的同好及政府相關部門一起來推動之！

24. 國小學童心理衛生與教育之研究

彰化市忠孝國民小學

訓導主任 楊石成

緒論

　　曾在「教育社會學」中看到一段有趣的調查研究指出，原始社會的青少年沒有「狂風暴雨期」[1]。該文所要強調的不是人類身心發展的此一特徵是逐漸「進化」產生，而是社會變遷的結果。既然社會的轉變與偏差行為、社會解組、價值衝突等密切相關，導正下一代的問題行為就必須藉助「教育」的力量，否則難有成效。因為教育是一種廉價的投資，教育具有提高國民素質，促進社會和諧進步的功能已經獲至許多專家學者的證實，無庸置喙，因此，為了健全下一代的身心發展，如何透過良好的教育課程之規劃來導正此目標正是大家該當正視的課題。

　　九年一貫新課程即將實施，新課程綱要以「七大領域」、「十項基本能力」來規劃設計課程，並採統整方式期能為下一代建構完整的學習經驗。有關「心理衛生」部分，應是歸類在「體能與健康」的領域內。但因是統整課程，有些仍須和其他學科相結合，如「兩性平權問題」、「自我概念」都無法單憑一學科的教學來達到目的。為尋求良好合適的學習課程來培養健康的下一代，本人從蒐集到的資料加以歸納、統整，提出此研究報告供大家參考。

心理衛生的意義和概念

心理衛生的意義

1.心理衛生教育學者對此之看法

　　心理衛生是指個人為獲得並維護有效生活，適應狀況的方法或措

施。心理衛生工作的積極目標在增進個人及社會的心理健康，發展健全人格，同時要設法增進人際關係，改善社會環境，以減少促成心理疾病的原因。其消極目標在心理疾病或不良行為的預防、治療或矯正。

2.一般學派的觀點

消極說法：沒有心理疾病的人，都稱得上是心理健康的人。「心理疾病」是指過度的情緒表現、不符現實的感覺、不適應的意象、不利己不利人的人際關係等。

積極說法：心理健康的人，除了沒有消極症狀外，且具備一些優良特質，例如，自尊感、成熟、獨立、適應有效率、人格統整良好等。

3.綜合性的說法

（1）沒有心理症狀，但有積極良好的心理特質。（同前項）
（2）好習慣多、懷習慣少。
（3）生活壓力與適應能力的適當配對。

心理衛生的概念

研究心理衛生學者其重點概略包含下列幾項：

1.自我概念

（1）是決定個人行為的重要因素。
（2）認識自己、喜歡自己、接受自己，可以讓生活更愉快而有意義。

（3）培養對自我的價值和自尊心，可以協助個人與家人或朋友建立良好的關係。

2.情緒、需求與身心健康

（1）人類的需求依次分為生理的需求、安全的需求、愛與隸屬的需求。

（2）需求是指個體缺乏某種東西的狀態，包含生理的和心理的需求。

（3）需求具有驅力，是構成行為的主要動機。

（4）個人的情緒可受外在環境與內在影響而產生的變化。

（5）不當情緒的表達方式可能傷害自己或他人。

（6）心理健康與身心健康，二者會相互影響。

3.人際關係

（1）與別人坦誠交往是建立良好的心理健康之必備條件。

（2）人際關係不良會導致自卑、畏縮，影響學習或工作效率。

4.壓力與調適

（1）個體能承受的壓力大小有個別差異。

（2）適度的壓力可以增進工作效率。

（3）過多的壓力對個人身心有害，導致不良適應或心理疾病。

（4）同儕的壓力足以影響個人的行為。

5.習慣

（1）良好習慣的欠缺，在某種情況下會演變為心理不健康或疾病

的嚴重問題。

(2) 增進心理健康的方法是：培養更多的好習慣及減少更多的不良習慣。

(3) 良好的習慣應具有下列功能：使習慣所有者快樂、使他人快樂；有助於解決面前或原有的問題且不會給他人帶來新問題。

影響個人心理衛生的因素

心理健康品質的好壞，對個人而言，影響到其人際關係、工作表現、婚姻美滿、家庭幸福；對社會而言，心理不健康的人愈多，社會問題就愈多，維持社會和諧安定的成本就愈高。對國家而言，心理健康的人愈多，國家就有較多的人奉獻其才能，促進國家的繁榮與富強，可見其重要性。

既然促進國民的心理健康是一項重要的教育投資，我們要如何防止、減少心理不健康的發生，就值得大家探討的問題。綜合各學說，就有關影響心理衛生的因素如下：

1.遺傳

個體的心理不健康是受遺傳基因的影響，換言之，家族成員有心理疾病者，其後代子孫發生類似疾病的比例比一般人高。不過，有些學者對此看法仍持保守態度，因目前尚無法斷定哪些心理疾病是遺傳所致，哪些是環境造成。

2.生理

這方面的致病因素可分為大腦神經系統病變、身體健康狀況欠佳、內分泌功能失常等。

（1）人的情緒、智力、行為均受大腦控制，故而，不幸大腦有病變的人，可能呈現暫時或永久的精神病或智力降低。

（2）母體懷孕時欠營養、藥物服用不當、感染疾病時，足以影響胎兒，使孩子出生後腦功能異常。

（3）身體健康與否也深深影響心理健康。

3.社會化不良

（1）個人自出生後其成長階段中社會化過程失敗，致使對外在環境產生不良適應。

（2）個人成長階段沒有經歷適當的社會化過程，以致沒有能力適應社會需求。

此一因素因與環境密切相關，故也有學者用「環境」來作分類的歸因。

社會學家從社會失調、社會解組與文化傳遞的觀點解釋心理問題的發生，他們強調當個人的需求過份的擴張，而社會規範又不能加以調節，挫折與不滿即由之而生。社會解組也會造成高比率的犯罪、各類心理疾病，形成社會的不安。

由此可知，社會化過程的完整與否，是導致個人與社會調適和諧的重要變因。

4.認知

認知輔導者認為，每個人都有一整套的認知藍圖，而這藍圖的部分內容會隨情境的轉變輪流出來影響它的所有者；在某情境出現的部分認知藍圖，會決定個人如何解釋與對付該情境。換言之，一個人情緒和行為，大部分由他對周遭事物的看法所決定──不良的思考習慣，是導致心理不健康的起因。

就認知發展而言，影響個人認知的主要關係者是父母、家庭狀況、同儕及社會文化。

心理衛生與教育

學校教育提供適當的社會化過程

社會化使個人獲得態度、價值、行為方式、善惡標準，將個人由動物狀態轉變為具有獨特人格的社會組成分子。學校教育如何提供「社會化」的學習歷程，可由下列幾點來說明：

學校像個社會的縮影：學校中有校規，就如同社會有社會規範。學校有組織，不同的成員分擔不同的角色，彼此分工合作。學校有團體活動、各項儀式和制度，可提供學生在活動、儀式中的參與學習如何服從規定、如何與人公平競爭、如何分享團隊榮譽等。

學校提供個人發展人際關係的舞台：在學校的團體生活中個人如何和人交往、如何從人際互動中培養負責、守信、友愛及尊重的態度和行為，學會接納別人、同情他人，彼此相互關懷及如何表達情緒等技巧。

學校提供道德規範來幫助學生建立正確的道德認知：學校是正式教育，有系統、有組織的完整教材，順應學童身心發展，逐漸引導學生去探索瞭解是非善惡的分別。同時，經由實際的生活情境去驗證教科書或老師教給他的那些道理、信念。學校中同儕團體及師生關係的交替互動，可使學童強化這方面的學習效果，這是學校教育對心理衛生的影響。

學校教育提供較純正的成長空間

道德、專業組織的規範下，不得做出違反社會期望的事。所以，學校中的每一位教育專業人員，必須善盡職責，為提供學生一個純正的學習場所而努力。這方面可從下列幾個現象說明：

1.它有具體明確的目標

目標具有啟示性、導向性的功能，它一方面宣揚教育的精神及宗旨，又具標示行動的方向與範疇的作用。教學者的一切作為要依此而行，凡超出其限定領域的措施、行為，就不被容許。學校教育經由此途徑來約束並督促教師的教學表現。

2.它要經由評鑑來自我肯定

學校教育除了要顧及一般社會大眾的期望之外，其經營的效能必須受上級評鑑，最常見的方式是「視導」，視導人員依其專業素養到各校實際察視，透過資料蒐集、觀察、訪談和現況瞭解，獲知學校的優缺點，並適時診斷其問題癥結，提供改善或補救的建議。「學校評鑑」是品質管理的一種有效手段，它除了外在評鑑外，還有校內的「自我評鑑」，如此，學校有如加裝層層護網，可防不良污染源的入侵，以確保體質的純正。

所謂「純正」的學習場所，其實是一種境界、一種理想，很難做到「絕對」，只是和其他環境相比，其「純正」的程度能達到切合更理想的標準，而純正的學習場所有利於個人的心理健康的涵養。

教育環境提供認同、仿效的楷模

學校具有家庭所欠缺的多樣化，來自不同的家庭，學生之中有其個別差異，各具其特質。具有特質的學生或老師，在某些方面的表現

足為他人學習仿效的，就自然而然形成楷模。學生中具優秀特質的，會在各種機會中突顯出來，例如，考試、比賽、選舉、表演及團體活動等。個人在這多樣角色的團體中，會被某種優良特質所吸引，而心生羨慕之情，想和對方一樣的欲求促使他採取行動，這就是認同的表現。學校教育無形中為個人的心理健康提供了另一種助力。

學校教育在認同楷模的作法上最常見的有：

1.模範兒童、孝順兒童的甄選。
2.各項競賽成績優良者的獎勵。
3.行為表現足為仿效的適時表揚讚美。（例如，拾金不昧）
4.從專題演講、週會中以好人好事為主題，提供學生學習的楷模。
5.從正式教材的討論、欣賞中去提供學習典範。
6.從作業中指定專書研讀，認識古今中外的名人，提供其認同的榜樣。
7.教師以身作則，成為學生心目中的偶像，使其願虛心受教。

教育能提供滿足個人需求的機會

人有生存、安全、被尊重、隸屬感及自我實現等需求。個人需求滿足的機會不是只限於學校，但學校能提供的卻是一般家庭、社區無法做到的，例如：

1.同儕團體的肯定、接納：各種非正式組織及正式組織的加入。
2.個人潛能被開發而達到一定的水準表現：學校有多樣的學習課程、活動，供不同興趣或潛能的人選擇學習，並由此而獲得滿足。

除此之外，有時學校教育不僅是滿足個人受教育的需求，對單親

家庭、破碎家庭、獨生子等特殊情況的學生，學校也成了他們尋求
「替代性補償」的對象。尤其，對家庭不溫暖，缺乏親情關懷的學童，
學校所提供他情感性滿足較智能發展的需求更珍貴，這是教育在個人
心理衛生正面的另一種影響。

教育能提供壓力刺激成長

　　學會調適生活壓力或應付壓力的人，才能擁有健康的心理，個人
所遭遇的壓力不一定來自學校，有些來自家庭、同儕關係中。不過，
兒童自六歲入學之後，其多數時間在學校，其壓力的產生必然很多和
學校有關：

1.考試成績的競爭：好的怕退步，不好的又怕老追不上去。
2.教師的期望和自我表現有差距，形成的壓力。
3.個人生理、心理上的特殊狀況，造成某方面適應不良產生的壓
　力。
4.特殊份子或團體加諸於身的壓力；恐嚇、勒索、嘲笑、排斥等。
5.個人與他人偶發事件造成的糾紛，形成壓力。
6.行為不當被懲罰、責備，帶來的壓力。

　　這些壓力的出現有些是短暫性的，有些是長期性的，個人一再從
困難、挫折中磨練而成熟，則有利他建立獨立自主的人格，養成健康
的心理；否則，就形成自卑、逃避等不健康的心理。近幾年，政府積
極設法提昇教師輔導專業智能及重視學校輔導工作的推行，對學生學
習適應、生活適應等提供更好的協助資源，更有利於培養個人處理壓
力的能力。

如何規劃良好的心理衛生教育

完整的兒童心理衛生教育，宜從下列幾項原則規劃：

心理與生理兼顧

生理的健康會直接影響心理的健康，所以，教材的設計不可只重心理層面的教學。為求兼顧，其課程的單元要包括：

生長與發育：認識身體和五官及成長的過程。

個人衛生：身體的整潔、良好的生活習慣及健康行為。

心理衛生：自我概念、情緒與需求、人際關係、壓力與調適。

食物與營養：食物與營養素、飲食習慣與衛生、飲食與健康。

家庭生活與性教育：從家庭中學習社會和道德所能接受的態度及行為、男女性別的差異、兩性的相互尊重、愛與婚姻。

疾病的預防：藥物的正確使用。

環境衛生與保育：瞭解公害及生態保育，如何建立良好的生活環境。

休閒生活：如何安排休閒生活、認識休閒活動。

就對象而言

依兒童成長的階段和生活經驗，作有系統的分化：如低年級適合指導的教材是「生長與發育」，高年級則可以學習有關「環境衛生與保育」。

就目標而言

包括下列幾項：

1.養成良好的生活習慣。
2.培養健康知識、技能與態度。
3.養成尊重人性和生命的觀念。
4.培養負責的行為與態度。
5.涵養樂觀實務的人生觀。

就教學而言

除「道德與健康」本科之外，教師要靈活配合其他各科來協助學生充實心理衛生的智能。

就社會現況而言

當前的性教育、兩性平等、社會意識及環境教育等都要適當的編入教材單元，使這一代小幼苗具備適應新社會的能力。

就評量而言

要行為表現重於紙筆測驗，強調個人的行動實踐，並採多元化的評量方式。

結論與建議

　　面對複雜多變的社會，個人一生中所要處理解決的問題相形繁雜，在角色的扮演也趨向多元性，以人類的智慧來適應傳統時期的社會較為容易，現在則變得吃力。因此，心理衛生教育是順應這種社會變遷下的新課程，其重要性不言而喻。

　　就學習的對象而言，早期的人格發展會改變人的一生，所以，愈早實施心理衛生教育，是合乎教育原理的作法，國小教師要體認這一點，時時充實相關的專業智能，以便能勝任新課程的教學。教育主管單位及各學校也都要加強，鼓勵教師從事有關心理衛生的教學研究和研習活動，普遍提昇師資素養，以滿足新課程實施的需求。

　　心理健康涉及「人與自己」、「人與人」、「人與團體」和「人與自然」四個層面。教學時要兼顧此四層面作適當的統整分化。尤其要使學習結果落實在實際的生活行為上；教師對學習成績的評量應該力行實踐，重於認知測驗的結果。如何設計合適的行為檢核表、生活量表、紀錄表等，促使教師更客觀的掌握學生實際行為表現，是否達到預期的目標。

　　心理衛生是一門「生活課程」，和家庭、社區及社會息息相關，其教學成效不能單靠教師和學校的努力。所以，如何增進家庭和學校彼此間的配合，如何降低非教育場所可能造成的負面影響，更是不容忽視的課題。

參考文獻

教育部編印（1993），《國民小學課程標準》。教育部。

臺灣省國民學校教師研習會編印，《國民小學新課程標準的精神與特
色》。臺灣省。

國小，《道德與健康教師手冊一上》。康軒文化出版。

柯永河，《心理治療與健康》。台北：張老師。

林清江（1994），《教育社會學》，154。國立編譯館。

25. 鄉土教育的理念與實施

台中縣文光國民小學

教務主任 黃文榮

前言

　　四十餘年來，由於特殊的歷史情結和政治糾結，「鄉土」一詞被視為禁忌，「鄉土教育」也被嚴重地扭曲。在強力的國語政策之下，母語成為次級語言，說方言成為一種罪惡；在虛幻的教育目標之下，兒童只會背誦長江、黃河發源於那裡，卻不知身邊的淡水河有多長，有多髒；在僵硬的反共國策之下，兒童被要求去憐憫大陸同胞，去監視鄉居是不是匪諜，卻不要他去關心周遭的一草一木，或去向鄉居的長輩噓寒問暖。這些不僅是教育內容的扭曲，更是兒童人格的扭曲。

　　在「愛國」甚於「愛鄉」，「領袖」勝於「個人」的意識型態下，國中小教科書嚴重欠缺鄉土教材，兒童對臺灣的歷史、地理、民俗、歌謠或文化所知不多，對他生於斯、長於斯的社區、鄉鎮也無所悉，對周遭土地的歷史淵源與人文脈絡毫不知覺和關心。社會現實的扭曲和生活世界的忽視，如何使兒童認同鄉土，「立足臺灣」？

　　於是，重新擬訂切實的文化政策，還原教育的本來面目，加強鄉土教育，成為各界一致的呼聲。教育部回應這種趨勢，乃將「鄉土化」列為本次中小學課程標準修訂的重要精神之一。

　　在人文主義學者——前教育部長郭為藩博士提出「鄉土情、中國心、世界觀」的國民教育理念下，以「培養二十一世紀的健全國民」為最高理想目標，標榜「未來化、國際化、統整化、生活化、人性化、彈性化」六原則的國民小學課程標準，於八十二年九月二十日以嶄新的風貌呈現。新課程標準總綱中國民小學教育目標第一條明確指出要培養學生「勤勞務實、負責守法的品德及愛家、愛鄉、愛國、愛世界的情操。」此一變革，已使我國國民教育自國小起的人文視野，有系統的自本土出發，再銜接大陸和國際，在教育上落實「立足臺灣、胸懷大陸、放眼天下」的理念。

　　新課程（民國八十二年）修訂中最具劃時代意義的是新增「鄉土

教學活動」科目，使鄉土教育在國民教育體制中獲得正式定位，小學設置「鄉土教學活動」乙科，三至六年級實施，每週一節（四十分鐘）；國中一年級新設「認識臺灣」乙科，分歷史、地理、社會三篇，每篇各乙節（四十五分鐘），並設「鄉土藝術活動」，每週乙節。前教育部長郭為藩先生在八十二年九月二十日公布國小新課程標準時說的：「在課程上是一小步，但在教育政策上是一大步」，對鄉土教育而言，更為貼切。

教育部自八十四年起每年均獎助各縣市鄉土教材的編撰，教學媒體的製作，鄉土教學活動的設計及辦理鄉土教學的研習，此外各鄉鎮亦成立編輯小組，針對自己的學區特色來編寫補充教材。

鄉土教育的理念與實施

中華文化博大精深，淵源流長，舉世無雙，那是先賢胼手胝足奮鬥的結晶，也是無窮的寶藏，更是文化資產。綜觀世界各國對於文化資產的保存非常重視，或設立特定區保護之，或設置專業機構研究之，或編製專書推廣之，無所不盡其能。而我國對於文化的保存也向極重視，除設有文化建設委員會、民政司（局）、文化局、文化復興運動總（分）會⋯等專責機構負責辦理文獻蒐集整理外，另訂有文化資產保存法，及其施行細則等法令，使得傳統文化資產的蒐集、整理、保存、陳列、展示予以法制化。至於文教機構，則每有配合時令季節和課程需要，或舉辦活動，或增補教材，或實地參觀訪問者，這些均可顯示我們對於文化保存與推廣的重視。鄉土教材是文化的一部分，與人們生活更是密不可分。

顧名思義，「鄉」，就是一個人出生成長，親朋共居，人們交往的地方，並有各種生活習俗為之遵循者；「土」，乃人類立地之處，也就是人類生活的根據地；而「鄉土」，就是人類居住生活的本鄉本土，包

含文化、生活習慣和自然環境等等[1]。進而言之，鄉土教材就是探究鄉土（居住地）的自然與人文環境，以及自我與環境之間關係的教材，它是因時、因地、因事制宜的教材[2]，更具體的說，它是特別著重鄉土特色與時代背景的教材。因此，透過鄉土教學可以培養學生愛鄉愛土愛家園，產生鄉土情感與鄉土意識，進而孕育出愛自己、愛他人，胸懷世界的高尚情操。因此「我們應指導學生重視鄉情的可貴，幫助學生多瞭解自己的故鄉，尋其根、溯其源，進而關心鄉土、愛護鄉土、建設鄉土。因為我們深知真正愛自己者必能愛人，真正愛家鄉者必能愛國。」[3]。因此，在現階段的整體教育領域中，鄉土教育的積極推動實為不可忽視的重要課題。

鄉土教育的意義[4]

關於鄉土教育的意義，有很多學者、人士，從不同的觀點提出不同的看法，但是其中多有意思重複的地方，茲歸納提出以下的觀點：

1.是愛鄉愛國的民族精神教育：

（1）「加深對中華文化的緬懷」。
（2）「瞭解先民先烈披荊斬棘、艱苦奮鬥的精神。」
（3）「激發建設地方、國家的意願。」
（4）「適合地方的需要、發展地方的特性、結合地方的資源、延續地方的文化。

2.培養學生正確的價值觀念：

（1）「使具有奮發上進之意念。」
（2）「培養適應環境的能力，增進改善環境的知能，強化其生活信心，提高其生存能力。」

（3）「自我認識的開展，使具反省、自省的動力。」

（4）「有了生命的認同與精神的寄託。」

（5）「建立環保及生態保育的意識。」

3.「建立學校成為社區文化精神堡壘。」

4.陳進傳：「拉近師生間的距離，提昇師生間的感情。」（1989：37）

5.何培夫：「鄉土教育最可貴之處乃在參與，親身體驗。」（1989：37）

6.許雪姬：「鄉土教育最重要的意義，乃在藉由學生觸摸得到、容易瞭解的事物，在認識鄉土之餘，引發其發掘、研究問題的興趣，對理解抽象的一般現象，具有一定程度的啓發作用，再由鄉土教育開始漸及於國家、世界等相關教育。」（1990：122）

7.夏黎明：「鄉土教育是學生對其生活空間進行價值澄清與態度養成的學習過程，本質上是一種情意指向的學習活動。鄉土教育的最終目的，在使學生意識到地表上有一塊與自己生活具有親密關係的土地存在著，在使學生肯定和認同這一塊土地及其對自己的意義，在使學生關懷這一塊土地及其居民的過去、現在與未來，在使學生不斷地適應和參與自己的鄉土生活，在使學生尊重和欣賞鄉土的獨特風格。」（1992：103）以上各學者，從不同的觀點演繹出鄉土教育的教育意義，這些教育意義不但豐富了鄉土教育的內涵，也增加了其重要性，然而，同時也增加了其他位的模糊性，以致於在選取教材及實施教學時產生了不相合的情形；由於意義的歧異，造成實施的不確，實在值得深思。

鄉土教育的理論基礎

要瞭解鄉土教育，實施鄉土教育，必先立定正確的方向，因此要先探討它的理論基礎，本文從人文主義、認知發展論和多元文化論等

來說明。

1.人文主義

　　人文主義強調人性本善,對生活充滿熱望。人除了具有物性,有其生理需求之外,更重要的是人具有人性,能向完美發展,如在知識上求真,在論理上求善,在藝術上求美,在宗教上求聖,人性均向著完美之境界提昇,以臻於至善,但人是自然的一部分,無法超越自然,因此自然是值得人去探索、研究,並揭露其奧秘,且與環境建立共存關係。

　　人文主義的教育目的,在強調指導學生如何去思考、去感受、去發現,使他們更瞭解自己,周遭的社會及所處的時代,並進而體認人性的道理與文化規範的價值。

　　依據這種觀點,鄉土教育可以說是兒童對其生活和意義作價值澄清的過程。兒童學習了鄉土,瞭解其社區和族群,瞭解他們的傳統和貢獻,則他參與自我發現的歷程,由此產生自尊自愛,產生社會意識,奠定健全人格的發展基礎。如此才能使他由一個人,成為健全的社會公民,成為一個愛國的國民,更成為一個具有世界觀的國民。

　　因此鄉土教育是充滿人文關懷的。(鄧天德,1980)。

2.認知發展理論

　　認知發展論強調,學習是在心靈與經驗交互作用中重組知識的過程,知識是在具體經驗中發展出來的,為發展知識,必須提供給兒童具體的經驗。兒童在生理上、心理上與周遭的人、事、物交互作用以後,才產生知識。

　　由教師教導與兒童生活或經驗無關的知識,對兒童而言,沒有意義,也不實際。兒童知識的發展源於主動的、積極的參與自己關心的人或問題,是自己操作環境的結果,是自己與環境交互作用後建構出來的。而且這種「操作」或「建構」,不僅指認知,更指技能和情意領域,如兒童在學校生活中也有參與批判思考和作決定的機會,以培養

批判思考和作決定的能力，適應民主社會的生活。

　　鄉土教育主張，兒童由鄉土學起，瞭解周遭的人事物，進而認同鄉土，喜愛鄉土，並能瞭解和澄清鄉土有關的問題，加以解決。因此鄉土教育強調兒童主動的、積極的建構鄉土有關的知識、技能和態度、理想，正合乎認知發展理論。

3.多元文化論

　　好的教育不能只依據一種文化，在定義上，教育本來就應該是多元文化的。（Arora, Duncan, 1986）社會中雖然存在有不同的文化，但每一種文化是獨立的、獨特的，互有差異和多元性、構成一個整體。多元文化論強調，要尊重差異，維持多元，使每一成員都有參與社會每一層面的權利，不能放棄任一獨特的個體。

　　美國多元文化同盟認為多元文化主義是：一個國家的人民具有不同的文化，其價值、信念、行為，甚至語言互異，但他在國家的架構下平等地互存，相互支持。為達成這個理想，要在異中求同。每一個人覺知其自我，並受到保護，而且將這種期望擴充到其他人，也尊重其他每一個人的尊嚴和權利。（引自Sleeter, Grant, 1988, p. 140）

　　而且史利特和格蘭特（Sleeter, Grant, 1988）強調，所謂多元「文化」還要包括次級文化，例如，鄉土文化（home culture），因為兒童的學習主要發生在其知覺系統，如果教學內容和過程與兒童的次級文化不同，則兒童將遭遇到學習困難，鄉土教材反映兒童的經濟背景、學習型式和認知基模，能提高其學習效果。

　　鄉土教育尊重文化多元性的價值，強調人的多元的生活方式，提供不同文化的觀點、經驗和貢獻，尤其是以前被忽視或被扭曲的文化；要提供更多的現代生活文化，而非只有歷史文化，將不同團體，例如，種族、性別、階級及其文化視為積極的、真實的、動態的；取材自社區，以學生的日常生活解釋概念等，以達成多元文化的理念。

4.其他理論

　　史利特和格蘭特（Sleeter, Grant, 1988）利用參照團體理論（reference group theory）和自我概念來檢討多元文化教育的問題，其某些論點也可用來探討鄉土教育。

　　依據參照團體理論，人在與其他人的交互作用中獲得自我認同（identity），每一個人都屬於一組團體，如出生後屬於家庭，慢慢地擴及鄰居、學校、社區等。參照團體就是個人認同的團體，成為規制個人認同的最有力團體，人順從參照團體的規範，表現這個團體期待的行為，以別於其他團體，當團體與其他團體接觸，甚或對立時，團體的統一、界限和規範將受到威脅，為鼓勵成員留在本團體內，並效忠本團體，團體要標榜自己優於其他團體，並且說服成員相信，因此容易產生對其他團體敵意、偏見或刻板化，這是多元文化教育應極力避免的。

　　自我概念理論在解釋「我是什麼？我如何適應社會？」例如，黑人兒童在與其他膚色兒童交互作用後，慢慢覺知其膚色及其他兒童不同的膚色，漸漸瞭解別人賦予膚色的不同意義，由此獲得了種族的自我概念。由於制度化於社會中的意識型態和信念，往往使黑人兒童產生種族的自我拒絕和較低的自我概念。但如果學校教導不同種族的文化、歷史和貢獻，培養他們的自尊，將使他們的自我概念轉為積極。

　　這些理論對鄉土教育的啟示有二方面，鄉土教育要兒童瞭解鄉土的歷史文化，先聖先賢，或先人奮鬥的歷史，成為參照團體，讓兒童認同，培養其積極的自我概念，成為發展健全人格的基礎；其次，鄉土化要重視鄉土，但不流於分化，不可產生偏見甚或敵意，要發展兒童多元文化觀和世界觀，尊重每一個人、每一種文化，成為具有世界觀的國民。

鄉土教育的特質

　　鄉土教育強調，以兒童為學習的起點，使兒童在學習鄉土語言、歷史、地理、環境和文化中，肯定自己，認同鄉土；由愛家、愛鄉，進而愛國；並且發展多元文化觀和世界觀，有國際胸襟和視野，能尊重每一人，每一種文化和每一個國家。因此鄉土教育是一種人格教育，一種生活教育，一種民族精神教育，一種世界觀教育。

1.鄉土教育是一種人格教育

　　人格教育的起點是兒童本身，尊重每一個兒童的人格和尊嚴，尊重他做為「人」的基本特質，以培養自我實現的個人。

　　現行課程標準（民國六十四年）中，雖也規定有鄉土教材，但由於政治的糾結和政策的曖昧，其基本前題是偏頗的：即認為人的存在是為了社會，為了國家，不管願意不願意，人一旦被嵌入國家的大機器以後，就不得不隨著它轉。在此前提之下，個人的需要、利益和發展完全被抹殺了。知識和道德，無論是定義或實踐，都被過度引申，強引到國家層次，都與愛國聯在一起，好像離開國家，道德或知識就毫無意義。

　　鄉土教育應該是一種人格教育，兒童的人格和尊嚴受到尊重，他的經驗、學習型式和認知基模受到重視，他的族群及其文化被平等地等待。他瞭解自己，認識鄉土，因此發展了健全的自我概念，積極的鄉土認同，植根於鄉土，能愛生於斯、長於斯的土地，人格才能茁壯、發展。

2.鄉土教育是一種生活教育

　　鄉土教育的內容，以兒童日常接觸或生活中密切相關之人、事、物等為中心，較一般教材更易引起學童的學習興趣。而且鄉土教育可以增進兒童生活經驗、充實生活知能，指導兒童從實際的觀察、訪問、調查等活動中，進行學習，使教育內容和實際生活融合，知識和

行為合一，達到「教育即生活」、「由做中學」的教育目標。

　　鄉土教學是生活的、社會化的，學生以其切身環境之人、事、物為學習的起點，由「親知」而「言知」、「推知」，合乎由近及遠，由具體而抽象的學習發展過程；能奠定穩固的認知基礎與深厚的情感認同。

3.鄉土教育是一種民族精神教育

　　民族精神教育是以固有的倫理、道德和文化為基礎，以激勵民族情感，培育愛國情操，加強民族團結，恢復民族自信心的教育。傳統的民族精神教育往往陳義過高，流於形式。事實上，鄉土教育就是民族精神教育，兒童從鄉土教學中，瞭解本地區的特性及問題，並透過批判思考、價值澄清、作決定、解決問題等過程中，培養服務鄉土、貢獻社會的熱誠和技能；並由鄉土教材為起點，逐漸擴大學習範圍，由愛鄉而愛國，這正是加強民族精神教育的最好途徑。

　　因此鄉土教育與愛國教育是並行不悖的，鄉土教材不會形成狹隘的地域觀念及單向的鄉土愛，因為以鄉土為出發點，可培養愛國家愛民族的大鄉土精神，進而擴充到以仁愛為基點，珍愛人類的整體生活環境，具有倫理學的道德意義。（曹治中，1980）。

　　但固有的倫理、道德和文化，不是固定的、僵化的，要隨時代和社會需要而更新。因此在鄉土教學過程，要區辨鄉土文化的優點和缺點，進一步揚優汰劣，以更新文化，創造新文化。

4.鄉土教育是一種世界觀教育

　　由於國際交流的頻繁，各國間相互依賴的程度日深，今日世界已成為「地球村」、「國際村」、「國際社區」。遙遠的外國發生的事情，深深地影響本國人的思考、感情和行為。教育不僅要培養兒童成為中國人更要使他們成為世界的公民，也就是要他們具有全球的意識或世界觀，因此要加強世界觀教育（global education）。世界觀教育是培養

青少年全球的觀點和某些知識、技能和態度，使他們能在自然資源極其有限，而且充滿種族歧異，文化多元和相互依賴的社會有效的運作的一種教育。（Nctoan, 1987）其主要研究內容包括：人類價值的差異性和共同性，全球的政治、經濟、生態和科技系統，全球的問題和爭論，全球的歷史等：

兒童熱愛鄉土，產生「土親、人親、文化親」的感情，能真正「愛斯土，愛斯民」，由此「立足臺灣」，進而「胸懷大陸」、「放眼世界」；由「鄉土情」，加強「中國心」和「世界觀」。

鄉土教育的目的

瞭解鄉土教育的性質後，對於鄉土教育的目的亦應給予適切的釐清，將有助於鄉土教學的實施與設計，鄉土教育之目的，可從狹義與廣義的角度闡明說明如后：

1.就狹義的目的而言

一則在於瞭解鄉土之自然背景及社會、歷史、文化等人文背景，一則在於培養個人之鄉土愛，並利用所學得之鄉土知識，能對鄉土有所貢獻。前者採事實主義之觀點，是知識教育，後者採鄉土的情操養成主義的觀點，乃是情操教育。就其關係言之，前者是引渡後者之橋樑，也可說是前者只是手段，後者才是目的。

因此我們必須讓兒童認識他自己的鄉土，才能培育出所謂鄉土情懷。所以鄉土教育的目的，對目前國民小學的學生而言有下列四點：

（1）讓學生瞭解鄉土與個人的生存有密切的關係，懂得如何維護自己的鄉土，不被污染和破壞。

（2）讓兒童認識鄉土的各種風俗習慣的由來，對於家鄉善良的風俗，應給予肯定，並能欣賞。

（3）讓兒童知道與他們同居共處在同一鄉土上的各個族群的歷史

背景，懂得尊重彼此的文化習俗，學會和諧相處之道，攜手共建家園。

（4）讓兒童瞭解鄉土無法孤立，傳統不可中斷，使兒童明白一個人除了必須愛護他長期居住的小鄉土外，也必須愛護他的大鄉土；在肯定欣賞本鄉的人情習俗之餘，更要發揚各種傳統的美德。

2.就廣義的目的而言

鄉土教育不僅在使學生瞭解本鄉土的環境與文化，並且以此知識為基礎，幫助學生認識更廣更遠的其他地區，以至於全國全世界的環境與文化。鄉土教育不僅在培養狹隘的鄉土愛和地區觀念。而且更以鄉土愛為出發點，以國家為大鄉土，培養愛國家愛民族的精神。進而更培養以仁愛為出發點的愛人類愛和平之信念。就此言之，鄉土教育之實施，不僅與我國修齊治平依次推展的民族哲學相合，與國父由宗教而國族以迄於世界大同的精神一致，更與聯合國所提出的國際瞭解與世界和平之目標相同。

國小鄉土教育的功能

所謂「鄉土教育」簡單的說，就是給予學生對生活環境認知的教育。教導學生從自然環境和人文環境中去認識其生長的地方。然而，為什麼要實施鄉土教育呢？我們從許多學者的看法中，歸納出以下幾個原因：

1.鄉土教育培養學生的鄉土情懷和愛國意識。

2.讓兒童容易從鄉土生活的舊經驗中，學習到新的知識。

3.能依照各地區的鄉土特徵來編寫教材，適合地方的區域差異與個別需要，兒童親土親容易理解。

4.施用的教材範圍，均與兒童的生活範圍相契合，容易從培養起來

的鄉土愛中，凝聚共識，產生相互團結扶持的精神。

5.鄉土教育便於「直觀教學」之實施，易於實施觀察踏勘；教材取
　自日常生活接觸的環境，所有事物均為日常所見所聞的，因此，
　容易引起兒童學習的興趣，也易於收到教學的效果。

　其實從現行國小社會科的課程目標來說，站在教材的選擇和組織
的立場而言，實施鄉土教育還可以做到：

6.方便較具體的去統整「經濟、政治、社會、文化人類、歷史、地
　理、心理等學科的相關概念。」容易落實社會科的課程目標。
7.從鄉土教育中幫助學生孕育出較易達成的人生理想，而且比較容
　易為自己的生命，在觀念上正確的建立起「價值觀」的基礎。

鄉土教育實施的策略

　鄉土教育之實施方式有二：一為設立鄉土學科或獨立教學，一為
寓鄉土教學於各學科中。前者以鄉土教育之於專設之鄉土學科中教
學，易收責任專一之效，達成鄉土教育之目標，就現階段教育發展與
社會變遷的互動歷程中，由於鄉土教育的普受重視，業已逐漸取得共
識，給予鄉土教育明確的定位，學者、專家、社會大眾，莫不寄以肯
定的認同。就後者而言，鄉土主義之精神實亦可貫徹於各種教學活動
中，端賴行政人員與教師的正確理念以為視之，同樣可以達到鄉土教
育的目的。在各科中實施鄉土教育有四大原則應加注意：一為機會原
則，二為直觀原則，三為環境陶冶原則，四為自助操作原則[5]，各種教
師應深切配合與體察。

　期冀鄉土教學達成實質目的，必須具備周延的實施策略，而整體
性的配合更是刻不容緩的要因，畢竟鄉土教育乃隸屬整體教育重要範
疇。如何落實推展鄉土教育，以下從行政規劃與執行，鄉土教材的編
選及鄉土教材教學等層面加以剖析：

1.就行政規劃與執行而言

任何領域的教育推動，行政規劃及執行乃是屬於主導地位。無論是教育行政人員或學校行政人員，若有正確的鄉土教育理念則行政的期望績效，將可獲致事半功倍之效果如何做好行政規劃的執行，本處擬從下列要項說明之：

研訂周延的計畫：鄉土教育的推動，周延計畫的訂定是重要的樞紐。

教育行政機關就整體鄉土教育的實施而言，應有良好的規劃設計，而所屬的各個學校，更應依據各地特性、訂定合宜性計畫以為推動之依據。學校在訂定計畫時，尤應配合學校師資、設備、課程及社區環境之資源，妥訂計畫，並納入年度的行事曆。

培養優良的師資：師資的培育關係著鄉土教育的成效至大。雖然鄉土教育關心的是小社會，但這個小社會並不是孤立的，而與大社會有著互動的關係。因此，以臺灣大社會為主的人文、歷史，以及自然生態的瞭解，就變得極為重要。[6]再就鄉土教材的內涵而言，它包括了：鄉土語言、文學、歷史、地理、民俗技藝、音樂、舞蹈等等，必須要有完善的師資培育計畫，方能達到預期目標，乃不爭的事實。

編定合宜的教材：適合地區特性的鄉土教材，是推動鄉土教育的重要媒介。就行政規劃與執行而言，由教育行政單位統一編定合宜的鄉土教材乃刻不容緩的課題。合宜的教材，融入各科的教學或單獨教學均有助於鄉土教育的推動與落實。目前各縣市均有編寫鄉土教材，供各校教學參考之用。然合宜的鄉土教材亦應賦予各地區各學校無限的彈性以擴大鄉土教材的內涵，從而啟發學生廣闊的思考空間，達到鄉土教育宏觀的教育目的。

倡導開創性的研究：鄉土教育的深度的廣度具有相當的彈性，行政單位應倡導與鼓勵師生及學者專家、社會大眾，從事鄉土教材的研究風氣，舉凡地區內的特殊人物、拓荒、家族、文采精英、山川風光

等皆可爲研究的對象。倡導研究風氣的策略首重獎勵，因此，研訂獎勵辦法必須及早設計與規劃以激勵之，使從參與研究中，體察與建構鄉土意識。此外研究風氣的推展亦可借助於鼓勵各學校設置鄉土教材研究小組及研究陳列櫃，以利鄉土教材研究工作的落實。

建立完善的評鑑：評鑑制度的建立就整體鄉土教育的實施而言，是極其重要的一環，周延的評鑑指標是各校實施的重要依據，評鑑制度的建立亦可激發各校努力推動的原動力，評鑑的結果，更可做爲各校改進與超越的重要參考。定期召開的檢討會或座談會，亦可成爲評鑑的另外模式，行政單位亦可嘗試之，配合評鑑的實施、獎勵的催化，更可使評鑑得到良好的成效。

2.就鄉土教材編選而言

鄉土教材在理論上包含了自然與人文環境的全部，由於時間與機會的關係應著重於鄉土特色以及學生需求，因而是選擇性高的教材[7]。就目標而言，合宜鄉土教材，可使學生瞭解本鄉土的人文和自然環境真、善、美；而產生更濃郁的鄉土感情，激發更濃烈的鄉土意識。再由小愛擴展爲大愛，由本鄉本土而擴及地球村培養學生對於人與自然的關懷，在知、情、意三方向都有成熟的發展[8]。因此，教材的編選變爲極爲重要的課題，有關教材的編選，本處擬從內涵、編選原則及編選組織分別說明如后：

鄉土教材的內涵：鄉土教材的內涵，極具廣泛與深度性亦具備彈性化，因此要釐清其內涵實屬不易。合宜的鄉土教材內涵，不同的學者與專家有時有截然不同的評價取向。雖然如此，下列鄉土教材內涵乃學者專家較有共識的，舉凡鄉土語言、鄉土文學、鄉土地理、鄉土歷史、鄉土教育、鄉土生物、鄉土音樂、鄉土美術、鄉土戲劇、鄉土舞蹈、歲時節慶、民俗信仰等應皆爲鄉土教材的重要內涵。

鄉土教材的編選原則：瞭解鄉土教材的內涵後，如何加以編選，方能成爲合宜的鄉土教材，下列原則須予以適切的掌握：[9]

（1）教材宜鄉土化：鄉土教學主要在讓學生瞭解鄉土的特性，故教材必須是與鄉土最有密切相關的，必是地方性的，是該鄉土所獨有的。如此，才能顯示鄉土教學的特色，也才能達成鄉土教學的目的。

（2）教材宜結構化：將鄉土資訊結構化、趣味化有助於提昇學生的興趣。

所謂結構化就是將鄉土資訊重新組織排列，使其系統化、系列化，使學生在學習的過程中容易理解，而非學到一些零碎和雜亂的片斷知識。

（3）教材宜趣味化：所謂教材趣味化就是選擇比較能引起學生學習興趣的題材來教學，或將比較枯燥無味的教材加以修飾，成爲學生喜歡學習的題材。

（4）教材宜故事化：喜歡聽故事是學生的天性，如果能將鄉土教材編撰成故事題材來教學，必能讓學生喜歡鄉土教學。事實上，臺灣史就是一部近代拓墾史，在各鄉鎮都曾發生過許多可歌可泣的史實，都是最能吸引學生的鄉土教材。

（5）教材宜精簡化：鄉土教材的廣度與深度具有無限的彈性，如何加以精簡成爲合宜的教材，以幫助學生的學習，實爲在教材編選中重要原則。

鄉土教材的編選，應力求精簡，去蕪存菁，儘量捨去無意義的數字性的及記憶性的題材，以求精簡化。

鄉土教材的組織：鄉土教材的內涵與編選原則瞭解後，如何將編選出之合宜教材以妥善組織，應爲重要的課題，從簡到繁，從易到難，從具體到抽象，從已知到未知，從近到遠，從新到舊及符合時令季節等[10]皆爲教材組織上應行注意的要項。總之教材的組織應配合課程

單元進度及兒童的程度，充份發揮教學效果，方能使鄉土教學達成最佳的績效。

3.就鄉土教材的教學而言

前已言之，鄉土教育的實施，必須仰賴良好的行政規劃與執行及編輯合宜適切的鄉土教材。惟如何使這些教材讓學生充分瞭解，並從認知與技能領域中，圓融地轉化為情感現象，實有賴生動活潑的教學活動以為中介歷程。如何落實鄉土文化教學，達成預期的鵠的，可從下列層面分析言之：

鄉土教學必須多樣化：教學是否成功，固然有賴於師資、教材、設備，但教學方法更形重要。墨守成規，一成不變的教學方法，不但引不起學生學習興趣，教學效果也大打折扣。許多研究顯示：同樣的教材，同樣的設備，同資等的學生，但是教師所用的教學方法不同，所顯現的學習效果，卻有顯著性的差異。因此，進行鄉土教育時，應善用各種教學方法與教學技術，來引發學生喜歡學習的動機。

設法使鄉土教材富有生命力：[11]僵化與刻板的鄉土教材有時與現階段生活背景有極大的時空差距，學生無法體察其中的精要，更無法激發學生學習的意願與興趣，倘若教師能將鄉土教材與生活融合在一起，學生則較能感到鄉土史實就發生在我們身邊，鄉土史實就是我們的生活，學生學習鄉土教材的興趣就可油然而生。

適度使用電化教學：[12]電化教學可以直接刺激學生的視覺，加深學習的興趣效果，以補講授之不足。目前我們可以應用電化教學媒體主要有三種：投影片、幻燈片以及錄影帶。錄影帶最容易引起學生的興趣，但在選片與放映時間上應適切的規劃。幻燈片的使用彈性空間較大，基於教學的需要，可隨時抽換重組而不受限制。

鼓勵學生參與鄉土教材教學活動：[13]一般而言，教材、教師、學生是教學領域中的三大要素。因此在鄉土教材教學活動中鼓勵學生多參與鄉土教學乃成功的必要條件。唯有學生的全心參與方能活化學習的

歷程。如何使學生參與教學活動,則教師在教學歷程中就要予以系統的規劃設計,諸如野外參觀教學的實施及設計與學生生活經驗有關的課程讓學生講授等。

　　掌握鄉土教材之教學目標:[14]鄉土教學的內容極廣,如前文所述,其目標乃是希望透過老師生動活潑的教、學生快樂主動的學,讓學生增加對鄉土的決心,最重要的乃是產生保護鄉土、愛護鄉土的具體行動。由此可見鄉土教學的目標包括:認知、技能、情意三大領域,而以情意的激發,信念的建立,行為的培養最為重要。

結語

　　鄉土教育的實施,無非是要培養學生的鄉土情懷,孕育鄉土之愛,產生鄉土意識,加強鄉土觀念。鄉土教學是根據鄉土教育的目標,所編訂的教材和活動設計,來從事教學活動。其目的在使學生對孕育他的鄉土,綿生見賢思齊的使命感、和回饋鄉里的責任心。期為他們確立一個切身的「生命價值觀」。與當前國小由近而遠、由小而大的課程目標設計完全吻合。

　　鄉土教育的實施,在現階段各級教育體系中皆為重要的使命與責任,非但學校教育應加強落實,社會與家庭教育尤應全力配合,方能竟其功,畢竟鄉土教育的實施是具整體性的。教育部為加強鄉土教育的實施,於修訂中小學課程標準時,明定鄉土教學的課程標準,將鄉土教育予以體制化,相信更能落實鄉土教學的實施,並獲預期的績效。最後謹以前總統李登輝先生對鄉土文化教育的訓勉做為本篇報告之結語。

　　「鄉土文化的教育,可以讓學生瞭解所處理環境中的特色及其淵源,使其尋根固本,進而培養珍惜鄉土文化的情感。有人說,歐戰之後,德國能再度復興,乃歸功於基層教師加強鄉土教育的結果。今

天，我們社會安定，生活富裕，可說得來不易。在教育過程中，更應重視鄉土文化教育，讓學童認識自己生長的地方，瞭解有關鄉土的一切；以培養對鄉土的關懷、情感與責任，進而產生服務家鄉、造福社會、建設國家的情操。」

並盼望所有教育工作者奉獻一己之心力，共同為鄉土教育而努力，創造國家社會更為真、善、美的前程。

附註

1.鍾喜亭（1993），如何編選鄉土教材，載於台北市政府教育局主辦，《台北市八十二學年度中小學鄉土教學學術研討會手冊》。

2.尹章義（1993），鄉土教材之涵義及其重要性，載於台北市政府教育局主辦，《台北市八十二學年度中小學鄉土教學學術研討會手冊》。

3.台北市府教育局（1991），《台北市鄉情叢書國中篇—台北我喜歡》。台北市政府。

4.彭仁信（1995），鄉土教育的省思，《教育資料文摘》，（211），113-115。

5.顏全良（1970），鄉土教育之實施，《臺灣教育輔導月刊》，22（2），22-24。

6.溫振華（1993），如何推展鄉土教育，載於台北市政府教育局主辦，《台北市八十二學年度中小學鄉土教學學術研討手冊》。

7.尹章義，同註二。

8.尹章義，同註二。

9.鄧天德（1993），怎樣培養學生喜歡鄉土教學，《鄉土教材教法》，155-156。台北市教師研習中心。

10.鍾喜亭，同註一。

11.林石得（1993），社會化的鄉土教學方法，《鄉土教材教法》，頁177。台北市教師研習中心。

12.同註十一。

13.同註十一。

14.羅美娥，（1993），學生活動為主的教學方法，《鄉土教材教法》，頁189。台北市教師研習中心。

參考文獻

歐用生（1993），國民小學新課程標準的內涵與特色，《國民教育》，34，（12）。

蔡志展（1993），鄉土資料與鄉土教材之商榷，《國教輔導月刊》，第32，（4）。

黃新發（1995），國民小學鄉土教學，《教育資料與研究雙月刊》，（5）。

蔡志展（1995），淺談國民小學鄉土教學，《教育資料與研究雙月刊》，（5）。

教育部（1994），《國民小學鄉土教學活動課程標準》。

夏黎明（1994），鄉土的範圍、內容與教育意涵，國立臺灣師大教育研究中心，鄉土教育系列研討會議資料（一）。

黃政傑（1994）國中小鄉土教育課程的設計與展望，臺灣本土文化學術研討會引言論文國立臺灣師大主辦。

杜玉祥（1977）談鄉土地理的重要性，《國教輔導月刊》，16，（8）。

林昭賢（1994），台北市鄉土教育實施，國立臺灣師大教育研究中心，鄉土教育系列研討會議資料（一）。

彭仁信（1995），鄉土教育的省思，《教育資料文摘》，（211），民八十四年八月號。

鄧天德（1980），國小環境教育落實之道—鄉土化，《教育研究》，（15）。

歐用生（1994），鄉土教育的理念與設計，國立臺灣師大教育研究中心，鄉土教育系列研討會議。

葉雲翔（1996），鄉土教育活動的內容與實施方式，《國教輔導月刊》35，（4）。

鍾喜亭（1994），如何編選鄉土教材，輯於臺灣省政府教育廳，《學習與成長（六）》。

歐用生（1991），《課程發展的基本原理》。高雄：復文。

陳明德（1994），學校鄉土教育的推動，國立臺灣師大教育研究中心，鄉土教育系列研討會議資料（二）。

陳忠照（1995），談實施鄉土教學活動的施力點，《國民教育》，36，（1）。

態召弟（1995），鄉土教育之理念與實務，《國民教育》，36，（1）。

耿志華（1994），鄉土教學活動的實施，國立台北師院，《八十四年台北地區國小鄉土教育活動課程設計推廣研習手冊》。

洪若烈（1995），國民小學新課程標準的精神與特色，臺灣省國民教師研習會。

王鑫（1995）鄉土教學概說，刊於《國語日報》，民國八十四年十月十七日—二十四日。

26.二十一世紀國小道德教育的實踐

：以靜思語教學為例

高雄縣福誠國民小學

教務主任 朱惠瑗

前言

　　美國教育家杜威（John Dewey）曾說：「學校是社會的縮影，是淨化的社會。」但在社會快速變遷，多元文化刺激的環境中，原本單純安全的校園，也因X世代的耍酷，Y世代的比「ㄅㄧㄤˋ」，英雄老大的威風示範，迷思了學生的心，暴戾犯罪行爲明顯上升，使得學校道德教育不得彰顯。

　　再則，國人受到社會傳統文化、升學主義及文憑主義的影響，使學校、家庭、教師及學生幾乎將全部資源導向考試，形成一種考試競爭的奇特學校文化，使得其他教育面向，例如，建立生活規範、建立人生觀的生活教育、形成民主法治價值觀的公民教育，相對受到忽略（行政院教育改革審議委員會，1996），而無法眞正落實全人的教育。因此，學生成爲一部考試的機器，道德教育的眞正目的夭折成了分數的代名詞。學生只要能考高分，進入所謂明星學校，哪裡聽得下「對別人要付出關愛，要遵守道德規律…」等，更庸談實踐的功夫了。

　　國民小學是道德發展的重要階段，要使兒童的道德發展能達到預期的目標，必須加強國民小學的德育。如果從小就能養成一個人有道德品格，那麼長大以後才能做一個端端正正的人（詹棟樑，1997，頁47）。道德教育是教育重要的一環。我們可以這麼說，教育的成功應包含道德教育的成功在內。因爲，教育活動必須保持有道德的意義，沒有一種不具道德的活動可以被稱爲教育的。

　　學校教育成功與否，教師扮演著舉足輕重的角色。由於兒童對於道德的瞭解並不深入，所以對某些行爲或事物必須等到瞭解之後，才有把握去實踐，所以兒童道德教育的實施，大多採用知而後行的情形，亦即藉由教育引導學生，有「知善行善」、「知惡去惡」的道德氣質及勇氣，然後才能以實際行動表現在日常生活中。

　　兒童的道德是發展的，在發展的過程中是理論與實際並重。然

而，道德是該「實踐」的，而不只是「說理」或「認知」就能有所幫助。老師惟有鼓勵學生實踐「道德」，才能真正對自己和對社會群體有利。因此，國小道德教育的實踐是教師將課程大綱裡的德目，個人的道德信念與抱持的道德理想，運用適當的教學，具體的教育學生，以激發學生生命的活泉（黃建一，1980）。本文主旨即嘗試透過道德性質的重要理論、道德教育實施的原則、以及道德教育的各種教學方法為基礎，輔以靜思語教學的學習活動、實施策略、檢核方式與活動實例分享，提供國小教師實施道德教育時的參考，讓德育理論能藉德育實踐而發揮道德教育的效果，造就真正具優良道德的好學生。

道德的性質

　　道德的本質，是具有全體性、統一性、實踐性、內面性的規範性格。道德，可說是人與人，人與團體、社會之所有道理的一種複合概念。透過個人的或者社會的生活形式，表現於物質與精神之兩方面，存在於整個生活環境（梁忠銘，1999，講義）。

　　道德，拉丁文是moralis，意為生活習慣或方式。茲將歷來對於道德性質之重要理論，簡述如下：

理想主義

　　古代希臘哲人柏拉圖（Plato）以為人性中有三個層次：理性、感情、慾望；三者各有功用。理智所反映的特點是「愛智」或「愛學」，激情所反映的特點是「愛勝」或「愛敬」，慾望所反映的特點是「愛利」或「愛錢」，這三種不同特點的心靈，正好形成智慧、勇敢、節制三種不同品德（王天一、任鍾印，1995，頁70）。其中惟理性能理解事物的真正性質，其餘二者須受其控制而得致和諧與秩序，如此，個人生命

得以充實，世界可臻至善（趙一葦，1993，頁92）。柏拉圖強調，要使國家長治久安，除了智慧、勇敢、節制三種美德外，還要有正義的美德，如此真正正義的社會和正義的國家才能實現。

　　亞里斯多德認為德性（arete）有兩種：理智的和道德的。理智的德性（intellectual wisdom），如睿智（practical wisdom），是由於訓練而產生和增長的；道德的德性（moral virtues），如勇敢，乃是習慣的結果。「我們由於從事建築而變成建築師，由於奏豎琴而變成豎琴演奏者。同樣，由於實行公正，而變為公正的人，由於實行節制和勇敢而變為節制的、勇敢的人。」所謂「習慣成自然」，就是這個意思（王天一、任鍾印，1995，頁105）。亞里斯多德的主張即是在道德教育中必須堅持「知」和「行」的統一。

快樂主義與功利主義

　　希臘古代哲人伊比鳩魯（Epicurus）認為，行為之能產生快樂或快樂多於痛苦者為善、為道德，其產生痛苦或痛苦多於快樂者為惡，為不道德（趙一葦，1993，頁93）。他主張的快樂乃指身體上無痛苦，精神上無煩惱而言。身心康泰乃伊比鳩魯所謂快樂，也即是善之所在（吳俊升，1995，頁136）。

　　十八世紀，英哲邊沁（Bentham）認為，行為之目的，在於求樂而避苦，提出「最大多數人地最大幸福（the greatest happiness of the greatest number）」的主張，即是憑藉外方的制裁以建立道德的權威。所以邊沁說：「組成團體的所有個人的快樂，乃是……唯一的標準，應使每個人的行為與之相符和……可是非是苦痛即是快樂，除此二者之外，別無他法，可使個人最後這樣做。」一種苦痛或快樂，使個人在公眾的利害中，同時及發現他個人的利害的手段，便是邊沁所謂的制裁（sanctions）（吳俊升，1995，頁140）。他所擬定的外方制裁，共有四種：物理的制裁，政治的制裁，公眾的制裁，宗教的制裁。

理性主義與形式主義

　　古代理性主義為斯多亞派（Stoicism）以齊諾（Zeno），他以為人類底本性分享有宇宙間大自然之理性，人若依之而行，可無仄礙，便是道德；亦即理與欲爭，理勝為善，欲勝為惡；人應克己為善，故亦稱克己說（趙一葦，1993，頁93）。

　　近代理性主義以康德（Kant）為巨擘，他認為，從根本上說，只有道德才能使人成為人。失去道德，人將變成動物。康德認為，道德概念和道德準則並不是從經驗中引出的，而是蘊涵在人的實踐理性中；人心中的「實踐理性」先驗地就規定出了某些永恆不變的普遍道德規律。這些規律對於人的意志來說是必須服從的「絕對命令」。道德行為就是自覺地遵從理性確定的道德規範，而不受任何個人慾望等外在影響的意志行動（王天一、任鍾印，1995，頁125）。所以康德主張，兒童要在理性的幫助下接受道德規律，具有「義務心」、「責任感」、「善良意志」時，才能成為有德性或善良的人。

自然主義

　　道德上的自然主義以十九世紀英國的斯賓賽（H. Spencer）始。他提出，自然懲罰說（Theory of natural punishment），主張在道德訓練中，應該儘量讓自然的結果去施罰，即使有人為的施罰，也應該使罰法和自然結果相接近。譬如一個兒童把他的玩具亂丟在地板上，我們不必用別的方法施罰，只要罰他自己收拾。收拾玩具所生的一切痛苦，乃是他隨意亂丟玩具的自然結果（吳俊升，1995，頁142）。因此，讓兒童從自己的行為後果中接受自然的教育，應是德育的根本原則。他以為身體愈強者愈能得到成功；故社會應淘汰羸弱的份子。

　　德哲尼采（F. Nietzgche），推崇勇敢、操縱、領導等而稱之為「主人道德（master morality），貶斥犧牲、自抑、謙遜等為「奴隸道德」（slave moraliyt）；真正的進步不在扶助弱小，而在培養優秀份子（趙

一葦，1993，頁94）。

實驗主義

實驗主義者杜威曾說：「它（教育）應該是造就發生實際事功的品格。我們不知道只是富於感情而不能行動的好好先生，有什麼用處。我們必須有在行動方面良善的品格。個人應該有表現它的意志，和在生存的現實的衝突之下有自表的力量。一言以蔽之，要具有品格的力量。」而這種道德品格的力量，在杜威認為是來自個人天然稟賦的衝動和傾向，道德教育的目的乃是發現這些本能的力量，然後加以運用，以培養成一種道德習慣。因此，要有「道德智慧」，才有「道德力量」（吳清山，1988，頁85）。杜威又宣稱，為了有效地對兒童進行道德教育，應當把兒童置於必須自己做出道德選擇的具體情境中。只是在水外學習游泳，不參與社會生活，學校就沒有道德目標，也就沒有目的。從這裡可以看到他的知和行關係的學說在道德教育上的具體應用（王天一、任鍾印，1995，頁105）。

直覺主義

道德上的直覺主義者以法哲柏格森（Bergson）為代表。他主張「開放的道德」（open morality），那是由生之大源推動而成，是超乎理性的。耶穌、釋迦之所以能從社會責任的道德中躍出，而成就超乎象外、拔乎流俗的一生，即是在此。人生到此，便能體會一種深刻的境界，獲得無窮之快樂（趙一葦，1993，頁95）。

道德教育實施的原則

　　道德教育是用來實踐的，應該講求原理原則，否則導致雜亂無章，就無法掌握實踐的步驟了。因此，道德教育的基本原則主要的有：

講求真理

　　師生間最起碼的原則是講理。如有一方不講理，就會成爲不講理的老師或不講理的學生，在教育的施爲過程中造成障礙。中國有句話：「有理走遍天下，無理寸步難行」，便是最好的寫照（詹棟樑，1997，頁286）。

　　道德教育的方法也應該求眞。以科學的信念和精神價值的信念獲得眞理，將理性的一部分帶入道德中，而不是把道德視爲純粹是感情的。也就是說，讓德育方法是有感性的，也具有理性的。

積極化育

　　道德教育的方法應強調積極的化育。可敬的教師典型是有純潔的教育愛，有教無類，以啓發的方式，因才施教，引導幼稚的心靈投向眞理與道德之光；他們和藹可親，學生如坐春風，如沐化雨。在學生心目中樹立起權威，不藉夏楚二物自有師道尊嚴（歐陽教，1995，頁90）。

　　在我國道德教育採化育方法者甚衆，例如，亞聖孟子主張用「善養吾浩然之氣」的過程，去完成一種完滿的人格，強調教學有如「時雨化之者」，對「不屑之教誨，予是亦教誨之而已矣」，（王連生，1992，頁137）尤顯其積極化育的好方法。

　　積極化育的方法，當是「無聲勝有聲」，也就是說，把道德視爲貴

在實行，不在文字解說。希臘時代的犬儒學派（The Cynic School, the Cynics）倡導人安提士登訥（Antisthenes），提出他的名言：「德爲德立」（Virtue for virtue's sake），也就是要使一個人有德性，必須以道德去影響他（化育），因爲道德爲最高之善，乃一切行動之最後目的，眞正福祉，植基於是。釋迦牟尼就是以德性化育眾人的最好榜樣（詹棟樑，1997，頁287）。

賞罰公平

讚美乃是最好的獎賞，因爲這種獎賞不僅使學生愉快，也表示他的行動令教師愉悅。因此教師在給予學生獎賞時，一定要讓他體會到他的表現是教師喜歡的，不久，教師的情意在學生的生活裡自有其地位，到那時便不需再用到物質性的報酬。有時獎賞效果過分迂遠，不能及時阻止學生有害的行爲，就得用到懲罰（Roger Straughan, 1994, p. 212）。然懲罰應防患流於奴隸氣質的鑄造。

言行合一

道德教育的本質重在實踐，就是道德知識的教學也是爲了強化道德實踐的意志與動機。所以道德教育應時刻貫徹知行一致的要求，因爲學生都是在觀察中學習的（詹棟樑，1997，頁86）。教師在實施道德教育時，不能忽略知行合一，同樣地也不能忽略言行合一。假如學生看到教師「口惠而實不至」，學生會受教師行爲影響，等他長大些，會因教師是僞善者而憎惡之。

就道德教育的方法而言，對於賞罰所堅持的原則是公平。德國教育學家赫爾巴特（Johann Friedrich Herbart）認爲「公平」，就是「以德報德，以怨報怨」的態度，所採取的是相對主義，即以他人如何對待我，我即以此對待他人。不過，還有最重要的是要以行爲者的意向和感受者反應來判斷，否則，這世界將成爲報復的世界（詹棟樑，

1997，頁289）。教師明智地運用賞懲，可以增加學生的順從性及群性。

修己善群

1.修己

道德教育首先要從修己開始，使自己成爲完善的人，有完美的品格，其方法爲：端正身心，建立信心，啓發善心。

端正身心：如果一個人心正，則行正，行正，則能表現「行如風，立如松，臥如弓，坐如鐘」的威儀，也願意「彎下身子」，由灑掃應對進退，勞動服務等生命中的「基本責任」做起，讓習慣成自然地去實踐。孔子曾說：「吾少也賤，故多鄙事。」如果學生們能將「鄙事」成爲自然的去實踐，則它將成爲道德修養的磐石。

建立信心：一個人對自己有信心，才能對道德有所堅持。對自己的行爲有信心，才能對自己的行爲負責。Michael Schulman、Eva Mekler 的研究指出，讓學生練習自信的技巧，幫助他們建立信心兩項有效的技巧，分別是信心的激勵及自信的英雄，可以透過遊戲方式來進行。（Michael Schulman、Eva Meler , 1994, p. 116）。

啓發善心：培養學生對他人經驗的身受感，乃是一種啓發善心的有效方法。當學生能從內心「喜人之所喜，悲人之所悲」時，關懷與助人才會隨時在他們四周迸現。

2.善群

道德教育的成效，必須在人群中才能顯現。因爲人是生活在既有的現實社會中，人也不斷的在改變，而現實的社會生活裡，人隨時都有虛僞、不正、誤謬、矛盾、犯罪的存在。教育的目的就是使在其成長的過程中，助其充分完成其最完美的發達狀態（梁忠銘，1999，講義）。而善群必須做到：

關懷社會：用實踐行為參加社會活動，付出一己之力，而不是冷漠的批評社會的缺失。

貢獻社會：以「盡本分，做本分事」的工作態度，在自己的工作崗位上負責認真，「聚沙可以成塔，滴水可以成河」的貢獻自己的力量，如此社會就可以進步。

靈化社會：德國教育家赫爾巴特提出「靈化社會」（beseelte gesellschaft）的觀念，認為：凡努力協助正義、公平、善惡、完滿作適當之表現者，那就成為公共事務，而原本只是個人感情所有的「內在自由」就成為關心別人的一種表現，那些空洞的觀念和僵化的思想消失了，社會中人與人之間成為一體，這便是「靈化社會」。靈化社會是一個充滿社會道德、公平正義的完美社會。在這種社會中，很自然地，每一個人都能善群（詹棟樑，1997，頁293）。

道德教育的教學方法

道德認知教學的方法

道德教育在培養一個人對道德能知又能行，而道德認知是屬於道德能知的部分。而道德認知的教學，就是透過教學的方式，以達到道德認知的目的（詹棟樑，1997，頁297）。道德認知教學方法是讓學生對道德原理原則有所認識，是屬於較高層次的教學方式，所以這類型的教學適合於小學四年級以後的學生。因此教師應配合兒童敏銳的求知欲，在教學時採取以下的方法：講述、啟發、討論、直觀、發表。

1.講述

德育原理的解釋，正確理念的傳達、錯誤觀念的澄清，高尚情操的提示，隨時都必須運用講述法去形容、描述、設喻、引證。因此講

述法應多利用圖表、圖片、立體圖形等教具相配合（黃建一，1980，頁66），教師使用的教育語言，要配合學生的道德認知能力，讓學生能瞭解，這樣才有較大的德育效果。

2.啓發

道德教學內容的選擇，應注重啓發性，也就是對於道德良知具有教導的作用，並且能舉一反三。德國教育家斯普朗格（Eduard Spranger）所謂的「良心的喚醒」就有這種性質在（詹棟樑，1997，頁322）。所以當教師以兒童的良知為基礎的教學時，教師設計各種等待解決的有關道德情況，引起學生解決問題的動機，運用思考，如用分析、比較、推理、歸納、演繹等方法，促使學生對道德事實、知識做深一層的理解與認識，啓發兒童「暢所欲言」地發表言論，鼓勵輻射性的思考，教師不必預設現成的「道德律」去限制或約束兒童活潑的思考能力（黃建一，1980，頁66），才能使學生豁然開朗，對道德的認知才能條理清晰，觸類旁通。

3.討論

道德課程裏的討論，可說是深具意義。教師讓兒童、學生彼此坦誠互訴自己的感受、想法，可讓其改正自己偏狹的想法，因此在指導過程中，可分為三階段進行：

導入階段：應從兒童、學生日常經驗開始主題的溝通，再進入展開階段的「目標」以提高問題意識。

開展階段：以共同的題材來溝通，且必須是與「目標」相關的溝通。這時要重視兒童、學生每個人的意見，教師的建議方式以不亂提出「還有呢？除此之外」等語，而應以「有沒有人要補充……同學的意見？」或「某個同學是這樣想，有沒有其他的想法？」，「某個同學是這樣做，有某人認為換做自己會有別種做法嗎？」等，使溝通能繼續並深入的發問和建議方式。

終了階段：必須是與實際生活相關，能發展成行為實踐的溝通。換言之，在兒童、學生的生活中，除了思考應如何行動的知性判斷外，打動其心志，使其懷有實踐的內在決心，是很重要的。有時，留點餘韻，使其繼續深入思考的方法也可善加運用（林美瑛、賴昭香，1992，頁224）。

4.直觀

教師應儘可能提供簡單的方式，充足的時間，以具體的道德故事、事實、短劇，透過角色扮演，或影片、錄音帶或參觀，代替語言文字等抽象符號的解說。而增進學生直接的生活經驗，加強理性效力，溝通正確的觀念和思考，並從此獲得可靠深刻的道德知識。實施直觀教學之前，教師須有充分的準備，同時指導學生作相當程度的準備。觀察以後再加討論、報告、並解答問題，才能達到直觀教學的目的（黃建一，1980，頁66）。

5.發表

發表教學法是德育教學中最富生氣的方法。教師指導學生，藉著語文、圖畫、藝能、音樂、戲劇的活動方式，表達學生自己的知識、思想、情操和技能。這類活動常能博得令兒童自己的滿意的讚賞，而獲得高度的成就感。小學德育藉著發表教學的方法，可以促進兒童意見觀念的溝通，增進兒童對德目的理解，釐清模糊的觀念，建立清晰的思想，增強創新求進的動機，陶冶學習情趣，增益知行合一的體驗（黃建一，1980，頁67）。然而教師應依學生的個別差異、學習能力、家長社經背景，充分而周詳的計畫。

道德規範教學的方法

道德規範教學的方法可採取如下的方式：暗示、練習、檢討、獎懲。

1.暗示

暗示教學法，教師需要多一點耐心，等待時機成熟，兒童的良好行為，自然水到渠成。教師設置的情境要兼顧自然環境和社會環境兩種（黃建一，1980，頁69）。自然環境方面：和諧的氣氛和良好的班級與學校風氣，都有助於習慣的養成和行為的砥礪，荀子勸學篇說：「蓬生麻中，不扶而直。」即是團體暗示的正面教學效果。社會環境方面：要以團體的制裁與模仿，達成德化的效果。

2.練習

養成良好的道德習慣，是道德教育過程的重要課題。良好習慣的養成，須靠精勤不輟的練習。德育的練習教學法是反覆學習某種良好行為，例如，日常生活禮儀的訓練─「行如風、立如松、臥如弓、坐如鐘」，以及各種待人接物的方法與態度。學生經過指導練習的結果，才能將良好的偶發行為變成為良好的終身習慣，而利於道德行為的實踐。惟練習之初，教師應訂出一個中心德目來，配合兒童濃厚的學習興趣和強烈的學習動機，然後示範正確的行為，或提示良好的榜樣，並隨時給予適當的增強，掌握學生正確的行動，慢慢的就會形成習慣。當學生有了道德習慣以後，自然就能隨心所欲而不踰矩了。

3.檢討

教師選擇集會時間或導師時間，由學生組成自治會，利用團體制裁的方式，定期或不定期舉行生活檢討會，會中共同討論有關道德議題。譬如：隨便丟垃圾時，便會有人說：「你應該將垃圾放在該放的地方。」師生間藉由彼此的價值澄清、互相觀摩、坦誠規勸，產生團體向上的動力，使兒童在維護團體榮譽顧及他人和自己尊嚴的動機下，共同改正錯誤的行為。

4.獎懲

獎賞和懲罰可視為動機天秤上砝碼，直接增減行為的吸引力，也

因此潛藏著優缺點。優點是獎懲的運作可能左右兒童對情境的看法，使他能想要去做他認爲合理的事情，否則他可能會不想去做（例如，小強知道照顧妹妹會受到獎勵，丟下她不管而跟朋友去玩則會受到處罰）。另一方面，獎懲的缺點是兒童會因爲某類行爲所附帶的獎勵或譴責，而表現該類行爲，並不是因爲他瞭解到行動中的任何道德特徵；他的推理可能停留在「我這樣做有什麼好處」的（非道德的）階段。所以，外在的獎懲最好視爲道德前期（pre-moral）的技術，目的在控制和修正兒童的動機及後續的行動，但不太可能增進兒童對道德理由的掌握，或促進他們據以行動的意願（Roger Straughan, 1994, p. 138）。因此，教師須在理智及愛心的基礎上，謹愼使用，才不會造成反教育、反道德的後果。

道德實踐教學的方法

兒童可能被教和學了許多關於道德的事，但當面臨眞實生活中的道德抉擇時，卻可能辜負期望而沒能使用學到的資訊和技巧，或是沒能依照自我形成的道德判斷來行事。所以，實踐的教學在德育中扮演著重要的角色（Roger Straughan, 1994, p. 134）。

道德實踐教學的主要關鍵，是教師必須以身作則。因爲學生常以老師的行爲爲模仿的對象，德國教育家斯普朗格（Eduard Spranger）提出了「模範教育」（beispielerziehung）的理論，認爲教師的一言一行，都足以成爲學生的楷模。因此，教師應以身作則，讓學生學習，尤其是低年級的學生，其言行惟老師是尊。（詹棟樑，1997，頁304）教師的行爲能成爲學生的模範者，於是教師要示範合乎道德的行爲，啓示兒童如何依照道德規範去實踐。教師可採取以下的方法：陶冶、示範、輔導、欣賞。

1.陶冶

陶冶的目標在於透過教育而使人「精神存在的高貴化」（die

Veredelungdesgeistigen Daseins），也就是使人的人格或精神高貴化。品格的陶冶可分爲主觀的和客觀的兩種；主觀的陶冶是陶冶個人的意志或心靈；客觀的陶冶是以道德規律爲素材去教導大多數人。因此，品格之形成是由主觀和客觀兩部分所組成。（詹棟樑，1997，頁300）。

陶冶是教師設置利於道德的動態活動與靜態環境，運用德化的力量，使學生在平日的生活當中潛移默化，養成優良的品德。如鼓勵學生閱讀優良讀物、欣賞音樂、美術、鼓勵儲蓄等都是陶冶的教學法。

優良讀物的內容相當多樣，有畫冊、民間傳說、歷史故事、神話、童話、傳奇、文學作品等。在道德課程中如能善加利用，對學生助益良多。諸如：

(1) 能擴大學生的學習經驗，想像種種道德情境，使理解因應各種場面的行爲和思考。
(2) 藉著文字的力量，培養銘心感動和道德情操。
(3) 以文字的表現，啓發道德價值的思考與生活方式。

從教師的立場觀之，不論個別學習（在家讀寫）或團體學習都能培養學生較具個性的思考方式（林美瑛、賴昭香，1992，頁226-227）。

2.示範

美國社會學家班度拉（A. Bandura）從社會學習論的立場，認爲道德判斷反應，是隨社會增強的作用和適當社會楷模的存在而改變。不過，在今日劇變的社會裡，阻礙人德性發展的因素太多，社會道德的淪喪，個人道德的低落，可視爲是反道德的社會楷模、反增強的緣故，因此，教師的身教就更顯得特別重要了。

示範的主體有二，一爲教師示範，也就是身教。一爲兒童優良德性的示範。教師的示範常在無意中，收到效果。兒童的示範，常在有意的安排下，讓其他的學生觀摩或參與，培養道德實踐的能力和習

慣。示範教學法的優點是具體切實,直接仿效,易收自然感化的效果(黃建一,1980,頁67)。

3.輔導

輔導(guidance)主要關心的是學生人格的發展,它幫助個人匯聚智能探索自我及其環境,以創造人生的意義。輔導工作者應用晤談、諮商、測驗等解釋,促進學生對自己內在架構的瞭解。教師應站在學生獨特的內在世界與外在環境的交互作用地帶,幫助學生對其主觀狀態與客觀事實做較佳的透視(吳武典,1993,頁30),引導學生由自我瞭解,自我指導,自我統整,而達到自我成就,自我發展,並且在參與各種社團活動中,會根據自己的經驗來相互瞭解尊重、協調,充分發展道德的實踐能力。

4.欣賞

德育的欣賞教學,是屬於感情抒發的一種情緒或情操的昇華,進而滋潤心靈,豐富情趣,孕育理想,以達到自我實現的極致目標(黃建一,1980,頁68)。因此,道德教育不僅涉及腦(head) 也涉及心(heart);它與理智(intellect)有關,也與情緒(emotions)有關;它不祗是認知(congnition)之事,也是情感與意欲(affection and intentionality)之事。學生在學習道德知識外,更須在文學、歷史、地理、美術、音樂、戲劇中懂得觀察、比較、體會、欣賞等方法,在團體遊戲、課外活動及一切學校生活中,學會傾聽、聯想,涵養學生的道德情感,以增進道德實踐的教學效果。

以靜思語教學實踐道德教育的夢想

靜思語教學的學習活動

　　靜思語教學的學習活動分五個領域，分別是：遊戲活動、故事活動、戶外活動、靜思活動、實踐活動。

1.遊戲活動：包含舞蹈、戲劇表演、社交活動及其他各種遊戲

　　俄國教育家維果斯基（Vygotsky）曾說：「遊戲給予兒童一種新的需求形式」（play gives a child a new form of desires.）在這個新的需求形式中，兒童可以虛擬一個自我，扮演不同於現實狀態的角色，創立非生活狀態的規則，在遊戲中獲得成就和滿足。這些活動，讓兒童有機會去揣摩和練習，使他們成為將來活動的基礎；這些成就和滿足，也會成為未來兒童的態度和情操（鄧運林，1997，頁183）。

2.故事活動：包含讀書、說話、表演、歌唱

　　真實的人生故事最動人，它讓孩子看得到、摸得到、嗅得到。實施情操教育的「關鍵期」是從兩歲半到十歲，其次為十一到十四、五歲。因為這一時期的孩子，本身感情最豐富，最容易受感動，也最容易受到外界的影響。透過動人的故事，來讓孩子感動到心裡去，才能使美好的情操深植孩子心中，成為生命的一部分，並化為個人的血肉、細胞，然後才能轉呈為淨化心靈，提昇生命的一股積極的力量（吳金水，1996，頁171）。

　　妥善利用導師時間、彈性時間、空白課程，師生一起說故事，內容儘量順應學生心智發展，兼重知、情、意、行的教育目標，融入典禮儀式，以讀書、說話、歌唱、表演方式，使學生接納與肯定「多元智慧」，激發學習潛能。例如，配合「九二一地震」的故事如下：

地震來了，屋內頓時一片漆黑。頃刻間，所有的傢具都倒了下來。全家人趕忙往外衝，此時卻發現，鐵門逐漸往下降。千鈞一髮之際，爸爸趕快用雙手和肩膀去支撐著唯一逃生的鐵門，催促屋裡的孩子趕快逃生…。等全家人都逃出屋外後，勇敢偉大的的爸爸才從門縫裡爬了出來，雖然性命保住了，爸爸卻失去了雙手。

3.戶外活動：包含與環境及人類有關的問題

　　學習可以，也應該在教室以外的地方發生。在盧梭（Rousseau）和裴斯塔洛齊（Pestalozzi）學說裡就可以找到一些戶外教育的哲學基礎原理。

　　盧梭相信孩童應直接從體驗裡學習，而非間接的書本。他指出，「我的啟蒙老師便是自己的腳、手和眼睛，如果用書本來代替這一切，無非是教導我們去使用他人的推理、判斷。」

　　瑞士籍的教育學家裴斯塔洛齊，在他的農舍學校裡，使用真實的物體和直接的體驗來教導孩童。他不僅教導孩童一般的讀、寫、算，更教導他們農場裡的一些實際技能，例如，家政、紡紗、編織（Donald R. Hammerman et al., 1999, p. 3）。

　　在戶外教室裡，師生間能發展出不同形式的關係，彼此能在較長、整段時間可資利用的情況下密集而廣泛的研討，激發出學生學習的興趣。尤其當師生到養老院、育幼院參與敬老、慈幼活動時，看到老人體力的衰弱、聽到長者人生的智慧、感受到殘障兒童勇敢、堅毅的生命力時，感同身受的體驗學習，激發起師生人人心中良善的源頭活水，我們相信，每一趟生命的關懷學習，那股潛移默化的德化力量，以及一顆愛的種子，將在師生心中種下，慈悲的情懷會根深而萌芽。

4.靜思活動：包含反省與檢討

　　透過反省單的運用，教師可以設計問題來協助學生考察一週來的

活動，利用上課時間讓學生靜坐沉思或要求他們回家加以反省。透過師生真情的思考、至善的表達、至美的人文，引導學生去思考、去感受、去發現，使他們更瞭解自己、周遭社會，進而體認人生的道理與文化規範的價值。

5.實踐活動：做到「知行合一」

教師多利用家庭聯絡簿、電話聯絡、家庭訪問，與家長一起擬定教養孩子方案，並要求父母以身作則，一起示範良好的生活教育，給予學生身體力行的機會。親師合作觀察兒童日常生活行為及觀點，記錄孩子優良的表現，促成言行一致的教育目標。

靜思語教學的實施策略

1.靜思小語每週一句

配合當週的中心德目，將靜思語揭示在文化走廊或教室黑板上。由教師引導學生討論當週德目的意義及靜思語的涵義。例如，太陽光大，父母恩大，君子量大，小人氣大。

2.澄清價值觀念

教師配合學習活動的五個領域，提供自由環境氣氛，以及多層面選擇、思考機會，激發學生獲得具體化的選擇，並決心努力實踐力行（謝昆明，1990，頁3）。

3.訂定實踐規約

師生共同研討訂定班級公約，共同遵守，或由教師與家長一起商量實踐的方法，依照學生的個別差異、家庭背景，訂立不同的實踐規約，並請家長一起配合指導。

4.親子心靈交流道

　　請父母配合學校訂立的實踐規約，隨時給孩子鼓勵與提醒，父母也可透過家庭聯絡簿表達自己對孩子的期望，藉由有情、有愛的親子筆談，拉近親子關係，並能讓生活教育在潛移默化中深根。

5.實踐心得

　　請學生用讚美的心說出或寫出同學間的善行、自己實踐的過程與心得，以及和自己一起成長的師長、家人或朋友的優良表現。

靜思語教學的活動實例

活動實例（一）

1.單元名稱：用生命記錄大愛——九二一大地震主題學習。

2.學習活動：戲劇演出。

3.中心德目：服務。

4.靜思小語：對社會與其擔心，不如化作信心，更要付出愛心。

5.教材來源：媒體新聞報導、慈濟大愛電視台、慈濟月刊、雜誌、書籍等。

6.評量方式：報告、記錄、實踐（採「學生自評」、「學生互評」、「教師評量」、「家長評量」）。

7.教學內容：

（1）遊戲活動：

　　A.教師配合音效設計被瓦礫襲擊、被土石流掩埋的活動，讓學生遊戲。

　　B.教師引導學生主動發表自己被物體擊中與覆蓋的心情與感受。

C.播放「重建家園」的音樂，師生齊唱並表演手語。「重建家園」的歌詞如下：

多少個夢，一夜之間都被震碎，無語問天，今年中秋月殘缺。
如果此刻，你難掩心中傷悲，那麼讓我陪你一起落淚！
臺灣的孩子，血脈相連，讓我們用愛，溫暖彼此的心田；
臺灣的孩子，我在你身邊，讓我們攜手重建家園。

（2）大地的省思：透過投影片介紹災區大地受傷的情景，引導學生省思地球村的未來。

（3）故事活動：教師敘說九二一救災的英勇故事，以及全球大愛力量匯聚的感人篇章。

（4）靜思活動：

A.教師提出問題條，讓學生分組討論，充分表達其感受。

（A）看了受傷的大地投影片之後，你的感受是什麼？
（B）聽了九二一地震中勇敢的救人故事，你有哪些話想說？
（C）我們要如何為大地付出一分愛？

（5）實踐活動：

A.由學生說出或寫出自己或同學一週來為大地付出愛心的具體行為。
B.請家長配合孩子在家表現好的行為，例如，會主動將家中的垃圾分類、書寫慰問函或捐零用錢救助災區兒童…等。

活動實例（二）

1.單元名稱：感謝天、感謝地！
2.學習活動：實物參觀（肢體障礙兒童關懷）。
3.中心德目：感恩。
4.靜思小語：口說好話、心想好意、身行好事。
5.教材來源：關懷機構裡的每一個人、事、物。
6.評量方式：報告、記錄、實踐（採「學生自評」、「學生互評」、「教師評量」、「家長評量」）。
7.教學內容：

（1）遊戲活動：在參觀活動之前，教師先以遊戲方式引導學生感受雙手雙腳殘障時的心情。

（2）戶外活動：結合社會資源，教師帶學生親自參訪醫院嬰兒室、養老院、育幼院或去探訪貧戶等機構，讓學生親身感受生命過程中的生、老、病、苦，讓學生藉這些現象瞭解到自己還是很幸福的，在由這種幸福的感覺，引導他們思考自己該如何把自己人生的使用權好好的發揮出來，讓生命中的良知開啓，由內在激勵而身體力行，並於潛移默化中培養學生優良的品格。

（3）靜思活動：教師提出問題讓學生靜思，例如：

A.一趟敬老關懷之旅，最令你感動和印象深刻的人物行為、言語、場面、情景是什麼？
B.在這次參訪中，自己的心情和想法改變了嗎？
C.在這次參訪中，有沒有令你下決心要做的事情？

（4）實踐活動：

A.學生會在日常生活中說好話、做好事。

B.透過家庭聯絡簿的使用，學生家長能配合教師觀察、協助孩子的行為，並在家庭聯絡簿上具體讚美孩子優良的行為表現。

靜思語教學的檢核方式

　　靜思語教學的評量可以親師合作方式，採觀察法、記錄、報告、作文、問卷等評量，設計「學生自評」、「學生互評」、「家長評量」、「教師評量」的評量方式，以對學生的道德行為實踐程度，有較深入的瞭解，能使學生自我惕勵，進而實踐道德行為。因此從學生的軼事記錄、心得報告裡可以看出學生在道德認知、情意學習以及行為表現上都有改變。茲將學生的學習紀錄提供作參考。

學生實踐心得範例

　　靜思小語：謊言像盛開的花朵，外表美麗，生命卻短暫。

　　小戚說：昨天放學回家後，媽媽還沒下班，我和弟弟為了看卡通影片而吵架，最後我們打起架來。當時，我像發瘋一樣把房間裡的東西丟到外面去，一不小心，我把媽媽從大陸買回來最心愛的花瓶打破了。我和弟弟都嚇死了，我們趕快把花瓶的碎片打掃乾淨，然後把它丟到垃圾桶裡去。不久，媽媽回來了，媽媽一回家就馬上換上居家衣服到廚房準備晚餐，所以沒發現花瓶被打破。我在房間裡寫功課，心想：「既然媽媽沒發現，就瞞著媽媽不說就沒事了，何況弟弟也脫離不了關係。」當我把功課寫完後，翻開生活與倫理課本時，看到老師今天抄的一句靜思語：「謊言像盛開的花朵，外表美麗，生命卻短暫。」我的心裡愈來愈難過了，「怎麼辦？我該如何處理這件事？」

我想了很久，最後，我寫了一封信，偷偷地放在媽媽的梳妝台上，告訴媽媽花瓶是我不小心打破的，寫完之後，我發現我不會難過了。

　　靜思小語：生氣是拿別人的錯誤來懲罰自己。

　　小君說：每天品超都向我借橡皮擦，可是借了都不還，我生氣了。於是下課時，我找小萱和我去向他要回我的橡皮擦，品超不但不還我，還罵我。於是我們兩個就吵起架來了，我們愈吵愈生氣。小華和大明在旁邊聽到了，就跑過來跟我說：「生氣是拿別人的錯誤來懲罰自己」，不要理品超就好了嘛！當我聽到他們大聲的說時，我慢慢的不生氣了。他們叫品超把橡皮擦還我，最後，品超也沒有生氣的把橡皮擦還給我了。

　　靜思小語：做好事不能少我一人，做壞事不能多我一人。

　　建華說：星期天，我和五位同學坐車到大立百貨公司玩，我們在百貨公司吃完午餐後才坐公車回家。下車後，我們和同學說再見，就決定各自回家去。大雄說他還不想回家，所以約我到電動玩具店打電動。我說：「好。」於是，我們就走過馬路要去電動玩具店打電動。可是當我要走進電動玩具店時，忽然，想到老師說的一句好話：「做好事不能少我一人，做壞事不能多我一人」，我告訴大雄：「我們不要進去，好嗎？」大雄說：「怎麼了？」我告訴他老師說的靜思語，他想一想後，也說好，於是我們就回家了。

　　靜思小語：愛要有奉獻心，不要有表現心。

　　小盈說：我每天都會去為我認養的樹木澆水，因為九二一地震後，土石流掩沒了許多家園，都是因為人們不愛惜這塊土地，垃圾亂丟，樹木亂砍所致。如果我們愛聽鳥兒唱歌就要多種樹，愛看美景就

要多惜物，所以不管其他同學是否在老師在的時候才去澆水，我還是每天去照顧我認養的樹木。

靜思小語：能夠對父母盡孝，是人生最大的福報。

玲玲流著眼淚告訴全班的同學說：我的父親是世界上最偉大的父親。母親生下我不久就去世了，爸爸每天到工地蓋房子，到很晚才回家。回家還要洗衣服、煮飯，因為爸爸說我們總不能每天都吃外面。我和姊姊會幫爸爸的忙，但是爸爸都說：「你們要把書念好，將來長大才不會向我一樣做工那麼辛苦。」我要謝謝爸爸，我要用功讀書。

「註」：玲玲是個體貼懂事的好孩子，因為他的孝順行為，也感染了班上其他頑皮的同學，學習玲玲的用功讀書。

結語

杜威認為，學校應成為現代社會的縮圖，成為孩子生活的場所。因為實際生活中有許多必須做的事，也有許多必須學會如何與他人協力並克盡自己職責的事。孩子在此藉由經驗、行動過程，培養秩序和勤勉的習慣，訓練責任和義務的各種觀念，體驗人格形成的各種試煉（林美瑛、賴昭香，1992，頁92）。學校能與生活結合，使道德融入生活，孩子才能真正獲得活用知識，亦即知識與能力才能真正的結合。

靜思語有一句話說：「對社會，與其擔心，不如化作信心，更要付出一份愛心。」教育雖不是萬能，但也不是無能，在百花齊放的道德教育園地裡，每一個學生都可以成德成才，只要為人師者不忘記自己的身教，能「以菩薩的智慧教育孩子，以父母的愛心呵護英才，」讓學生充分的認知，什麼是該在什麼時候、對什麼人、什麼地方才可以做，讓學生有檢視自己空間的能力，鼓勵他們勇敢面對成長的考

驗；只要為人師者真心關愛學生，必受學生敬仰愛戴，因為有德、有愛的老師必能牽起家長的手、搭起社區的橋樑，讓道德教育變成可能，讓道德實踐形成善的循環，涵詠出真正具優良道德的學生。

兒童的道德是發展的，在發展的過程中是理論與實際並重。值此科技力量十倍速激化，道德觀念日漸式微下，身處關鍵時刻、關鍵地位的老師，尤其是小學教師，更應擔負起引領二十一世紀學子的重責。投資教育就是投資未來，期盼未來的社會成為「道德的社會」。

參考文獻

王天一、任鍾印等著、趙祥麟主編（1995），《外國教育家評傳 I 》。
　　台北：桂冠。

王天一、任鍾印等著、趙祥麟主編（1995），《外國教育家評傳 II 》。
　　台北：桂冠。

王天一、任鍾印等著、趙祥麟主編（1995），《外國教育家評傳 III 》。
　　台北：桂冠。

王連生（1992），《教育哲學研究》。台北：五南。

臺灣省政府教育廳編印（1979），《兒童的道德判斷與道德教育》。臺
　　灣省國民教育輔導叢書。

行政院教育改革審議委員會（1996），教育改革總諮議報告書。

林美瑛、賴昭香合譯（1992），《道德教育》。台北：水牛。

沈六（1994），《道德發展與行為之研究》。台北：水牛。

沉浪（1998），我們需要生命課程或人文精神？《師友月刊》。

吳金水（1996），《培養身心健康的下一代》。高雄：復文。

吳清山（1988），《教育思想專題研究》。高雄：復文。

吳武典等（1993），《輔導原理》。台北：心理。

黃建一、臺灣省政府教育廳編印（1980），《象山倫理思想與小學道德

教育》。臺灣省國民教育輔導叢書。

徐諶（1999），抓住少年的心，《師友月刊》，（386）。

梁忠銘（1999），《道德教育》。國立台東師範學院。

趙一葦（1993），《現代教育哲學大綱》。台北：世界。

鄭心瑋（2000），靜思語教學與輔導，載於徐美蓮等著，《Y世代輔導策略——以統整教學實現訓輔合一的夢想》。高雄：復文。

詹棟樑著、伍振鷟主編（1997），《德育原理》。台北：五南。

鄧運林（1997），《開放教育新論》。高雄：復文。

Roger Straughan 原著、李奉儒譯（1994），《兒童道德教育——我們可以教導兒童成為好孩子嗎？》。台北：揚智。

Donald R. Hammerman　William M.Hammerman　Elizabeth L. Hammerman著，周儒、呂建政譯（1999）《戶外教學》（*Teaching in the Outdoors*）。台北：五南。

Michael Schulman　Eva Mekler著，陳仁華譯（1994），《如何教養出道德小孩：讓孩子善良、公正而富責任》。台北：遠流。

27.創造性思考教學之探討

高雄縣南成國民小學

李榮聰

前言

近幾年來，創造力的培育已日漸受到重視，我們常可在報紙、雜誌上，看到學者、專家們有關的種種見解。早在一九六〇年代，美國加州大學心理學家基爾福（Guilford），曾提一種具三個向度的智能結構模式，用以分析人類的智慧（劉英茂，1979）。基爾福的智力理論是以思考為中心，而思考之產物乃是在不同內容或材料的情況下運用不同思考方式之結果。每一種內容都有可能運用到各種不同的思考能力而產生不同的結果（張春興，1977）。擴散性思考是其中的一種「思考的運用」或稱思考的歷程。基爾福強調擴散性思考為人類智力之一，如此不但擴大了智力觀念的範疇，而且由之開拓了研究人類創造力的先河（張春興，1977）。

創造力是人類最寶貴的潛能之一。人類具有創造的潛能，由人類所創造的文化與文明可以充分的證明（賈馥茗，1926）。創造並非無中生有，憑空而來的。創造力的表現，必須以個人的能力為依據，以過去的經驗為基礎，在既有的條件下，將內在的潛力，經由交會、組織、融合等程序而表現出來（彭震球、林亨泰，1978）。但是創造的開始則有賴於思考，經思考的歷程而表現出來的，或稱之為「創造性的思考」思考又由觀念所引起，故而言，創造者每以創造性的思考為前題（賈馥茗，1926）。

有許多創造的成果，比如：文學的創作、藝術的表現、科學的發明、生產品的製作，莫不是思考創造活動的產物。

創造思考教學的涵義與重要性

創造思考教學為近代教育的趨勢，是教師透過課程的內容即有計

畫的教學活動，以激發和助長學生創造行為的一種教學模式。也就是說：利用創造性思考的策略配合課程，讓學生有創造思考，以及應用想像力的機會。因此，它有下列幾個特徵：

1. 儘量啟發學生運用想像力，使具有創造性的思考。
2. 學習活動不以教師為主體，而以學生為主體。在教學中教師不獨佔整個教學活動時間。
3. 特別注意提供自由、安全、和諧、無拘無束的學習情境與氣氛。
4. 教學方法注重激發學生興趣，鼓勵學生表達與容忍學生不同的意見，不急著下判斷。事實上，創造性思考教學從學習的種類來看，是屬於思考的、問題解決的。從創造的本質來看，是流暢的、獨創的、變通的與精密的。不管創造是一種思考的能力或歷程，都表現在教學上，所以說，創造思考教學並非特殊的或標新立異的教學方法，它與傳統的教學方法並不相衝突，是能相輔相成，互為效果的。例如，在教學上應用發表教學法或欣賞教學法，啟發教學法都可表現出創造思考教學的特徵。所以創造思考的教學，也可以說是指導學生發展創造的才能，鼓勵學生經由創造的歷程，學習作有效創造的活動。

　　教育的實施離不開教學方法的應用。成功的教學方法，其所要達成的目標雖然是多方面的，其中卻有一個最基本的目標，就是要把學生所潛存的心智能力，都能充分的啟發出來。一個富有創造力的學生，在他的學習過程中，如果能夠獲得培育與表露的機會，不僅可以解除其因創造力的被壓抑所帶來的諸種問題（例如，錯誤的自我概念，學習障礙等）而且其人格的發展會比較趨於平和穩健。

　　創造性思考教學著重於個人創造能力的啟發，藉著良好教學法的妥善運用，啟發兒童潛存的能力，培養兒童的創造力，使學習者能經常運用思考，養成自由活潑的生活態度，向上進取的能力，以求適應變化的社會環境。

創造思考教學的眞諦，不在於強調個人的價值，而再強調社會群眾的價值；不在增進個人獨佔的福利，而在於增進社會群眾全體的福利（彭震球、林亨泰，1978）

影響創造思考的因素

阻礙學生創造力發展的原因，可分兩方面來說明：

個人內在的因素：例如，習慣的僵化、對失敗的恐懼、退縮的性格…等。

環境外在的因素：團體壓力，例如，社會對安定的需求，對從眾行爲的要求…等。

曾經有位國外學者指出：學校如果要「扼殺」學生的創造性，應該要做到下列幾點：

1.教室佈置要單調，不可使學生發生興趣，教室除了課桌椅、黑板與教室之外，什麼也沒有。
2.只要一本教科書，學生所學的，唯一的教材就是這一本課本，不能有任何課外閱讀的書。圖書館理也沒有任何書使學生感興趣。
3.要由一個電鈴（鐘）所控制，一成不變的功課表。由定時鐘控制機械般的學校生活。
4.所有的學生都做同樣的作業。個別差異不被尊重，大家唸一樣的書，做一樣的作業，做一樣的事，考一樣的題目。

由於對創造力所持的觀點不同，論者對創造力的解釋也有不同的看法。Yamamto（1965）即以「創造力是瞎子摸象的報告」爲題指出，創造力研究者個人所持哲學觀點及立場的不同，而造成對於創造力觀點有相當大的分歧。

許多學者認爲創造力具有以下的屬性：

1.創造力可決定於個人的產品性質上，此種研究多重視創造的成果，特別在工商界及成人社會之成就能力中使用，這種主張認爲創造是一種能力，這可以基爾福特爲代表，他認爲創造能力表現於外者，具有下列特徵：

(1) 流暢力：指產生觀念的多少，一個人如「下筆如行雲流水」、「口若懸河滔滔不絕」、「意念泉湧」等都是流暢力高的表現。

(2) 變通力：就是不同分類或不同方式的反應，亦即所謂「窮則變，變則通」、「山窮水盡疑無路柳暗花明又一村」、「隨機應變」「舉一反三」的能力。

(3) 獨創力：指反應獨特性，想出別人所想不出的觀念，亦即「萬綠叢中一點紅」「物以稀爲貴」，獨特新穎的能力。

(4) 精密力：指在原有的觀念上再加上一些新東西，亦即「精益求精」、「錦上添花」、「細膩描繪」或「愼思熟慮」的能力。

2.創造力是一種心理歷程，這種研究重創造的發生及經歷，可用觀察及內省法瞭解，這可以華勒氏和托倫斯爲代表，認爲創造的歷程分爲四個階段：

(1) 準備期：搜集有關問題的資料，結合舊經驗和新知識。

(2) 醞釀期：百思不解，暫時擱置，但潛意識仍在思考解決問題的方法。

(3) 豁朗期：突然頓悟，瞭解解決問題的關鍵所在。

(4) 驗證期：將頓悟所得的觀念加以實施以驗證其是否確切可行。

托倫斯認為：「創造思考是一序列歷程。包括：對問題的缺陷、知識的鴻溝、遺漏的要素及不和諧等的察覺，進而發覺困難尋求答案，再進一步求證，然後將獲得的結果提出報告，傳達給別人。」

1.創造力決定於測驗的結果，此種研究著重創造能力可由因素分析等方法，設立假說而編制測驗，再由測驗中表現每人的反應情況。
2.創造力與人格特徵，創造力決定於某種人格特徵與動機特性。

　　我國學者賈馥茗博士提出綜合的看法，認為：創造為利用思考的能力，經探索的歷程，藉敏感、流暢與變通的特質，做出新穎與獨特的表現。

創造思考教學的原則與策略

　　有關創造思考教學原則，可以兩位學者所提供的意見作為代表：
　　第一位是Feldhusen　J. E.（1980）他對激發創造思考提出了幾項具體的建議：

1.支持並增強學生不平凡的想法的回答。
2.以失敗作為實際的教材，協助學生瞭解什麼是錯誤，以及在一種支持他的氣氛下告知可接受的標準。
3.適應學生的興趣與想法。
4.允許學生有時間思考。
5.製造師生間、同學間、相互尊重和接納的氣氛。
6.察覺創造的多層面，鼓勵正課以外的學習活動。
7.傾聽及學生打成一片，讓學生有選擇成為決定的一份子。
8.讓每個人都參與。

第二位是Torrance，一九六五針對激發創造性思考所提出的六項原則：

1.重視學生提出的意見。
2.重視學生想像的與非常的觀念。
3.使學生知道他們的觀念是有價值的。
4.提供無評價的練習或實驗機會。
5.鼓勵自發的學習。
6.聯繫因果關係的評價。

依據上述創造思考教學原則，在一般教學過程中，我們可運用下列各種啓發創造思考的策略，使教學更具生動活潑，有助於培養學生的創造思考的能力。

1.提供安全與自由的環境。
2.多鼓勵與讚美。
3.腦力激盪術。
4.屬性列舉法。
5.提供創造的線索。
6.形態分析法。
7.生態比擬法。
8.六W檢討法。
9.單字詞聯想。
10.強力組合法。

創造思考教學在班級中運用的基本原則

從前數述的創造思考教學的原則與策略中，我們或可歸納出六項

基本的原則，將它運用在班級教學中，相信對我們的教學計畫的計畫、導引和評估將有很大的幫助，他們是：

1. 瞭解如何界定創造性思考和解決問題的過程。
2. 明確指出在班級中要輔導學生學習和發展的過程技能和內容。
3. 在新的計畫和構想開始在班級中實施前，必須先做試驗已確定其可行性。
4. 在班級製造一個有助於創造力學習的氣氛。
5. 利用包含許多活動和作品的學習活動。
6. 對於整個計畫能仔細的檢討和評估，不僅針對學生的學習，對自己的計畫與成果均要做一週詳的檢討與評估，以及前述的計畫也是需要修訂。

實施創造思考教學的途經

就如何實施創造思考教學，我們可以從下列幾方面來進行：

就學習情境來說

1.建立一個富有學習的情境

就學習理論來說，學習者的學習動機越強烈，則其學習當越好。如果一個學習者能處於一個富有學習動機的情境中，一定能夠激發其學習的潛能，進而達到比較理想的學習效果。而一個富有學習動機的情境應該是：

「尚有待完成的」（incompletess）或開放的（openness）情境：許多學者都曾經談到「尚有待完成的力量」在成就動機中所扮演的重要角色。例如，Benshahn（1959），在討論他的繪畫創作時，曾經說過：

「如果我已經全然明白的想像，我想我將會對它失去興趣。」Dr. Terrance曾經鼓勵兒童自「尚待完成」的情境中去仔細觀察身藏其中的知識。譬如：他給兒童看一幅畫，或是讀一則故事，然後要求兒童去想有關這幅畫或這則故事沒有被描繪出來的有關事情，而再給以兒童答案時，有關資料的給予也是「尚待完成的」。就以說故事來說，老師起了一個開頭，而後對學生說：「我知道你們有足夠的資料來把其餘的部分完成。讓我們一起來看看我們是否能夠做到。」

讓學習者製造一些東西，然後利用他所製造的東西，創造某些東西出來，這種過程，也許可以分三個步驟來進行。首先在一種「引發活動」中，允許學生和他的同學一起為「產生觀念」而努力，接著他以自己的方式就主題更進一步的思考，然後鼓勵他就他已經「產生的」再來創造某些東西。Dr. Torrance也舉出一例：出示一張圖畫給兒童看，畫中有一池塘，有青蛙、蓮花和昆蟲在池塘裡，接著詢問兒童：想像他能進入池塘中生活，而且變成任何一種他想要成為的東西生活在池塘中。而後，就兒童所說的「池塘中的生物」做一戲劇性的表演，例如，青蛙跳，蓮花迎風搖擺等，然後在詢問兒童，假如他們能夠進入池塘中生活，則可以把它以故事的方式表達出來。

讓學習者發問問題：從兒童詢問題目的多寡與問題的種類，可以反應出「兒童想要知道的程度究竟有多少」。然而，老師們所問的問題多半是較少要求兒童去找尋資料的問題。如果老師是真正為有關的資料而詢問學生問題，學生將會有更多的自由也來探詢問題，而且會興奮忙碌的和老師們一起來發現它們想要知道的答案。

父母和老師可能並瞭解他們無意中做了很多的事情，卻是在減低兒童問題的興趣。許多教師要求學生詢問一些適當得體的問題，如果學生問的問題，老師沒有辦法回答，則常顯露不愉悅的表情。其實，當老師面對他所沒有辦法回答的問題時，是正常的為何不抱持和學生共同解決問題的態度呢？一個好的問題，其答案並不只限於片面，通

常都是由各種不同的層面所組成的。

2.提供學習者一個有回饋的情境

兒童提出問題的多寡，和他所提出的問題被接受的程度有關，如果他所提的問題被忽略了，或是被認為是滑稽的，他將會停止繼續詢問，或是所提的問題流於一種固定的模式，缺乏主動性。反過來說，如果兒童所提的問題得到尊重，他將會持續的發問問題，也改進問題的內容。

兒童能夠提問題，而且也能得到反應，這樣他才能夠知道接下去要走的方向是什麼。所謂一個有回饋的環境，應該提供如下的一些原則和態度：

（1）對不尋常的問題和觀念持著尊重的態度。
（2）讓學生瞭解他們的觀念是有價值的。
（3）讓學生有練習的機會而不給予評鑑的壓力。
（4）評鑑時應顧及其原因和結果。
（5）建立無權威的學習環境，及無批判性的學習氣氛。

所以就學習情境來說，我們希望給予兒童一個心理上覺得安全，感受到支持，沒有立即評鑑、判斷的情境。

就老師本身來說

1.教學態度的改變

（1）打破「教師萬能」的觀念，允許學生自行探索，容納各種不同的意見，放棄權威式的發號施令，讓學生能夠自由的運用思考，依其能力與興趣學習。
（2）教師應有輔導的專業精神與知能，教師要尊重孩子與孩子建

立親睦關係，接納他們的意見，師生打成一片，在自由無拘無束的氣氛下才可以使創造性思考充分發揮。

(3) 老師需適時扮演各種角色，老師的角色逐漸趨向多元化，除了具備專業知識外，時時求取新知，持著一顆易感的心和一份關懷的態度也是不可忽略的。

2.教學活動應多求變化

教學活動多變化可引起學生興趣，在實施創造思考教學時可採下列方式：

(1) 提出激發性問題：根據所要進行的內容，在學生經驗範圍內，估計學生能力，提出與內容有關的問題，使冷漠的氣氛變為融洽，而學生也因答對而提高興趣與勇氣。

(2) 採用故事接力方式：教師將學習內容故事化，自己先開始敘述，再讓小朋友加入若干說明，繼續下去。

(3) 應用想像力共同參與：根據學習內容，就孩子所想像得到的，讓每個學生實際參與完整內容。

(4) 利用角色扮演分組練習：將學生分成小組，互相發問並回答，或將學習材料變成可表演的材料來扮演，以增加印象。

(5) 孩子不同的表現，並認知自己創造力的價值。

(6) 鼓勵學生自我評鑑，培養學生對自己負責任的態度。

3.改進教學時發問的技術

教師可利用創造性發問的技巧，啟發學生創造思考的能力，也就是問題沒有固定標準及現成可得的答案，鼓勵學生應用想像力。

4.學習效果評量方式的改進

應減少記憶性的試題，偏重在理解、應用、分析、綜合、評鑑等高層次的題目，並利用各種方式的評量，而不僅限於紙筆的考試，並

能接受學生合理而與老師不同的答案。

5.改進學生作業的方式

　　避免抄抄寫寫的作業，作業的方式應具有多樣性、啓發性，新奇性，而且能適應個別差異。

結論

　　近二、三十年來，培養學生創造思考的能力，已成爲世界各國教育的趨勢，我國正邁向已開發的國家，要求產業升級，科技發展，應從教育著手才是根本之計，而最重要的是我們教育的方法必須擺脫傳統權威的束縛，提倡創造思考教學，激發學生擴散性思考，培養學生流暢、變通、獨特、精進的能力、以解決所面臨的問題，未來的世界更需要創造力，而創造力是可以培養的，只要給學生一個適當的教育環境，讓兒童受到適當的訓練，兒童潛在的創造力便可以被啓發出來，啓發學生的創造力則有待父母和所有從事教育者一起努力。

參考文獻

彭震球、林亨泰（1978），《創造性教學法》。國立臺灣師範大學。

劉英茂（1979），《普通心理學》。台北：大洋。

張春興（1984），《心理學》。台北：東華。

國教輔（1982），9、10。

特教簡訊（1986），10。高雄市教育局。

賈馥茗（1926），《英才教育》。臺灣：開明。

28.人文主義對國小教育的啓示之探討

彰化縣青山國民小學

教務主任 黃文庸

前言

　　近年來，由於拜科技突飛猛進之賜，使得人類在物質生活上享受文明帶來的各種便利。而社會經濟普遍的分工，也使得人人只生活於自己狹隘的空間。雖然各人不同的見解、觀念型態及人生觀，由於資訊的發達，外在空間是縮短了，但是精神生活中的空間，卻越離越遠。十八世紀的啓蒙思想興起以後，個人主義高漲，帶來了實利主義之教育思想，偏重自然科學的價值，重視技術，結果個性消失了，人性的價值消失殆盡，人成爲物質的奴隸。

　　現代文明的危機，由於新一代人類對外在世界之認識而大大擴充了，但對本身內在的精神世界未能更深徹的瞭解。現代人如要享受科學進步的果實，首先要從認識本性、進而建設人性。而人文主義，肯定人性的價值，重視人類的幸福與瞭解，對建設人性提供穩固的基礎。

　　人文主義，以人文價值重整一切，肯定人性的價值，重視個人的潛能、獨立、自由與自尊。人文主義的教育思想，一如人文心理學帶給我們的啓示，儘管他們有各門各派，但其教育主張及教學方法及取向，均有其共通性。例如：

　　教育目的方面：崇尚發展人性，促進個人的自我實現，是全人的教育，生活的教育與人格的教育。

　　教育的品質方面：肯定教育是一種價值引導及創造的過程或活動。

　　教學方面：注重創造力的啓發，經驗的學習以及情感的陶冶。

　　課程方面：重視課程設計之統整性，課程組織有彈性，內容與兒童之生活經驗、活動相關，能解決實際生活上之各種問題。

　　從價值觀點來看，爲充實教育學的內容，使教育善盡指導功能、

發展人性，進而建設健全的社會，消除現代社會的危機及教育的問題，促進整體人類的生活進步，對人文主義教育思想及人文心理學對教育的啓示的認識，當是我們教育工作者須去瞭解的。

人文主義的意義

人文主義（Humanism），過去有很多大同小異的解釋，例如，克伯萊（Ellwood P. Cubberley）在其所著《西洋教育史》（*The History of Education*）中，所作的解釋是：「…人文主義（Humanism），此字係由羅馬字（Huma-nitas）而來，意爲文化，且適用於所有其他國家的新學研究。」[1]

孟祿（Paul Monrone）在著所著《教育史》中，曾引用高利諾（Battista Guarino）對於人文主義一詞的說明有：

「由於這種學習和訓練特別為著『人』，因此我們的祖先，稱這種學習和訓練為人文主義。即一切活動的追求，皆適應於人類……」[2]。

谷德（Carter V. Good）在《教育辭典》中的解釋則是：

「人文主義，通常是指一種強調人類尊嚴利益或人類在宇宙秩序中之重要的哲學。」[3]。

《藍頓書屋英語字典》（*The Randon House Dictionary of English Language*），則解釋爲：

「任何一種系統或形式的思想與行動，其中以人類的利益與價值及尊嚴高于一切。」[4]

綜括上面各種解釋，可得出一個結論，即人文主義（Humanism）一詞，係由羅馬字（Humanitas）而來，意義為文化（culture）。換言之，即是以「人」為中心的文化。用之於教育上，即是以「人」為中心的教育。這種以「人」為中心的教育，是指著教育上一切學習和訓練，都是為著「人」。是「以人類的利益、價值與尊嚴高於一切」。並認為一切教育上活動和追求，皆當適應於人類利益。

我國古代文獻中，雖無人文主義之名，然人文一詞，早見於周易，易賁卦之卦義為文飾，其象詞是：「文明以止，人文也。」又說：「觀乎人文以化成天下。」這兩句話實已具備人文主義之精神與實質，和克伯萊的解釋不謀而合。

人文主義基本精神對教育的重要性

在瞭解人文主義的發展演變之前，我們必須對人文主義的真相有一個先前的認知。以下分為十點，就時代的先後，做一個概略的闡述：

人類求知的對象──無限的真實

亞里士多德在其形上學中說：「人天生有求知慾。」人對真實的求知慾是無限制的，因為求知的對象，就是無限的真實（infinite reality）。人之所以為人，就是有能力去認識和愛慕這個無限的真實。人之所以為萬物之靈，就是因為在萬物之中，唯有人的精神能夠超越自己有限的肉身，直到無限。

因此，人有能力去開拓物質世界的無限真實，包括：（大世界）──無限擴張的宇宙，和（小世界）──純能量的內原子世界，這就開出了自然科學；人也有能力探究深不可測的精神世界──道德價值的世

界，這就開出了人文科學。

中西文化的原動力──超越的人文精神

綜觀中西文化的主流精神，其原動力和指導原則，就是這種超越的人文精神。儒家講天命，《中庸》開章明義，曰：「天命之謂性，率性之謂道，修道之謂教。」謂人性或萬物之性來自天命，天命乃成為一切人文道教的本根。這種天命，就是統攝一切實有的終極真實，一切真實知識的源頭。

希臘文化中，柏拉圖稱這個終極真實為「至高善」（the highest good），亦即「涵蓋眾理型的至高理型」；亞里士多德的形上學主張從潛能（potency）到實現（act），而其「完美的實現」或「不動的原動者」（the unmovable mover）就是統攝一切實有的終極真實。因此他自稱形上學為第一哲學或神聖哲學，因為其形上學所討論的是超越的形上世界，而不是現象界。

希伯來的位格神雅威，在《舊經》出谷記第三章十四節自謂「我是自有永有的」（I am who am）；從理性來瞭解，剛好和亞里士多德的實有論吻合。其後西方二千年的基督宗教文化，就是希臘文化和希伯來文化的結晶。

使人類知識紮根於人性真實

西洋這個超越的人文精神綿延不斷，文藝復興諸子如但丁，薄伽丘、達文西、伊拉士姆、莎士比亞、密爾頓、哥白尼、牛頓等，其「人文主義」究其本質，即是西洋傳統的超越人文思想。

這種超越的人文精神的的確確可以說是神聖的，因為它的「終極真實」，始且不論我們稱之為「天命」、「天」、「天公」、「上帝」、「天主」或「神」，都是神聖的。它使人實現人的內在身量並且有能力超越自己去認識無限的真實知識──自然科學、應用科學，或人文科

學。因為只有人類的精神向這個統攝一切實有的終極真實開放、向這個一切知識的源頭開放時，人才有足夠廣度的視角去全面的，統合的正視各別的知識以及它們彼此之間的多元關係。

封閉的人文精神使人獸化、物化

相對於超越的人文精神就是封閉的人文主義，也就是人文精神欠缺了這種統攝一切真實的形上視景。人文知識一旦從超越變成內存（immanemce），自我設限，則人的尊嚴和身量、潛能很容易遭受削減——即政治的、經濟的、宗教的、文化的削減。

從教育的觀點言之，如果教育欠缺了這種超越的人文精神而走向封閉、則教育不再成為教育，因為這時教育無法培養一個正常的人格，更不論使人成聖成賢；教育反而促使人走向物化、獸化。

從西洋文化中找尋現代化弊端

當今世界是西洋文化當令的時代。西洋文化挾其政經科技和大眾傳播之強勢，促成了全球性的現代工業都市化。現代化的好處姑且撇開不談，現代化的弊端一定要從西洋文化中去找尋病因。我們認為西洋文化的病因就在西方十八世紀所謂的開明時代（Enlghten ment），其人文精神逐漸偏離了傳統的超越精神，走向封閉的、內存的人文主義，例如，實驗主義、機械主義、批判論、實證主義、實用主義、結構主義、或解構主義，使現代人對「人的知識」和「人的價值」產生偏差。

歐坎「唯名論」引發經濟主義、功利主義、實用主義

嚴格來說，開明時代的哲學錯誤可以推溯到十四世紀的唯名論者歐坎（Wihelm Ocknam, 1285-1349）。唯名論者捨棄了中古士林哲學中

「共相存在於殊相之中」的中庸的知識論、認為具體的,個別的殊相才是真實的,而共相只是存在於主觀思維中的概念,只是一個名稱,本來就不存在。因此唯名論者認為用自然科學歸納,分析的方法,即可得到真知識;知識不需形上學的原理原則,這就開出了後世的經驗主義,功利主義,和實用主義。

笛卡兒「我思故我存」引發「心物二元論」

另外一個助成西洋現代封閉人文主義的哲學家笛卡兒(Rene' Descartes, 1596-1650)。他的名言「我思故我存」,將「個人的思考我」做為檢驗真理的標準,否定了真理的客觀性和超越性,造生了現代哲學的主觀性和內存性,也開出了心與物彼此不能踰越的「心物二元論」。從笛卡兒、霍布士、洛克這些現代哲學家的錯誤,誠如阿德勒所指,是源於他們對十六世紀前西方哲學成就的輕視或無知;他們不是沒有適當的讀懂亞里士多德或聖多瑪斯原典,就是根本不知道他們想要解決的難題,早已在亞里士多德或聖多瑪斯類似的問題中處理過了!

康德為黑格爾、馬克思開路

康德雖然有心整合從笛卡兒以來分裂的心物二元論,並為上帝的存在辯護,他用自己的哲學方法「創造了上帝」。他在判斷力批判中,雖設法彌補他一手造成的現象(必然)和物自體(自由)之二分鴻溝,卻為後來的黑格爾的絕對理念和馬克思的辯證唯物論開路,後二者均否定了人的自由和個人的人格。

孔德的「實證論」造生「兩種文化」

孔德(Auguste Comte, 1798-1857)的實證論,終於使「客觀的」

物質界的必然和「主觀的」精神界的自由斷然分裂為二，於是造生了所謂的「兩種文化」；把人的知識分為自然科學和人文科學，留下社會科學尷尬地介乎其中。

消除造成現代世界慘重後果的錯誤思想

　　二十一世紀如果要享有一個全人格的，合乎人性價值的人文教育，那麼各級學校就要重新檢討其人文課程，要以超越的人文精神去重新看待各種知識，尤其是社會科學和人文科學（包括：文學、史學、哲學和神學），把人的學問，從封閉的現代人文主義中解放出來；人的知性必須向實現的實有開放，而不要只留在抽象的本質中打轉，人才能真正充份瞭解和發展自然科學、社會科學以及人文科學。

　　誠如終生鼓勵西方人閱讀「西方經典名著」，並發起「佩底亞教育革新方案」（The Paideia Proposal）的芝加哥研究所主任阿德勒所言：「要有一個全新的開始，只要打開過去基本哲學的著作（尤其是亞里士多德和他的傳統），並且要努力去理解以合乎這些著作應得的身量。只要我們能夠重新發現那些長期被埋封的基本真理，我們就能消除造成現代世界這麼慘重後果的錯誤思想。」

人文教育的特徵

　　教育的實施理應以人為中心。因為，教育的受教者是人。無奈由於社會、文化以及時代教育價值的影響，教育的對象會由人的主體而轉變成為人所欲的對象；如此，教育的對象就有本末倒置之。

　　人文教育的特徵，約略可以歸結如下的幾項：

回歸於古代的學術

　　人文教育的特徵，無疑也受到歷史階段的不同而有其不同的論點。以文藝復興時期的西方教育為例，斯時學者們熱衷於古籍的發現，尤其亟欲瞭解在希臘、羅馬學者們的學術思想，因為這些學者，提供給他們一個理性思考的方式以瞭解現實人生的所欲與所求。他們並不期待一個天國的到來，他們所追求的幸福就在此生此世的世俗生活中。世俗生活價值的肯定，也無庸置疑是文藝復興時期學者從希臘、羅馬人的著作中，所獲得的一項認識。

　　十五世紀的人文學者對於希臘、羅馬古代的學術思想心儀良久；為了對此有所認識，因此他們儘量尋找古籍，研讀古學，並希望恢復古代的學術。當然，首先亟欲加強的一項教育工作便是教授希臘、拉丁語文，以備探索古代學術的工具能有所銳利。在熱衷於古代學術思想的追求下，教育活動的重心明顯是以古代學術思想為其研究的導向。

　　十九世紀的德國新人文主義學者，也是企圖重整羅馬古文化精神以其學術研究的指向。至於近代西方人文教育，雖然復古的色彩不及十五、十六世紀為甚，但是，恢復人文主義的精神與理想，重視人的價值與尊嚴，則為近代過份重視物質思想下的一項共同的反擊。

人為中心的教育

　　人文思想是以人為本位的思想。從西方歷史上去觀察，文藝復興時期的人文思想是以反對神權的思想。當時學者漸漸覺悟到人的理性存在，人自己有著自主性、自由性。因此，此時期的人們較以往有更大的自信力。他們認為人有自主性，就可以不必處處祈求神的指示，人必須意識到自己的價值與尊嚴。因此，人的教育必須為他自己而實施。

人為中心的教育，至少在西方十五、十六世紀，並沒有學者完全摒棄教育上神所占有的地位，教育上雖然對於宗教信仰、虔誠態度、依然予以肯定。不過教育的重心已不再是為未來生活作一充分準備，而以人的現實經驗的世界為重要了。

廿世紀的人文教育家，也清楚地認識到，由於十五世紀以來，自然研究的崛起，科學知識的迅速增加，加以技術方面的日益發展，改變了人類經濟動的全貌，使人們的價值觀念亦引起了莫大的改變。教育家注意到了科學知識的實在性，瞭解到技術的應用價值，而這一切的好處都得力於自然的，物質的研究。因為，自然、物質的研究提昇了人們生活的便捷、舒適及樂趣，因而，人文學術的研究就日趨式微。在此情形下，物質的追求，取代了人們生活中的其他活動的追求；加以社會工業化的結果，人逐漸地成為奴役於物質化的人力而已。所以廿世紀人文教育家提出了人文教育，依然是想重振人的價值與理想，希望人的地位不再淪於自然、物質之下。

再者，廿世紀的人文教育，著重人的需要及人的全面發展；不希望對人的情感、人際關係再被教育家所忽視。

博雅教育的實施

博雅教育（Liberal education），以往亦有譯為文雅教育者。博雅教育主為希臘雅典自由民以博雅學科（Liberal arts）實施其公民子弟的教育之謂。博雅一辭有使人自由的涵義。蓋因希臘雅典的社會為一實施奴隸制度的社會。少數貴族屬勞心的統治階級，故其子弟得有空暇接受文字、文法、幾何、算術、天文、音樂、修辭等科目，作為陶冶心智的來源。而絕大多數的奴隸子弟則承襲其上一代的職業工作，從不學習語言、文字、文學、修辭等知識，是屬勞力階層。

因此，這些學科的作用，在於使個人得以自由運用思考，使個人有獨立的思想方式，同時，具備文化素養以適合於貴族人的社會生活方式，故其所接受的教育內容，並無任何職業陶冶的科目。這形成了

人文教育的一項傳統特色，即人文教育所設計的各項活動，並不含有職業教育的活動。時至今日，人文教育的實施，在課程內容設計中，依然保留此一傳統的特色。

人為核心的課程設計

人文教育的推行，不能沒有人文教育課程的設計。人文教育學家在課程設計上，不願將課程拘泥在科目、知識、社會、自然的方式下。他們比較喜歡以人的問題，作為設計課程的核心所在。故課程可以人的生存問題作為開端，提出關於人的生存意義為何？人的生存條件為何？人的生存究應如何才能更符合作為一個人的需要？以人為核心的課程設計亦可列舉人與自然的關係；人與超自然的關係；人與歷史的關係；人與經濟的關係；人與文化的關係；人與政治的關係；人與人的關係等問題為樞紐，將這些問題串連在一起，形成一個以人為核心的課程設計，則較能突顯人在世界中的地位及其重要性的學習。

人性化的教師

我國古人有云：「師也者，傳道、授業、解惑者也。」至於西方教育歷史中，往往強調教師需要手執教鞭，彷彿教師就是一位嚴師，一位知識的權威者，一位祇有智性而不見感性的長者。在傳統教育中，他是一位理性與智慧的表徵；情感的宣洩及表露，似乎都會影響到教師的智性權威。

傳統社會塑造下的教師人格，學生好像視教師為一座高不可及的威權尊像。不過，由於社會、文化的改變，教育心理化的衝擊，民主思想的瀰漫以及人性真實面貌的逐漸了然，人文教育家希望教師是一位真誠的自我、具有情感、內在世界的人。他跟一般的常人一樣、也有內心的喜、怒、哀、樂、愛、惡、慾。在實際教學情境中，教師的情感也有其顯現的空間，並不需強制的壓抑。人文教育學家希望教師

能本諸赤子之心，適度地將自我呈現在學生面前。

　　人文教師既是一位人性化的教師，他就不應將學生視為學號，分數或能力的化身。一位人性化的教師，最重要的一項心理特徵就是能夠具有同理心；設身處地去思考他人所遭遇的問題。不過，人性化的教師並不是要給予學生不當的同情或過度的溺愛。他有需要導引學生認清自我的真實存在，然後給予適當的指導。

　　人文教師不僅是一位知識的教導者，他也細心注意到發展學生對知識的好奇心，對知識追求的熱望，對知識能夠具有正確的評價及對知識給予尊重。

　　從我國儒家思想去體察，其內涵中蘊藏著人文的教育見解。而西方教育歷史的發展，亦因階段而有所不同，但其中心思想不外：

1.人類多種性能的和諧發展。
2.對個性、民族和歷史的尊重。
3.重視愛的結合。

　　由上可知，人性的完美發展與理想的人的發展，將永遠是人文教育家努力的方向。人文教育的中心，也絕不會因為科技文化的快速成長及經濟活動的日益受到國際社會的重視而有所動搖；因為，人文教育家深深地覺得一切的科技、社會、經濟、政治、文化等活動之開展，依然需取決於人；種種問題的解決，依然需要人的努力才行。

　　因此，教育的重心仍需置諸於人的身上，才不會使教育的實際有所迷惑。

中國人文主義——儒家的教育思想啟示

　　在人文主義思想的演變中，我們對中國的人文主義教育思想，亦

有了一個粗略的瞭解及認識。事實上、中國的人文主義，乃是儒家思想的精髓。因此，我們對中國人文主義的教育精神，可以再把重心放在孔子所創立的儒家思想學說，作一個深入的瞭解。

孔子創立的儒家思想學說，兩千年來，一直成爲中華文化的主流。我們應更加體認其時代意義。因爲現今物慾橫流，人心陷溺，經濟越繁榮而道德反有日趨墮落的情況之下，如想導正價值觀念，改善社會風氣，使我們在成爲經濟大國之後，再成爲文化大國，則對儒家的傳統思想，實有深入瞭解之必要。

儒家思想的特色——「役物而不役於物」

所謂「役物而不役於物」，就是我們要作「物質的主人」，而不作「物質的奴隸」，當然這句話，並無輕視物質的涵義。我國在過去農業社會中，對農工生產即甚注重，《孟子》及《周禮》兩書，曾言之甚詳。也可以說，我們的先哲很早便瞭解「富而後教」與「衣食足然後知禮義」的道理。政府多年來加速科技發展與經濟建設，使是最具體的證明。

不過，自第二次大戰結束以迄今日，科學技術的發展固使人類的物質生活獲得更高的享受，但在精神方面，則對道德價值有更淪喪的恐慌。因而各國人士，一致認爲要使世界更幸福，必須徹底改變偏重物質不重精神的觀念。很多西方學者甚至認爲只有弘揚東方的人文思想與倫理觀念，始能消除人類未來的危機。尤其今日世界各國的教育，大都注重知識技能的傳授，未能指導學生正確認識人生的目的與意義，影響所及，遂使教育僅能培養「有用之人」，而未能培養「幸福之人」。事實上，教育的主要功能，不僅在使人受教育對社會更有用，而且要使人受教育後過得更幸福。可是，今天有些人受教育愈多，其煩惱痛苦亦愈大。蓋終日只知追求物質享受，自永無滿足之時。加以宗教意識與哲學思想的式微，使一般人在精神上感到空虛與苦悶，這可以說是現代社會畸型發展所產生的嚴重問題。

「知足常樂」與「止於至善」，是大家所熟悉的兩句成語。就儒家傳統思想看來，前者的涵義，係指一個人在物質生活的享受方面，應知所節制，不必貪求無饜。後者的涵義，係指一個人在精神生活的修持，應自強不息，日新又新。可是今日社會上，很多人卻只求物質生活的滿足，而不重精神生活的充實，同時更不肯勤儉致富，只圖投機牟利，不勞而獲。而在「飽暖思淫慾」之後，更導致社會風氣日益敗壞。故欲正本清源，必須在國民心理建設上，弘揚儒家「役物而不役於物」的思想。

人文教育應以「文化中國化」為導向

近來國內文化學術界人士，大都主張政府於積極發展科技教育外，並應同時加強人文教育的實施。至於實施人文教育的目的，大家都認為首須使人自知「人之所以為人」的道理。

可惜自清末民初以來，由於外來各種思想學說的不斷傳入，西方科學技術的突飛猛進，以致國人不免過度崇拜外國的物質文明，而對以儒家思想為中心的固有文化加以輕視。

有一位旅美的我國著名學人，對政府近年致力加強人文教育的政策，極表讚揚。不過，他認為人文教育的範圍甚為廣泛，目前似應先鼓勵青年學生多多研讀中國儒家的經典，使能對中華傳統文化有所瞭解與肯定。因為他發現近來國內一般大學生和在海外留學的青年，對中國古代典籍乃至整個中華傳統文化，懷有一種輕視與排斥的心態，致使這位愛國的海外學人深以為慮！

當然！所謂人文教育應以「文化中國人」為導向，卻並不含有輕視或排拒外來文化的偏狹意念。因為科技無國界，自無中西之分。我們所實施的人文教育，是為培養真正具有「通識」的國民，對國內外迅速變化的社會環境作最佳的適應。

《論語》一書對教育工作者的啓示

《論語》是記載孔子言行最真切的一部書，也可以說是孔子思想學說的結晶。而在教育方面，孔子當時教學的精神與風範，更樹立了幾千年來中國傳統的「師道」，成爲一般教育工作者應遵守的典範。

孔子「有教無類」的教育精神與「因材施教」的教學原則，正與現今西方教育學者所強調的「教育機會均等」及「適應個性差異」的理論完全符合。其中，下述或可使一般教育行政人員及學校教師，獲得一些最重要的啓示：

1.孔子好學的精神

《論語》上說：「子曰：『十室之邑，必有忠信如丘者焉，不如丘之好學也』。」又說：「子入太子，每事問。」又說：「三人行，必有我師焉。」孔子虛心好學的精神，由此可見。孔子曾自謂：「學而不厭，誨人不倦。」孔子將「學而不厭」放在前面，而將「誨人不倦」置於後面，即顯然指出「學先於教」「學重於教」之意。換言之，必先做到「學而不厭」，而後始有能力「誨人不倦」。故凡爲教師者，必須效法孔子好學的精神，勤於研究，不斷進修，真正做到「要教育別人，先教育自己」，只有如此，始易收到教學相長的效果。

2.孔子教學的態度

從《論語》一書的記述中，可以看出孔子教導學生的態度極爲嚴正。例如，對品學兼優的學生如顏淵等則特加獎譽。對言行不當的學生如子路等，則時予告誡。尤其對冉有甘爲聚斂之臣，更深惡痛絕，要弟子「鳴鼓而攻之」。孔子對學生可謂真正做到愛護而不姑息的地步。可是今日國內外若干中小學的情形，有些教師高談實施「愛的教育」，而實際上，往往「有愛無教」，係以愛爲出發點，以教育爲目的。如果爲教師者不能使學生瞭解「業勤於勤荒於嬉」的道理，只知迎合學生心理討好學生，甚至對學生的不良行爲予寬容不加勸阻，則

愛之適以害之，何教育之可言？所以今日一般教師實應以孔子的教學態度，作爲實施言教身教的典範。

中華文化必能經得起時代考驗

以儒家思想爲主流的中華文化，自孔子孟子建立了完整的體系之後，迄今已歷兩千餘年。在世界文化史上，一直居於極重要的地位。尤其是亞洲四小龍的經濟成就，使得歐美各國重視起儒家文化對亞洲國家的影響，其主要，不外下列數端：

1. 在《論語》一書中，孔子常以「仁」統攝諸德，而爲全德之名。《中庸》上說：「仁者人也。」孟子也說：「仁也者人也。」這都是把「仁」的概念與「人」的概念混而爲一。可見儒家思想的特色，乃在發展人性，弘揚人道、培養人格、維護人權。換言之，亦即一種以人爲中心的「人本文化」。只要人性不變，人類存在一天，這種足以保障人類生活與生存以及促進世界大同的思想學說，必能永遠受到世人的肯定與尊重。

2. 孔子所言「時中」的基本理念，可使人對「無常」與「應變」做到不偏不倚，恰到好處。《中庸》述孔子之言曰：「君子之中庸也，君子而時中。」所謂「時中」，就是對任何事物的變化，均能作最合理的適應，達到孟子所謂「義」（事之宜）的要求。孔子之所以被稱爲「聖之時者」，也就是由於他能堅守這種「時中」的理念。這樣看來，隨著時代與社會的進步，我們在傳統的五倫之外，似亦可研究如何增列其項目，擴展其相互應對的範圍，使日趨繁複的人際關係，更能臻於和諧的境地。

3. 儒家思想學說不僅具有完整的理論體系，而且提示了切實可行的爲人治事的原則。例如，孔子所言的「忠恕之道」，可謂「放之四海而皆準。」亦即西方哲學家所說的「具有普遍妥當性」。因爲「忠恕」二字，原含有「愛人如己」的仁愛精神，與世界上各

主要宗教的教義，頗爲契合。所以「儒學」在若干國家，常被稱爲「儒教」。凡一種含有宗教精神的思想學說，大都可產生極爲久遠的影響。

4.從儒家經典中，可以發現孔子的言論，對社會的病態現象常有針砭的作用。例如，孔子說：「身體髮膚，受之父母，不敢毀傷。」在今日若干國家青年自殺率日漸增高的趨勢，倘若青少年能普遍體會孔子這番話的道理，也許就將格外珍惜個人的生命，不願輕率的自殺，這樣便可使此一最嚴重社會病態現，逐漸減少或不再發生。由此可見儒家的思想學說，迄今仍然具有很高的價值。

如果想使社會國家之安定進步，固然須作多方面之努力，但主要不外下列兩點：

1.必須使全國最貧苦者之生活，皆可獲得最低之保障。
2.必須使全國最優秀者之才能，皆可獲得最大之發展。

孔孟創立的儒家思想學說，主張「制民之產」、「寡孤獨廢疾者，皆有所養」，以及「有教無類」、「因材施教」、「天下爲公」、「選賢與能」等，可以說都是促進國家安定進步的有效途徑。

今天，我們要弘揚孔子特別重視「人性」的基本理念與倫理思想；並應隨時代的迅速進步，不斷充實其內涵，將現代與傳統的精神特質融爲一體。使我們的文化建設具有前瞻性與可行性、藉期更能「適乎世界之潮流，合乎人群之需要。」這樣，孔子的思想學說所主導的中華文化，必能在人類歷史上，放出燦爛的光芒。

人文教育理念對我國國小教育的啓示

人文精神與人文教育

美國聖母大學（Notre Dame Unversity）校長赫斯伯（Theodore M. Hesburgh）曾撰有一文，題爲「學習工作與學習生活」（Learning how to do or how to be？）強調人文精神教育的旨趣在學習如何生活、充實人生發揮生命的價值，而非僅在專業訓練以準備將來就業。人文精神可以說代表一種生活態度，一種人生觀，一種人格修養。下就此列五點說明：

人的自覺

每個人雖然都有生命，但不一定具有一種「醒覺」；每個人每天有二十四小時可以掌握，但是有些人渾渾噩噩過了一天，另有些人卻能有意識地安排自己的日子，使得日子過得有意義而充實。可見，「生活」與「懂得生活」是兩回事。存在主義哲學家祁克果（S. kierkegaard）曾說過一個故事：有一個農夫在農地耕種後，駕著馬車回家，他手裡雖然拿著韁繩，但因爲太疲睏了，不知不覺打了盹，讓馬車帶著他回家。老馬識途，帶著主人按每天必經的路徑回家。這事原不足爲奇，但這故事隱喻的是很多人像這位老農夫一樣，雖然拿著韁繩，駕馭著自己的生活，卻是讓馬車（也就是自己的生活）帶著走，最後走完了人生的全程，還未曾思考爲何而來？這一生究竟做了些什麼？一個人通常在生活上發展嚴重危機時，會反顧自省，探討生命的意義。例如，電視影集中常有這樣的情節，一個平常迷迷糊糊過日子的人，突然有一天醫生告訴他已患了一種絕症，餘生不多（例如，只有半年），這時候他會如晴天霹靂，但經過痛苦的心理掙扎，他會重新站起來，勇敢的面對現實，規劃如何善用剩餘的人生。實際

上，每個人的人生都是有限的，「生也有涯」，人生還是苦短的，為什麼不能趁早善用呢？人文教育要指導學生好好去思考人生的問題，充分意識到他的行動，他的抉擇的嚴肅意義。人生不過是一連串抉擇的行動，進退取捨之間，可以表現出生命的價值，一個人在平凡中可以表現不平凡的意義，而最重要的在個人的自覺，以有意義的行動來肯定生命的價值。

人的德性

　　人之所以為人，不僅是因為這個軀殼形象，而且有人性，人性是後天社會化的產物，非生而所本有，是道德的薰陶，是教育的成果。人性是人的要件，錢穆先生曾說：「中國文化的內涵，主要在理想上創造人、完成人、要使人生符於理想、有意義、有價值、有道。這樣的人，則必然要具有一人格，中國人謂之德性，中國傳統文化最看著這些有理想、有德性的人。」中國教育的傳統，重視修己善群，既是人格的基礎，亦為人文主義者所重視的內涵。

社會關係

　　人文主義者重視的道德，「修己」與「善群」是分不開的，知識份子必須懷抱著一種時代使命感與生命的義務感，相信凡人活在世上，是有所為而來。人文主義思想強調人與人之間的情誼關係，人情味是人類社會不可缺少的本質，所以人文精神也意味著「仁民愛物」、「民胞物與」的情懷，「人溺己溺，人飢己飢」、「幼吾幼以及人之幼，老吾老以及人之老」，這類情感是人文精神的表現。

文化素養

　　文化是人的精神所孕育出來的人為環境，人文主義者強調一種文化素養，使個人涵泳其中而自得其樂，這種享受文化的情趣與能力，使生活環境提昇到一種較超逸的層次，不致對物質生活的享受有過份的依賴，而汲汲營營終日，追逐功名利祿。一個喜愛文化活動的人，

生活中自有閒情逸趣，而對食衣住行將不致過份講究。所以人文精神與生活藝術是分不開的。

無我態度

新心理分析學派弗洛姆（Erich Fromm）著有一本書，書名是《擁有或存在》（To Have or To Be）（1976），這書討論兩種生活的基本態度：一稱為「擁有的模式」（having mode），另一為「存在的模式」（being mode）。有一種人一心一意以獲取與控制身外之物務，以榨取、消費，吞食為人生目的，看到好的事物總想據為己有，這種心理就是典型的「擁有模式」。另外有一種則對外界美好事物持著一種鑑賞，愛惜而不占有的態度，以付出、共享、奉獻為人生義務，對自然界有「天人合一」的胸襟，這就是「存在模式」。近來提倡自然生態保育，正代表一種「存在模式」的人文精神。

人文教育的特質

人文教育固然重視人文課程的陶冶價值，卻不等於人文學科的教學，而培養人文精神的教育，其重點在人格修養，在培養一種人生觀與生活態度。

下面就人文教育的特質，分四點說明：

尊重學生的人格

在今日班級的教學型態下，教師常將教育對象當作班級團體來看，每個學生只是團體中的一個單位，一個學號，所以教學的設計也是以班級團體大多數的需要為考慮，分數是教師最關切的指標，而教學評量往往是以團體標準來定分數比高下。人文主義的教育則將每個學生看成有意願，有心理需要，有個性與人格尊嚴的個人。所以在教學上是根據個別差異而因材施教，鼓勵個別進度的學習，務使每個學生都有學習成功的機會，享有學習成就感，受稱讚視為學生不可被剝

奪的人格權，因為自我價值獲得肯定，人格才能欣欣向榮地發展。因此，「沒有一個孩子不能受教育」乃人文教育的信念。兒童教育的失敗，責任不只是在學生本身、家庭、課程，特別是老師，要負很大的責任。人文教育即代表了「愛的教育」、「成就感教學」與「創造力教學」。

教人比教書重要

「士先器識而後文章」是人文教育者很重要的信念。人文教育重視博雅教育，因為教育工作最重要的是指導學生如何思考、體驗、感受、如何慎思、明辨與篤行。所以學習如何生活比學習如何工作遠為重要。

人文課程的陶冶價值

人文教育設計核心課程（core curriculum）、倡導通識教育（general education）主要是由於確認社會中原無「勞心」與「勞力」的劃分，每個學生皆需要一種能夠陶冶人性的共同課程，這種課程係擷取自人類珍貴精神遺產（例如，古典名著），基於普遍性的生活經驗，所以職業準備性的或專精分殊性的課程總是畏以核心課程與通識學科為基礎，由博返約，先通而專。早期如芝加哥大學提倡的百部典籍研讀課程，乃因相信這種古典課程具有人格陶冶的價值，有助於學子拓廣視野，洞察人性，提昇人生境界，培養社會意識。

知情意並重的教育

人文教育學者特別看重情意教育，並非有意漠視五育均衡的原則，而是試圖矯正時下部分主知的教育。派第亞課程方案中曾強調三種教學必須兼顧並重，一為利用講述法以獲得系統的知識；另一為著重練習法與訓練（coaching），學習嫻熟的技能；第三則在透過問答法（所謂蘇格拉底式的產婆教學法）或目前頗流行的價值澄清法等，培養洞察力，審美觀與理解力，三者相輔相成，如有偏廢則非完整的教

學。人文主義也很講究治學方法，認爲「與其給一個人很多魚吃，不如教他釣魚技術」。所以，熟悉做學問的技巧與方濁，才不致在今日知識爆增的時代落伍。

人文教育教學的原則

解決當前教育困境的途徑甚多，雖因觀點而有所不同，但在諸多方向中，有一條逐漸爲大眾所肯定的改革主流，即是強調以「人」爲本的教育。人文主義的本質，富有自由、創造、活潑、進取的精神，重估人之所以爲人的價值，一切活動皆以人爲中心。在教育上主張教育的力量，發展個體自由，增進個人身心平衡，內外和諧，物質與精神調和，現實與理想制衡，可以說是一種全人的教育。要推展人性化的教育，最適當的起點便是國民小學教育。

Shapiro（1983）曾多次對於人文教育的教學原則，進行文獻與實際性的研究，結果得到十五個基本原則，茲分述如下：

1.過程取向（process or ientation）

本原則具有工具性及表達性功能。其主要作用是針對傳統教學之以結果或內容爲導向的缺陷，加以改善。其基本的一些內涵包括：鼓勵學生負起學習和工作表現的自我責任；重視學習歷程和目地探察、及改變取向；強調開放系統思考；注意眞實性和立即性的感受；並著重學習者的自發、激奮、投入，隨意性的參與，可選擇的、個別化、統合的方式；口語、動作、行動和其他有動力的特徵，以及此時此刻的取向。

在過程取向中的領導者或核心人物，主要是扮演催化者（facilitator）的角色。用來幫助個人、團體或其他組織進行和價值有關的決定。

2.自我決定（self-dete rmination）

在此原則下，傳統的教師和學生角色，需要重新定義。學習不僅是師生之間二方合同關係而已，甚至於，在此合約中，學生還要扮演起初的發動者，而老師只是對學生的輸入（input）有所反應而已（Qwa-da, 1981）。對學生而言，所強調的是「學到如何學」（learning how to learn），此時，催化者的任務在於鼓勵學習者挑起自我指導學習的責任。其目標不在於控制，而是釋放學習者的拘束，以鼓勵實地練習自我指導的學習。

3.關聯型態（connecte dness）

一個健康的社會之中，人與人之間的關係，必定十分良好，換句話說：個人事業、家庭、友誼、快樂等，都深植在人際關係中。因此，催化者在此原則下的主要功能是，協助學生獲得所需要的人際關係。而相當普遍應用的便是小團體的學習。

4.適切性（relevency）

適切性至少包括兩層含意：一是指教材必須是有意義的，二是教法也要有意義。它特別強調個人化的學習。教學應配合學生的學習型態以及適當的準備度。

5.統合性（integration）

如同適切性一樣，統合性也是一種關係性的原則。它最初的定義就像「融合教育」（confluent education）一樣，強調學習過程中，要將認知與情意加以融合。

6.情境（contex）

情境所指的乃是對於學習進行中的環境、文化、歷史以及政治和經濟的狀況，有所察覺。亦即它重視察覺上述因素對於學習過程的影響。並且可能設法改善學習氣氛。

7.情感或經驗傾向（affective or experiential bias）

本原則所強調的乃是直接的，具體的表達當前的感受。亦即它所代表的是所有非認知（noncognitive）或非知性（nonintellectual）的經驗。

8.革新性（innovation）

此一原則，重視實驗性的改變，但並非刻意的改造。它反對具有破壞性的競爭，而強調和周圍環境的接觸及融合的一種創新性的改善精神和態度。

9.民主參與（democratic participation）

本原則乃植基在社會價值，公平和正義等理念之下。其具體目標相當的多。不過其中最主要的是，重視個人與社區的發展，有效的問題解決態度和技巧，以及有條理的社會改變。其中，合同學習、會心團體、協商過程、過程技巧以及結構式的回饋…等，都是來達成民主參與的主要方法。

10.個人成長取向（personal growth orientation）

個人成長取向所強調的觀念乃是一個獨特而完整的個人。本原則認為個體從幼兒到成人的每一個發展階段，都應該受到重視。其中特別要注重的是精神層面的成長。

11.人際取向（people or ientation）

此種教學原則，教師要相信學習者自我實現的能力。它通常假定學習者就如同一般人一樣，是用功的、負責任的、本質良善的，以及關懷別人的。並且要能彰顯出學習本身對學習者而言，即具有內在的價值。

12.個別化（individualism）

個別化原則乃強調獨特的個人，自我決定及自我察覺的重要性。認為個人的自主性的價值，遠超過將個人視為國家或群體的一個產品。教育的最終目的在於個人。

13.現實取向（reality orientation）

現實的意義，在此指的是具體和實用的，我們只有透過直接的，基本的感情和經驗，才能和現實取得接觸。而無法經由幻想或心智結構去瞭解現實。換言之，要經驗到現實唯一的途徑乃是：觸摸、觀看、移動、感覺及行動，而非思考或想像。

14.評量性（evaluation）

本原則則強調成長和進步，實施形成性評量（from ative evaluation）。其特別重視「過程」以及偏愛「質」的衡鑑。在人文教育的措施下，也特別鼓勵「自我評量」。

15.多樣性及創造性（variety and creativity）

此一原則，將焦點放在班級學習過程中的自發性、原則性及多樣性。人文教育學者反對標準化或制定規定，以及事先設定的目標。而相信學習者已可以自己創造自己的作業，以及獲取成就的方法。

結語

文藝復興以後的人文主義教育思想在開始時，確有蓬勃發展的朝氣，打破了中世紀千餘年來教條主義的束縛，重新體認了古代學術的價值，正視現實社會的責任，瞭解人生的真諦。它吸取了古代希臘羅馬的精神，推動現實社會的進步，反對以神為中心的宗教文化，產生

了以人為本位的人文主義的思想，破除了中世紀的「黑暗時期」，使人類體認到人的價值和本身的重要性。

但舊人文主義到了後來，教育卻逐漸走向形式化。使得教育功能只在準備升學及服務，教育目的則專注於文字文學的形式學習，忽略人類的智慧生活，及服務社會的用途，使人文主義的本來面目全失。

到了十八世紀，新人文主義興起，例如，盧梭的教育理論、康德的批判哲學，則偏重在人類多種能力之和諧發展，尊重個性、民族和歷史，重視愛的結合，希望由古典文化的研究陶冶，使人成為名符其實的人。教育的力量，以達成個人的「自我實現」，所以此時的新人文主義，本質上是反實利主義的教育思想。

廿世紀，人文主義教育思想受到重視，乃是受到科技主義，機械論及認知論等思想衝激之故。由於偏重自然科學的知識，忽視了人文學及社會科學的重要性，造成文化偏失現象，使學生的興趣、價值與情意的發展受到限制。多位學者曾指，學校應適應學生之需求，認知與情意應力求均衡發展，社會科學與人文科學不可偏廢，課程應以學生為中心。

現在美國人的人文主義教育，採納了人文主義心理學的理論，重視發展人性，促進個人之自我實現，融合全人教育、生活教育及人格教育於一爐。在教育的本質上，肯定教育是一種價值引導及創造的歷程。教學方法強調創造力的啟發，經驗的學習以及情感的陶冶；在課程方面，則重視內容的適切性，設計的統整性，以及組織的彈性化。

在臺灣，也由於社會的急速變遷，加上升學主義，教育的導向常因考試而扭曲。現代人文精神及人文主義，相信能夠使我們在教育崗位上，更體認到使學生發展其個人，對學生將來人生是占多大的重要性，慢慢地使學生邁向健康的人生之路。

註釋

1.Ellwood P. Cubberley著、楊亮功譯，《西洋教育史》12，p. 2456。
2.同註一，5，p. 370。
3.同註二，p. 274。
4.同註二，p. 963。

參考文獻

張老師月刊（1988），「羅吉斯紀念專輯」。
黃武雄，「人本精神與人本教育」，《人本教育札記》，5、6、7、8。
郭為藩（1985），「人文精神與人文教育」《教師研習簡訊》，（19）。
楊文貴（1991），「人本教育教學原則」，《國民教育》，（31）。
楊亮功，「人文主義與教育」，《臺灣教育月刊》，（427）。
劉眞（1989），「對紀念孔子誕辰的省思」，《臺灣教育》。
徐宗林（1992），「人文教育的特徵」，《教育資料文摘》。
陳政治，「人本中心課程的評論」，《臺灣教育月刊》，（421）。
王文俊（1984），《人文主義與教育》。台北：五南。
高廣孚（1979），《哲學概論》。台北：建新。
許平和（1991），「論超越的人文精神」，《教師天地雙月刊》，
　　（55），12。
王連生（1978），「人文心理學的基本理論之分析」，《教師之友》。
王連生（1989），《人文主義教育思想》，高雄：復文。

29.呂氏春秋的教育思想

屏東縣潮南國民小學

訓導主任 陳文昇

前言

　　秦之富強，從商鞅變法開始，而其方法則是重農戰，嚴刑罰，行連坐，尚首功，使秦能兵強國富。其缺失有二：

　　其一、嚴刑峻罰固然可以禁惡，而不足以揚善，且慘刻寡恩，人心奮勵之氣爲所沮抑，故民椎魯而少靈性，民雖易使，而無創造進取之心，固守有餘，作爲不足。且六國之民，聞秦之刻苛法，不寒而慄，是秦兼併天下的一大阻礙。

　　其二、孝公急功近利，棄帝王之道而圖罷諸侯，雖致力農戰，而置百年樹人之教育工作於不顧。韓非和氏篇云：「商君教秦孝連什伍，設告作之過，燔詩書而明法令，塞私門之請而遂公家之勞，禁游宦之民，而顯耕戰之士，孝公行之，主以尊安，國以富強。」故商鞅之燔詩法令，其忽視文化發展，促成秦人材不足，故多賴客卿執政，其弊二也。

　　商鞅之法，乃傳統「強本弱末」，而不韋乃陽翟大賈出身，怎能忍之，是故必挺而戰之。《呂氏春秋》便成其反擊的有力工具。書中施政原則，兼採儒道之旨，合名法之源，舍去昔日秦政偏法之敝，而以尚德、愛民、施政、行法之政，爲他日治國之張本也。是以《呂氏春秋》便尚德篇云：「爲天下及國，莫如以德，莫如以義。」又用民篇云：「煩凡用民，太上以義，其次以賞罰。」而在十二紀中，所揭示施政四大綱領之中，特闡明教育之重要。故夏令之月，分言其政教與樂教。政教所以啓帝王及人民之智，灌輸其思想，培養其人格與品德；樂教所以怡和帝王和人民之情志，化民之俗尚，建立安和悅易之風氣。其不足處，復於東令之月，申言薄葬之義，乃欲轉移社會厚葬之風，養成儉樸民俗，亦即其社教思想。而「勤學、尊師、誣徒、善學」四篇，則論教學之方，與學記相表裡，更與今之教學原則相符，茲分述如后：

政治教育

尊師篇云：「故教也者，義之大者也；學也者，知之甚者也。義之大者，莫大於利人，利人莫大於教。知之甚者，莫大於成身，成身莫大於學。身成則爲人子，弗使而孝矣。有大勢，可以爲天下正矣。」

「不教而殺謂之虐，不戒視成謂之暴」（《論語》堯曰）

呂書說明教的功用，在於成身，身成則可治人，均言教育與政治有相關，其看法與儒家相類似。實因自孔子開門授徒，主「有教無類」，開後世教學之先聲，後世學者皆相習成風，而不韋實乃欲藉春秋以訂定天下，施政教也。其思想雖大抵據自儒家，但儒家言教，以修身成己爲先，而呂書言教，偏重帝王之身，以成名政治之務。

政教之宗旨 —教育目標

教學宗旨，也就是達成教學的最後理想，也就是現今所說的教學目標。教學如無宗旨則無法造育人材，更無法達成目標。以我國現今教育而論，目標在加強生活、品德教育，所以所有教材環繞此一中心。而呂書的政教宗旨爲何呢？孟夏紀勤學篇云：

「先王之教，莫榮於忠。忠孝君人親之所甚欲也，顯榮人子人臣之所甚願，然而人君人親不得其所欲，人臣人子不得其所願，此生於不之知義理，不知理義，生於不學。」

「求仁得仁，又何怨？」（《論語》述而）

儒家以修身爲先，故以「仁」一以貫之，《論語》一書論「仁」五十八章之多，「仁」字出現五百又五次之多。而呂書之教偏重帝王

之身，欲達君之所願，欲達臣之所欲，以顯榮鼓勵受教者之情志，而達以「忠孝」爲天下倡之教育目標。兩者之異，實乃呂書成於爲相之家，儒家是爲平民之論。

政教之功——教育績效

勸學篇云：「聖人生於疾學，不疾穴學而能成爲魁士名人者，未之有也。」

尊師篇云：「且天生人也，而使其耳可以聞，不學，聞不若聾；使其目可以見，不學，其見不若盲；使其口可以言，不學，其言不弱爽；使其心可以知，不學，其知不若狂；故凡學非能益也，達天性也。能全天之所生而勿敗之，是謂善學也。」

「子張，魯之鄙家，顏涿聚，梁父之大盜也。學於孔子。段干木，晉國之大駔也，高何縣子石，齊國之暴也，指於鄉曲，學於墨子。索盧參，東方之巨狡也，學於禽滑釐。此六人者，刑戮死辱之人也，由此而爲天下名士顯人，以終其壽，王公大人從而禮之，此得之於學也。」

所謂「疾學」，也就是盡心盡力去學，也有快速的意思。又言善學，可見其不只是要學得快，更要學得好，也就是我們現今所講求的效率、成績，即教育績效也。

所謂明理義，即在恢復一己之良知，不爲物蔽，也就是達天性也。其功效在變化氣質，養成健全人格。而其終極則希欲成爲顯人－王公大人從而禮之。儒家則重道，故曰「朝聞道，夕死可也。」兩者皆希望成爲聖人，但本質不同。

音樂教育

音樂具有教育功能，可以教化百姓、移風易俗、改變氣質。不論流行（通俗）國樂或藝術（學院）音樂皆有其效。現今之愛國、交通安全等歌曲，皆在行其教化之效也。更有甚者，在今世紀之毒AIDS猖狂，群醫束手無策之際，外國已有將其編成歌曲，藉此行教化之功，遏阻其蔓延，更其功效。

而我國自古即重視樂教，尤以儒家為最。孔子曰：「安上治民，莫善於禮，移風易俗，莫善於樂。」《史記》樂書云：「故樂所以內輔正心，而外異貴賤也，上以事宗廟，下以變化黎庶也。」故歷代帝王，莫不制禮作樂，呂書亦然，但其樂教，重其治道之關係。

起源

大樂篇論及音樂之起源，謂天地萬物，皆本於太一，太一又生於陰陽，陰陽合而萬物成，而萬物都有其形體，有形體然後有聲音。然後有合適的聲音，音樂所以成也。又說喜好音樂是人之天性，是人情所不能免也。然樂有正、有不正，樂正則國昌，樂不正則國亡，不可不慎。何為正樂？

正樂

由心感

對於聲的滋味要用心感受，心中平和則有所感；心中不平和，則聽之乏味。就如同歡愉者對月暢心，失意者見月傷感；歡欣者見花含笑，悲戚者對花傷情。

在克欲

適者篇提及人有心，心有其惡，人欲爲何？欲壽、安、榮、逸。人惡爲何？惡夭、危、辱、勞。克欲在行義理，然後心得其平，然後之樂之爲樂。

樂教之功效

音初篇云：「凡音者，產乎人心者也，感於心則蕩乎音，音成於外而化乎內，是故聞其聲而知其風，察其風而知其德志，觀其志而知其德，盛衰賢不肖，君子小人，皆行於樂，故曰：樂之爲觀深矣。」

制樂篇：「欲觀至樂，必於至治，其治厚者其樂后，其治薄者其樂薄，亂世則慢以樂矣。」

從音樂可以之民心、知時政。音乃起於人心，是故聽其聲，可以知其聲，可以知其心、知其人，可以察民意。在治世其樂必安和；在亂世其樂必怨怒。

音初篇云：「故君子反道以修德，正德以修出樂，和樂以成順，樂和而民鄉方矣。」

說明樂不只是在滿足感官之欲望，其更大的功效在於教化人民、移風易俗。

社會教育

主要論及喪葬之禮。儒家論葬主張厚葬，而墨家則主張薄葬，認爲厚葬會浪費民財，使民貧。而當時的王公貴族皆厚葬成風。不韋非常痛恨，故呂書主張薄葬，但其論點與墨家不同者，乃墨家以生者的生計論，而呂書則是爲了讓死者安心。

葬的意義

　　認為故凡孝子親死必有所不忍，不忍將之隨意棄之，這是親情，也是人之天性，在節喪篇言之甚明。

　　節喪篇：「古之有藏於廣野深山而安者矣。非珠玉國寶之謂也，葬不可不藏也。藏淺則狐狸㧎之，深則及於泉，故凡葬必於高嶺之上，以避狐狸之患，水泉之濕，此則善矣，而妄姦邪盜賊之難，啓豈不惑哉。慈親孝子避之者，得葬之情矣。」

　　呂書論薄葬採墨家之說，認為可以避狐狸、泉水之患。厚葬不只是不能使死者心安，適足以貽害死者。所以其出發點均以死者為慮，而墨家則以生者為著想。

教學原則

　　就教學原則論，呂書所述與學記相符，也與今之教學原則相符，茲分述如次：

注重興趣──興趣原則

　　勸學篇：「凡說者，兌之也，非說之也。今世之說者，多弗能兌，而反說之，弗能兌而反說之，是整溺而陲之以石，是就病而飲之堇也，使事益亂不肖主重惑者，從此生也。故為師之務，在於勝理，在於形義，理勝義形，則位尊矣。王公大人，弗能驕也。上至於天子，朝之而不慚，凡過，合也，合不可必，遺理釋義，以要不可必，而欲人之尊之也，不亦難乎？」

　　是說教者必先能引發受教者之興趣，使受教者樂於聽。例如，商鞅說孝公以帝者之道，孝公時睡而弗聽。後說霸道，語數日而不倦。由此可見興趣之重要。亦即當今我們教學所強調引起動機（興趣原

則）。另學記亦云：「記問之學，不足以爲人師。」亦強調如是。

師途同心──愛的教育

學記：「今之教者，呻其佔畢，多其訊言，言及於數，進而不顧其安，使人不由其誠，教人不盡其材，其施之也悖，其求之也佛，夫然故隱其學而疾其師，苦其難而不知其益也，雖終其業，其去之必速也，教之不刑（成也）其此之由也。」

說明教者應教之以誠，師生之間感情調合，其學才能有成。

誣徒篇：「善教者則不然，視徒如己，反己以教，則得教之情也。所加於人，必可行於己，若此可師徒同體。人之情，愛同於己者，譽同於己者，助同於己者，學業之章明也。道術之大行也，從此生矣。」

不論是呂書或學記強調，教人以誠。而致誠之道，則是應瞭解學者之個性，接近之、親愛之，視其所由、察其所安，因而施教之。與今所強調之愛的教育有異曲同工之妙。

用眾之長──因材施教

善學篇云：「善學者，若齊王之食雞，必其食跖，數十而後足，雖不足，猶若有跖物。」

故莫不有長，莫不有短，人亦然，故善學者，假人之長，以補其短，故假人者，遂有天下，無醜不能，無惡不知，醜不能，惡不知，病矣。不醜不能，不惡不之，尙矣。雖桀紂猶有可畏可取者，況於賢者乎！」

言爲君者，君臨天下，應當以天下之人爲師法對象，能取天下人之長而補其短，則可添天下。對於教者，如亦能知學者之長、之所短，截長而補短，教學才能有成。亦即今日所言因材施教，故能人盡其材，物盡其用也。

反己以教──注重身教

　　誣徒篇云：「不能教者，志氣不和，取舍數變，固無恆心，心若宴音，喜怒無處，言談日易，失之在己，不肯自非，愎過自用，不可證移，見親權勢及有富厚者，不論其材，不察其行，毆而教之，阿而諂之，若恐弗及。弟子居處修潔，身狀出倫，聞識疏達，就學敏疾，本業幾終者，則從而抑之，難而懸之，妒而惡之，弟子去則冀終，居則不安，歸則愧於父母兄弟，出則慚於父母兄弟，出則慚於知友邑里，此學者之所悲也，此師徒相與異心也，人之情也，惡異於己者，此師徒相與造怨尤也。人之情，不能親其所怨，不能譽其所惡，學業之敗也，道術之廢也，從此生矣。」

　　師道神聖，師品必高，師之言行，為徒表率，故必潔其品，高其行，故其性必和平中正，行必切規中矩，言必蹈墨合繩，知道之無窮，樂問聞人善，悉學之無止，不掩己失，知之則知，不知則默，為帝王之師，不阿親貴，得英才而教，不拓其學；以傳道授業為務，以反身修己為教。若反其道而行之，性則喜怒無常，行則敗規壞矩，言則越墨踰繩，視道為在我，而輕人之不逮，知之為知，不知為知，為王者之師，則阿其權勢，有英才之徒，則拓其愈己，不以傳道授業為務，不以反身修己為教，則師徒異心，相與怨尤，欲學業之不敗，師道之不壞，不亦難乎！挽救之道，在慎為師表，反之以教也，故呂書誣徒篇云：「善教者則不然，視徒如己，反之以教，則得教之情矣，所加於人，必可行於己，若此，則師徒同體，人之情，愛同於己者，譽同於己者，學術之章明也，道術之大行也，從此生矣。」

重視環境──注重境教

　　善學篇：「戎之生乎戎，長乎戎 ，而戎言，不之知其所受之也。楚人生乎楚，長乎楚，而楚言，不知其所受之也，今使楚人長乎戎，則戎人戎言，戎人楚言矣。由是觀之，吾未知亡國之主不可以為賢

主，其所以生長者不可耳。故所生長不可不察。」

　　環境對於學者影響甚鉅。孟母三遷，惡其境也；墨子悲絲，畏其染也；而蓬生麻中，不扶而直，蘭芷之根，漸潰不服；親小人，則爲敗君。《呂氏春秋》當染之篇，己暢論之於先，故曰所當染，故王天下，立爲天子；所染不當，國皆殘亡，身或辱死；環境之於學者，其重要如此。

結語

　　綜觀《呂氏春秋》的教育司思想，乃採諸家之說。雖無創見，但有調和的精神。其最終之目的雖是施政教，但卻亦重社教和樂教之功用。在教學方法和原則方面則重視身教、言教、境教和愛的教育，注重興趣且因才施教，其論說不但與學記相表裏，更與今日教育司思想遙相呼應。

參考文獻

呂不韋，《呂氏春秋》，台北：中華。

李俊之，《呂氏春秋中古書輯佚》，台北：桂冠。

田鳳台，《呂氏春秋探微》，台北：學生。

黃錦鋐，《呂氏春秋之教學思想》，台北：學海。

鐘吉雄，《呂氏春秋的政治思想》。

李九瑞，《先秦諸子思想概述》，台北：正中。

王雲五，《先秦教學思想》，台北：商務。

伍振鷺，《先秦諸子教育思想》，台北：偉文。

30.國小低成就學生補救教學

彰化縣明正國民小學

總務主任 周榮茂

前言

　　欲進行補救教學的原因，即在於學生的學業成就表現低落，也就是想對於低成就學生，進行補救教學，以協助未達最低標準之中低成就的學生，針對其個別需要，特別設計學習活動，提供額外的學習機會，使低成就學生的成績能達規定之最低標準，以實現因材施教的教育理念。所謂的低成就學生（underachievers）是指其學業成績表現水準明顯低於其學習能力所可以表現者，而且這一類的學生所占的比例相當高，大約占學生總數的百分之二十至二十五之間，通常男生的比率高於女生，這一類學生的低成就現象常在小學低年級即已開始，隨著年齡的增加日趨顯著（郭生玉，1973）。

　　低成就者無顯著的智力缺陷，教師如果能夠提供適當的輔助，則較容易改變他們的學習表現。然欲尋獲低成就學生的有效方案也非易事，因為如詳加以檢討，低成就學生可能是高能力低成就者、中能力低成就者、低能力低成就者。也有分為過度焦慮、行為障礙、學習問題…等不同類型者。針對以上不同類型的低成就者理應設計不同重心的補救方案，才較有成功的可能性。因此如果把低成就的學生看成為簡單的「他能學，只是不肯學」之動機問題，則過於簡化。

低成就的成因

　　一般而言造成學生低成就的原因顯然很多，且因人而異。Mandel和Marcus將低成就的原因分成四個主要類型，包括：暫時性的、永久性的、內在的以及外在的等，並以互動的形式表示成因的內容。由表可知，暫時性的原因可能是外在的或內在的，永久性的原因亦然。低成就學生的成因可能會改變，而且往往是多因的，例如，一個焦慮型的學生遇到家庭變故、一個好動型的學生因轉學而碰到一位嚴厲的老師，均可能造成低成就（轉引自李永吟，1993）。國內陳亞男（1980）

	暫時性因素	永久性因素
外在因素	教師請假 父母生病	轉學 家庭破碎 家人死亡
內在因素	學生生病 營養失衡	學習能力不足 視覺或聽覺障礙 人格問題

曾做過學業成就歸因調查，陳氏在其調查報告中，總結其調查結果，發現其可能原因有三十二種之多。最後陳氏將其歸納爲下列十四種可能原因：（轉引自高廣孚，1988）

1.沒有良好的生活習慣，生活欠缺規律，影響正常作息，例如，上課經常遲到，上課打瞌睡，懶惰拖延，造成學習困難。

2.生理上有缺陷，例如，近視、重聽、口吃…等，接受智能的通路有障礙，學習的效果自然不好，成績因之低落。

3.過分貪玩，喜歡閱讀小說，過度觀賞電視（影），或沉迷武俠小說，或玩各種遊戲，以致精力不濟，缺乏讀書情緒，漸而缺乏讀書興趣。

4.智力、能力、學業均在水準以上，而卻因自恃聰明，不肯用功讀書，也會使學業成績平庸，甚至低劣，進而影響他對課業的興趣。

5.由於國民小學採取不留級制度的結果，因而少數貪玩學生有恃無恐，以致學習心理鬆懈，學業逐漸發生困難。

6.學業成績不能平均發展，學生過分喜愛某一科目，例如，偏愛數學或體育等，而忽略其他課程，對其他學科缺乏努力。

7.考前功課準備不充份，或考試時精神不好，影響學業成就。

8.缺乏一個光線充足，環境安靜的自修場所，自然對學業不感興

趣，成績因而低落。

9.遇到課業上的困難，家中無人指導，在校不敢發問或向同學請教，也會減低對功課的興趣。

10.過去的學業基礎不好，會使學習發生困難。由於前一階段的學業基礎不穩固，往往造成後一階段學習上的困難。

11.交友不慎，與頑皮或不良少年為伍，久而荒疏功課，致使功課脫節，難以補救，因而對功課難以再提興趣。

12.父母或教師對孩子的要求太高，造成孩子過重的心理負擔，常會減低孩子對學業的興趣。

13.父母的感情不好，家庭欠和睦，或父母經常忙於在外應酬，無暇顧及孩子的作業，疏於督導而聽任孩子自由發展，也會影響孩子的學業成績。

14.教材、教法的不適當，也會造成學業成績的低落。

低成就學生的診斷方法

以迴歸分析的統計方法來界定低成就學生是較客觀的診斷方法。如某一位學生其學業總成績的預測低於一個標準誤，則被判定為低成就。然而這一個方法，必須先統整全校同年級或全班的成績對智力的迴歸方程式，因此程序較複雜，其優點為此法充份考慮到學生個別的變異情況，因學業表現中等的學生未必即低成就者。其折算方式，先以智力分數為自變項（x），學業成績與成就分數為依變項（y），分別計算相關然後求其迴歸方程式與估計標準誤。求得迴歸方程式後，即可依每個受試智力分數分別獲得學業成績與成就分數之預測成就分數。而比較個人兩種實際成就與預測成就之間的差距程度，凡兩種實際成就均低於預測成就半個估計標準誤以上，為低成就學生（李永吟，1993）。

低成就成因分析及診斷是擬定對低成就學生有效輔導策略的基礎，確定每一位低成就學生的形成理由及需要後才能對症下藥。

教學理論在補救教學的運用

由於造成低成就的原因複雜，而有關的補救教學理論也眾說紛紜，莫衷一是，缺乏一套較為普遍接受的補救教學原理，因此以下茲將各種較適於補救教學的教學理論介紹於下。

行為學派的教學理論

行為主義心理學的教學理論對於今日的學校教學有極重要的影響，特別是制約學習及增強學習的原理被廣泛的應用在學校的教育上。行為主義心理學可分為古典制約學習及操作制約學習兩者。前者可以巴夫洛夫為代表，後者可以施金納為代表（林寶山，1988）。

1.古典制約學習

古典制約學習，起自本世紀初俄國著名生理學家巴夫洛夫用狗的消化腺反射的實驗研究。巴氏從狗的腮部經手術接一條導管，可將唾液引入量杯，藉以研究腺液分泌與外界刺激的關係。在實驗過程中，巴氏發現下列現象並給予解釋。

非制約刺激（unconditionedstimulus，簡稱UCS）：牛肉入口引起唾液分泌，是不須學習的自然現象；其中屬於刺激的牛肉粉，叫做非制約刺激。

非制約反應（unconditionedresponse，簡稱UCR）：牛肉在口中引起的反應，叫做非制約反應。

制約刺激（conditionedstimulus，簡稱CS）：在實驗時巴氏發現送食物人的腳步聲也會引起狗的唾液分泌。像此種現象，腳步聲是刺激，但本與唾液分泌無關，故被叫做制約刺激。

制約反應（conditionedresponse，簡稱CR）：唾液與腳步聲連結在

一起，是一種學習得到的新關係，故稱為制約反應。制約一詞的意義，其實就是一種學習方式。古典制約學習，一般遵循以下的模式：

(1) UCS ─────────────▶ UCR
　　（非制約刺激，如食物）　　　　（非制約反應，如唾液分泌）

(2) CS ──────────────▶（只能引起與非制約反應
　　（制約刺激，如鈴聲）　　　　　無關之反應，如注意）

(3) CS－UCS ──────────▶ UCR
　　（兩種刺激相伴出現並經多次練習）　　（非制約刺激）

　　　　（刺激反應間建立了新關係）
(4) CS ──────────────▶ UCR
〔制約刺激取代了非制約刺激引起（CR＝UCR）非制約刺激原來引起的反應〕

　　人的學習行為中，也有很多可按此種模式構成制約反應。模式中第一步UCS與UCR之間是不是必須具備生理上的必然關係？其實，並不一定具備生理上的必然關係。只要在實驗開始時確定某種刺激已肯定會引起某種反應時，模式中的第一步即可成立（張春興，1989）。

2.工具制約學習

　　工具制約的學習，是指個體多個反應中選一強化而固定之學習方式。工具制約學習的模式，有以下四個重要概念：

(1) 個體的任何自發性反應，如能帶來有效後果，該反應即將因強化而保留。
(2) 凡是能夠強化個體反應的一切刺激均可視為增強物。增強物有正負之分，食物是正增強物，電極是負增強。增強物雖在

名稱上有正負之分，但對學習的反應來說，它都產生強化作用。

(3) 由於增強物的設置而使個體某種反應經強化而保留的安排，稱為增強作用。自然，增強作用也有正負之分。

(4) 凡因增強物出現（例如，供給食物）而強化某種反應的現象，稱為正增強。因增強物消失（例如，停止電擊）而強化某種反應的現象，稱為負增強。

3.制約學習的基本特徵

在古典制約與工具制約兩種學習歷程中，除增強作用之外，另外有三種常見的現象：

類化與辨別：刺激反應間發生聯結之後，類似的刺激也將引起同樣的反應，這叫類化。類化是有限制的，刺激的差別過大時，個體將會選擇不向它反應，這叫做辨別。類化與變別可使學生學得的知識既擴展，又精細。

消弱現象：刺激反應間發生聯結之後，如增強停止，制約反應之強度將逐漸減低，最後終將停止反應。此種現象稱為消弱。為了避免削弱現象，故而需要經常練習。

次增強作用：增強作用會發生擴展現象，與增強刺激相關聯的其他增強物，也會產生增強作用。如金錢可換取食物，食物是飢餓時的增強物，金錢與食物有關，故而金錢也連帶產生增強作用。而這種情形下，食物稱為原增強物，金錢稱為次增強物。次增強物在教學上也具有很重要的意義。因為凡是影響學生行為的一切獎懲手段，諸如：加分、獎狀、扣分、記過等，全是次增強物（張春興，1989）。

4.行為學派的教學理論在補救教學上的應用

古典操作制約學習理論在補救教學的應用：古典制約學習強調增

強原理、增強物的運用，對學生學習行為的改變有很大的助益。增強物中的獎勵、懲罰及代幣制各種方法的使用，對學習困難的學生不失為有效的方法。

　　工具操作制約學習理論在補救教學的應用：斯肯納的學習理論對補救教學的貢獻在編序教學及其以後所衍生而出的電腦輔助教學。它重視學生的起點及終點行為，善用強化原理的回饋，讓學生得到滿足感，且讓學生能依自己進度個別學習，節省了教師人力的使用。

認知學派的教學理論

1.皮亞傑的認知學習論

　　皮亞傑的認知學習論中，有五個基本觀點：Ⅰ基模；Ⅱ適應；Ⅲ平衡；Ⅳ同化；Ⅴ調適。茲分別敘述如下：

　　基模：基模是個體適應環境時，在行為上表現的基本行為模式。它是個體在遺傳條件下學習到的經驗或能力。基模表現在各種行為上，舉凡動作、語言、思考、觀念，只要代表個人行為特徵的，都是他的基模。而基模的改變正代表學習的結果。

　　適應與平衡：個體在生活的環境中，如果他用已有的基模（行為方式）就可以適應環境的要求，那他就不須要新經驗，自然也無從產生學習。這種情況，表示基模未變，適應方式也未改變，所以個體內在與外在關係自然也保持平衡。如果個體不能用已有的基模（行為方式）去適應環境的要求，那他就必須改變基模去重做適應，然後才能恢復平衡。

　　同化與調適：適應的方式有二，一為同化；一為調適。在同化與調適的過程中，何時同化，何時調適，決定於個人的認知結構，意思就是個人已有的經驗。以舊有的認知結構套在新經驗上，或是以既有的認知基模去適應環境的新要求，企圖以此方式把新經驗納入既有舊經驗中，此種現象，稱為同化。當個體發現既有認知結構不能容納新

經驗時，改變自己的認知結構去符合要求，此種現象稱爲調適（張春
興，1989）。

2.布魯納的表徵系統論

布魯納的表徵系統論，也被視爲認知學習理論，並用以解釋人類
的學習方式。三種不同的行爲表徵，正代表三種不同的學習方式。不
過，布魯納用不同表徵方式來解釋學習歷程時，並不只按兒童的年齡
來分期，而是同時考慮到學習教材。在兒童成長的過程中，學習事物
的程序，一般都是由具體到抽象，故多半是先使用動作表徵系統方式
學習，而後逐漸抽象化升高爲形象與符號表徵。

拋開年齡的因素，從另一個觀點看，學習方式與學習材料的性
質，也有密切的關係。如果是學習技藝性的科目如游泳，則不論老
少，均須從動作表徵開始學起。然而有些科目如社會則一開始即須從
圖形與圖解來幫助學習。至於語文等科目，更是非借助符號學習不
可。

布魯納的教學理論，除了解釋人類學習經由上述表徵之外，在教
學應用上，他提出四個原則。

動機原則：學習要有動機，兒童必須先喜歡學習，願意學習，而
後教學始有效果。

結構原則：結構是指教材組織而言。布魯納認爲，任何知識的傳
授，只要在教材組織結構上能夠配合兒童學習心理，都可以達到良好
的學習效果。

順序原則：順序具有兩種意思，其一爲「準備」的意思，教學之
初必須考慮到兒童的動機與興趣，有準備自易達到。另一個意思是教
材教法的使用，一方面配合兒童智力的發展順序，另一方面配合教材
學科的性質，由具體到抽象，由簡單到複雜，由動作表徵到符號表
徵。如此既可配合兒童年齡能力，又可使新經驗與舊經驗銜接，教學
效果自可事半功倍。

增強原則：兒童在學習時是主動的，是自發的，是因好奇而求知的。因好奇而活動，因活動而使好奇心滿足，以後對該活動產生增強作用（張春興，1989）。

4.認知學派的教學理論在補救教學上的應用

認知學派注重學習的起點行為、學習動機，很值得教師的注意，因為有太多的低成就學童都是在起點行為不足的情況下，使其學習不良。且其教材教法講求符合結構性和順序性，使老師指導學生時能更有系統和方法。

人本學派的學習理論

1.羅吉斯的學習理論

學生為中心的教育理念：羅吉斯在教育上主張，將學生視為教育的中心，學校是為學生而設，教師是為學生而教，故而羅吉斯的教育主張一向被稱為學生中心教育。

自由為基礎的學習原則：

(1) 人皆有其天賦的學習潛力：人類的天賦學習能力，表現在對世界事物的好奇，只要好奇心保存，兒童對學習活動的意願也永遠維持。

(2) 教材有意義且符合學生目的者才會產生學習：教材之是否有意義，在學生對教材的看法。如所學教材能滿足他的好奇心，能提高他的自尊感，他自然樂於學習。

(3) 在較少威脅的教育情境下才有效學習：為教師者，必須充份理解每個學生的條件，儘量在教學要求上，使每一個學生皆能獲得成功多於失敗的機會，使每個學生皆有展現其優點的機會，從而減少學校教育上的威脅氣氛，以利於學生的學

習。

(4) 主動自發全心投入的學習才會產生良好效果：只有自動自發的學習活動，才會使學生全心投入發現問題、思想問題和尋找答案。惟其如此，才會啟發學生心智，提昇求知能力，培養學習興趣，從而喜愛知識，而且將因成就感而更加努力。

(5) 自評學習結果可養成學生獨立思維與創造力：要學生對自由選擇的學習結果，從事自我評價；除了核對答案與改正錯誤之外，並進一步檢討，從而做成結論以示自我負責（張春興，1993）。

2.人本學派的教學理論在補救教學上的應用

人本學派相信每一個人都有天賦的學習本能，注重保持兒童好奇心，給教師在進行補救教學時很好的啟示，使教師能注意學生的學習動機，滿足其好奇心，而且在教材上亦符合這一點，時時注重學生，學生自然會有長足進步。

補救教學在小學應用的策略分析

補救教學的對象主要是低成就學生，亦即學業成就與能力相比，學業成就顯著低於其能力的學生。實施補救教學的目的，在於提供更有效的教學活動，或更多的學習機會，協助這些學生提高學習效果，達到最低的預定成就水準。補救教學方式可能由教師或其他成人執行的家教式教學，並且最好是一對一的形式。然而在一班平均二十五至五十人的班級中，這種家教式補救教學事實上無法經常實施，而需採取其他型式。國內外常用的補救教學模式有資源教室、電腦輔助教學、學習站、學習實驗室、套裝學習等。

資源教室

　　資源教室方案是一種輔助性的教育措施，提供教室與課程，使某部分的學生在大部分的時間與一般學生在普通班級上課，少部分的時間則安排到資源教室，接受資源教師的指導。我國在民國六十九年，於小學開始推廣資源教室。當時設立資源教室的主要目的在安置學習困難的學生。而今除了學習困難外尚應用於資賦優異、聽覺障礙、語言障礙等。（王振德，1991）。

1.資源教室的佈置與設備

　　選擇資源教室應考慮兩點：第一，位置適中，便於全校師生進出；第二，物質環境方面需要光線充足、通風良好，並有足夠的空間。此外，最好不要加上特殊的稱謂或標記。由於資源教室強調個別化的教學，因此教室的佈置考量到此項的需要而與一般教室的設計不同。

　　至於資源教室的設備應包括：

（1）教室用桌櫃（視個別化教學的需要可特別設計）。
（2）視聽設備及軟體。
（3）教材教具。
（4）教育診斷測驗及學生個案資料等。
（5）增強用材料（例如，獎品、教育性玩具等）。

2.課程表的安排

　　安排學生到資源教室接受輔導的時間也是一件費時的工作，學生到資源教室的方式，可能利用自習、作業指導時間、團體活動等時間接受補救（充）教學；另外也可以利用其原班級上課的時間，到資源教室進行相同學科的學習活動。通常視學生的需要，在決定採何種方式。資源教師在安排時間表時，應與教務處及有關教師密切協商。

3.分組與個別化教學

Elman曾提出資源教室的分組教學應考慮：（轉引自王振德，1991）

（1）那一學科領域是該生最需要協助的？
（2）要花多少的時間？
（3）小組教學或一對一的教學較為有效？
（4）是否需要家庭的指導配合？
（5）學生的教室情境應如何調適？

除此之外有許多方式可以作為分組教學的依據，例如，測驗分數、年級、年齡、障礙的性質與程度等。而最常見的分組方式為根據年級及特定的學科。

資源教室最主要的特徵是為了學習或行為上有困難的學生提供個別化的教學。個別化的教學有以下不同的方式：

小組的教學活動：將學習問題相同的學生分為一組進行教學。學生間的交互活動，往往是很有用的學習經驗，許多的學習係得自觀察或傾聽其他同學的反應。

個別指導：一對一的指導方式，通常最能依照學生的能力，施以適當的教材及進度，以保證有效的學習。

獨立學習活動：獨立學習活動乃是一種自學的活動，通常係由教師事先設計的作業練習或編序的教學單元。

家庭作業：學生配合若干的家庭作業，由父母親參與指導，可使學生感受到父母的關懷，而獲得很好的效果。

修正普通班的教學：例如，簡化教材、作業，調整教學的時間、空間、分組、師生的交互活動、教材的呈現方式及評量的程序。

4.活動設計

　　補救教學目標的達成，有賴於適當而實用的課程設計。對每位轉介的學生，資源教師需建立學生個人的檔案資料，充份掌握每位學生的學習進度與需要。然後根據學生目前的學習重點與進度，每天選取適當的教材，從事特定行為目標的學習。當天學習活動結束時，從個人的學習檔案夾中，取出學習記錄表，詳細記錄當天的學習活動，可確實掌握個別的學生進度。

　　其次，設計教學活動應把握幾個原則：一為趣味性，以活潑生動的教學方式引起學生的興趣，。二為由簡而繁，由易而難的排列方式，以建立學生的信心。三為變化活動型態，由於須補救教學的學生，注意力較差，因此一種教學活動不宜過長，以免分散注意力。

5.教學評鑑

　　資源教室是為學習上有困難的學生提供個別化教學，因此資源教室實施成效的好壞，應加以評鑑，評鑑是認定的主要依據。資源教室的評鑑項目至少應包括下列各項：（王振德，1991）

　　資源的運用：經費、人力、與物力方面，是否做有效的利用。在有限的時間、空間內，是否能夠為最大多數學生提供最適宜的教學服務。

　　接受的程度：學生、家長、其他教師、以及社會人士在內，是否均能接受資源教室模式的補救教學。

　　學生的成績表現：學生的成績表現是最直接的評鑑方式。

電腦輔助教學

　　教育工學的日精月進提高個別化教學的可能性，也為補救教學提供一條可行的路徑。四十年代電子計算機的問世，即應用在學校作為教學的工具，成為個別化教學的主要媒體。到了一九八〇年以後，十

六位元微電腦的推出，價格便宜，功能漸強，尤其一九九四年以後微處理器在IC產業帶領下，以近乎幾何級數的速度發展，所以使得電腦更為普及，也使得電腦輔助教學應用在補助教學的可行性大為提高。

美國哥倫比亞大學泰勒博士（Robert P. Taylor, 1980）曾以三種模式，來說明電腦在教育的應用：

1.把電腦視為工具（Computer as a Tool）。

2.把電腦視為指導者（Computer as a Tutor）。

3.把電腦視為被指導者（Computer as a Tutee）。

4.但自從電腦休閒軟體（Computer games），橫掃電腦軟體，已成為銷售最佳的軟體，更影響了許多兒童與青少年，所以另外一項為把電腦視為玩具（Computer as a Toy），因此當進行電腦輔助教學時不能忽視這個問題。國內目前已發展有一千五百套中小學相關教育軟體，都可直接或間接取得使用。

1.電腦輔助教學的特點

電腦輔助教學具有許多獨特的特點，茲列述於下：（林寶山，1988）

自訂進度：低成就學生的學習進度較慢，往往趕不上全班的進度，電腦教學可依學生個人的能力程度，循序漸進呈現教材。

不受同學的壓力：由於和電腦直接溝通，學習者不必有所顧忌的學習，更不必擔心答錯，而能反覆學習直至精熟。

立即回饋：在學習的過程中，學習者可以立即知道每一個反應的結果。

受時空限制少：只要有硬體與軟體設備，在任何時間及空間均可進行學習。

用途廣泛：電腦輔助教學適用於各種學科與學習活動。市面的軟體，有語言教學、也有數理練習，社會學科也不缺，選用方便。

2.電腦輔助教學運用的四個方式

個別指導：個別指導是指在電腦中設計好程式，使它能夠在螢幕上呈現一些資料供學生閱讀，呈現問題要學生回答，然後再依據學生所回答的答案是否正確給予立即的回饋的教學歷程。

訓練和練習：訓練和練習仍舊是最被廣泛運用的電腦輔助教學的用途，它的功能是強化教師已經教過的課目。由於有些學生需要較多的練習才能學會，此時電腦便可提供他們個別練習的機會。

電腦模擬：進行電腦模擬時，螢幕上會出現數種可能的變項供學生選擇，學生可以嘗試選定其中一個變項進行操作，並看到它對其它變項的影響效果，這類工作的目的是要讓學生從不斷試驗中去發現這些變項中的關係。

電腦遊戲：電腦遊戲可以協助學生學得解決問題的技能，且能讓學生以一種樂在其中的方式來學到新的知識，因為學生不認為自己辛苦的在讀書，而是在進行遊戲。

3.架構實例

教師可依據學生的需要，自行製作自學課程，供學生學習。自學課程的架構不一，依課程本身而定，大致上，分成以下幾個步驟：（林正治，1993）

實施測試：測試的方式可能是多選題或是非題，如果你的答案是正確無誤，可以選擇跳到下一題，也可以繼續本題，以複習相關資料。例如，菲律賓位於臺灣的：A.東方B.西方C.南方D.北方

給予提示：如果你的答案是C，電腦立刻會恭喜你，並指示你繼續做下一題。萬一你的答案不是C，例如，選A，顯然你的答案是錯的，電腦立刻會告訴你，你的答案是錯的，並且給你一些提示，提供有關資料。例如，臺灣西方是大陸，而東方是太平洋。

再給予測試：給予以上的提示之後，以改變措詞而不變題意的方

式，針對原題再予以測試。例如，請繼續作另外一題：臺灣位於菲律賓的：A.東方B.西方C.南方D.北方

再予提示：如果答案是D，則給予增強，並繼續作下一題。若又答錯，則再給予提示：臺灣的北方有琉球與日本四大島等。最後再予以測試，以更簡單的方式修改原題，例如，臺灣的南方是：A.日本B.菲律賓。

學習站

學習站乃是最經濟、最符合效益的補救教學型態。利用各教室的自然環境，畫出學習區域，不須另闢教室。其次，可以在同一學習區，設置各種學習站，例如，算術站、語文站等。每一學習站只需二、三個桌子，加上一些補充教材與教具即可。

1.教學環境及設備

以課桌椅圍成若干馬蹄形，每一個馬蹄形即為一學習站。其教材與教具應以趣味性與啟發性為主要考量。每次進行補救教學活動時，可依照個別學生的需要與進度，取出適當的教材進行補救教學。

2.教學方式

以個別方式實施，鼓勵學生自動自發的學習。教師可能扮演主導的角色，以示範與模仿等方式，給予密切指導，或只是站在一旁扮演輔導者的角色，僅提供必要的協助。所以一位教師能同時輔導若干學習站的活動。因為是在班上實施，也可以上正規課程時進行，即其他學生採用一般教科書，依照正常進度上課。低成就的學生則可以同時安置在學習站裡採用不同的教材與方法，以不同的進度由教師本身或程度較優異的學生協助，以實施補救教學。

3.教學評鑑

學習站之補救教學策略，充份利用各種學校已有的教學資源做高度的使用，節省不必要的開支。因此，學校應可廣泛採用學習站的模式，實施補救教學。

為瞭解學習站的補救教學型態，並達到補救教學的效果，進而發現實施的困難，以作為而後實施的依據，學習站教學應作定期的評鑑。評鑑項目至少應包括下列各項：（林正治，1993）

(1) 學生、家長、任課教師、其他教師是否均能接受學習站模式的補救教學。

(2) 學生的成就的高低，是否達到預定的教學目標，以決定實施的成效。

(3) 於教室內設置補救教學學習站，是否影響正規教學活動的進行，是否會干擾其他學生的學習。

學習實驗室

學習實驗室假設學習困難的主要原因在於情境因素。常見的情境因素包括：教學方法、學習方式以及學習的環境等。每一個學生需要採不同的方式學習，才能發揮最大效益。

1.教學環境和設備

學習實驗室裡有若干個學習檯以及學生資料櫃，每一個實驗配有專人，負責實驗室的管理與使用，包括：學生的安置、課表的擬訂，以及設備的維護等。學生的學習資料夾都保存在資料櫃上，依一定的次序排列，以便隨時取出使用。除此之外，實驗室裡有各種學科的教具與教材，供各學科有學習困難的學生使用。

學習實驗室的地理位置，以安靜為考慮，實驗室的大小，以能容納若干個學習檯為宜。學習實驗室必須為每一位學生建立個人檔案，

包括各科學習狀況之詳細記錄，透過各科教師的診斷，以訂定其單元與行為目標。

教材與教具方面，分成共同教具與專科教具，包括：一般教科書、市面上出售的參考書、教師自製的教材與自編的遊戲、卡式收錄音機、書籍、布偶、電算機、字典、以及其他材料等。

2.教學方法

學習實驗室強調操弄有關的變項，在學習實驗室裡可能的變項有教學法、學習風格、教室情境、以及學習時間等。選定變項之後，在嚴格的控制之下，比較各變項之間的關係。以此結果為依據，進而擬定最佳的教學方案，以有效實施補救教學。

3.人員配備

一個學習實驗室大約可容納二十位學生，所需的人員是一位老師加上一位助手。老師負責設計課程、編製教材、訂定個別進度表、以及選擇教科書等。助手則負責編排時間表、收集教具與教材、清點與分發給學生所需要的材料、以及記錄與評量學生學習狀況。

4.教學評鑑

實施學習實驗室模式的補救教學需要定期進行評鑑工作，以確定實施效果，以作為爾後實施的參考。學習實驗室的評鑑項目應包括：（林正治，1993）

(1) 學生、家長、任課教師、其他教師是否均能接受學習實驗室模式的補救教學。

(2) 學生的學習表現，依據學習成就的好壞，學習目標是否能依進度達成，決定實施學習實驗室的成效。

(3) 所選擇的操弄變項是否適當，是否為造成學習困難的癥結。學習效果的比較方法是否適當，依據的標準為何。

套裝學習

　　套裝學習模式是一種能力本位與自我導向的學習方式，以循序漸進的方式，協助學生習得一種觀念或技巧。每一套學習材料皆為特定的能力或技巧而設計，提供多樣的活動以達到學習目標，學生可以依自己的進度學習。

1.學習環境和設備

　　套裝學習模式的另一個特性是學習情境的容易取得。事實上，不論何時何處，均可進行套裝學習活動，在一般教室、專門教室、或教室或教師辦公室皆可以實施。另外設備也很簡單，學生只需要一張桌子、一張椅子，再加上有關的學習材料，即可從事套裝學習活動。教師不必親臨指導，但最好不要離開太遠，俾能隨時就近輔導，適時提供回饋與協助。

2.課程與教學方式

　　套裝學習的課程內容編排，係以學生的課程需要為主要考量，所以何時進行那一學科，以及在何地實施，均依當時的情境需要決定。一般套裝學習的方式與實施步驟，均包括實施前測，研擬明確的學習目標、設計與實施一系列的教學活動、以及實施後測。

　　實施前測：實施前測的主要目的在於確定學習者目前的成就水準，發掘學習的困難所在，以及瞭解學生具體能力。

　　擬定學習目標：補救教學目標的擬定，除了參考上述的評量結果外，尚須根據教師的日常觀察、考察與診斷。學習目標的研擬必須符合可觀察與可量化的原則。亦即，學習目標必須力求明確與具體。

　　設計教學活動：設計教學活動的目的在於協助學生達成學習目標。教學活動的設計可多可少，端視學習主題的性質、學生的能力、以及教學的需要而定。

其次套裝學習的另一個特色是個別化教學，以符合學生個別的需求與能力水準爲宜。

執行教學方案：執行教學方案者可能是任課教師，或其他專任教師。實施地點可能在原來教室或另闢教室。學生領取套裝學習箱後，立即到指定的地點，以獨立作業的方式進行各項學習活動。教師扮演輔助的角色，必要時提供指示與回饋，但不主動而積極的督導其學習活動。任何的教學方案與計畫，並非一成不變。相反的，應視實際需要而作適度修正。

實施後測：後測的主要目的在於評量學生學習結果，以評估教學方案之適切性，作爲爾後修正教學方案與教學方法依據。如果學生不克通過後測，則需進一步分析其原因。

3.套裝學習活動的優點

提供適性教學：依學生個人的能力、技巧、知識、程度與需要，擬定完全適合自己的進度，循序漸進學習。

避免學習失敗：低成就學生大部分視學習爲畏途，而提供套裝學習活動，在沒有競爭的壓力下，在自己的氣氛中，依自己的興趣與需要學習，可以保障學習成效（林正治，1993）。

結語

教育的目的之一在使每一個體的潛能均能充分發揮，而低成就學生即是一群其實際的學習表現不如其所具有的學習能力所應表現者。我們發現，在小學有很高比率的非具有感官知覺障礙的低成就者，如何減少這種學生的存在是教師的一項挑戰。

所以現代的教師應持續不斷的學習，學校應該是一所「學習型學

校」（learning school），因爲惟有如此，學校成員才能運用系統思考從事各種不同的行動研究和問題解決，進而增強成員個人的知識和經驗以及改變整個學校的組織行爲，以強化學校組織變革和創新的能力。

教育部（1998）在其教育白皮書《邁向學習社會》中所言的：各類型教師將扮演推動終身學習的重要角色。如何培養具有終身學習素養的教師，以引導全民進行終身學習，將是能否建立學習社會的重要關鍵。各類型教師不僅須具有終身學習理念，幫助學生終身學習，教師本身亦應不斷繼續進修，力行實踐終身學習活動。

在本文中提出學童形成低成就的原因、如何診斷、教學方法在補救教學上的應用及補救教學的策略，教師及輔導人員應斟酌低成就學生的主要問題所在，而採取適當的方案進行補救教學。盼望國內教育工作者本著教育專業與良知，不斷精進成長多爲低成就學童設計特殊的輔導計畫，以造就那些經常被我們忽略的低成就學生。

參考文獻

王振德（1991），資源教室之班級經營，《特殊教育季刊》，40，1-6。

朱敬先（1987），《教學心理學》。臺北：五南。

李永吟主編（1993），《學習輔導》。臺北：心理。

林寶山（1988），《教學原理》。臺北：五南。

高廣孚（1988），《教學原理》。臺北：五南。

郭生玉（1973），國中低成就學生心理特質之分析研究，《國立臺灣師範大學教育研究所集刊》，15，451-532。

張春興（1989），《教育心理學》（第二十一版）。臺北：東華。

張春興（1993），《教育心理學》。臺北：東華。

廖鳳池、陳美芳、胡致芬、王淑敏、黃宜敏編譯（J. T. Gibson、L.-A.Chandler著），（1991），《教育心理學》。臺北：心理。

盧雪梅主譯（M. E.Bell-Gredler）（1991），《教學理論─學習心理學取向》。臺北：心理。

高豫（1995），電腦教育解析，《教育資料與研究》，3，3-8。

張德銳（1999），現代教師在學習型學校應扮演的角色，《教育資料與研究》，27，7-14。

31. 臺灣原住民教育政策之探討

台東縣錦屏國民小學

校長 胡成安

前言

　　「原住民族教育法」奉總統於八十七年六月十七日公布實施，這對臺灣地區的原住民來說是一件重大的改變。因為原住民族教育法第一條明定：「根據憲法增修條文第十條之規定，政府應依原住民之民族意願，保障原住民之民族教育權，提昇原住民之民族教育文化，特制定本法」。這展現了政府對臺灣原住民教育文化的重視，更揭示了「原住民族教育權」的自主性。

　　回顧政府遷台四五十年來，在教育政策的制定、教育行政的管理、師資的培育、與課程的設計和教材內容等，均以漢族為中心的思想來形成與推展。對原住民學生來說，在這一套教育體制下求學，自有其適應上的困難。因現行教育體制對一般學生固已逐漸造成許多困境，何況原住民族群，社會結構迥異於漢族社會，不同的文化背景與溝通語言，使其在接受制式的學校教育時，缺乏適當轉化機制以致吸收困難。在學習過程裡，於教學情境中又受到輸出體的主觀歧視與偏見待遇，除了備感艱辛，並遭遇心裡挫折，在此種情況之下，原住民教育成效不彰，事屬必然。（牟中元，1996，頁113）

　　臺灣光復以來迄今，政府前後頒布了許多教育措施，對原住民教育投入非常多的心力，儘管歷年來各種福利、優惠、保送、加分辦法不斷實施，在政府對原住民教育積極的扶植與保護工作下，造就了不少精英，（教育部，1997，頁16）但對大多數的原住民而言，卻很難脫離不利教育環境的惡性循環。

　　例如，以民國六十九年公布的「臺灣省加強山地國民教育辦法」內容為例，該辦法共有十九條，諸如：明定實施記功、發研究觀摩費、提供教師宿舍等福利措施，鼓勵教師前往山地任教。學生則享有書籍費，平安保險費、及補助伙食費的優惠待遇，並且提供山地生保送師專的名額，寬列經費，設立分班分校等措施。（教育部，1997，

頁14-15）當時政策目的不外是「有效提昇原住民教育、使原住民得以逐步融入臺灣整體社會中」。因此這些補償性、消極性的作法，未能有效提昇原住民的教育素質，只見推動國語的成效，但原住民母語則大量流失。（莊萬壽等，1998；頁419）

因此，唯有透過有系統的研究，評估現有的教育政策，找出原住民教育的實際需求，才能發展出可行的方案。

多年來，我一直在原住民學校任教，瞭解許多原住民生活上之困難，以及原住民學生就學與就業的問題，是故，為著更瞭解有關臺灣原住民教育之政策，個人願藉此機會，廣泛的蒐集相關資料，分析臺灣早期原住民之教育行政，並檢視目前臺灣原住民教育政策之實用性，提出建議及改進之道。

臺灣原住民教育發展與現況

臺灣原住民教育發展演進

臺灣初為數十族住民之樂園，自荷蘭人占據臺灣開始至今，共經過荷據、明鄭、清朝、日據、民國等五個政權。這五個政權建立的背景、目的及特色各有不同。其所建立的教育行政自然也有不同的面貌。

荷蘭據台以經濟略奪為主，以傳播基督教為輔，故其教育活動即其傳教活動的一部分，並附屬於其經濟組織中。

明鄭時代與清代則實施中國舊式教育，即以科舉考試為主的教育，故其教育行政大致獨立於一般行政之外，一般行政人員，例如，知府、知縣、在教育行政工作上只是基層或輔助角色。不過由於臺灣地理位置特殊，臺灣地區最高行政長官（道員）常兼學政工作，由於

無專責人員，致使學政工作不易推展。

　　日據時期實施的是殖民地的教育，日本的總督成為臺灣行政及立法的根據，教育行政成為其統治工具的一部分，教育成為雙軌制，一為教在臺的日本人民，一為教臺灣同胞。

　　到了民國，教育行政採由中央教育部、省教育廳、縣教育局三級政府組成的中央集權制。（劉寧顏等，1993，頁1）

1.臺灣光復前的原住民教育

　　在臺灣光復以前，山地（原住民）行政與政策約可分為四個時期。（教育部教育年鑑，1957，頁934）

　　第一期，荷蘭及西班牙佔據時期：原住民在過去數百年來，接受了不同政權的統治，荷蘭人佔領臺灣南部，自一六二四年至一六六一年，共三十八年，西班牙人佔領臺灣北部，自一六二六年至一六四一年，共十六年。（教育部教育年鑑，1957，頁934）荷蘭人與西班牙人佔據臺灣的目的，是要使臺灣成為其在東方貿易的根據地，所關心的是政治及經濟利益，因此對原住民社會的建設並不積極。治臺期間荷蘭人及西班牙人都把基督教引入臺灣原住民社會，如荷蘭人早在一六二六年即派遣傳教士到臺灣，引入基督教的目的，一方面是要傳播基督教教義，另一方面則是企圖藉基督教教義安撫原住民。（行政院原住民委員會，1999，頁90）

　　為了傳教需要，荷蘭及西班牙人都提供原住民一些教育活動，如荷蘭當局把新約聖經的約翰福音書譯成原住民語言並予以出版，並用羅馬字拼音來書寫原住民語，原住民在研讀這些聖經的同時也學會以羅馬字拼讀原住民語的方法。西班牙人佔領臺灣北部後，出售經過翻譯成土語的宗教問答和聖經，以教化原住民；荷蘭及西班牙據臺期間雖不長，但一心一意想以宗教的力量按撫原住民，少許教育活動目的是要啟迪山胞的知識，使山胞能為其所用，但因其挾文化優勢佔領臺灣對原住民文化仍是傷害甚大（行政院原住民委員會，1999，頁91）。

第二期，鄭成功治理時期：鄭成功繼荷蘭之後佔領臺灣，對於山胞（原住民）採綏撫威壓兼施政策，主要的任務是反清復明工作，故治理範圍不廣，行政設施未能積極。鄭氏三世治台，自一一六二年至一六八三年，共二十二年。（教育部教育年鑑，1957，頁934）對臺灣原住民的教化工作也無重大的興革，教育被視爲對抗清朝的的意識型態工具，因此原住民仍處於被政治宰制的地位。（行政院原住民委員會，1999，頁91）。

第三期，滿清治理時期一六八三年（清康熙二十年）：鄭克塽降清後，翌年臺灣乃正式納入清朝的版圖。但是臺灣最初僅爲福建省的一府，如此相沿計有二百零一年之久；一八八五年（清光緒十一年）始改爲行省。（汪知亭，1959，頁9）

是故滿清領臺時期，在教育方面很明顯的劃成兩個階段。第一階段爲建省以前的期間，此期一切按照內地的教育傳統，可以說是舊學全盛的時代。第二階段爲建省以後，在劉銘傳的領導之下，多少建立了一些新式學校。

建省以前的土番教育設施──社學：社學有兩種，一種是爲漢人而設，實際上與義學無異；另一種是專爲土番設立的社學，是對土番實施基本教育的場所。一六九五年（康熙三十四年）臺灣知府靳治揚首創土番社學，延師教育番童。後來土番社學，年有擴充。一七二二年（康熙六十一年）分巡臺廈兵備道陳大輦，特別注意番人的教育，選擇能讀書通文理的番童爲儒學樂舞生，以示鼓勵。

一七三四年（雍正十二年）臺灣道張嗣昌建議在南北路的番社普設土番社學五十所，各所設社師一人，教育番童。到了乾隆年間，成績乃大著，番童中能背誦《四書》的，也有能讀《左傳》《漢書》的；以前荷蘭人殖民教育的遺毒，到此乃完全清除了。同治光緒年間，土番社學續有增加，教育的內容也有很大的改進。如一八七四年（同治十三年）爲了要開展臺東的生番教育，特編「訓番俚言」做爲課本。一八七九年（光緒五年）確立生番教育宗旨，並訂定化番俚言三十二條，對於番社的教育都不無良好的效果。

建省以後的土番教育設施——番學堂：劉銘傳於一八九〇年（光緒十六年）春三月，復在台北開設番學堂一所，朝收屈尺、馬武督方面的番童二十名。聘羅步韓，吳化龍、簡受禧為教習，教授漢文、算學、官語、臺語等科。生活起居以及禮儀方面，全仿漢人；每三日並由教師引導外遊一次，俾多與漢人接觸。劉銘傳常至學堂視察，考驗學生課業，並多方面予以鼓勵。（汪知亭，1959，頁12-21）

清廷治臺期間，對臺灣的建設，常因其在不同時期對臺灣的重視程度不同而有差異，因而有若干問題未能妥善解決，如對原住民的土地保護不徹底，導致原住民土地漸為漢人蠶食，土地的喪失對原住民的生計影響很大，許多原住民因而退入山地、遷移他處、或被漢族同化。

清朝治臺政策，基本上對原住民是採取溫和的綏撫政策，將原住民依其漢化程度的深淺區分為生番和熟番，對熟番施以教化，賜漢姓，以求其同化於漢人文化，對生番則建立隘勇制，防備番界並杜絕漢人進入。（行政院原住民委員會，1999，頁91）。

第四期，日本佔據時期：臺灣割讓日本後，日本人統治臺灣的政策，大致上是威撫並行，使政治力量能普及全臺，俾使其開發臺灣的資源，對未歸順的山胞則採殘酷的手段鎮壓，許多原住民因而遭受奴役和虐待，並引發多起激烈的原住民抗日活動，一九三〇年的霧社事件即是一個顯著的例子。

日人據臺期間為要收攬民心，以達成其推展皇民化教育的目的，曾推行某些教育措施，但對原住民卻採取差別的待遇，例如，設置小學校或公學校供日本人和臺灣人子弟就讀，而對山地原住民子弟則是提供「山地公學校」或「山地教育所」。一九四一年太平洋戰爭爆發後雖把小學校、公學校及山地教育所一律改稱國民學校，但原住民學校使用的課表有別於一般學校，原住民仍受到日人的歧視（汪知亭，1959，頁40-53）。

例如，山地同胞主要受教的場所——高砂族教育所，這種教育有以

下幾項的特點。

第一、修業年限僅只四年，入學年齡限在七歲以上（較一般國民學校遲一年）。

第二、修習科目包括以修身、日語、算術、圖畫、唱歌、體操及實科（實科包括農業、手工及裁縫任選一種或兩種）；不設漢文隨意科。其中日語讀本暨圖畫、唱歌、遊戲教材，由警務局自編。修身及算術教材係就國民學校教本參酌使用；大體上將國民學校三年級的課本，分作四年使用。

第三、管理教育所的上級機關是警務局，而不是文教局。教師是當地的警察或警察的眷屬；有時後，由日本和尚擔任一些功課。

第四、山地學生的教科書暨學業用品全由政府供給，並全由國庫開支。教育所住宿的兒童，多於課外在農場操作，以實習的收益補助膳食。

第五、利用警察的力量強迫或誘導山地同胞入學；所以，就學的比率非常高。。

第六、日本人對於山地同胞的教育，除注重日語的訓練，更注重集體的訓練與日式生活的訊練（例如，著和服，用日式的禮儀與改用日本式的姓名）。這種教育的後果，在日前的山地社會中，仍不難窺其一二。（汪知亭，1959，頁49）

依上所述，臺灣光復前的數百年期間，臺灣原住民歷經不同外來民族的統治，統治者的統治目的與統治方式雖有不同，但原住民受到強勢族群的宰制現象卻一直存在，原住民的地位一直受到歧視，原住民社會也產生變遷，數萬名住在平地的平埔族完全同化於漢人社會，其未被同化者，族群文化也逐漸流失，社會結構產生了的變化，原住民在整體環境中一直處在弱勢地位。臺灣光復以後，由於政府的積極從事山地建設，陸續推行各項原住民政策，原住民與主流社會的來往日漸密切，其社會變遷速率也因而遽增，對原住民的文化及社會造成更大的影響

2.臺灣光復後的原住民教育

臺灣光復以後，原住民教育政策基本上不脫以「同化」為主軸，而依序提出「教育一般化」、「山地平地化」、及「社會融合」等階段來進行。（行政院原住民委員會，1999，頁91）。

然以教育政策而言，教育部八十六年發布的「中華民國原住民報告書」，光復迄今的原住民教育政策，可分為三個時期。（教育部，1997，頁10-17。）

山地平地化時期，臺灣光復至民國五十一年：臺灣光復初期山地教育由民政廳主管，將日據時代的番童教育所，全部改為國民學校。民國三十八年原住民教育由教育廳接管，並訂有「臺灣省教育廳改善山地教育設施三年計畫」。並於三十九年辦理原住民教育現況普查。民國四十年教育廳公布實施「改進山地教育實施方案」。

本時期的教育政策、在於將山地教育回歸至一般化的教育，促使原住民社會發展納入國家整體發展體制之內。此乃基於教育機會平等之原則，給予原住民青年種種優待。

融合整體社會期，民國五十二年至七十六年：此階段的原住民教育，除仍採取平地化目標及保護扶植精神外，更著重加強國家民族意識，推行國語，傳授技藝等融合工作。基本上而言，這一時期的原住民政策是要促使原住民能融合於整體社會中。

此一時期，臺灣經濟發展快速，國民教育水準提昇，原住民教育水準亦逐漸提高，不識字或具小學程度減少，然與一般教育水準增加率相比，高中高職以上的原住民教育速率仍嫌緩慢，師資改進之成效亦不理想，合格教師仍然不足、流動率太高，對學生學習情緒及學生成績有不良影響。保送生畢業後因缺額問題，不一定能分發回原籍服務，也未能發揮預期效果；足見保障學生升學機會等消極的作法，未能有效提昇整體原住民的教育素質。

開放發展期，民國七十七年至今：　教育部於民國七十七年成立

「原住民教育委員會」,定期開會規劃研討原住民教育改進之道。將原住民教育之目標定位在「適應現代生活,維護傳統文化」。除了要培養原住民成為整體社會的成員,亦能保存及發揚原住民的語言和文化。

從八十二年起,推動「發展與改進原住民教育五年計畫」,每年編列專款執行原住民教育工作。其中三個最具意義的目標為:

(1) 原住民與多數族群的交往溝通,與工作上公平競爭的能力。

(2) 發揚原住民各族固有語言、文化與藝術,以培養其自尊與自信心。

(3) 培植原住民人才,協助具備自治能力,其計畫特色是結合學校教育、家庭教育、與社會教育,訂定原住民教育發展之具體方案與措施。(教育部,1997,頁10-17。行政院原住民委員會,1999,頁90-97)

八十三年憲法增修條文將「山胞」正名為「原住民」,代表著原住民的地位進入一個新的里程。八十五年舉行之「全國原住民教育會議」,便將「建立原住民教育體制,開展原住民教育特色,提昇原住民教育品質,邁向多元文化新紀元」,列為未來努力的方向。

八十五年擴大辦理之教育優先區計畫,原住民學校大多可獲得專款補助,以解決原住民教育的特殊問題,維護原住民兒童的受教權利,滿足原住民的教育需求,提昇原住民學校社區的文教品質,實現社會正義的教育理想。同年中央政府、臺灣省、台北市、及高雄市政府均設置原住民委員會,更關鍵的是八十七年頒布的「原住民族教育法」,在在顯示原住民的事務受到重視,原住民教育與文化得以更進一步的推展。

臺灣原住民教育之現況

1.基本現況

　　原住民學生數：近年來，政府對於原住民學生，訂定許多相關辦法，提供教育資源，改善學習環境，以利原住民學生的學習。依據教育部重要教育統計指標，得知八十六學年度各級學校原住民學生數如表1。

表1　八十六學年度各級學校原住民學生數統計表

校別 ＼ 性別	合計	男	女
研究所	14	10	4
大學生	1,433	687	746
二專	1,133	374	759
三專	24	21	3
五專	2,780	828	1,952
高中	1,898	1,059	839
高職	9,266	4,441	4,825
國中	28,121	14,420	13,071
國小	39,048	20,255	18,793
合計	83,171	42,095	41,6220

（資料來源：教育部，1998）

根據表中得知：一、就讀大專院校者計5,384人，就讀高中者計1,898人，就讀高職者計9,266人，就讀國中者計 28,121人，就讀國小者計39,048人。二、由就讀人數中顯示就讀研究所者僅 14人，就讀高中與高職的人數約1：5，是值得教育機關重視。

至於臺灣地區原住民各族群學生就學情況如表2：

表2 臺灣地區原住民學生就學統計表　　　　　　　　　　單位：人

族別／校別	阿美族	泰雅族	排灣族	布農族	卑南族	曹鄒族	魯凱族	賽夏族	雅美族	其他	合計
大學	148	184	98	57	23	16	12	8	6	2	554
學院	174	167	188	62	43	16	25	4	4	6	689
專科	996	618	526	313	58	53	80	40	5	8	2697
高中	1598	787	315	544	89	45	49	39	16	11	3496
高職	1527	1257	973	490	140	60	103	59	23	24	4656
國中	5028	4002	1527	1796	367	176	285	268	253	31	13733
小學	12385	8871	5101	3640	731	292	760	410	348	137	32675
合計	21856	15886	8728	6902	1451	658	1314	828	655	219	58497

資料來源：國立花蓮師範學院原住民教育研究中心（1995），中華民國原住民教師學生族籍調查報告。

原住民師資：依據國立花蓮師範學院統計，具有原住民族之各級學校教師人數共有1,535人，其中以泰雅族、阿美族、排灣族及布農族人數較多。任教於大專者13人，高中職者81人，國中小者1,441人。有關各族及各級學校原住民教師人數如表2、3。

表3 臺灣地區各級學校原住民教師人數統計表　　　　　　單位：人

族別	阿美族	泰雅族	排灣族	布農族	卑南族	曹鄒族	魯凱族	賽夏族	雅美族	其他	合計
人數	365	559	280	154	55	30	51	19	10	12	1535

資料來源：國立花蓮師範學院原住民教育研究中心（1995），中華民國原住民教師學生族籍調查報告。

表4 臺灣地區原住民教師任教學校別統計　　　　　　單位：人

地區別 \ 級別	大專院校	高中	高職	國中	國小	小計
台灣省	13	19	50	182	1227	1491
台北市	0	6	2	2	24	34
高雄市	0	2	2	0	6	10
合 計	13	27	54	184	1257	1535

資料來源：國立花蓮師範學院原住民教育研究中心（1995），中華民國原住民教師學生族籍調查報告。

原住民教育政策之檢討

憲法民族教育條款解讀

1.由條文規定看來，憲法係承認我國為多民族國家，重視民族教育

文化的功能。強調邊疆民族有受國家特殊照顧和扶助的權利，國家也有義務保護、發展邊疆民族的教育文化。

2.到目前為止，原住民政策可以說並未依憲法制定及推動，許多政策在基本上並未符合憲法規定。甚至以原住民非邊疆民族為由，拒以憲法168、169條，作為政策的依據。而且，許多山地行政法規不僅都是行政命令，更多未能符合憲法所揭示的積極精神。

3.憲法增修條文第9條的原住民條款，遠比邊疆民族條款空泛、保守。

4.省民政廳雖然於八十二年制定「落實憲法精神加強扶助山胞發展措施」，唯該方案係納入「臺灣山胞社會發展方案」內辦理，且所需經費由各主管機關於年度既有經費預算內調整因應。可見憲法增修條文原住民的條款，並未受到因有的尊重，也就沒有實質的影響了。

原住民教育法規的檢討

1.羅列相關法規，（如表5）這些法規基本上反映了光復以來原住民教育政策的具體措施和重點，而且都是促進教育機會均等的必要措施。

2.就內容來說，有對原住民師生的特別照顧、關於山地教育投入的規定，以及有關培育國家觀念、推行國語、社會教育等。但是，有關原住民傳統文化的維護，直至民國六十五年以後，才有具體的方案頒布。然而，方案頒布至今，有關部門卻一直未訂定系統性的「原住民文化維護計畫」，可見當局仍未重視原住民文化消亡的危機。

3.就法規形式來說，也存在許多問題：

（1）大多是行政命令。
（2）行政法規不完備。

（3）法規缺乏適應性。

（4）法規層次低。

（5）地方行政無自主權。

（6）體例缺乏統一性。

3.就多元文化教育的角度來看，由於深受融合政策取向的影響，無視原住民文化特色及特殊需求，許多措施大多照搬全國教育的模式。也未設立專門機構、專職人員及專項經費。因而，原住民教育政策實則枝枝節節、缺乏積極性、治標不治本。

4.在強調培育國家觀念的同時，並未合理地結合原住民族群認同。課程內涵充滿意識型態、國家主義、漢族中心色彩；推展國語卻壓抑原住民母語，顯現出相當的文化霸權；使原住民教育幾乎是權力關係的反映，變成社會控制的手段。（牟中元，1996，頁145-150）

5.原住民教育法於一九九八年公布實施，將是推展原住民教育工作之法源依據。

表5　有關原住民的教育法規

法律類別	法規名稱
憲法	163條：國家應注重各地區之均衡發展。 169條：國家對邊疆地區各民族之教育、文化....應積極舉 　　　　辦，並扶持其發展。 增修條文第9條：國家對於自由地區原住民族之地位及政 　　　　　　　　治參與，應與保障，對其教育文化....應予扶助並 　　　　　　　　促其發展。
法律	1998 原住民教育法
行政命令	1949 加強山地教育設施要點。 1949 各縣加強山地教育行政注意要點。 1951 改進山地教育實施方案。 1951 台灣省各縣山地推行國語辦法。 1952 山地國民學校改進教學方法應行注意事項。 1956 台灣省各縣山地鄉國語推行小組設置辦法。 1964 台灣省加強山地教育實施辦法 1964 各縣山地鄉國語推行小組業務改進事項。 1966 各縣山地國校辦理民眾語文及實用技藝補習班辦法。 1968 改進山地教育實施計畫。 1969 台灣省加強山地國民教育辦法。 1970 加強推行國語運動辦法。 1971 維護山地固有文化實施計畫。 1972 台灣省原住民專業人才獎勵要點。 1973 台灣省公私立高級中等學校原住民族籍學生獎勵金設 　　　置要點。 1974 發展及改進山地教育五年計畫綱要。 1975 落實憲法精神加強扶助山胞發展措施。

行政命令	1994 教育部八十三學年度獎（補）助原住民實施母語要點。
	1995 教育部八十三學年度原住民社會教育實施要點。
	1995 台灣省原住民專業人才獎勵要點。
	1995 獎勵及補助原住民成人教育活動實施要點。
	1995 台灣地區原住民族籍學生升學優待辦法。
	1995 八十四學年度原住民族籍學生就讀大專校院獎助學金設置點。
	1995 國民中小學原住民學生八十四年度獎助學金試辦要點。
	1995 國民中小學原住民學生八十四年度課業輔導試辦要點。
	1995 擴大辦理之教育優先區計畫。

資料來源：莊萬壽、林修澈、鄭瑞明、陳憲明等（1997），第三屆台灣本土文化國際學術研討會論文集整理彙編。

原住民教育政策之評估

　　民國七十二年與八十年，臺灣省政府民政廳委託中研院民族所，進行「山地行政政策研究與評估」，並撰成頗為完備之報告書。對原住民教育做一檢視。

　　該報告書的「山地教育政策評估」、「生活改進評估」、「山地經濟政策與經濟發展問題」中，已經指出：早期不當的政策措施以及後期資本主義經濟的衝擊，對原住民所造成的嚴重傷害。而當時所呈現的諸種問題，大部分迄今未有改善，反有繼續惡化的趨勢。現摘要如下：

1.在各種保護性原住民教育政策下，原住民人口的教育水準確實逐年提高，但這是就原住民本身歷年的情況而言。但如果和一般人

口教育程度比較後，發現高中、職以上的比例並未改善，而有差距拉大的趨勢。

2.九年國教實行後，國中的一般素質並不理想，但是原住民及偏遠地區可能更有問題。

3.經費方面，人事費所佔比率過高。設備方面，圖書設備及其它教學設備不足。導致學習環境不良、教學效果不彰，與學生素質的低落。

4.師資素質低落的情況非常嚴重，影響原住民學生的學業成績。

5.多數重點教育措施相當空洞、保守、不切實際；而仍多延續以往作法，到處可見拼湊痕跡。不但很難達成方案目標，就現存原住民種種困境之協助效果也不理想。從許多僵化和「文勝於質」的政策設計來看，顯然還有意識型態的限制。（牟中元，1996，頁148-149）

6.從教育之經費編列情形來看，八十三年度預算本方案編列一億七千萬，八十四年度編列二億一千萬來論。可謂杯水車薪，無濟於事。一可預見該計畫不可能落實，也顯示出我國教育資源的分配，反映了強勢社會團體的競爭力；從而看出，原住民教育本質，實與權力及意識型態分不開。一項政策要能順利推展，物質性資源及政治性資源必須兼具，否則縱有良法美意，也是落空的。

　　縱上所述，可以看出，行政管理系統過於多元、層級過低、法令不正式等，均使原住民教育系統統整功能不彰、溝通不良、行政效率不高。

「原住民教育法」立法後之期望

　　民國八十七所公布的「原住民族教育法」，強調原住民的主體性，多元文化的教育目標，明定經費比例及相關升學優待措施等，因此，

該法的公布，可作爲推展原住民教育的重要法源依據，及進行整體規劃原住民教育政策，將爲原住民教育發展奠定穩固基礎。

然而「原住民族法」公布實施迄今，已逾兩年，其立法精神值得肯定，成效將來也許會一一實現，不過在這段期間，已有幾點現像，值得深思與改進。

第一、經費的補助與分配未能落實。例如，原住民教育法第八條規定：「各級政府得視需要，寬列原住民地區學校員額編制，…」。及第十條規定：「中央政府應補助地方政府，普設公立幼稚園，…並視實際需要補助其學費」。與第十二條規定：「原住民中、小學視必要得辦理學生寄宿，…，其住宿及伙食費用，由中央政府編列預算全額補助」等等。以目前中央政府的財政狀況，如未能落實預算總額的百分之一專案專款辦理原住民教育，該法勢必形同具文。同時，就會形成中央政府濫開支票，地方政府無法兌現的窘境。最後，還是犧牲了原住民的權益。（行政院原住民委員會，1998，頁4-10）

第二，部分立法條文內容完備，但執行時窒礙難行：例如，原住民教育法」第二十三條規定：「…原住民中小學及原住民地區學校主任、校長，應以優先遴選原住民各族群中已具主任、校長資格者擔任爲原則」。以目前地方自治，各縣市遴選辦法自主性高的環境下，該法根本無約束力。

當然，「原住民教育法」的通過與實施，仍須由中央與地方政府相互配合，同時亦期盼行政人員，在尊重弱勢族群的心態上，儘力推動原住民之教育，以落實憲法的精神。

臺灣原住民教育之問題及未來之展望

當前原住民教育的問題

從世界各國的情形觀之，由於社會資源的有限，加以社會資源的分配長期操縱強勢族群之手，因此少數民族的社會機會大多顯得不足。復以語言與文化的障礙，益使少數民族在後天環境上處於不利，徒然增加競爭的困難，而無法享受應有的福利。

臺灣地區原住民族群眾多，存在時間相當久遠。不但其文化和漢文化持相當明顯的差異，並且由於人口數量差距、政治勢力薄弱、社會地位偏低、生計環境貧窮等因素的影響，原住民的社會逐漸解體，文化瀕臨衰頹，復以學校教育成就低落，使原住民學生在社會適應過程中，始終處於邊緣和下居地位，難以向上流動。

行政院教育改革委員會所提出的「原住民教育改革報告書」中，也指陳當前原住民教育問題，其中犖犖之大者如下：（牟中元，1996，頁137-155）

1.融合的學制下原住民學生適應不良。
2.師資素質不齊與流動率高，嚴重影響教育成效。
3.漢族中心主義課程教材與教學措施的負面影響。
4.青壯人口外流，知識菁英離鄉的不良效應。
5.都市原住民的教育問題。
6.憲法的相關規定原住民教育法規之不周延，無法保障原住民之教育權益。
7.以城鄉差距取代族群差異，補救教學措施並未顧及族群性。
8.教科書內容之族群偏見與偏差觀點。

推動原住民教育政策之困難

國內推動關於原住民教育政策主要之困難，可歸納有以下六點：
（教育部，1998）

1.融合政策下原住民學生適應不良

由於平地化政策的影響，教育的改進措施傾向消除原住民的特性；原住民在融合的學制中，由於文化背景的差異，難以適應重智、重升學競爭之一體化教育方式，使得扶助性措施也一再加強。不少人將此彌補性措施視爲德政，責怪原住民質性不佳，而未能檢視抹煞原住民特殊性的教育過程裏，其心理挫傷使之趨向消極而難以振作。

2.教育程度落差

根據統計，原住民自一九八五年起，國小就學率已與臺灣一般就學率接近。但是將原住民歷年教育程度與全省進行比較，就可以看出兩者之間，仍有一段差距，尤其是高中職以上的學生比例偏低。

近年政府大力輔助偏遠地區教育，在硬體建設已大致達到全國一般水準。但原住民教育仍面臨許多困難。諸多調查研究均顯示，家庭、社區因素爲一主要困難。

3.家庭教育與學校教育的衝突

由於公路的開闢、傳播媒體的發達等，導致山地經濟、社會快速的變遷，而基督教的傳入，取代了傳統的祖靈信仰，傳統原住民社會結構逐漸解體之時，父母對子女的管教態度及社會對青少年的期望，並未隨之改變，而與現代學校教育以培養兒童獨立、負責爲目標等，背道而馳。

一般原住民社經地位較低，父母經常忙於生計，無能照顧敦促兒女學業，隔代教養爲普遍現象。原住民社區則近年普遍受外來聲色娛樂場所影響，學生易流連玩樂，往往脫離了家庭、學校之教養環境。

4.師資素質不齊與流動率高

政府對原住民教育的師資政策，一方面採行各項福利措施，獎勵一般教師到山地學校任教；一方面提供特別管道，保障原住民學生就讀師範院校，令其返鄉服務。對服務山地學校的教師，則有薪津加給、加計積分、記功等獎助措施。然而，各種獎勵，保障制度，並無法從根本上解決師資之質與量的問題。

5.青壯人口外流，知識菁英離鄉的不良效應

在都會經濟強大的吸納力之下，原住民社區之青壯人口外流的現象十分嚴重；使許多幼童、青少年，乏人照顧及教養。學校教育無家庭教育輔助，成效不但有限甚或抵消。另一方面，也減少了帶動整體社區文化發展的動力，以致缺乏現代知識與文化的刺激，未能突破環境的閉塞，青少年無以養成面對未來陌生環境的適應能力。

此外，一部分原住民社區的學生，隨著青壯人口流入都會區，人數日漸減少，面臨減班併校的命運。如果不及時採取因應對策，可以預見不久的未來，很多部落社區會因為招不到學生而裁撤學校。

6.都市原住民教育問題

都市原住民人口在近年來快速成長，迄八十三年底設籍人口約有十萬五千人。他們多散居都會邊緣，從事勞力服務工作者眾。而來到都市的學生，部分隨父母工作而經常遷移，故失學率偏高。

都市原住民學童自小脫離部落，失去族群文化涵育之機會，同時又缺乏與一般都市學童競爭升學之能力，形成雙重失落，較難培養其自信與自尊心。

未來原住民教育的理念

展望未來原住民教育的發展，不僅需要政府和民間相互配合以提供各種物質性的資源，原住民教育最迫切需要的，無疑地是要建立宏

觀的目標和基本的理念。因此當前各種教育政策、方針、和實際的措施，首要以「建立原住民尊嚴並激發其文化發展生機」為目的。基於此一宗旨，政府應採取「多元文化教育」策略，貫徹「適應現代生活。維持傳統文化」之既定政策。

其次，為維護原住民特殊之教育目標，政府應落實「原住民族教育法」。根據文化多元及平等精神，保存並創新原住民文化，以保障原住民教育之發展，改善現有的學校教育。

參考文獻

申學庸（1994），原住民文化會議論文集。台北：行政院教育改革審議委員會。

行政院教育改革審議委員會（1996），教育改革總諮議報告書。台北：行政院教育改革審議委員會。

牟中元（1996），原住民教育改革報告書。台北：行政院教育改革審議委員會。

行政院原住民委員會（1998），《原住民族教育法》。台北：行政院原住民委員會。

行政院原住民委員會、花蓮師範學院（1998），原住民族教育內涵與實施之規劃研究。台北：行政院原住民委員會。

汪知亭（1959），《臺灣教育史》。台北：臺灣書店

莊萬壽、林修澈、鄭瑞明、陳意明等主編（1997），第三屆臺灣本土文化國際學術研討會論文集。

教育部（1997），中華民國原住民教育報告書。台北：教育部。

教育部教育年鑑編纂委員會（1957），《第三次中國教育年鑑》。台北：正中書局。

教育部（1998），原住民教育。

http://www.nmh.gov.tw/edu/basis1/694/10.htm，1999.12.26

劉寧顏、李雄揮、司琦、程大學（1993），《重修臺灣省通志（學校教育篇全冊）》。台中：臺灣省文獻委員會。

32.屏東縣排灣族國小高年級學生不同家庭狀況與學業成就

屏東縣北葉國民小學

簡金福

緒論

研究動機與目的

　　大家都認為今天原住民學生與漢人的學生所接受的教育資源差距不太大。例如，同樣的學校、同樣的老師、同樣的教材、但原住民學生的教育程度仍無法提昇。其中除學習環境缺乏有利的文化刺激外，家庭因素對學童之學業成就具有相當的影響力。

　　根據許多學專家的研究發現，林清江（1984）指出父母的教育態度與期望，父母的職業地位與教育程度及家庭物質環境等，都影響學生的學業成就。李詠吟（1984）亦指出家庭社經地位，父母教養態度、家庭學習環境等對學生學業成就均有顯著相關。

　　家庭既然對人有極大的影響力，那麼究竟那些家庭因素對人有較大的影響呢？父母關心學童的程度、父母婚姻狀況、子女人數多寡、在家中排行地位等，對學童的學業成就有沒有影響呢？本研究即希望探討以上所提事項，究竟與學童學業成就之間是否有顯著相關及差異，並希望藉這個問題的探討，提供建議及輔導策略給家長、學校及有關單位作參考。本研究根據以上研究目的，將探討下列問題：

1.父母關心兒童的程度與兒童學業成就之間的關係如何？
2.父母婚姻狀況及兒童學業成就之間是否有差異？
3.子女人數與兒童學業成就之間是否有差異？
4.排行地位與兒童學業成就之間是否有差異？
5.並期望達成以下之目的。
6.瞭解父母關心兒童的程度與兒童學業成就之間的關係。
7.瞭解父母婚姻狀況及兒童學業成就之間的關係。
8.探討子女人數、排行地位與兒童學業成就之間的關係。

9.應用研究結果、提供輔導策略及建議，給家長、學校及有關單位作參考。

名詞界定

本研究定名為屏東縣排灣族國小高年級學生不同家庭狀況與學業成就之相關研究的有關名詞界定如下：

排灣族國小：是指屏東縣八個山地鄉排灣族部落的國民小學，共二十五所。

高年級學生：是指國民小學五、六年級學生而言，年齡約在十一至十二歲之間。依現行學制規定，國民小學分六個年級三個年段。一、二年級為低年級，三、四年級為中年級，五、六年級為高年級。

家庭狀況：本研究所指家庭狀況包括：父母教養態度、父母婚姻狀況及兒童排行地位、子女數等。

學業成就：指兒童在學校中該學年度智育科目之總平均成績。本研究則僅指國語、數學兩科之學習成績。

文獻探討

父母關心子女程度與學業成就的影響方面

陳誕（1984）家庭因素及學業成就之關係研究結果發現：父母教養態度與男生及女生之國語數學科成績均有極為顯著之正相關。

張建成（1994）指出不論土著或漢人，假若家長的教育態度愈積極、家庭文化條件愈優，則子女教育成就的發展，就會愈有利。

黃毅志（1997）研究結果指出，家庭教育設備愈多，父母教育投

入愈高，及父母教育期望愈高，則會提高學生教育抱負，進而提高學業成績。

父母婚姻狀況及兒童學業成就的影響方面

歐源榮（1995）就國中學習困擾之來源分析，其中來自家庭的因素有：

1.家庭功能的解組。
2.破碎家庭父母都婚姻失和。

以上因素致子女缺乏依歸屬，難免迷失寂寞，進而影響其學業成就。

又根據社會資本理論中提及：就不完整的家庭，例如，婚姻失和形成單親家庭，以及父母在外工作，都不與子女同住的家庭而言，父母與子女間互動有限，社會資本不足，這些對學童的學業成就有負面的影響。

子女人數與學業成就的關係方面

根據大多數的研究結果顯示；兩者間有明顯的相關，然而亦有少數的研究指出，兩者間沒有相關。

黃富貴（1973）之研究發現，子女人數與國中學生之學業成就有顯著相關，兩者之間相關情形也因地區、性別而略有不同。林生傳（1982）同樣以國中生為樣本，研究結果也發現，兄弟姐妹人數與學業成就間有顯著的相關。另外，陳誕（1986）也有研究發現，子女人數與國小數學、國語兩科均有負相關。

林繼盛（1982）以國小五年級為樣本之研究卻發現：家庭大小與兒童學業成就無相關。

以上所述可知，多數的研究發現子女多少與兒童學業成就間，具有顯著之相關，而且亦指出倆者之間的相關是負向的，亦即來自兄弟姐妹人數較多之大家庭的兒童，學業成就較差。

排行地位與學業成就之關係

黃富順（1973）之研究結果指出：在台北市部分，國中學生之排行地位與學業成就有顯著相關，但在鄉下地區則否。林繼盛（1982）也有研究發現指出：在市區部分，女生之出生率與學業成就相關係數為0.22，呈現顯著相關，但男生則否。在郊區部分，男女生之出生率與學業成就皆無相關。另外，陳誕（1986）更有研究結果發現，排行順序與男女生國語、數學科均有負面相關。

有關國內原住民教育之文獻

對原住民成績低落的原因之探討，仍有許多很具啓發性的觀點，這可歸納如下（吳天泰等人，1993；李亦園，1984；李建興、簡茂發，1992；張建成等人，1993）：

1. 家庭經濟困難，這反映出財務資本不足。
2. 單親家庭與隔代教養比率偏高，這反映出社會資本不足。
3. 缺乏漢人重視教育的文化傳統，家長對子女的教育支持度不夠，學生的學習態度亦欠佳，這仍反映出社會資本不足。
4. 原住民的母語不利於接受學校教育。
5. 原住民就讀的學校，多在偏遠地區教師流動率大，使得學生學習適應發生困難，而且不容易留住好師資。

吳天泰（1996）並指出：社區裡的家長們多從事勞力階級之工作，每天完工後體力耗盡，就跟朋友聊天，吃完了、喝完了，就睡

覺，即使關心小孩，也不知到怎麼教，這與自己也不懂小孩的功課有關。據此研究發現，原住民成績低落可歸因於家庭社會資本不足。

張善楠等人（1997）的研究發現：原住民學童的學業成績，家長的教育、職業、教育期望都低。而家長的教育職業教育期望很可能都會影響到學童學業成績。

學業成績取得之因果模型如下（略）：

1. 家庭結構包含了學童的兄弟姐妹數與家庭完整性，根據資源稀釋假設兄弟姐妹越多，每人所分得的家庭財務資本與社會資本越少，對於學童文化資本的發展，亦有不利的影響，而家庭完整者，所能提供的家庭社會資本較高。

2. 此家庭社會資本包含了父母對學童教育事務的投入，如督促子女作功課，與對學童教育期望，這將有助於提昇學童教育抱負，以及進一步的學業成績。

3. 教育資源可提昇屬於人力資本子女的學科專業技能，與出身上層家庭的學童文化資本較高，代表文化品味越高，越容易與老師建立關係，提昇學校社會資本，而有助於學業成就相較，有著不同的作用。

4. 原住民的家庭完整性較低，家庭社經地位也較低，這不利於學童文化資本，家庭財務與家庭社會資本之發展，進而對於學校社會資本，學童教育抱負，與學業成績有不利的。除了家庭社經地位較低之外，在社區裡謀生不易，許多家長外出工作，破壞了家庭完整性，而降低家庭社會資本這都不利於學童學業成績。

根據以上文獻探討資料，提出下列研究假設：

1. 父母愈關心子女對兒童學業成就有正面影響。
2. 父母婚姻狀況良好對兒童的學業成就有正面影響。
3. 子女人數愈多對兒童學業成就有負面影響。

4.排行地位愈前面對兒童學業成就有正面影響。

研究設計及實施過程

研究對象及取樣方法（含對照組）

　　母群體：屏東縣八個山地鄉排灣族國民小學共二十五所，及鄰近平地小學八所。

　　樣本：八鄉各抽一校，各校再抽一班（五、六年級）學生及家長為樣本，全班普測。

　　對照組：本研究也以相同條件選取數量相當的鄰近平地小學八所學生和家長為對照組。

研究方法與工具

　　1.本研究採問卷調查法。

　　2.樣本和對照組選取集採叢集抽樣法。

　　3.本研究工具為自編國小高年級學生不同家庭狀況與學業成就關係調查問卷。

　　問卷編製係參閱陳誕（1986）所編製的父母教育態度問卷傚及國內相關問卷，根據本研究動機及目的及針對學生和家長各自編調查問卷。（如附錄）

實施程序與資料處理

　　1.研究對象進行抽樣工作。

2.與研究樣本學校之行政人員，班級導師溝通協調，並說明本研究的意義及目的。

3.進行問卷調查：在施測前先跟導師說明注意事項，以求情境一致。

4.在各班學生答完問卷後，請導師填寫每位受測者該學年度智育總平均成績。（本研究僅指國語、數學兩科）以利進行統計。

5.家長問卷部分交由受測學生帶回給父母填答後，再交回該學校予以彙整。

6.剔除廢卷：係指總題數的四分之一題以上答案不全者。

在資料處理上首先進行編碼記分。再將資料輸入電腦。然後採用 Spss／pc十電腦分析處理進行資料分析。

研究發現

1.原住民學童與平地小學相較，原住民學童的平均國語、數學成績、父親、母親教育年數，父親職業聲望、父母教育投入，都比平地學童低得多，家庭教育設備，父母的成績與學歷期望，學童的成績與學歷抱負則比平地學童低一些，平均學業成績（國、數兩科總分），平地比原住民高。

2.原住民比平地父母教育投入較少，這都不利於學業成績。父母教育較高者，父母教育期望較高，教育投入也較多，進而提高學童教育抱負，父親職業較高者，教育投入較多，單親家庭有較多抽煙、喝酒、嚼檳榔習慣、父母教育投入較少；兄弟姐妹人數越多，則父母教育期望越低，教育投入越少，這都不利於學業成績。

3.有關子女人數與學業成就之關係的問題，歷來學者之研究結果不十分一致，大多數的研究發現二者之間有顯著之負相關。子女數越多，兒童之學業成績即有越差之趨勢。

4.有關排行地位與學業成就之關係的問題,歷來學者之研究結果結束即十分紛歧,迄今未有定論。有的學者發現排行地位與學業成就有顯著之負相關亦即長子女學業成就優於其他排行子女。

本研究結果發現排行地位愈前面對兒童學業成就有正面影響。

結論與建議

本研究之主要目的在於瞭解原住民排灣族小高年級學生不同家庭狀況與學業成就,乃以屏東縣八個山地鄉排灣族的國民小學共二十五所,及鄰平地小學八所、國民小學五、六年級學生。八鄉各抽一校、各校再各抽一班(五、六年級)學生及家長為樣本,全班普測並利用問卷調查為工具,以蒐集研究資料茲將統計分析所得結果摘要歸納如下:

1.父母關心子女的程度與兒童的學業成就高低有顯著正相關。
2.父母管教態度與兒童的學業有正相關。
3.父母婚姻狀況與兒童的學業成就有正相關。
4.子女人數與兒童的學業成就有相關且密切。
5.排行地位愈前面對兒童學業成就有正面關係。

建議:

1.家庭教育設備越多,父母教育投入越高,父母教育期望越高,越不抽煙、喝酒、嚼檳榔、越有利於學業成績。父母教育期望較高,會提高學童教育抱負,進而提高成績。
2.原住民較平地有較多的抽煙、喝酒、嚼檳榔習慣,父母教育投入較少,這都不利於學業成績,此外父母教育較高者,父母教育期

望較高，教育投入也較多進而提高學童教育抱負：父親職業較高者，教育投入較多。

3.單親家庭有較多抽煙、喝酒、嚼檳榔習慣，父母教育投入較少；兄姐妹人數越多，則父母教育期望越低，教育投入越少。這都不利於學業成績。

4.在本研究，除了智力對兒童之學業成就具有很大的影響力外，家庭因素亦具有相當重要的獨特影響力，所以要提高兒童之學業成就家庭方面的配合是很重要的。

5.父母如能重視教育的價值，對兒童有合理期望與適當的鼓勵，以及在課業方面給予兒童較多的關心與指導，相信對兒童學業成就之提高，將會有很大的幫助。

6.父母參與有助於學生學業成就的提高。但本研究中發現仍有許多父母未能充分參與在學子女的學習活動，尤其以低社經背景的父母更為嚴重，因此為消除低社經背景的不利影響，應先加強參與觀念的溝通，利用母姊會、家庭訪問的方式與學生父母溝通。

參考文獻

陳誕（1986），家庭因素及心理特質與國小兒童學業成就之關係，《台東師專學報》。

張建成（1994），教育擴展過程中台灣土著教育成就，《教育研究資訊》，2，（3）。

黃富順（1973），影響國中學生學業成就的家庭因素，《台灣師大教育研究所集》。

歐源榮（1995），國中學習與輔導策略，《學生輔導雙月刊》，38。

譚先鼎（1995），台灣土著青少年文化認同與學習行為之研究，《教育研究資訊》，3（6）。

黃毅志（1997），《原漢族別、社區與學童學業成績關聯性之因果機制》。

附錄：問卷調查（家長部分）

各位家長您好！

為了提高你的子弟在學校學業成就，我們特別舉行這項調查，以便瞭解各位家長對學校教育的態度和參與情形，藉此提供學校教師，教育行政當局參考。

因為只是抽選一份家長來調查，所以您的意見非常重要，請您鼎力支持，幫忙填答各項問題，謝謝您的合作與支持，並祝健康！快樂！

※ 填答者基本資料：

性　別：□男　　□女

年　齡：　　歲

與學生的關係：□父子（女）　□母子（女）　□其他

教育程度：

　　　　父：□不識字 □小學 □初中 □高中（職）　□大專以上

　　　　母：□不識字 □小學 □初中 □高中（職）　□大專以上

職　業：（請寫出詳細的職業名稱）

　　　　父：

　　　　母：

孩子就讀學校：□原住民小學　□平地小學

父母參與學校決策的態度

學校或老師主動把學校各項重要活動通知家長＿＿＿＿□□□□
學校或老師把孩子在學校的學習情形告訴家長＿＿＿＿□□□□
家長可以建議老師更換子女在班級團體中的工作＿＿＿□□□□
家長可以請求學校老師替子女做課後輔導＿＿＿＿＿＿□□□□
家長可以建議老師調整子女在上課時的座位＿＿＿＿＿□□□□

父母參與學校與家庭溝通
參加學校舉辦的家長參觀日或其他活動＿＿＿＿＿＿＿□□□□
在孩子家庭聯絡簿、考卷、成績單上簽名（或蓋章）＿□□□□
與您的孩子討論在學校裡的學習狀況＿＿＿＿＿＿＿＿□□□□
拜訪老師、主任或校長，討論孩子學習情形＿＿＿＿＿□□□□
利用電話或信件等方式與老師交換有關孩子學習的意見□□□□

父母參與子女完成家庭作業
詢問孩子有什麼家庭作業＿＿＿＿＿＿＿＿＿＿＿＿＿□□□□
和孩子一起討論作業內容＿＿＿＿＿＿＿＿＿＿＿＿＿□□□□
提醒或督促孩子把作業做好＿＿＿＿＿＿＿＿＿＿＿＿□□□□
檢查孩子作業內容＿＿＿＿＿＿＿＿＿＿＿＿＿＿＿＿□□□□
協助孩子把作業做好＿＿＿＿＿＿＿＿＿＿＿＿＿＿＿□□□□

父母參與子女課外閱讀情形
提供孩子閱讀課外讀物的環境＿＿＿＿＿＿＿＿＿＿＿□□□□
注意孩子有沒有閱讀課外讀物＿＿＿＿＿＿＿＿＿＿＿□□□□
鼓勵孩子多利用空閒多讀課外讀物＿＿＿＿＿＿＿＿＿□□□□
帶孩子到圖書館或書店閱讀課外讀物＿＿＿＿＿＿＿＿□□□□
與孩子一起討論讀課外讀物的內容＿＿＿＿＿＿＿＿＿□□□□

父母參與子女考試活動的情形：
提醒孩子快要考試了＿＿＿＿＿＿＿＿＿＿＿＿＿＿＿□□□□

督促孩子加緊準備考試＿＿＿＿＿＿＿＿＿＿＿＿ □□□□

鼓勵孩子用功讀書，爭取更好的成績＿＿＿＿＿＿ □□□□

和孩子一起檢討考試的成績和內容＿＿＿＿＿＿＿ □□□□

協助孩子溫習功課，以獲得更好的成績＿＿＿＿＿ □□□□

家長對教育價值的態度

一個人接受教育愈多，生活就愈充實＿＿＿＿＿＿ □□□□

接受教育愈多，愈能找到理想的工作＿＿＿＿＿＿ □□□□

現在年輕人接受教育的時間太長，是一種浪費＿＿ □□□□

家長能省吃儉用，供孩子接受教育是一種聰明的行為＿□□□□

受過教育的人，在工作上事業上的進步比較多＿＿＿ □□□□

問卷調查（學生部分）

壹、 學生基本資料

學生性別：□男　　　□女

就讀學校：　　鄉　　　國民小學

班　別：　　年級　　　班

學校類別：□原住民學校 □平地學校

貳、 家庭狀況調查表

同胞數：兄　人，姊　人，弟　人，妹　人。

父母婚姻狀況：□未離婚　□離婚

參、 國小高年級學生不同家庭狀況與學業成就關係調查問卷

	常是	有時是	不是
你的父親或母親是不是常告訴你讀書的重要？＿＿＿＿	□	□	□

當你在課業上遇到疑難問題時，你的父親或母親會很熱心協助解決？
_____ □□□

每天上學前，你的父親或母親是不是會提醒你把學校需用的東西帶
齊？_____ □□□

你的父親或母親是不是常與學校的老師聯繫？_____ □□□

當你考試成績進步了，父親或母親是不是會給你許多的讚美或鼓勵？
_____ □□□

你的父親或母親是不是一定要你先做完功課才讓你玩呢？____ □□□

你的父親或母親是不是常指導你做功課？_____ □□□

在你做功課或讀書時，是不是你的父親或母親都儘量避免叫你幫忙做
家事？_____ □□□

你的父親或母親是不是經常檢查你的作業？_____ □□□

你的父母親是不是常會提問題問你？_____ □□□

你的父親或母親是不是常購買兒童讀物給你？_____ □□□

考試前。你的父親或母親是不是常主動的幫你複習功課？____ □□□

你讀書或做功課的地方是不是很安靜？_____ □□□

課外或寒暑假，你的父親或母親是不是還安排你去補習功課或學習其
他才藝？_____ □□□

你的父親或母親是不是常和你一起討論你關心的問題？_____ □□□

你的父親或母親是不是常主動的購買參考書給你？_____ □□□

你的父親或母親要你做或禁止你去做某些事是不是都會把理由說清
楚？_____ □□□

在家裡，你的父親或母親是不是常為你安排讀書的地方？____ □□□

你的父親或母親是不是常帶你去看書法、繪畫或其他文物展覽？____
_____ □□□

你的父親或母親是不是很用心聽你報告你們在學校或班級中所發生的
一些事情？_____ □□□

你是不是覺得家人都很關心、愛護你？_____ □□□

你的父親或母親是不是常用國語和與你交談？＿＿＿＿＿＿＿＿□□□
和家人一起討論問題時，父母親是不是也讓你發表意見？＿＿□□□
假日你的父母親是不是常帶你們一起出去玩？＿＿＿＿＿＿□□□
你們家人相互間的感情是不是很融洽？＿＿＿＿＿＿＿＿＿＿□□□

教育實踐與問題

classroom 系列 8

編 著 者☞ 梁忠銘、黃麗香、吳銘順等

出 版 者☞ 揚智文化事業股份有限公司

發 行 人☞ 葉忠賢

責任編輯☞ 賴筱彌

登 記 證☞ 局版北市業字第 1117 號

地　　址☞ 台北市新生南路三段 88 號 5 樓之 6

電　　話☞ 886-2-23660309　886-2-23660313

傳　　真☞ 886-2-23660310

法律顧問☞ 北辰著作權事務所　蕭雄淋律師

印　　刷☞ 鼎易印刷事業股份有限公司

初版一刷☞ 2001 年 10 月

I S B N ☞ 957-818-307-0

定　　價☞ 新台幣 600 元

網　　址☞ http://www.ycrc.com.tw

E - m a i l ☞ tn605541@ms6.tisnet.net.tw

國家圖書館出版品預行編目資料

教育實踐與問題/梁忠銘、黃麗香、吳銘順等
編著.--初版. -- 臺北市：揚智文化，
2001[民90]
　面；　公分 .— （Classroom 系列；8）
　ISBN　957-818-307-0（平裝）

1. 小學教育—論文，講詞等

523.07　　　　　　　　　　　　　90012444